beck'sche reihe

bsr

Wie kaum eine andere Weltreligion prägt der Islam alle Lebensbereiche der Gläubigen. Trotzdem ist der Islam kein einheitliches Gebilde. Im Laufe seiner über 1400jährigen Geschichte haben sich verschiedene Glaubensrichtungen und regional unterschiedliche islamische Kulturen herausgebildet. Dieses Lexikon erklärt in mehr als 400 Artikeln knapp und anschaulich alle zentralen Begriffe der islamischen Religionsgeschichte von den Anfängen bis heute. Es beschreibt nahezu alle Länder der islamischen Welt sowie die wichtigsten muslimischen Gruppen in der westlichen Welt und orientiert über das Verhältnis der Muslime zu Musik und Theater, Familie und Sexualität, Ernährung und Kleidung. Von den Nomaden Zentralasiens bis zu türkischen Rappern in Deutschland, von den aktuellen Problemen islamischen Familienrechts bis zum Leben des Box-Idols Muhammad Ali: der Benutzer findet präzise und zuverlässige Information.

Ralf Elger, geb. 1960, ist Privatdozent für Islamwissenschaft an der Universität Bamberg. Zahlreiche Veröffentlichungen zum modernen Orient und zur islamischen Literaturgeschichte.

Kleines Islam-Lexikon

Geschichte · Alltag · Kultur

Herausgegeben von
Ralf Elger
unter Mitarbeit von
Friederike Stolleis

Verlag C.H.Beck

Die Deutsche Bibliothek – CIP-Einheitsaufnahme

Kleines Islam-Lexikon: Geschichte, Alltag, Kultur /
hrsg. von Ralf Elger. – Orig.-Ausg., 3., durchges. Aufl. –
München : Beck, 2001
(Beck'sche Reihe ; 1430)
ISBN 3 406 47556 6

Originalausgabe
ISBN 3 406 47556 6

3., durchgesehene Auflage. 2001
Umschlagentwurf: +malsy, Bremen
Umschlagabbildung: Tor zum *haram*-Bezirk in Mekka in Form eines Koranständers

Gesamtherstellung: Druckerei C. H. Beck, Nördlingen
Printed in Germany

www.beck.de

Inhalt

Vorwort

Der Islam ist nicht nur eine Religion. Der Begriff steht auch für eine Kultur im umfassenden Sinne. Der Grund dafür ist, daß spezifisch religiöse Aspekte des Islams – das Gottesbild, die Sicht des Propheten und vor allem das Verständnis der Offenbarung – andere Kulturbereiche prägen. Das Alltagsleben ebenso wie Politik und Wirtschaft sind in einer Weise von den Normen des islamischen Rechts beeinflußt, wie es in den weitgehend säkularisierten Gesellschaften des Westens kaum vorstellbar ist.

Dieses neue Islam-Lexikon beschränkt sich daher nicht auf die Glaubenslehre und -praxis des Islams, sondern behandelt auch die wichtigsten Aspekte der islamischen Gesellschaft und Kultur vom Auftreten des Propheten Muḥammad im 7. Jahrhundert bis in die Gegenwart. Islamische Theologie und islamisches Recht werden ebenso berücksichtigt wie die Sprachen und Literaturen, Gesellschaft und Wirtschaft, Kunst und Architektur der islamischen Länder sowie Fragen der Kleidung, Ernährung oder der Geschlechterbeziehungen. Ein Schwerpunkt des Lexikons liegt auf der gegenwärtigen Lebenspraxis der Muslime; besonderes Augenmerk gilt dabei dem Islam in Deutschland.

Alltag und öffentliches Leben islamischer Länder folgen keineswegs nur islamischen Maßstäben. Gerade in der Gegenwart orientiert sich das Rechtswesen in den Ländern der islamischen Welt großenteils an europäischen Modellen, was eine Verdrängung des islamischen Rechts aus dem öffentlichen Raum zur Folge hat. Insgesamt ist das Zeitalter der Globalisierung, das in der islamischen Welt spätestens mit dem Beginn der europäischen Kolonialherrschaft im 16. Jahrhundert einsetzte, zunehmend durch die westliche Kultur geprägt. So kann man sagen, daß sich heute das Leben zahlreicher Bewohner muslimischer Länder kaum von dem eines christlichen oder säkularisierten Europäers und Amerikaners unterscheidet, auch wenn sie sich als Muslime definieren. Andererseits gibt es eine Abkehr vom Westen, welche besonders lautstark durch sogenannte Fundamentalisten vertreten wird.

Aber auch diese verwenden europäisches Kulturgut, von ihren Organisationsformen – nicht selten Parteien – bis hin zum Gebrauch solch westlicher Erfindungen wie der des Internets. Große Teile islamischer Gesellschaften in den entlegenen Regionen Asiens und Afrikas, aber auch in manchen Stadtvierteln, pflegen traditionelle Lebensstile. Jedoch hält hier ebenso die globalisierte Weltkultur Einzug. Schließlich ist eine, wenn auch kleine Gruppe von Muslimen zu erwähnen, die sich selbst als säkular, wenn nicht anti-religiös versteht und damit auch ihr Muslimsein in Frage stellt. Wenn also in diesem Lexikon von „islamischen Ländern", „islamischen Gesellschaften" oder der „islamischen Welt" gesprochen wird, so bedeutet dies einfach: „da, wo Moscheen stehen", wie es ein bedeutender Islamkenner einmal ausdrückte.

Gegen die verbreitete Vorstellung von einer weitgehend einheitlichen islamischen Kultur stellt das Lexikon die Vielfalt. Dazu zählen auch die verschiedenen Ausprägungen des Islams in unterschiedlichen Ländern. Der Islam hat sich von der arabischen Halbinsel bis nach China im Osten, nach Marokko im Westen, bis weit in das Afrika südlich der Sahara und zeitweise nach Südfrankreich und bis vor die Tore Wiens ausgebreitet. Besonders im 20. Jahrhundert wuchs überdies die Zahl von Muslimen in der Diaspora, unter anderem in Europa und den Vereinigten Staaten. Die „islamische Welt" liegt also keineswegs nur in entfernten Ländern, sondern umfaßt auch die unmittelbare Nachbarschaft in Städten wie Berlin, Paris oder New York. Neben Millionen von gebürtigen Muslimen leben dort auch zahlreiche Konvertiten – das Boxidol Muhammad Ali (Cassius Clay) und der als genialer Sänger und Komponist bekanntgewordene Yusuf Islam (Cat Stevens) sind prominente Beispiele hierfür.

In der Diaspora entwickeln sich oft sehr eigenständige islamische Tendenzen, die sich stark vom Islam in den islamischen Ländern unterscheiden. Ob die Black Muslims in den USA als Muslime angesehen werden können, ist eine ernsthaft diskutierte Frage. Jedoch sind derartige Probleme keineswegs auf die Diaspora beschränkt. Die Gruppen der Aḥmadîya aus Pakistan und die iranischen Bahâ'î werden in eigenen Artikeln dargestellt, auch wenn sie in den Augen der meisten Muslime den Islam verlassen haben. Es macht einen Teil der Dynamik islamischer Kultur aus, daß viele Antworten auf die alle Muslime bewegende Frage gegeben werden: „Was ist der richtige Weg zur Unterwerfung unter Gott?“ – denn „Unterwerfung“ bedeutet der arabische Begriff „Islam“. Das Lexikon verzichtet auch in dieser Frage auf Antworten. Es geht darum, das Leben von Muslimen zu verstehen, nicht darum, es zu beurteilen.

Je nachdem, welchen Standpunkt man zu der Frage einnimmt, was Islam ist, mag man bestimmte Stichwörter vermissen. Manche Leser mögen auch durch einige Artikel überrascht werden, aber das ist durchaus beabsichtigt. Denn dieses Lexikon ist nicht nur eine Einladung, verschiedene Gebiete der islamischen Kultur kennenzulernen, sondern es soll auch scheinbar sicheres Wissen über den Islam neu beleuchten. Obwohl auf Nüchternheit und Objektivität bedacht, ist das Buch nicht wertfrei. Es vertritt die Idee, daß Wissen und Diskussion zu einem Verständnis von fremden Menschen führen können, und es will Grenzen zwischen Kulturen durchlässig machen. So mag bei der Lektüre auch die Vorstellung vom „Westen“ im Gegensatz zum islamischen „Osten“, von einem Okzident, der sich vom Orient abgrenzt, ins Wanken geraten.

Bamberg, im März 2001 *Ralf Elger*

Autorinnen und Autoren

Monika Arnez, M. A., Universität zu Köln, Indonesische Philologie *(Ar)*

Patrick Bartsch, M. A., Universität Bamberg, Turkologie *(Ba)*

Katharina Boehm, M. A., Universität Bamberg, Arabistik und Islamkunde *(Bo)*

Stephan Conermann, Dr., Universität Kiel, Orientalistik *(Co)*

Renate Dieterich, Dr., Universität Bonn, Orientalistik *(Di)*

Thomas Eich, M. A., Universität Bochum, Orientalistik *(Ei)*

Ralf Elger, PD Dr., Universität Bamberg, Arabistik und Islamkunde *(El)*

Tim Epkenhans, M. A., Universität Bamberg, Iranistik *(Ep)*

Barbara Finster, Prof. Dr., Universität Bamberg, Islamische Kunst und Archäologie *(Fi)*

Michael Friederich, Dr., Universität Bamberg, Turkologie *(Fr)*

Stephan Guth, Dr., Universität Bern, Islamwissenschaft und Neuere Orientalische Philologie *(Gu)*

Roxane Haag-Higuchi, Dr., Universität Bamberg, Iranistik *(Ha-Hi)*

Gottfried Hagen, Prof. Dr., University of Michigan, Turkish Studies *(Ha)*

Christine Jung, M. A., Universität Bamberg, Islamkunde und Turkologie *(Ju)*

Franz Kogelmann, Dr., Deutsches Orient-Institut Hamburg *(Ko)*

Klaus Kreiser, Prof. Dr., Universität Bamberg, Turkologie *(Kr)*

Roman Loimeier, PD Dr., Universität Bayreuth, Islamwissenschaft *(Lo)*

Christian Müller, Dr., Centre National des Recherches Scientifiques, Paris, Islamwissenschaft und Arabistik *(Mü)*

Angela Parvanta, M. A., Universität Bamberg, Iranistik *(Pa)*

Anja Pistor-Hatam, PD Dr., Universität Kiel, Orientalistik *(Pi-Ha)*

Stephan Popp, M. A., Universität Bamberg, Iranistik *(Po)*

Abd al-Halim Ragab, Dr., Universität Bamberg, Arabistik und Islamkunde *(Ra)*

Stefan Reichmuth, Prof. Dr., Universität Bochum, Islamwissenschaft *(Reich)*

Sabine Riedel, Dr., Stiftung Wissenschaft und Politik, Berlin *(Ri)*

Eckart Schiewek, M.A., Universität Bamberg, Iranistik *(Schi)*

Marco Schöller, Dr., Universität zu Köln, Orientalistik *(Schö)*

Friederike Stolleis, M.A., Universität Bamberg, Arabistik und Islamkunde *(Sto)*

Martin Strohmeier, Prof. Dr., University of Cyprus, Turkologie *(Str)*

Christian Szyska, Universität Bonn, Orientalistik *(Sz)*

Ines Weinrich, M.A., Universität Bamberg, Arabistik und Islamkunde *(Wei)*

Christoph Werner, Dr., Universität Bamberg, Iranistik *(Wer)*

Stefan Winkler, M.A., DAAD-Lektor, University of Aleppo *(Wi)*

Hinweise zur Transkription und Aussprache

Das Lexikon gibt zahlreiche Begriffe und Namen aus der → arabischen Schrift in Transkription wieder. Es orientiert sich dabei weitgehend an der im Hocharabischen üblichen Aussprache. Zu bedenken ist aber, daß die Worte in anderen Sprachen wie dem Persischen und auch in den verschiedenen arabischen Dialekten unterschiedlich ausgesprochen werden. Allgemein bekannte Namen und Begriffe werden in der im Deutschen üblichen Form wiedergegeben.

Die arabischen Buchstaben in Transkription und ihre hocharabische Aussprache:

a	kurzes „a“	r	gerolltes Zungen-„r“
â	langes „a“	ṣ	stimmloses, dumpfes „s“
ḍ	dumpfes „d“	sh	sch
dh	wie das englische „th“ in „this“	ṭ	dumpfes „t“
gh	nicht gerolltes Gaumen-„r“ wie das französische „merci“	th	wie das englische „th“ z. B. in „thought“
ḥ	gehauchtes „h“	u	kurzes „u“
i	kurzes „i“	û	langes „u“
î	langes „i“	z	stimmhaftes „s“
j	dsch	ẓ	dumpfes stimmhaftes „s“
kh	im Rachen gerolltes „h“, wie in „Bach“, nie wie in „ich“	ʿ	explosiver Kehllaut
q	am Zäpfchen gesprochenes „k“	ʾ	Stimmritzenverschluß wie in „beehren“

Türkische Buchstaben und ihre Aussprache:

c	dsch	ı, I	dumpfes „i“
ç	tsch	İ	großes „i“
ğ	kaum hörbarer, am Wortende stummer Reibelaut	ş	sch

Artikel A–Z

A

ʿAbbâsiden → Dynastien

ʿAbduh, Muḥammad (1849–1905), Journalist, Religions- und Rechtsgelehrter sowie Großmuftî (→ Muftî) von Ägypten, Ideengeber und Symbolfigur des → Reformislam. ʿA. entstammte einer unterägypt. Bauernfamilie. Nach dem Besuch einer Koran- sowie einer weiterführenden Religionsschule kam er 1866 nach Kairo an die → Azhar. Hier durchlebte er eine „mystische Phase", bevor ihn 1872 der Kontakt mit Jamâl ad-Dîn al-→ Afghânî die traditionellen Lehrinhalte in einem neuen, reformist. Licht sehen ließ. Al-Afghânî war es auch, der ihn an die europäische Literatur in arab. Übersetzung heranführte. Angeregt durch seinen Lehrer und die Lektüre westlicher Bücher schärfte sich ʿA.s Blick für die aktuellen polit. und gesellschaftlichen Probleme Ägyptens. 1876 entschloß er sich, Journalist zu werden, allerdings nicht ohne seine Studien an der Azhar mit dem Titel eines ʿâlim (→ Gelehrte) abgeschlossen zu haben. Neben seiner journalist. Tätigkeit erteilte er Privatunterricht und arbeitete als Lehrer an der neugegründeten Hochschule Dâr al-ʿulûm (arab. „Haus der Wissenschaften"). Kurz nach dem Regierungsantritt Taufîqs (reg. 1879–1892) wurde ʿA. entlassen und in sein Heimatdorf geschickt. Doch schon 1880 konnte er nach Kairo zurückkehren, wo man ihn zum Herausgeber der offiziellen Regierungszeitung *al-Waqâʾiʿ al-Miṣrîya* („Die ägypt. Vorkommnisse") ernannte. Unter seiner Federführung entwickelte sich dieses Journal zu einem Sprachrohr reformist. Ideen, das die Befreiung der Muslime von europäischer Hegemonie und die gleichzeitige Erneuerung des Islams aus eigener Kraft propagierte. Da ʿA. während des nationalist. Aufstandes gegen die Regierung unter Führung von ʿUrâbî Pasha 1882 für die Oppositionellen Partei ergriff, mußte er Ende desselben Jahres Ägypten verlassen. Über Beirut kam er 1884 nach Paris. Hier traf er wieder auf al-Afghânî und gab mit ihm zusammen die reformist. Zeitschrift *al-ʿUrwa al-Wuthqâ* („Das stärkste Band") heraus. Nach Zwischenaufenthalten in Tunis und Beirut gelangte er 1889 schließlich wieder nach Kairo. Rasch fand er eine Anstellung als Kadi. Eine große Ehre und Auszeichnung für ʿA. war seine Ernennung zum ägypt. Großmuftî im Jahre 1899. Dieses Amt hatte er bis zu seinem Tode 1905 inne. Während dieser Zeit schrieb er eine Reihe von theolog., jurist. und philolog. Werken und begann, einen umfangreichen Korankommentar zu verfassen, der von seinem Schüler Rashîd → Riḍâ in dessen Zeitschrift *al-Manâr* („Der Leuchtturm") veröffentlicht wurde. Gerade diese späten Werke stießen bei vielen Gelehrten auf vehemente Ablehnung und riefen einen Sturm der Entrüstung hervor. ʿA.s Gedanken werden bis heute von vielen reformist. Intellektuellen rezipiert. Viele teilen seine Forderungen nach einer Reform der muslim. Religion durch die Rückkehr zum ursprünglichen Islam, nach Anerkennung der Rechte der Bevölkerung gegenüber ihren (oftmals autoritären) Regierungen und nach einer Befreiung der islam. Länder von dem erdrückenden europäischen Einfluß. Westliches Gedankengut und grundlegende muslim. Vorstellungen müssen – so ʿA. – verinnerlicht und zu einer Synthese verarbeitet werden. Letzten Endes war er ein Gelehrter, der seine Argumente theolog. untermauerte und sich dabei auf Ibn Taimîya (gest. 1328), Ibn Qayyim al-Jawzîya (gest. 1350) und al-Ghazzâlî (gest. 1111) berief. ʿA.s Meinung nach sollte die Reinigung des verderbten Islams durch eine graduelle Reform im Sinne einer Transformation der inneren moral.-religiösen Einstellung und der Neugestaltung des Erziehungswesens und nicht durch eine gewaltsame polit. Umwälzung vollzogen werden. (→ Reformislam, → Fundamentalismus, → Revolution) *Co*

Lit.: Adams, C.C.: Islam and Modernism in Egypt. A Study of the Modern Reform Movement Inaugurated by Muhammad Abduh, 1933. – Enayat, H.: Modern Islamic Political Thought, 1982. – Kedourie, E.: Afghani and Abduh. An Essay on Religious Unbelief and Political Activism in Modern Islam, 1966.

Abfall vom Islam → Apostasie

Abraham (arab. Ibrâhîm oder al-Khalîl, „der Vertraute"), Stammvater Israels und Prophet, die nach → Moses am zweithäufigsten im → Koran erwähnte alttestamentliche Gestalt: Er erscheint als

Prophet (Suren 57:26, 37:83 ff.) und als „erster Muslim", auf den sich → Muḥammad bei seiner Polemik gegen die Juden beruft, weil A. nach islam. Verständnis als der „erste Monotheist" gilt; der Islam wird daher im Koran auch als „der Glaube A.s" (Suren 3:67, 16:123) bezeichnet. A. diente Muḥammad als Beispiel für die Abkehr vom Polytheismus und den Exodus (→ Hijra-Motiv). Nach islam. Überlieferung errichtete A. die → Kaaba in → Mekka; das (beabsichtigte) Opfer seines Sohnes Ismael (arab. Ismâ'îl) ist Vorbild für das Opferfest (arab. 'îd al-aḍḥâ) während der → Pilgerfahrt. Das Grab A.s wird bis heute in Hebron (arab. al-Khalîl) verehrt. *Schö*

Lit.: Firestone, R.: Journeys in Holy Lands. The Evolution of the Abraham-Ishmael Legends in Islamic Exegesis, 1990. – Moubarac, Y.: Abraham dans le Coran, 1958.

Abû Zaid, Naṣr Ḥâmid (geb. 1943), ägypt. Schriftsteller und Literaturwissenschaftler. A.Z. verfaßte in den 1990er Jahren Werke zur → Koranexegese, in denen er westliche Methoden der Textkritik und Literaturwissenschaft anwendet, sowie Schriften, die sich kritisch mit dem islam. Selbstverständnis auseinandersetzen. Bei orthodoxen → Sunniten und fundamentalist. Gruppen in Ägypten rief er damit großen Widerstand hervor, der schließlich zu einem Prozeß und der 1995 verfügten Zwangsscheidung A.Z.s von seiner Frau führte. Wie vor ihm Salman → Rushdie wurde A.Z. als ein Opfer islam. „Gesinnungsterrors" einer breiten Öffentlichkeit im Westen bekannt. *Schö*

Lit.: Abu Zaid, N.H.: Islam und Politik. Kritik des religiösen Diskurses, 1996. – Ders.: Ein Leben mit dem Islam. Erzählt von Navid Kermani, 1999.

Âdam, Stellvertreter (arab. khalîfa) Gottes auf Erden und erster Prophet. Der Koran berichtet von Â.s Erschaffung und der Vertreibung aus dem → Paradies. Im islam. Verständnis ergibt sich daraus keine Erbsünde (Sure 6:164). Die islam. Überlieferung (→ Ḥadîth) kennt viele Legenden über Â., und in der → Mystik spielt er eine große Rolle; in der Prophetologie wurde → Muḥammad mit Â. gleichgesetzt. *Schö*

Lit.: Schöck, C.: Adam im Islam. Ein Beitrag zur Ideengeschichte der Sunna, 1993.

Ägypten, 1 Mio. qkm, 67 Mio. Einwohner. Die Hauptstadt ist → Kairo. Ä. ist das bevölkerungsreichste und kulturell sowie wirtschaftlich bedeutendste arab.-islam. Land. Landessprache ist Arabisch, auch bei den Kopten, die etwa 10% der Bevölkerung ausmachen. Die Bevölkerung konzentriert sich auf das enge Niltal und das Nildelta, so daß trotz der Größe des Landes dort eine hohe Bevölkerungsdichte herrscht, die durch Landflucht (besonders nach Kairo) und stetigen Bevölkerungszuwachs noch zunimmt. Die Geschichte Ä. in der islam. Zeit ist wesentlich die Geschichte Kairos, obwohl auch andere Städte (Alexandria, Damiette, Qûs), in verschiedenen Epochen, einen großen Beitrag zur kulturellen und wirtschaftlichen Blüte Ä. leisteten. Die islam. Geschichte Ä. beginnt mit der Ankunft der Araber 640 und der Gründung von Fusṭâṭ (heute Altkairo). Die größte Blütezeit des Landes begann unter den Ayyûbiden (1171–1250) und fand ihre Fortsetzung unter den Mamlûken (1250–1517), bevor Ä. als Provinz in das Osman. Reich eingegliedert wurde. Die Besetzung Ä. erst durch die Franzosen (Expedition Napoleons), dann durch die Engländer (1798–1807) leitete eine neue Zeit ein, die besonders durch das Regime von Muḥammad ʿAlî (1805–1849) gekennzeichnet war, der eine Politik der Modernisierung und Verwestlichung betrieb. Unter seinen Nachfolgern, den Khediven (1849–1914), geriet das Land in zunehmende finanzielle und polit. Abhängigkeit von westlichen Mächten (→ Kolonialismus). Im Jahre 1882 setzte eine nationalist. Bewegung unter Führung des Armeeoffiziers ʿUrâbî Pasha gegen das Khediven-Regime die Einführung einer konstitutionellen Regierung durch. Noch im gleichen Jahr schlugen britische Truppen diese „Revolution“ nieder. Die Briten blieben in Ä. stationiert, bis das Land 1914 zum britischen Protektorat erklärt wurde. Zwischen 1914 und 1936 stand Ä. unter britischer Verwaltung. Der Unabhängigkeitsvertrag von 1936 brachte die Einführung der Monarchie, die bis zur Gründung der Republik unter Jamâl ʿAbd an-Nâṣir (Nasser) im Jahre 1953 Bestand hatte. In der Außenpolitik dominierte nach 1945 die Auseinandersetzung mit Israel (1967, 1973), die mit dem Friedensvertrag von 1979 (Camp David) und der Rückgabe der Sinai-Halbinsel an Ä. (1982) beendet wurde. Die Anlehnung an die Sowjetunion unter Nasser (Errichtung des Assuan-Staudammes 1960–1964) endete 1970. Innenpolit. war die Nachkriegszeit zunächst geprägt durch die Ära Nassers („arab. → Sozialismus", 1956–1970) und den gescheiterten Versuch einer Vereinigung des Landes mit → Syrien (Vereinigte Arab. Republik, 1958–1961), in jüngster Zeit durch den islam. → Fundamentalismus (Ermordung des Präsidenten Anwar as-Sâdât 1981) und den Terrorismus der 1990er Jahre, der den wichtigsten Wirtschaftsfaktor Ä., den Tourismus, schwer getroffen hat. In der Amtszeit von Staatspräsident Muḥammad Ḥusnî Mubârak (seit 1981) steuert das Land einen Kurs vorsichtiger wirtschaftlicher und polit. Liberalisierung, der jedoch immer wieder durch die schweren innenpolit. Auseinandersetzungen, an denen islamist. Gruppen maßgeblich beteiligt sind (→ Abû Zaid, → Muslimbruderschaft), aufgehalten oder gebremst wird. Die wirtschaftliche Öffnung des Landes brachte nur wenigen den erhofften Wohlstand, und die Schere zwischen Arm und Reich klafft weit auseinander. In der arab. Kultur des 20. Jh. spielten die ägypt. Literatur (→ Maḥfûẓ), die Musik (→ Umm Kulthûm) und nicht zuletzt auch die Filmindustrie (→ Kino), die drittgrößte in der Welt, eine wichtige Rolle. Dank der → Azhar-Universität sowie vieler anderer Institutionen ist Ä. bis heute auch das geistige Zentrum der sunnit.-islam. Welt geblieben. *Schö*

Lit.: Daly, M. W./Petry, C. F. (Hg.): The Cambridge History of Egypt., 2 Bde., 1998.

Afghânî, Jamâl ad-Dîn al- (1838/39–1897), Schriftsteller, Redner und polit. Aktivist, der trotz der wenigen Werke, die er verfaßte, ein vielbewunderter Vorreiter des → Reformislam und des → Panislamismus des 20. Jh. war. Der wohl in Iran geb. und mit großer Wahrscheinlichkeit schiit. erzogene A. erhielt seine erste Ausbildung an Schulen in Asadabad, Qazvin und Teheran. Anschließend begab er sich zu Studienzwecken zu den schiit. Schreinen im osman. Irak. Über Indien führte sein Weg dann in den 1860er Jahren nach Mekka, nach Persien und nach Afghanistan, von wo er jedoch 1868 aufgrund seiner polit. Aktivitäten ausgewiesen wurde. Ein Jahr später gelangte A. über Kairo nach Istanbul. Innerhalb kurzer Zeit fand er Zugang zu hohen Hofzirkeln und Reformerkreisen. Doch auch hier zwang man ihn, das Land zu verlassen, da er an der neugegründeten Universität Vorlesungen gehalten hatte, in denen er die Offenbarungslehren der rationalen Philosophie gleichstellte. Von 1871 bis 1879 hielt sich A. in Kairo auf. Er beteiligte sich aktiv an der Gründung von reformist. Zeitschriften und Geheimgesellschaften. Wichtig für die Entwicklung des Reformismus war seine Begegnung mit Muḥammad → ʿAbduh, ʿAbd Allâh an-Nadîm (1843–1896), Saʿd Zaghlûl (1858–1927) und Yaʿqûb Ṣanûʿ (1839–1912), den damals führenden ägypt. Intellektuellen. Schließlich wurde er wegen seines antibrit. polit. Engagements zur unerwünschten Person und mußte Kairo den Rücken kehren. 1879 zog er nach Hyderabad in Indien. Als 1881/82 in Ägypten die ʿUrâbî-Revolte ausbrach, residierte A. gerade in Paris, wo er zusammen mit Muḥammad ʿAbduh die panislam. Zeitschrift *al-ʿUrwa al-wuthqâ* („Das stärkste Band") herausgab. Über Großbritannien und Persien verschlug es ihn in der Folgezeit nach Rußland. Vergeblich versuchte er die russische Führung zum Krieg gegen die Briten zu überreden. 1890/91 kehrte er in den Iran zurück, um dort öffentlich gegen die wirtschaftlichen Zugeständnisse des Schahs an die Europäer zu agieren. Wieder wies man ihn aus, diesmal in den Irak. Doch auch dort sollte A. nicht lange bleiben: Nach einem Zwischenstopp in Großbritannien fand er sich auf Geheiß Abdülhamids (ʿAbd al-Ḥamîd II., reg. 1876–1909) wieder in Istanbul ein. Als A.s Schüler Mîrzâ Reza im Mai 1896 den pers. Herrscher Nâṣir ad-Dîn Shâh (reg. 1848–1896) ermordete, bezichtigten viele Zeitgenossen A. der geistigen Urheberschaft dieses Attentates. Nur kurze Zeit darauf starb er (1897). A.s Wirken war beeinflußt von panislam. und antikolonialist. Vorstellungen: Nur ein Zusammenschluß aller muslim. Länder könne den übermächtigen europäischen Einfluß in der islam. Welt zurückdrängen und die dort vorherrschende Dekadenz, Lethargie und Resignation beseitigen, wobei A. sich durchaus für einen gewalttätigen Umsturz der bestehenden islam. Regime aussprach. (→ Fundamentalismus, → Revolution) *Co*

Lit.: Keddie, N. R.: Sayyid Jamal al-Din „al-Afghani", 1972. – Ders.: An Islamic Response to Imperialism. Political and Religious Writings of Sayyid Jamal al-Din „al-Afghani", [2]1983. – Kedourie, E.: Afghani and ʿAbduh. An Essay on Religious Unbelief and Political Activism in Modern Islam, 1966.

Afghanistan, Binnenstaat im südwestlichen Zentralasien mit einem Territorium von ca. 650 000 qkm; die Hauptstadt ist Kabul. Bei aller naturräumlichen Vielfalt ist A. v. a. ein Hochgebirgsland, das klimat. zu den winterkalten Trockengebieten gehört. Aufgrund mangelnder demograph. Daten kann sowohl die Einwohnerzahl (UN-Schätzung für das Jahr 2000: 25,59 Mio.) als auch die Größe der ethnischen Gruppen nur geschätzt werden. Die tribal organisierten Paschtunen als staatstragende Ethnie dominieren (35–38%) vor den persischsprachigen Tadschiken (25–30%) sowie den schiit. Hazara (10–15%) und den turkstämmigen Uzbeken (10%). Zudem besiedeln viele zahlenmäßig kleinere Ethnien und Sprachgruppen das Land (Turkmenen, Nuristani, Paschai u. a.). 98% der Bevölkerung bekennen sich zum Islam, davon sind 80% → Sunniten, die der ḥanafit. → Rechtsschule angehören, 18% sind → Schiiten. Es herrscht keine sprachliche Einheit; Persisch (Darî) als lingua franca und Paschtu bilden die offiziellen Sprachen. Die Analphabetenquote beträgt ca. 90%, bei den Frauen sind nur ca. 3% des Lesens und Schreibens kundig. Das Jahr 1747 gilt zwar als Gründungsdatum A., markiert jedoch nur die Bildung einer paschtun. Stammeskonföderation. Erst im 19. Jh. entstand der afghan. Staat als Ergebnis der Rivalität der beiden Großmächte Großbritannien und Rußland. Die moderne Geschichte A. als Nationalstaat beginnt 1880 mit der Bildung einer starken Zentralmacht durch ʿAbd ar-Raḥmân Khân (reg. 1880–1901). Obwohl A. nie Kolonie war, erlangte es erst im dritten anglo-afghan. Krieg 1919 seine vollständige Souveränität. König Amânullâh (reg. 1919–1929), der sich für Reformen und Modernisierungen nach westlichem Muster einsetzte, scheiterte am Widerstand der traditionellen paschtun. Führer und der islam. Geistlichkeit. In der Folgezeit herrschte eine Politik der schrittweisen Reformen und Modernisierungen, die seit den 1950er Jahren durch das Wetteifern zwischen der UdSSR und den westlichen Staaten unter der Führung der USA im Bereich der Entwicklungshilfe gekennzeichnet war. Der afghan. Staat war bis 1978 – abgesehen von einem kurzen tadschik. Intermezzo 1929 – paschtun. dominiert. Der Putsch der Kommunisten 1978 und der Einmarsch sowjet. Truppen im Dezember 1979 stellten eine Zäsur in der Geschichte des Landes dar. Krieg, Flucht und Emigration insbesondere in die benachbarten Staaten Pakistan (2–3 Mio. Flüchtlinge) und Iran (1 Mio.) führten zu tiefgreifenden Veränderungen im sozialen, polit. und wirtschaftlichen Bereich. Der anti-sowjet. Widerstand, der sich als ideolog. Opposition zum Kommunismus und in der Verteidigung des Islams formierte, war in zahlreiche Gruppierungen aufgesplittert. Drei Jahre nach dem Abzug der sowjet. Truppen im Februar 1989 wurde 1992 eine Interimsregierung unter der Führung von → Mudschahidin-Kommandanten gebildet, die allerdings den Frieden im Lande nicht herstellen konnten. Der Kampf um Macht und Herrschaft führte zu einem blutigen Bürgerkrieg, der bis heute andauert und seit 1979 mehr als 1,5 Mio. Opfer forderte. Die 1994 erstmalig aufgetretene Gruppe der → Ṭâlibân besteht v. a. aus Paschtunen diesseits und jenseits der Grenze zu Pakistan; sie befriedete zum Teil das Land, propagierte aber auch einen auf den Ehrenkodex der Paschtunen aufbauenden Islam, den sie mit rigiden Mitteln durchsetzte. Diskriminierung von Frauen und von nicht-paschtun. ethnischen Gruppen wird offen praktiziert. 1998 riefen die Ṭâlibân das Emirat A. aus. Die wirtschaftliche Situation hat nicht nur unter dem anhaltenden Krieg gelitten, Dürrekatastrophen und der Anbau von Mohn statt Weizen beherrschen zunehmend die Landwirtschaft. A. ist heute der größte Exporteur von Opium: 50% des Weltopiums und ca. 80% des europäischen Bedarfs stammen von hier. *Pa*

Lit.: Grevermeyer, J.-H.: Afghanistan. Sozialer Wandel und Staat im 20. Jahrhundert, 1990. – Maley, W. (Hg.): Fundamentalism Reborn? Afghanistan and the Taliban, 1998.

Afrika, subsaharisch, in der arab. Geographie und Historiographie die Bilâd as-Sûdân („Länder der Schwarzen"). Durch Händler, reisende → Gelehrte und ihre Schüler sowie Pilger stand das s. A. seit dem 7. Jh. mit anderen Teilen der islam. Welt, insbesondere den Ländern des → Maghreb, → Ägypten und der → Arab. Halbinsel in engem Kontakt. Die Islamisierung der Länder des s. A. hatte einen ausgesprochen friedlichen Charakter und kann als ein Prozeß der langsamen und selektiven Übernahme islam. Glaubensvorstellungen und religiöser Praktiken beschrieben werden. In diesem Prozeß wurden rituelle Aspekte des Islams in der Regel schnell, Aspekte des islam. → Rechts hingegen langsam oder gar nicht angenommen. Bis zum 19. Jh. koexistierten in weiten Teilen des s. A. islam. Gesellschaften mit nicht-islam., wurde der Islam als ein Kult von vielen Kulten betrachtet. Erst im Kontext religiöser Reformbewegungen in ganz Westafrika, im Sudan und in Ostafrika entstanden im 18. und 19. Jh. Staaten, in denen der Islam ausschließliche Grundlage der Herrschaftslegitimation wurde. Dabei entwickelte sich in Westafrika und im Nilsudan die mâlikit., in Ost- und Südafrika die shâfi'it. → Rechtsschule zur dominierenden Rechtsschule. Die islam. Reformbewegungen des 19. Jh. wurden häufig von religiösen Gelehrten geführt, die mit einer Ṣûfî-→ Bruderschaft verbunden waren. In Folge dessen konnten sich Ṣûfî-Bruderschaften in weiten Teilen des islam. s. A. als maßgebliche gesellschaftliche Kraft etablieren. Dies gilt insbesondere für die Qâdirîya in Ostafrika und → Nigeria, die Khatmîya im → Sudan, die Tijânîya in weiten Teilen Westafrikas und die Murîdîya in → Senegal. Seit dem 12. Jh. entstanden im s. A. auch eigenständige islam. Lehrzentren und regionale islam. Literaturen. Besonders ausgeprägt war dieser Prozeß an der ostafrikan. Küste, wo das Swahili seit dem 16. Jh. neben dem Arabischen Grundlage einer eigenständigen islam. Gelehrtentradition wurde. Ein ähnlicher Prozeß ist für die Länder Westafrikas festzustellen, wo sich neben dem Arabischen insbesondere das Hausa als Literatursprache etablieren konnte. Sowohl im Falle der ostafrikan. wie auch der westafrikan. und sudan. Gelehrtenkulturen ist allerdings festzustellen, daß sich literar. Aktivitäten bis zum 19. Jh. auf wenige Bereiche des islam. Wissenschaftskanons beschränkten, insbesondere den Bereich des Rechts. Daneben wurden Fürstenspiegel, Familienchroniken und Arbeiten zur lokalen und regionalen Geschichte verfaßt. Im 19. Jh. kam es jedoch im Kontext islam. Reformbewegungen sowohl in Westafrika als auch im Sudan und in Ostafrika zu einer bemerkenswerten Zunahme der literar. Tätigkeit, insbesondere im Bereich ṣûfischer Schriften, aber auch im Bereich der Propheten-Preisdichtung (arab. madḥ annabî), der → Historiographie und der religiös-polit. Apologetik. Die Islamisierung der subsahar. Gesellschaften Afrikas setzte sich in der Kolonialzeit fort, in der der Islam häufig als eine Ideologie des Widerstands gegen die christl.-europäische Herrschaft verstanden wurde. Dadurch haben die Muslime im 20. Jh. in vielen afrikan. Ländern beträchtliche Stärke erreicht (2000: ca. 200 Mio.), etwa ein Drittel der Bevölkerung des s. A. (2000: ca. 610 Mio.). Die zweite Hälfte des 20. Jh. war für viele islam. Gesellschaften Afrikas von krisenhaften Entwicklungen bestimmt: Etablierte gesellschaftliche Ordnungskonzepte wurden in den Prozessen der

Dekolonisierung, der Herausbildung afrikan. Nationalstaaten, der gesellschaftlichen Modernisierung und ökonom. Globalisierung erschüttert. Die Orientierungskrise vieler afrikan. Gesellschaften hat in ganz Afrika die Entwicklung islam. Reformbewegungen (→ Reformislam) begünstigt, die in einem „fundamentalen" Rekurs auf „den Islam" die Lösung der Probleme der Gegenwart sehen. In ihrer frühesten Entwicklungsphase orientierten sich diese Bewegungen an der → Salafîya-Reformbewegung in Nordafrika, nachfolgende Reformströmungen orientierten sich stärker an der saudi-arab. → Wahhâbîya, während jüngere islam. Organisationen das Vorbild der iran. Revolution propagieren und sich zudem eher als polit. Oppositionsbewegungen denn als religiöse Reformbewegungen verstehen. In ihrer Kritik greifen die islam. Reformbewegungen sowohl die neo-kolonialen Regime Afrikas als auch die häufig mit Ṣûfî-Bruderschaften verbundenen etablierten religiösen Gelehrten an, die als unfähig bezeichnet werden, den Muslimen in Zeiten gesellschaftlicher Krisen Rechtleitung zu geben. – Trotz dieser allgemeinen Entwicklungstendenzen unterscheidet sich das s. A. in bezug auf den Grad der Integration der Muslime in den polit. Prozeß stark: In Ländern wie Dschibuti, Gambia, Guinea, den Komoren, Mali, Mauretanien, Niger, Senegal und Somalia stellen die Muslime den überwiegenden Teil der Bevölkerung und spielen sowohl gesellschaftlich als auch polit. eine zentrale Rolle. Religiöse Minderheiten sind in diesen Ländern weitgehend in die polit. Strukturen integriert oder spielen nur eine marginale Rolle im polit. Leben. Konflikte sind meist nicht religiöser Natur, sondern tragen eher den Charakter ethnischer und regionalist. Auseinandersetzungen. – Der Sudan und die Republik Tschad können zu einer zweiten Gruppe von Ländern des s. A. gezählt werden, in welchen die Muslime zwar die polit. Strukturen dominieren und einen wesentlichen Teil der Bevölkerung stellen, dabei aber in konkurrierende ethnische, polit. und regionale Lager zerfallen. Zum Teil beträchtliche nichtmuslim. Minderheiten sind nicht oder kaum in das polit. Leben integriert und bilden Oppositionsbewegungen, die den islam. Charakter der Gesellschaft oder die islam. legitimierte Herrschaft einer bestimmten Elite in Frage stellen. – Tansania zählt neben Burkina Faso, der Elfenbeinküste, Eritrea, Guinea-Bissau, Kamerun und Sierra Leone zu einer dritten Gruppe von Ländern, in der die Muslime zwar einen wesentlichen Teil, aber nicht notwendigerweise die Bevölkerungsmehrheit bilden, dabei aber weitgehend in die polit. Strukturen integriert sind. Religiöse Fragen spielen in diesen Ländern im Vergleich zu polit., regionalen, ethnischen oder ökonom. Fragen keine oder eine vergleichsweise geringe Rolle. – Nigeria und Äthiopien haben ebenfalls bedeutende muslim. Bevölkerungsgruppen. In beiden Ländern sind die Muslime aber nur partiell am polit. Prozeß beteiligt oder fühlen sich gar von diesem (zunehmend) ausgeschlossen. Polit., ethnische und regionale Konflikte tragen häufig den Charakter religiöser Auseinandersetzungen. – Kenia gehört neben Benin, Ghana, Kongo (Kinshasa), Liberia, Madagaskar, Malawi, Mauritius, Ruanda, → Südafrika, Togo, Uganda und Zentralafrika zu einer fünften Ländergruppe, in der die Muslime eine eindeutige Minderheit der Gesamtbevölkerung stellen und meist nur in einer einzigen Landesregion Bedeutung erlangt haben. Die Muslime sind in diesen Ländern entweder weitgehend in den polit. Prozeß integriert oder so marginal, daß ihre Aktivitäten im nationalen polit. Prozeß kaum wahrgenommen werden. Konflikte tragen häufig nicht religiösen, sondern ethnischen oder regionalist. Charakter. – Botswana kann schließlich neben Burundi, Kongo (Brazzaville), Sambia und Simbabwe zu denjenigen Ländern Afrikas gezählt werden, in denen die Muslime zahlenmäßig kaum ins Gewicht fallen. Häufig tragen die Gemeinschaften der Muslime den Charakter von Diaspora-Gemeinden, die auf sich selbst bezogen sind und sich nur marginal mit den polit. Strukturen ihrer Länder beschäftigen. Islam. Organisationen beschränken sich auf die Gestaltung des religiösen Lebens ihrer jeweiligen Gemeinde und sind nur selten auf einer nationalen Ebene polit. aktiv. *Lo*

Lit.: Brenner, L.: Muslim Identity and Social Change in Sub-Saharan Africa, London, 1993. – Hunwick, J.: Sub-Saharan Africa and the Wider World of Islam: Historical and Contemporary Perspectives, in: Journal of Religion in Africa, 26, 2 (1986), 230–57. – Ders. (Hg.): Arabic Literature of Africa, Bd. 2: The Writings of Central Sudanic Africa, 1995. – O'Fahey, S. (Hg.): Arabic Literature of Africa, Bd. 1: The Writings of Eastern Sudanic Africa, 1994.

Agha Khân (türk. „Herr Fürst"), → Imâm (Oberhaupt) der Nizârîs, eines Zweiges der → Ismâʿîliten. Das Amt ist erblich. Der Titel „A. K." wurde den Nizârî-Imâmen 1817 vom Schah von Iran verliehen. Seit seiner Flucht nach Indien 1840 residiert der jeweilige A. K. in Bombay. Da er sich damals auf die Seite der Briten schlug und ihnen bei der Eroberung des Sind im Nordwesten des → Indischen Subkontinents half, garantierten diese ihm eine Jahresrente von 2000 Pfund und adelten ihn später. Durch die Abgaben ihrer Anhänger, meist reicher Kaufleute, eigene Geschäfte, ihre guten Beziehungen und ihre probritische Haltung wurden die A. K. Mitglieder der britischen High Society. Der dritte A. K., Sultan Muḥammad Shâh, schloß 1898 Freundschaft mit dem späteren König Eduard VII. und traf Kaiser Wilhelm II., den osman. Sultan Abdülhamid II. und den Shâh von Iran. Er war 1907 Mitgründer der Muslim League (→ Pakistan) und ließ sich 1935 zu seinem goldenen Thronjubiläum in Gold aufwiegen. Die A. K. sind auch als Stifter karitativer und Bildungseinrichtungen wie der Aligarh Muslim University in Indien 1912 hervorgetreten. *Po*

Ahl-i Ḥaqq (pers. „Besitzer der Wahrheit"), Geheimreligion ohne kanon. Heilige Schrift. Angehörige dieser Gemeinschaft finden sich in Iran (Luristan, Kermanshah, Azerbaidschan) und in Irakisch-Kurdistan (Kirkuk, Sulaimaniye). Ihr Glaube an sieben aufeinander folgende Inkarnationen Gottes basiert offenbar auf dem geistigen Erbe der frühen extremen Schia. Die Reinigung der Seele erfolgt durch Seelenwanderung. Nach sieben Zyklen göttlicher Manifestation soll der eschatolog. Retter in der Heimat der A. H. erscheinen. Die A. H. verteilen sich auf verschiedene ethnische, tribale und religiöse Untergruppen. Obwohl es an einer einheitlichen Organisation fehlt, sind die von Sultan Suhâk (lebte wahrscheinlich im 15. Jh.), dem eigentlichen Religionsstifter, eingeführten Institutionen und Riten für alle Angehörigen des Glaubens gültig. *Pi-Ha*

Lit.: Halm, H.: Art. „Ahl-i Ḥaqq", in: Encyclopaedia Iranica, Bd. 1, 1982, 635–37. – Schmucker, W.: Sekten und Sondergruppen, in: Ende, W./Steinbach, U. (Hg.): Der Islam in der Gegenwart, [4]1996, 663–683.

Aḥmadîya, sunnit. millenarist. Bewegung, gegründet 1889 im heutigen Pakistan von Mîrzâ Ghulâm Aḥmad (1835–1908). Eine göttliche Offenbarung eröffnete ihm nach eigenem Bekunden, daß er der Reformer seiner Zeit, der christl. Messias und der islam. → Mahdî in einer Person sei. Die strittige Frage von Ghulâm Aḥmads Prophetentum führte 1914 zur Spaltung der A. Trotz der Zurückweisung dieses Anspruchs durch Aḥmad selbst bestand eine Minderheit auf seinem Prophetentum. Ihre Haltung führte dazu, daß die pakistan. Regierung 1974 Gesetze zur Ausgrenzung der A. erließ, die zur Verfolgung beider Gruppen führten. Zudem wurde die A. auch von der → Liga der islam. Welt aus der islam. Glaubensgemeinschaft ausgeschlossen. Seit 1984 ist es den Aḥmadîs in Pakistan unter Strafandrohung untersagt, sich selbst als Muslime zu bezeichnen und die islam. Gebote zu befolgen. Die Mehrheit der A.-Bewegung beruft sich auf dieselben kanon. Quellen wie die übrigen Muslime und erkennt die vier „rechtgeleiteten Kalifen" ebenso an wie die Gründer der vier sunnit. → Rechtsschulen, von denen sie den ḥanafit. Ritus bevorzugen. Ziel der A. ist die Verbreitung eines reformierten Islams mit friedlichen Mitteln. Die Zahl ihrer Anhänger beläuft sich auf etwa 1 Mio., die Hälfte von ihnen lebt auf dem indischen Subkontinent. Weitere bedeutende Gemeinden finden sich in Indonesien sowie in West- und Ostafrika. Die erste Moschee in Deutschland wurde 1923 von der A. in Berlin errichtet, 1949 entstand die erste islam. Missionsstation für Westdeutschland. Heute betreuen die Aḥmadîs ca. 50000 Anhänger in der Bundesrepublik, darunter ca. 400 Deutsche. Zentrale Einrichtung der A.-Muslim-Bewegung ist die Nûr-Moschee in Frankfurt. *Pi-Ha*

Lit.: Ahmed, M.: Ahmadiya. Geschichte und Lehre, in: Schimmel, A. u.a. (Hg.): Der Islam, Bd. 3: Die Religionen der Menschheit, 1990, 415–422. – Schmucker, W.: Sekten und Sondergruppen, in: Ende, W./Steinbach, U.: Der Islam in der Gegenwart, [4]1996, 663–683. – Spuler-Stegemann, U.: Muslime in Deutschland. Nebeneinander oder Miteinander, 1998.

Aischa (arab. ʿÂ'isha, gest. 678), Tochter des zweiten Kalifen Abû Bakr und dritte Frau → Muḥammads. Als seine Lieblingsfrau wird A. besonders von den → Sunniten verehrt, die ihre Rolle als Gegenspielerin Fâṭimas betonen. Nach → Muḥammads Tod griff sie aktiv in die Politik ein und bekämpfte den vierten Kalifen → ʿAlî, unterlag aber in der sog. „Kamelschlacht" (656). Bis zu ihrem Tod lebte sie in → Medina. *Schö*

ʿAlawiten, auch Nuṣairîya, schiit. Sekte mit weiter Verbreitung in Westsyrien und im Südosten der Türkei (→ Aleviten). Gegründet wurde dieser Zweig der extremen → Schiiten Mitte des 9. Jh. im → Irak durch Muḥammad ibn Nuṣair an-Namîrî, der – gegen dessen Widerspruch – die göttliche Natur des zehnten schiit. Imâms ʿAlî al-Hâdî verkündete und sich selbst zum Propheten erklärte. Die Doktrin der ʿA. ist eine mythische Lehre von der Entstehung der Welt, in der dem Vetter und Schwiegersohn des Propheten, dem ersten Imâm der Schiiten, → ʿAlî ibn Abî Ṭâlib, göttlicher Charakter verliehen wird. Im Verlaufe der Geschichte gab es verschiedene ʿalawit. Dynastien im Maghreb, Jemen, in Mekka, Nordiran und Andalusien. In Syrien sind seit 1966 ʿalawit. Offiziere der Baʿth-Partei an der Macht, zu denen der amtierende Präsident Bashshâr al-Asad gehört. *Pi-Ha*

Lit.: Halm, H.: Art. „Nuṣairiyya", in: The Encyclopaedia of Islam. New Edition, Bd. 8, 1995, 145–148. – Kadi, W.: Art. „ʿAlawî", in: Encyclopaedia Iranica, Bd. 1, 1983, 804–806.

Albanien, Balkanstaat mit 28748 qkm und 3339000 Einwohnern. Die Republik A. mit der Hauptstadt Tirana gilt als eines der rückständigsten Länder Europas. In sozialist. Zeit 1946–1992 war der niedrige Lebensstandard die unmittelbare Folge einer Politik, die über Jahrzehnte auf eine völlige Autarkie und Unabhängigkeit gesetzt hatte. Die plötzliche Öffnung A. gegenüber dem Westen, d.h. seine Hinwendung zu Marktwirtschaft und Demokratie seit 1990, konnte die schlechte sozioökonom. Lage der Bevölkerung jedoch kaum verbessern. Infolge des massiven Rückgangs der Industrieproduktion zu Beginn des Transformationsprozesses um ca. 80% verdient heute jeder zweite Albaner seinen Lebensunterhalt in der Landwirtschaft. Etwa ein Viertel der Bevölkerung A. nutzte die neuen Freiheiten für eine Emigration ins benachbarte Ausland. Enttäuschte Erwartungen auf einen raschen wirtschaftlichen Aufschwung verleiteten Mitte der 1990er Jahre Hunderttausende zu Geldanlagen in sog. Sparpyramiden mit dubiosen Gewinnchancen, die schließlich im Frühjahr 1997 über Nacht zusammenbrachen. Soziale Unruhen erschütterten daraufhin nicht nur das neue polit. System, sondern führten zu anarch. Zuständen, die das Land in eine noch größere Abhängigkeit von ausländ. Kreditgebern gebracht haben. Als Kompensation für die innenpolit. Machtverluste setzten verschiedene alban. Politiker in den letzten Jahren auf eine expansive Außenpolitik, d.h. sie belebten die sog. „alban. Frage", womit die Vereinigung aller Albaner in einem gemeinsamen Staat gemeint ist. So fordert der ehemalige alban. Ministerpräsident Sali Berisha (1992–1997) schon seit Jahren die Loslösung des mehrheitlich von Albanern bewohnten Kosovo von Serbien, wobei er sich von einer Unabhängigkeit des Kosovo mit etwa 1,8 Mio. Einwohnern einen Anschluß an A. erhofft. Die seit 1997 amtierende sozialist. Regierung in Tirana unterstützt zwar ebenfalls die Bildung eines unabhängigen Kosovo, strebt jedoch kein „Großalbanien" an und möchte nach dem Sturz des jugoslaw. Präsidenten Slobodan Milošević ihre diplomat. Beziehungen mit Belgrad normalisieren. Dennoch fördert sie nach Kräften unter der albanischsprachigen Bevölkerung im benachbarten Ausland die Entstehung einer nationalen Identität als Albaner, was die dortige gesellschaftliche Integration behindert. In der Republik Makedonien leben z.B. eine halbe Million Menschen mit alban. Muttersprache, die auf ihrem eigenen Bildungswesen, einschließlich der Hochschulausbildung, bestehen und das Erlernen der offiziellen Landessprache, des Makedonischen, ablehnen. Die alban. Identität als Zugehörigkeit zu einer Sprachgemeinschaft ist ein Produkt des 20. Jh. Bis zur Gründung eines vom Osman. Reich unabhängigen A. im Jahre 1913, das anfangs als Protektorat unter der Kontrolle einer internationalen Kommission stand, beschränkte sich die alban. Identität auf wenige Intellektuelle, die nach dem Vorbild anderer Sprachgemeinschaften auf dem → Balkan eine eigene Nation und einen eigenen Nationalstaat schaffen wollten. Das Gros der Bevölkerung (ca. 95%) konnte damals weder lesen noch schreiben und hatte in erster Linie eine religiöse Identität, die überwiegend muslim. war. Trotz des Jahrzehnte langen Religionsverbots unter dem kommunist. Diktator Enver Hoxha fühlen sich heute etwa 70% der Einwohner A. dem Islam zugehörig, etwa 20% der alban.-orthodoxen und 10% der kathol. Kirche. Die Ende 1998 durch ein Referendum bestätigte neue alban. Verfassung schreibt die Religionsfreiheit fest und schützt die Religionsgemeinschaften vor einer staatlichen Einflußnahme. *Ri*

Lit.: Kaser, K./Pichler, R./Schwandner, S. (Hg.): Die weite Welt und das Dorf. Albanische Emigration am Ende des 20. Jh., 2001. – Vickers, M.: The Albanians. A Modern History, 1995.

Aleviten (osman.: ʿalevî, „ʿAlî-Verehrer"), früher als Fremdbezeichnung auch „kızılbaş" (türk. „Rotkopf") genannt. Die A. leben v.a. in Zentralanatolien (Kayseri, Sivas, Divriği), seit der Landflucht in den 1950er Jahren aber auch in den großen Städten. Sie machen 15–30% der türk. Bevölkerung aus. Ein Drittel ist kurdischsprachig. Die A. sind ursprünglich im 14./15. Jh. in Ostanatolien innerhalb der mystischen → Bruderschaft der Ṣafawîya entstanden. Als diese im 16. Jh. zur pers. Dynastie der Ṣafawiden aufstieg, verloren die türk. Anhänger den Kontakt und entwikkelten sich zu einer eigenständigen, esoter. und endogamen Glaubensgemeinschaft. Aufgrund schwerer Verfolgungen hielten die A. jahrhundertelang ihre Religion geheim. Sie haben kein einheitliches religiöses Dogma, verehren → ʿAlî und lehnen die → Fünf Säulen des Islam ab. Das bedeutendste Ritual ist die Versammlung der Gläubigen (türk. âyin-i cem), bei der Frauen teilnehmen und Alkohol getrunken wird. Seit 1950 begann die traditionelle Ordnung der A. zu zerfallen, so daß bis Ende der 1980er Jahre die religiösen und sozialen Strukturen weitgehend verloren waren. Seit den 1990er Jahren ist eine Revitalisierung der alevit. Gemeinschaft festzustellen. Die A. versuchen heute, offiziell vom türk. Staat als soziale, ethnische und religiöse Gruppe anerkannt zu werden. *Ba*

Lit.: Kehl-Bodrogi, K.: Die Kızılbaş/Aleviten. Untersuchungen über eine esoterische Glaubensgemeinschaft in Anatolien, 1988. – Vorhoff, K.: Zwischen Glaube, Nation und neuer Gemeinschaft. Alevitische Identität in der Türkei der Gegenwart, 1995. – Dies.: „Let's Reclaim our History and Culture!". Imagining Alevi Community in Contemporary Turkey, in: Die Welt des Islam 38 (1998), 220–252.

Algerien, Staat im → Maghreb, mit 2381741 qkm zweitgrößter Staat Afrikas, ca. 27959000 Einwohner (1995). Die Hauptstadt ist Algier. Die Bevölkerung A. ist mehrheitlich arab.-berber. Ursprungs. Es kann davon ausgegangen werden, daß die Muttersprache von etwa 30% der Bevölkerung eine → Berber-Sprache ist. Offizielle Landessprache ist Arabisch. Trotz intensiver Arabisierungsbemühungen seit der Unabhängigkeit hat Französ. als Handels- und Bildungssprache weiterhin eine hohe Bedeutung. Die große Mehrheit der Algerier sind sunnit. Muslime, die mehrheitlich der mâlikit. → Rechtsschule angehören. Eine Ausnahme bilden die Minderheiten der Ḥanafiten – sie sind osman. Ursprungs und waren Teil der Herrscherelite – sowie die ibâḍit. Muslime (→ Ibâḍiten) in den Oasen des Mzab. Die ehemals große jüd. Gemeinde A. (1950: ca. 140000 Mitglieder) ist infolge von Auswanderung stark zurückgegangen. Mit dem Ende der Kolonialzeit (1962) sank der einst hohe Bevölkerungsanteil europäischer Christen (1948: ca. 10%). – Die Islamisierung A. setzte mit der Eroberung des Landes durch arab. Truppen im 7. Jh. ein. Im 8. Jh. bekannten sich auf dem Gebiet des heutigen A. bedeutende Teile der einheim. Berberbevölkerung zur khârijit. Glaubensrichtung des Islams. Einheim. Dynastien waren meist nur von lokaler Bedeutung. Im Westen standen sie unter starkem Einfluß der Herrscherdynastien → Marokkos; im Osten waren sie durch Dynastien beeinflußt, die das heutige → Tunesien zum Mittelpunkt ihrer Reiche gemacht hatten. Die osman. Ära begann mit der Eroberung einiger alger. Städte durch die Brüder Arûj und Khair ad-Dîn Barbarossa (ab 1516). Der osman. Sultan übte bis zur französ. Okkupation Algiers (1830) mittels seiner Repräsentanten eine gewisse Kontrolle über weite Teile des heutigen alger. Staatsgebietes aus. Die französ. Kolonialzeit (1830–1962) endete mit einem acht Jahre währenden, von beiden Seiten mit aller Härte geführten Unabhängigkeitskrieg. Die Kolonialmacht strebte früh eine vollständige Kontrolle über das Leben der kolonisierten Muslime an. Ein Großteil der frommen → Stiftungen wurde konfisziert und in die Staatsdomäne eingegliedert. Frankreich übte bis zum Ende der Kolonialherrschaft eine direkte und absolute Kontrolle über die offizielle islam. Infrastruktur aus. Alger. Nationalisten, die stark von den Lehren der → Salafîya-Reformbewegung inspiriert waren, mahnten seit den 1920er Jahren staatliche Reformen zugunsten der muslim. Bevölkerungsmehrheit an und forderten die Trennung von Staat und Religion. War die Religion schon bedeutender Bestandteil der alger. Identität während des Unabhängigkeitskrieges, so versuchten nach Wiedererlangung staatlicher Unabhängigkeit Teile des religiösen Establishments, ihr im alger. Staat eine größere Bedeutung zu verschaffen. Diese Bestrebungen waren nur teilweise erfolgreich. Im Anschluß an das kurze sozialist. Experiment unter der Führung von Ahmed Ben Bella (1963–1965) setzte während der Präsidentschaft Houari Boumédiennes (1965–1978) eine Konsolidierung des alger. Staates unter islam. und sozialist. Vorzeichen ein. Sein Nachfolger Chadli Bendjedid

(1979–1992) war mit der Zuspitzung ökonom. und sozialer Probleme des nahezu vollständig vom Erdgas- und Erdöl-Export abhängigen Landes konfrontiert. 1982 brachen in A. islamist. motivierte Gewalttätigkeiten aus. Nach landesweiten Unruhen im Oktober 1988 ordnete die Staatsführung eine Demokratisierung des polit. Lebens an. Doch als sich während der Parlamentswahlen im Januar 1992 ein Sieg der → Islam. Heilsfront (FIS) abzeichnete, griff die Armee ein und erklärte die Wahlen für ungültig. Tausende Islamisten wurden inhaftiert, die Islam. Heilsfront verboten und Präsident Chadli Bendjedid abgesetzt. Der Staatsrat setzte Mohammed Boudiaf, einen der „Väter der Unabhängigkeit", als Staatsoberhaupt ein. Er wurde im Juli 1992 unter ungeklärten Umständen ermordet. Seine Nachfolger versuchten, den nunmehr mit ungeheurer Brutalität entbrannten Bürgerkrieg zwischen militanten Islamisten und den Sicherheitskräften für sich zu entscheiden. Da sich abzeichnete, daß keine Seite den Sieg davontragen kann, bemüht sich der seit April 1999 amtierende Präsident Abdelaziz Bouteflika um einen Ausgleich mit den Islamisten. *Ko*

Lit.: Herzog, W.: Algerien. Zwischen Demokratie und Gottesstaat, 1995. – Ruedy, J.: Modern Algeria. The Origins and Development of a Nation, 1992. – Rouadjia, A.: Les frères et la mosquée. Enquête sur le mouvement islamiste en Algérie, 1990.

ʿAlî (gest. 661), Vetter und Schwiegersohn → Muḥammads, mit dessen Tochter → Fâṭima er verheiratet war. ʿA. war einer der ersten Anhänger → Muḥammads und später der vierte der sog. „rechtgeleiteten" Kalifen. Nach der Ermordung des dritten Kalifen ʿUthmân 656 wurde ʿA. zum Kalifen bestimmt, obwohl die Sippe ʿUthmâns (die → Dynastie der Umayyaden) ihm die Unterstützung von dessen Mörder vorwarf und den Gegenkalifen Muʿâwiya etablierte. Daneben mußte sich ʿA. auch gegen → Aischa und ihre Verbündeten zur Wehr setzen, konnte diese jedoch in der „Kamelschlacht" besiegen. Zum Konflikt mit Muʿâwiya kam es 657 bei Siffîn (am Euphrat), aus dem zwar kein Sieger hervorging, ʿA.s Anhängerschaft sich aber entzweite und Muʿâwiyas Position gestärkt wurde. Die Auseinandersetzung zwischen beiden Kalifen fand durch die Ermordung ʿA.s in Kufa ihr Ende. ʿA.s Mausoleum in → Nadschaf ist eines der wichtigsten islam. Heiligtümer, sowohl für die → Schiiten – die „Parteigänger ʿA.s" (arab. shîʿat ʿA.) – als auch für die → Sunniten. Für die Schiiten gilt ʿA. als Stammvater der Imâme; als „Begleiter Gottes" (arab. walî allâh) wurde seine Erwähnung ins schiit. → Glaubensbekenntnis aufgenommen. An der Person ʿA.s orientieren sich neben den Schiiten noch andere islam. Bewegungen, etwa die → ʿAlawiten, die sich durch eine gottähnliche Verehrung ʿA.s und die Leugnung seines Todes auszeichnen. *Schö*

Lit.: Halm, H.: Die Schia, 1988. – Laoust, H.: Le rôle de ʿAli dans la Sîra chiite, in: Revue des Études islamiques 30 (1962), 7–26. – Petersen, E. L.: ʿAlî and Muʿâwiya in Early Arabic Tradition, 1964.

Alkohol. Muslimen ist nach allgemeiner Rechtsauffassung (→ Recht) der Genuß alkohol. Getränke unter Androhung einer → Körperstrafe verboten. Diese Auffassung stützt sich auf Sure 5:90f. des Koran, welche „khamr" (arab. „Wein") verbietet, ein Getränk, dessen Eigenschaften in Sure 16:69 gepriesen und das in Sure 27:44f. als Belohnung im Paradies ausgesetzt wird. Die Auslegung dessen, was als „Wein" im Sinne eines berauschenden Getränks gilt, hat in der Geschichte durchaus gewechselt. *Mü*

Allâh (arab. „der → Gott"). → Gottesnamen

Almosen. An Bedürftige A. zu geben, gilt Muslimen allgemein als wohltätiges Handeln. Eine bestimmte Form des A. ist darüber hinaus rechtlich vorgeschrieben, die zakât, eine der → Fünf Säulen (Grundpflichten) des Islams. Sie besteht in der jährlichen Abgabe eines bestimmten Teils, bei Edelmetallen z. B. eines Vierzigstels, des Vermögens. Oft wird die zakât freiwillig geleistet, in manchen islam. Staaten aber auch als Steuer eingezogen. *El*

Alter. Im islam. → Recht stellt A. keinen Lebensabschnitt mit speziellen religiösen Pflichten und Rechten dar. Kulturell tief verwurzelt ist der Respekt vor der Lebenserfahrung der älteren Generation. Ein arab. Sprichwort lautet: „Eine Stunde älter als ich, ein Jahr weiser." Konflikte entstehen durch den Anspruch älterer Menschen, Macht in Öffentlichkeit und Familie auszuüben. Frauen jenseits der Menopause genießen in Familie und Öffentlichkeit mehr Einfluß. Alte Menschen werden meist in der Familie versorgt; Altersheime sind selten. Durch die → Pilgerfahrt, oft erst im A. möglich, können Männer und Frauen hohes Prestige erwerben. *Bo*

Lit.: Irabie, A.: Die blockierte Gesellschaft. Die arabische Gesellschaft zwischen Tradition und Moderne, 1996. – O'Shaughnessy, T.J.: The Qur'anic View of Youth and Old Age, in: Zeitschrift der Deutschen Morgenländischen Gesellschaft, 141 (1991), 33–51.

Amulett. A. zur Abwehr des → Bösen Blicks und glücksbringende Talismane sind im islam. Kulturkreis weit verbreitet. Häufig sind die stilisierte Hand der Prophetentochter → Fâṭima, kleine Koranexemplare oder blaue Perlen zu sehen. Bei den → Schiiten findet sich das Bild → ʿAlîs als Schmuck und Schutz. *Bo*

Lit.: Kriss, R./Kriss-Heinrich, H.: Volksglaube im Bereich des Islam. 2 Bde., 1960/62. – Schienerl, P. W.: Dämonenfurcht und böser Blick. Studien zum Amulettwesen, 1992.

Andalusien (arab. al-Andalus) → Spanien

Apostasie, allgemein der Abfall von einer Religion, in der islam. Welt im 20. Jh. v.a. von Reformisten wie Abû l-Aʿlâ al-→ Maudûdî und Sayyid Quṭb theoret. verarbeitet. Ihrer Meinung nach haben sich die meisten muslim. Gesellschaften aufgrund des Einflusses und der Dominanz des Westens so weit von den idealen islam. Verhältnissen der Frühzeit entfernt, daß sie sich nun im Zustand des „Unglaubens" (arab. kufr), „Polytheismus" (arab. shirk) oder des Rückfalls in die vorislam. „Zeit der Unwissenheit und Ignoranz" (arab. jâhilîya) befänden. Alle Muslime, die weiterhin in dieser Situation verharrten, müsse man so behandeln, als ob sie vom Islam abgefallen seien. Noch bestehe allerdings die Möglichkeit der Wiedergutmachung durch individuelle Läuterung und das persönliche Engagement im Rahmen der reformist. Bewegung. (→ Reformislam) *Co*

Arabische Halbinsel, Gesamtfläche über 3 Mio. qkm, ca. 44 Mio. Einwohner, mit den Staaten → Saudi-Arabien, → Qatar, → Vereinigte Arab. Emirate (V.A.E.), → Oman, → Bahrain, → Kuwait und → Jemen. Ausreichende Niederschläge ermöglichen in einigen Gebieten den Ackerbau (Tihâma, Hedschas, Jemen und die Küste von Oman im Osten); ansonsten dominiert Wüste. Ar-Rubʿ al-Khâlî (arab. „Das leere Viertel") in Saudi Arabien ist die größte zusammenhängende Wüste der Welt. Flüsse gibt es auf der A.H. nicht, jedoch Grundwasservorräte. Fast 43% beträgt der Anteil der A.H. an den Welterdölreserven, und nirgendwo ist die Erdölförderung so billig wie hier. Die A.H. hat sich seit Entdeckung des Erdöls radikal verändert. Tierwelt und Vegetation fielen teilweise der Ölförderung und -verarbeitung zum Opfer. Angesichts des weitgehenden Fehlens anderer Industriezweige hängt die Wirtschaft der Region stark vom Erdöl ab. Saudi-Arabien, dem größten Land der A.H., kommt polit. wie wirtschaftlich eine führende Rolle in der Region zu. Konflikte zwischen den Staaten der A.H. bewirkte der künstliche Grenzverlauf zwischen den einzelnen Staaten, der nach dem Ersten Weltkrieg von den europäischen Mächten festgelegt wurde. Weitere Gründe für Spannungen in der Region brachten die irak. Invasion Kuwaits und die massive Truppenpräsenz der USA mit sich, welche in der arab. Welt weitgehend als Ausdruck des Interesses des Westens am Erdöl und an der Wahrung der strateg. Interessen in der Region interpretiert wird. Eine weitere Gefahr stellt Irans Anspruch auf die drei emirat. Inseln Abû Mûsâ, Thunab aṣ-Ṣughrâ und Thunab al-Kubrâ dar, die der Iran seit 1970 besetzt hält. Die gegenwärtige Annäherung Saudi-Arabiens an Iran wird von den Emiraten stark beargwöhnt. Auf gesellschaftlicher Ebene führte der Öl-Reichtum zur Zerstörung vieler traditioneller Strukturen, v.a. des traditionellen Beduinenlebens. Wenn man heute noch auf der Halbinsel auf ein beduin. Zelt stößt, so sieht man nicht selten daneben einen Wassertanklastwagen, meist einen großen amerikan. Komfort-Jeep, zumindest aber einen Toyota Pick-up. In einigen Städten hat sich eine stark westlich geprägte Bevölkerungsschicht entwickelt.

Ra

Arabische Liga, eine zwischenstaatliche Organisation mit Sitz in → Kairo, am 22. 3. 1945 von Vertretern aus Ägypten, Saudi-Arabien, Syrien, Irak, Libanon, Jemen und Transjordanien gegründet. Später traten der A.L. Libyen, Sudan, Tunesien, Marokko, Kuwait, Algerien, Bahrain, Qatar, Oman, die Vereinigten Arab. Emirate, Mauretanien, Somalia, Palästina und Dschibuti bei. Sie besteht aus sechs Organen, darunter dem Rat der A. L., zusammengesetzt aus Vertretern der Mitgliedsstaaten, der permanenten Kommission und dem Generalsekretariat, seit 1991 unter dem Generalsekretär Aḥmad ʿIṣmat ʿAbd al-Majîd. Die im Pakt der A. L. festgelegten Ziele sind die polit., wirtschaftliche und soziale Zusammenarbeit der arab. Staaten. Im Bereich der Wirtschaft initiierte die A. L. zahlreiche joint-ventures sowie Wirtschaftsabkommen und stellt Hilfen für die ärmeren Mitglieder bereit. Auf polit. Ebene vertritt sie arab. und islam. Standpunkte bei internationalen Organisationen, insbesondere im Zusammenhang mit dem Palästinaproblem. Aufgrund des mit Israel geschlossenen Friedensabkommens von Camp-David war Ägypten zwischen 1979 und 1987 aus der A. L. ausgeschlossen. *Sz*

Lit.: Taufiq Y. Hasou: The Struggle for the Arab World. Egypt's Nasser and the Arab League, 1985.

Arabische Literatur. Bereits im 5. Jh. trat die → arab. Sprache als voll ausgebildete Literatursprache in Erscheinung. Die eng mit der beduin. Lebenswelt verbundene vorislam. Dichtung erhielt aufgrund ihrer Funktion als kollektives Gedächtnis der Araber und wertvolle Referenz in Fragen der Koranauslegung schon in der Frühzeit des Islams eine normierende Funktion und begründete so poet. Konventionen, an die selbst heutige Dichter zuweilen noch anknüpfen. Dazu gehört v. a. Formales. Die Gedichte behalten Metrum und Reim des ersten Verses über ihre ganze Länge – zuweilen mehr als 100 Verse – bei (man spricht von „Monometrik" bzw. „Monoreim"). Syntakt. und wichtigste gedankliche Einheit ist der Einzelvers („Molekularität"). Im allgemeinen galten deshalb der Literaturkritik nicht ganze Gedichte, sondern jeweils nur einzelne „schöne" Verse als besonders gelungen. Auch ist aus diesem Grunde die Position des Einzelverses innerhalb der Versabfolge eines Gedichts, im Gegensatz zur Position des Wortes im Vers, recht variabel. Nicht selten sind Gedichte deshalb in mehreren Varianten überliefert. In vielen Fällen haben sich von einem einstigen Gedicht sogar nur einzelne Verse oder Versgruppen erhalten, weil die Tradenten nur diese für überlieferungswürdig befanden. Trotz der weitreichenden Selbständigkeit des Einzelverses haben sich aber auch – wenngleich zuweilen recht lose – Gattungsnormen für Aufbau und Inhalt des Gedichtganzen herausgebildet. Ein derart bestimmtes sehr verbreitetes Genre ist die schon aus vorislam. Zeit stammende Kaside (arab. qaṣîda). Der Typisierung des Gelehrten Ibn Qutaiba (gest. 889) zufolge besteht dieses polythemat. Langgedicht aus drei Teilen: 1. Liebeserinnerung mit Klage über den Verlust der Geliebten (Einleitung); 2. Aufbruch mit anschließender Reisebeschreibung, früher oft ein Wüstenritt; 3. der Hauptteil, in dem der Dichter einen Herrscher, Stamm oder sich selbst rühmt oder Gegner schmäht. Die im Laufe der Zeit klassisch gewordenen inhaltlichen und formalen Gattungskonventionen wurden freilich immer wieder neu gedeutet und das Genre so dem sich wandelnden Geschmack und veränderten Bedürfnissen angepaßt. So kommt es, daß die Kaside auch heute noch von Dichtern und Hörern weithin sehr geschätzt wird. Ähnliches gilt für kürzere Gedichtformen wie etwa das Weingedicht oder das Ghasel (arab. ghazal, „Liebesgedicht"). – War der vorislam. Beduinendichter v.a. Dichter seines Stammes und der Wüste (erkennbar z.B. in den unter dem Namen *Mu'allaqât* vereinten Kasiden des Imru' l-Qais, Zuhair, Labîd u.a., sowie in zahlreichen Gedichten der *Ḥamâsa*-Sammlung), so hat die Poesie der Folgezeit vielfach einen urbanen und höfischen Hintergrund (z.B. al-Mutanabbî, 915–965). Auch für die → Mystik wurde sie sehr bedeutend (z.B. Ibn al-Fâriḍ, gest. 1235; Ibn al-'Arabî, 1165–1240), hier jedoch meist mit kürzeren Gattungen. Eine starke Rhetorisierung erfuhr die Poesie durch die muḥdath- (arab. „modernen") Dichter des 8./9. Jh. (Bashshâr ibn Burd, 714–783; Abû Nuwâs, gest. 814/15; Abû Tammâm, gest. 845; Ibn al-Mu'tazz, 861–908). Charakterist. für deren badî'- (arab. „innovativen") Stil, ein Produkt der Verlagerung der ehemals beduin. Dichtung in die urbanen Zentren und an die neuen Herrscherhöfe, ist die Verwendung von vielfältigen, z.T. hochelaborierten Wort- und Sinnfiguren, von Zitat und Parodie. Sie bereiten die konzeptuelle Komplexität und Dichte eines später beliebten Concetto-Stils vor. – Bis zum 19. Jh. galt das Dichten, wie die Wissenschaften u.a. Künste, als erlern- und lehrbare, weil bestimmten Regeln unterworfene Fertigkeit. Davon zeugen zahlreiche Prosodie- und Rhetorik-Handbücher, deren bekanntestes von al-Jurjânî (gest. um 1080) stammt. Es kam nicht so sehr darauf an, etwas wirklich Neues zu schaffen, als vielmehr darauf, unter virtuoser und geistreicher Ausnutzung der kanonisierten Möglichkeiten Bekanntes überraschend neu erscheinen zu lassen. – Der Prosa wurde eine an die Poesie heranreichende Literarizität bis zum 19. Jh. – vom → Koran einmal abgesehen – allenfalls in stark rhetorisierten Formen wie dem hohen Kanzleistil der Hofsekretäre (arab. inshâ') oder der artifiziellen Reimprosa der Makame (arab. maqâma), einer Art anekdot. Picaro-Erzählung (al-Hamadhânî, 968–1008; al-Ḥarîrî, 1054–1122) zugebilligt. Ansonsten genoß sie nur dann Wertschätzung, wenn sie dem Ideal geistreich-witzigen Zerstreuens, erbaulich-nützlichen Unterhaltens oder kultivierten Bildens und Lehrens genügte. Davon zeugt das sehr umfangreiche Schrifttum der „feinen Bildung" (arab. adab). Ein früher Vertreter war al-Jâḥiẓ (ca. 776–868/69), z. B. mit seinem Buch „Die Geizhälse". In späterer Zeit nimmt das adab-Schrifttum immer mehr enzyklopäd. Charakter an, so im *Kitâb al-Aghânî* („Buch der Lieder") von Abû l-Faraj al-Iṣfahânî (897–967) oder im *Ṭauq al-ḥamâma* („Halsband der Taube") von Ibn Ḥazm (994–1064). – Die seit alters mündlich tradierten Heldenepen, Darbietungen professioneller Geschichtenerzähler und Mimen oder auch das Schattenspiel waren als Literatur des „niederen Volkes" aus dem Kanon der „hohen" Literatur der gebildeten Elite ausgeschlossen. – Mit vielen jahrhundertealten dichter. Traditionen brach die a. L. erst in der zweiten Hälfte des 19. Jh. Dafür wurde besonders die von einem erstarkenden Bildungsbürgertum getragene Abkehr vom manierist. Ideal sprachlicher Gesuchtheit sowie die Auffassung vom Gedicht als einem natürlichen, lebendigen Organismus ausschlaggebend. Mit der Entwicklung hin zu mehr „Natürlichkeit" und mehr subjektivem Empfinden ging auch eine Aufwertung der einfacheren Prosa einher. Seither hat sich die a. L. zahlreiche neue Formen angeeignet, in der Dichtung besonders den Freien Vers (Badr Shâkir as-Sayyâb, 1926–1964; Nâzik al-Malâ'ika, geb. 1923; ʿAbd al-Wahhâb al-Bayyâtî, geb. 1926), in der Prosa die Kurzgeschichte und den Roman. Auch das Drama/Theater konnte sich etablieren. Sozialhistor. läßt sich die Entwicklung der modernen a. L. als Geschichte einer durch die technischen Möglichkeiten des → Buchdrucks, die Entwicklungen im Verlagswesen und die Verbesserung der Bildungssituation bedingten Verbreiterung der Leserschichten verstehen. Ästhet.-stilist. ist es v.a. in der Prosa und Dramatik die Geschichte einer Angleichung an dominante globale Modelle. Anders als in der Poesie knüpfte man hier kaum an eigene epische und dramat. Traditionen an, da diese zur „niederen" Literatur gerechnet wurden. – Für die Entwicklung der Prosa und des Theaters lassen sich seit Ende des 19. Jh. grob folgende Strömungen beobachten: Eine belehrend-moralisierende Literatur, die dem Gemeinwohl Nutzen bringen sollte, wurde v.a. im 19. Jh., aber auch noch bis zum Ersten Weltkrieg verfaßt. Hauptvertreter sind Jurjî Zaydân (1861–1914) und Salîm al-Bustânî (1848–1884). Für eine empfindsam-romantizist. Richtung (ca. 1900–1925) stehen Jubrân Khalîl Jubrân (1883–1931) und Muṣṭafâ Luṭfî al-Manfalûṭî (1867–1924). Patriot.-sozialreformer. (1910–1930) waren die sog. „Neue Schule" in Ägypten, darunter Muḥammad Taymûr (1891/92–1921) und sein Bruder Maḥmûd (1894–1973), sowie in deren Folge Autoren wie Ṭâhâ Ḥusayn (1889–1973) und Tawfîq al-Ḥakîm (1898/1902–1987). Seit den 1930ern entstand eine gesellschaftsanalyt.-chronist. Literatur (Najîb → Maḥfûẓ; Yûsuf Idrîs, 1927–1991; Tawfîq Yûsuf ʿAwwâd, 1911–1989). In den 1960er Jahren und besonders nach 1967 (Juni-Krieg, Niederlage des Nasserismus) begannen viele Autoren, sehr ideologie- und selbstkritisch zu schreiben (Laylâ Baʿalbakkî, geb. 1934; aṭ-Ṭayyib Ṣâliḥ, geb. 1929; Ṣunʿallâh Ibrâhîm, geb. 1937). Gleichzeitig entstand eine „Neue Sensitivität" (E. al-Kharrâṭ), der es um eine Neubegründung der Ästhetik und des Verhältnisses von Literatur zu Wahrheit und Wirklichkeit ging und die deshalb oft stark experimentelle Züge trug. Seither deckt die arab. Prosa das gesamte Spektrum postmodernen Schreibens ab, häufig auch mit spieler. Rückgriffen auf das alte Erbe, einschließlich der einst nicht zur „hohen" Literatur gerechneten volkstümlichen Heldenepen und → *Tausendundeine Nacht* (Yaḥyâ aṭ-Ṭâhir ʿAbdallâh, 1938–1981; Jamâl al-Ghîṭânî, geb. 1945; Emîl Ḥabîbî, 1921–1996; Zakariyyâ Tâmir, geb. 1931). – Die Poesie durchlief ähnliche Phasen. Ende des 19. Jh. entstand ein „Neoklassizismus" (Aḥmad Shawqî, 1868–1932), die 1920/30er Jahre waren von der „Romantik" gekennzeichnet (Jubrân, die „Dîwân"-Schule, die „Apollo"-Gruppe), während sich nach dem Zweiten Weltkrieg eine „sozialrealist." littérature engagée entwikkelte. Seit den 1960er Jahren ist wie in der Prosa eine Loslösung vom Realismus festzustellen. Insgesamt bietet die Poesie heute ein vielfältiges Bild: Panegyr. Kasiden im „klassischen“ Stil auf die Herrscher autokrat. Staaten stehen neben patriot. und sozial oder polit. engagierten kürzeren, häufig auch vertonten Strophengedichten (Amal Dunqul, 1940–1982; Maḥmûd Darwîsh, geb. 1942) sowie, auf der anderen Seite des Spektrums, den zuweilen „hermet.“ wirkenden Schöpfungen der Vertreter eines poet. Ästhetizismus (Adonis, geb. 1930). Liebeslyrik in volksnaher einfacher Sprache (Nizâr Qabbânî, 1923–1999) steht neben Philosophischem und Mystischem, hochsprachliche neben Dialekt-Dichtung. – Jenseits des etablierten säkularen Literaturbetriebes propagieren seit den 1980er Jahren einige religiöse Gruppen eine von „islam. Werten“ bestimmte Literaturproduktion und -kritik. – Kontrovers diskutiert wird die Frage, ob die von Arabern verfaßte, selbst aber nicht arabophone Literatur, insbesondere die französischsprachige Literatur des → Maghreb (Kateb Yacine, 1929–1989; Mohammed Dib, geb. 1920; Albert Memmi, geb. 1920; Tahar Ben Jelloun, geb. 1929; Assia Djebar, geb. 1936) zur a. L. gezählt werden soll. In jedem Falle geht heute von maghrebin. sowie von im außerarab. Exil, v. a. in London, Paris, USA, lebenden Autoren eine große innovative und belebende Wirkung aus. – Sehr viele Werke sowohl der klassischen als auch der modernen a. L. liegen inzwischen in guter deutscher Übersetzung vor. *Gu*

Lit.: Gätje, H. (Hg.): Grundriß der arabischen Philologie, Bd. 2: Literaturwissenschaft, 1987. – Heinrichs, W. u. a. (Hg.): Orientalisches Mittelalter, 1990. – Irwin, R. (Hg.): Night and Horses and the Desert. An Anthology of Classical Arabic Literature, 2000. – Keil, R. (Hg.): Hanîne. Prosa aus dem Maghreb, 1989. – The Cambridge History of Arabic Literature, Bde. 1–3 (1983, 1990, 1992). – Walther, W.: Art. „Die arabische Literatur“, in: Kindlers Neues Literatur Lexikon, 1988 ff., Bd. 19, S. 881–896. – Weidner, S. (Hg./Übers.): Die Farbe der Ferne. Moderne arabische Dichtung, 2000.

Arabische Schrift, zunächst Träger der arab., später auch anderer Literatursprachen (u. a. Persisch, Osmanisch) des islam. Raumes. Es handelt sich um eine linksläufige Konsonantenschrift mit 28 Buchstaben in der arab. Sprache, die für andere Sprachen z. T. erweitert und modifiziert wurde. Die a. S. gehört zum aramäischen Typus der nordsemit. Schriften. In der ältesten datierten arab. Inschrift von 512 liegen die Basisgrapheme bereits vor. Später erfolgten eine diakrit. Differenzierung, kalligraph. Weiterentwicklung und Systematisierung des Duktus (→ Kalligraphie). Schriftdiskussionen (Übernahme der Lateinschrift oder Modifizierung des arab. Alphabets) waren Bestandteil der Modernisierungskonzepte der islam. Welt im 19. und frühen 20. Jh.: 1928 wurde in der → Türkei das arab. durch das latein. Alphabet ersetzt. In den mittel- und zentralasiat. Sowjetrepubliken wurde die a.S. in den 1920er Jahren durch die Lateinschrift, 1940 vom kyrill. Alphabet abgelöst. Seit den 1990er Jahren gibt es in diesen Republiken wieder Schriftdiskussionen. Die a.S. bleibt vorherrschend für die Sprachen des nordafrikan., nah- und mittelöstlichen Raumes (Arabisch, Persisch, Kurdisch im Irak und in Iran, Urdu, einige Berbersprachen Nordafrikas) und in Teilen Zentralasiens (Darî, Paschtu, Uigurisch). *Ha-Hi*

Lit.: Endress, G.: Die arabische Schrift, in: Fischer, W. (Hg.): Grundriß der arabischen Philologie, 1982, 165–183.

Arabische Sprache. Das Arabische (A.) zählt aufgrund seiner weiten Verbreitung und globalen Bedeutung zu den großen Weltsprachen. Die frühe Sprachgeschichte ist noch weitgehend unklar. Innerhalb der semit. Sprachen (die meist mit dem Altägyptischen, den kuschit. Sprachen und dem Libysch-Berberischen zu einer „semit.-hamit." Sprachfamilie zusammengefaßt werden) wird das A. meist zusammen mit dem „epigraph." oder „Altsüd-" A. und dem Äthiopischen der Gruppe der südwestsemit. Sprachen zugeordnet. Diesen stellt man das Ostsemitische (v.a. Akkadisch) und das Nordwestsemitische (v.a. Aramäisch und Kanaanäisch, einschließlich Phönizisch und Hebräisch) gegenüber. Andere Forscher zählen das A. nicht zum Südwestsemitischen, sondern weisen ihm eine Mittelposition zwischen Nordwest- und Südwestsemitisch zu. Sprachdenkmäler von Vorstufen des sog. „klassischen" A. (s.u.) finden sich in Zentral- und Nordarabien (Thamûdisch, Liḥyânitisch, Ṣafâitisch, ca. 5. Jh. v.u.Z. – ca. 4. Jh. u.Z.). Die heute als „A." bezeichnete Sprache basiert auf nordarab. Idiomen, die seit dem 4. Jh. u.Z. belegt sind, sowie auf der Sprache der vorislam. Poesie (→ Arab. Literatur) und des → Koran. Dieses A. wurde mit der Expansion der Araber und des Islams im 7. Jh. weit über die → arab. Halbinsel hinausgetragen und seit dem 8. Jh. von Grammatikern und Lexikographen umfassend normiert, es wurde zum „klassischen" A. Der Status als Sprache der Eroberer, das Prestige als Offenbarungssprache, die hohe Anpassungsfähigkeit und die seit dem 9. Jh. dank reger Übersetzungstätigkeit erfolgte Integration der Wissenschaftssprache der Antike etablierten das klassische A. auf Jahrhunderte hinaus als Träger einer regionenübergreifenden islam. Kultur. Als Sprache des Kultus, der religiösen Gelehrsamkeit, der Wissenschaft, Literatur, Verwaltung usw. beeinflußte es auch die Sprachen anderer islamisierter Völker, insbesondere das Persische und Türkische (Iran. Sprachen, → Türk. Sprachen). – Geschrieben wird das A. von rechts nach links (→ Arab. Schrift). Auffällig im Lautbestand sind eine Reihe von Kehllauten (ḥ, kh, ʿ, gh, q) sowie die sog. emphat., dumpfen Konsonanten (ḍ, ṣ, ṭ, ẓ). Das A. gehört zum Typus der wurzelflektierenden Sprachen. Der Formenbestand ist charakterisiert durch meist 3-konsonantige Wortwurzeln, die eine Grundbedeutung tragen und von denen durch Vokalverteilung u.a. Wortbildungsmittel Nomina und Verben generiert werden. So gibt es z.B. zur Wurzel k-t-b („schreiben“) die Nomina kitâb („Buch“), maktab („Ort, wo man schreibt; Büro, Schreibtisch“), kâtib („schreibend; Schreiber, Schriftsteller“) und Verben wie kataba („schreiben“), takâtaba („einander schreiben“), aktaba („diktieren“), istaktaba („zu schreiben bitten“). – Seit dem 19. Jh. wurde das klassische A., nachdem es zuvor in einigen Bereichen an Bedeutung verloren hatte, von auf einen kulturellen Aufschwung (nahḍa) bedachten Intellektuellen bewußt gefördert und paßte sich in der Folge in Wortschatz und Ausdrucksweise den Erfordernissen der neuen Zeit an. Das so entstandene Neuhocharabische ist wie das klassische A. in erster Linie allgemeinverbindliche Schriftsprache. Daneben existieren mehrere Regionalsprachen und deren jeweilige lokale Dialekte (vergleichbar etwa den Verhältnissen in der Schweiz mit Hoch-/Schriftdeutsch, Schweizerdeutsch und z.B. Zürich-Deutsch). In den arab. Ländern erlernt man das Hoch-/Schrift-A. erst in der Schule. Es wird außer im religiösen Kultus nur im formellen Rahmen (Reden, Vorträge, Nachrichtensendungen etc.) oder zum Zweck innerarab. Verständigung gesprochen, falls die von den Sprechern benutzten Idiome zu stark divergieren und eine Kommunikation unmöglich ist. Muttersprache und damit auch Sprache der alltäglichen Lebenswelt, des Denkens und Fühlens ist (sofern nicht Berber- oder eine andere nicht-arab. Sprache) die Variante einer der arab. Regionalsprachen

(Hauptsprachregionen: Nordafrika, Ägypten, Levante, Irak, Zentralarabien). Diese Umgangssprachen unterscheiden sich in Lautbestand, Wortschatz, Formen- und Satzbildung ganz erheblich v.a. vom Hoch-A., je nach Distanz aber auch untereinander. Wegen seiner Verbreitung durch viele Filme wird überregional am besten das Ägyptisch-A. verstanden. Die meisten A.-Sprecher betrachten die Umgangssprache als regelloses und falsches A. und definieren so ihre Muttersprache lediglich negativ. Versuche, die ʿâmmîya (arab. „die Volkstümliche") aufzuwerten, geraten leicht in den Ruf eines die arab. Einheit verratenden Separatismus oder auch einer Abkehr vom Islam, wenngleich sie sich in der Regel auch einen literar. Platz als Sprache des Theaters, des Films und einer umfangreichen Mundartdichtung erobert hat. In jüngster Zeit gewinnt das Hoch-A. als Verkehrssprache eines sich globalisierenden Islams (und Islamismus) weitere Bedeutung. Im → Maghreb, wo zu Kolonialzeiten die Rolle einer Bildungs-, Wissenschafts- und Literatursprache weitgehend vom Französischen okkupiert war, hat das A. auf diesen Gebieten mittlerweile wieder an Terrain zurückgewonnen. Außerhalb der arab. Welt gilt die Erlernung der Sprache des Korans (deshalb meist in Koranschulen) als Zeichen von Frömmigkeit und bringt hohes Prestige. *Gu*

Lit.: Rabin, C. u.a.: Art. „ʿArabiyya", in: The Encyclopaedia of Islam. Bd. 1, 1986, 561–583. – Fischer, W.: Grammatik des klassischen Arabisch, 1972. – Fischer, W./Jastrow, O. (Hg.): Handbuch der arabischen Dialekte, 1980.

Architektur. Mit den großen → Moscheen der Heiligtümer in → Jerusalem, → Mekka, → Medina und den Moscheen in den Hauptstädten fand der Islam seinen Ausdruck, der ihn von den übrigen Glaubensgemeinschaften unterschied. Dieser Prozeß setzte bereits zu Ende des 7. Jh. ein und dauerte bis zum Ende einer eigenständigen islam. A. im 20. Jh. Die islam. A. galt stets als Repräsentationsmittel des Auftraggebers, der damit seine Macht und sein Ansehen, teilweise auch seine Frömmigkeit darstellen wollte. Als Stifter traten in erster Linie die Herrscher und deren Familien, Frauen mit dem gesamten Hofstaat, aber auch vermögende Privatpersonen auf. Die größten und aufwendigsten Bauten sind meist den Herrschern und ihrer nächsten Umgebung zuzuschreiben, die auch Einfluß auf die formale Gestaltung genommen haben. In der Frühzeit war die A. stark von der antiken und spätantiken Formensprache geprägt, die teilweise bewußt rezipiert wurde. Die Verbreitung bestimmter Formen und Erfindungen erfolgte nach dem Vorbild der Hauptstädte und des Hofes, z. B. in ʿabbâsid. Zeit (8.–13. Jh.) in Bagdad und Samarra/Irak. Mit der Ausbreitung dieser Formen wurden Techniken und Baumaterial übernommen, wie z. B. Backstein anstelle von Stein (in Nordafrika). Die Übernahmen von Bauformen und Grundrissen sind als bewußte Zitate zu verstehen, die oft aus polit. Motiven erfolgten. Trotz der daraus resultierenden Gemeinsamkeiten in den unterschiedlichen Ländern des islam. Reiches lassen sich regionale Traditionen beobachten, die die Entwicklung der A. bestimmten, wie z. B. in Nordafrika oder Iran. Als große Bauaufträge müssen Moscheen und → Medresen gelten, die oft mit Gräbern verbunden wurden, Grabanlagen und Palastbauten, sowie Krankenhäuser, Bäder und Khânqâhs (Klöster für Derwische). Die Stadt als Ort muslim. Lebens und islam. Kultur erfuhr demgemäß ein spezifisches Gepräge, das sie bald von den Städten spätantiker Tradition unterschied. Große Aufmerksamkeit wurde der allgemeinen Versorgung geschenkt: Wasserleitungen, Kanalisation, auch Staudämmen und Brücken. Vorschriften regelten die Baumaßnahmen. Die Namen der Architekten sind erst in späterer Zeit, d. h. im Mittelalter, gesichert überliefert, sowohl durch literar. Überlieferung als auch durch Inschriften. Einer der größten Architekten seit der Antike war Sinân (um 1490–1588), der im Dienst des Sultans Süleymân II. der osman. Herrschaft architekton. Ausdruck verlieh und sie unsterblich machte (Edirne, Istanbul). In der modernen Zeit ist eine eigenständige islam. A. nicht ohne weiteres erkennbar, weil die Bauten meist einer internationalen Formensprache ohne individuelle Prägung verpflichtet sind. Vereinzelt bemühen sich Architekten um die Umsetzung traditioneller Formen in die Moderne, die teilweise als geglückt gelten können. *Fi*

Lit.: Hillenbrand, R.: Islamic Architecture, 1994. – Holod, R.: Modern Turkish Architecture, 1984. – Kuran. A.: Sinan, the Grand Old Master of Ottoman Architecture, 1987.

Arkoun, Muḥammad (geb. 1928), einer der wichtigsten islam. Intellektuellen der Gegenwart. In seinen Werken bemüht er sich um eine neue Deutung des islam. Rationalismus und um neue Ansätze bei der → Koranexegese; seine Darstellungen der islam.

Geistesgeschichte üben besonders auf frankophone, säkularist. orientierte Muslime großen Einfluß aus. In Algerien geboren, lebte er viele Jahrzehnte in Frankreich und war bis 1992 als Professor an der Sorbonne tätig; er ist Herausgeber der renommierten Fachzeitschrift *Arabica*. *Schö*

Lit.: Arkoun, M.: La pensée arabe, [5]1996. – Ders.: Der Islam. Annäherung an eine Religion, 1999.

ʿÂshûrâʾ (arab., von hebr. âsôr), der 10. des ersten Monats im islam. → Kalender, Muḥarram. Als Fastentag wurde ʿÂ. den Muslimen ursprünglich in Anlehnung an den jüd. Yom Kippur empfohlen. Seit der Einführung des Fastenmonats Ramaḍân im zweiten Jahr nach der → hijra ist das Fasten am ʿÂ.-Tag freiwillig. Den → Schiiten gilt der gesamte Muḥarram, besonders aber dessen 10. Tag, als Trauerzeit. In Trauerfeiern gedenken sie des Märtyrertodes von → Ḥusain im Jahre 680 bei → Kerbela. Die von Pilgern in Kerbela abgehaltenen Trauerfeiern fanden bereits wenige Jahre nach Ḥusains Tod statt. In den folgenden Jahrhunderten wurden sie v.a. in den Häusern der schiit. → Imâme und ihrer Anhänger zelebriert. Seit dem 10. Jh. entstanden besondere Gebäude (arab., pers. takîya, ḥusainîya) für die Trauerfeiern. Im 16. Jh. entwickelte sich in Iran das dramat. Genre des Passionsspiels (taʿzîya), das während des 19. Jh. einen Höhepunkt erlebte. Von Iran aus gelangte der Brauch der ʿÂ.-Feierlichkeiten auf den indischen Subkontinent und in andere, unter dem Einfluß der iran. Kultur stehende Regionen der Welt. Der Ablauf der Trauerfeierlichkeiten ist genau festgelegt. Zu ihren Bestandteilen gehören a) die Versammlungen der Gläubigen im Hof einer Moschee, einer ḥusainîya oder an einem anderen Ort während der ersten zehn Tage des Muḥarram; auf diesen Zusammenkünften wird von Predigern die Leidensgeschichte des Prophetenenkels in Form von Elegien rezitiert; b) die Prozessionszüge mit Brustschlägern, Ketten- und Säbelgeißlern, die ihren Höhepunkt am ʿÂ.-Tag in der symbol. Beerdigung Ḥusains finden; c) das Passionsspiel, d.h. die dramat. Nachstellung der Ereignisse von Kerbela. Im Anschluß an die Prozessionen verköstigen wohlhabende Gemeindemitglieder die Bedürftigen in ihren Häusern. Diese Geste gilt als verdienstvoller Akt der Frömmigkeit. Im Vorfeld und während der iran. Revolution 1979 bedienten sich Demonstranten der ʿÂ.-Symbolik, und die Muḥarram-Feierlichkeiten gerieten zu Demonstrationen gegen das Schah-Regime. *Pi-Ha*

Lit.: Ayoub, M.: Art. „ʿÂshûrâ'", in: Encyclopaedia Iranica, Bd. 2, 1987, 874–76. – Halm, H.: Der schiitische Islam. Von der Religion zur Revolution, 1994. – Kippenberg, H. G.: Jeder Tag ʿAshura, jedes Grab Kerbala. Zur Ritualisierung der Straßenkämpfe in Iran, in: Religion und Politik in Iran. Mardom-Nameh. Jahrbuch zur Geschichte und Gesellschaft des Mittleren Orients, 1981, 217–56.

Atatürk (türk.: „Vater der Türken", 1881–1938). Mustafa Kemal, der seit 1934 den Familiennamen A. trug, wurde als Sohn eines kleinen Beamten in Saloniki geboren. Nach dem Besuch der Militärakademie (1904) in Istanbul übernahm er Posten in Damaskus und Saloniki, wo er sich dem „Komitee für Einheit und Fortschritt" (→ Jungtürken) anschloß, zu dem er indes später auf Distanz ging. Zu Ruhm gelangte er im Ersten Weltkrieg durch seine erfolgreiche Verteidigung der Dardanellenfestungen gegen die Alliierten. Nach der Niederlage des Osman. Reiches wurde er von Sultan Mehmed VI. Vahdettin mit der Wiederherstellung der zusammengebrochenen staatlichen Ordnung in Ostanatolien beauftragt. Tatsächlich begann er jedoch mit dem Aufbau einer Widerstandsbewegung mit dem Ziel, Alliierte, Armenier und Griechen, die Teile Anatoliens besetzt hatten, zu vertreiben. Im Unabhängigkeitskrieg (1919–1922) avancierte Mustafa Kemal zum unangefochtenen Führer dieser Bewegung. Seit April 1920 war er Präsident der „Großen Türk. Nationalversammlung", die sich in Ankara als Gegenregierung etabliert hatte. Mit der Gründung der Türk. Republik (1923) wurde der polit. Visionär zu deren erstem Staatspräsidenten gewählt. Die stark auf seine charismat. Persönlichkeit zugeschnittene, autoritäre Führung und das Monopol der von ihm gegründeten Republikan. Volkspartei sicherten A. bis zu seinem Tode eine einzigartige Machtposition. Die geradezu religiös anmutende Verehrung A.s, die in islam. Kreisen seit jeher Anstoß erregte, ist in den letzten Jahren zurückgegangen; gleichzeitig hat eine verhaltene, vorsichtige Diskussion über seine histor. Leistungen eingesetzt. *Str*

Lit.: Mango, A.: Atatürk, 1999.

Auferstehung. Der Gedanke der A. als Rückkehr des Menschen zu Gott ist eines der zentralen Elemente des islam. Glaubens und bildet das Komplement zur göttlichen → Schöpfung (Sure 36:77–83). In der → Mystik gelten Tod und Zeit im Grab als „kleinere A.". Der Tod bedeutet das Ende des irdischen Daseins (Sure 23:100), nicht aber das Ende der Persönlichkeit. Der Verstorbene besitzt vielmehr weiter eine Wahrnehmung und ist (durch Träume) in der Lage, mit den Lebenden zu kommunizieren. Unmittelbar nach der Beisetzung wird er durch zwei → Engel über die Grundlagen des Glaubens examiniert. Entsprechend erfährt er schon im Grab einen Vorgeschmack von → Hölle bzw. Paradies. Nachdem am Jüngsten Tag alle Schöpfung vernichtet worden ist, werden die Toten durch einen Posaunenstoß auferweckt und zum → Jüngsten Gericht versammelt (Sure 39:68). Die meisten Theologen verstanden die A. als körperlich, andere beharrten auf der metaphor. Auslegung. Die Mystik setzt die A. als gezwungene Rückkehr zu Gott einer freiwilligen Hinwendung im Leben entgegen. *Ha*

Lit.: → Jüngstes Gericht

Ausländer. Das islam. → Recht sieht traditionell für Personen, die sich nur zeitweise in den Gebieten aufhalten, in denen es zur Anwendung kommt, einen speziellen Schutzstatus (arab. amân) vor. Dieser führt den im altarab. Gewohnheitsrecht jiwâr (arab. „Schutzrecht") genannten Status fort, der Nicht-Stammesangehörigen auf Lebenszeit verliehen werden konnte. Durch den Islam wird tribale durch religiöse Solidarität weitgehend abgelöst. Koran. Grundlage von amân ist Sure 6:9: „Und wenn einer von den Heiden dich um Schutz angeht, dann gewähre ihm Schutz, damit er das Wort Gottes hören kann." Jeder Muslim, ob Mann oder Frau, selbst ein Sklave konnte einem ḥarbî, einem Menschen aus dem dâr al-ḥarb (arab. „Haus des Krieges"), amân gewähren. Ganzen Gruppen oder Städten den Status zu verleihen, war Imâmen vorbehalten. Amân kann sowohl in Kriegs- als auch in Friedenszeiten gegeben werden. Der Schutzstatus ist immer zeitlich begrenzt, der musta'min (arab. „der, dem Schutz gewährt wurde") mag nach Ablauf der Zeit als dhimmî (arab. „Schutzbefohlener") weiter im islam. Bereich leben oder konvertieren – oder er bekommt die Möglichkeit, sich an einen anderen sicheren Ort zu begeben. Ein musta'min genießt gewisse Persönlichkeits- und Eigentumsrechte und unterliegt wie die dhimmîs der Gerichtsbarkeit seiner Religion. Diplomat. Missionen genießen amân, soweit sie als solche erkennbar sind. Aus amân entwickelten sich die imtiyâzât (arab. „Konzessionen") für ausländ. Handelskolonien und Kaufleute im Osman. Reich. Im Zeitalter der Nationalstaaten regeln teils neuere, teils auch auf das islam. Recht zurückgehende Gesetze die Aufenthaltsbedingungen für Nicht-Staatsangehörige. *Sz*

Lit.: Khadduri, M.: War and Peace in the Law of Islam, 1962.

Aussprüche des Propheten → Ḥadîth

Ayatollah (arab. âyat allâh, „Zeichen Gottes"). Ehrentitel, der durch allgemeinen Gebrauch in der Öffentlichkeit den bedeutendsten schiit. Rechtsgelehrten verliehen wird. Die Auszeichnung mit dem Titel A. bedeutet, daß sein Träger ein so hohes Maß an Frömmigkeit und Gelehrsamkeit zeigt, daß darin Gottes Absichten in Seiner Schöpfung zum Ausdruck kommen. Der Titel ist in → Iran seit den späten 1940er Jahren üblich und wird fast allen einflußreichen schiit. Rechtsgelehrten verliehen. Der bekannteste unter ihnen war A. Ruhollah → Khomeini. *Pi-Ha*

Ayyûbiden → Dynastien

Azhar (arab. al-Jâmiʿ al-azhar, „Die Leuchtende Moschee"), traditionsreiche Moschee-Universität in → Kairo, 972 eröffnet. Obwohl ursprünglich eine schiit. Gründung, entwickelte sich die A. zu einem der einflußreichsten Zentren des sunnit. Islam. Reformversuche gab es im 19. und in der ersten Hälfte des 20. Jh., u.a. durch Muḥammad → ʿAbduh. 1961 wurde die A. unter direkte staatliche Kontrolle gestellt und erhielt durch die von der ägypt. Regierung vollzogenen Reformmaßnahmen eine vollständig neue organisator. Struktur. Ein Studium an der A. war in der Vergangenheit durch Wissenschaften bestimmt, die für den traditionellen islam. Bildungskanon maßgeblich waren. Später verlor das Studium dieser Wissenschaften an Prestige und an gesellschaftlichem Stellenwert. Nach der Reform von 1961 hat die A. ihre Ausrichtung geändert: Die Mehrzahl der Studenten ist heutzutage in modernen Fakultäten eingeschrieben. Die A.-Universität stellt allerdings nur einen Teil der A. dar. Zu ihr gehören auch die Akademie islam. Forschung, die Verwaltung islam. Kultur und Mission und das im gesamten Land und teils auch im Ausland vorhandene A.-Schulsystem, die sog. A.-Institute. Unter dem Vorsitz des vom ägypt. Präsidenten bestimmten Leiters (→ Scheich) der A. steht der Oberste Rat der A. in ihrer Gesamtheit vor. *Ko*

Lit.: Zeghal, M.: Gardiens de l'Islam. Les oulémas d'Al Azhar dans l'Egypte contemporaine, 1996.

ʿAẓm, Ṣâdiq al- (geb. 1934) stammt aus einer traditionellen sunnit. Familie in Damaskus. Der säkularist. eingestellte Philosoph A. war seit 1963 an der American University in Beirut tätig, als 1969 seine Abhandlung *Naqd al-fikr ad-dînî* („Kritik des religiösen Denkens") erschien und einen Skandal auslöste. In seiner Arbeit kritisierte er scharf die Rolle des Islams in der zeitgenöss. arab. Gesellschaft und stellte den Wahrheitsanspruch der muslim. → Gelehrten in Frage, denen er die Instrumentalisierung des Glaubens für ihre eigenen gesellschaftlichen Interessen vorwarf. Die Auflage des Buches wurde beschlagnahmt und sein Autor vor Gericht gestellt. Obgleich freigesprochen, mußte A. seine universitäre Lehrtätigkeit aufgeben. Später lehrte er in Damaskus und nahm regelmäßig Gastprofessuren in den USA wahr. Gerade in den letzten Jahren hat A. in westlichen wie arab. Zeitschriften und Büchern nicht nur die Gelehrten, sondern auch Vertreter des → Reformislam angegriffen. Gleichzeitig setzte er sich etwa für Salman → Rushdie ein, dessen *Satanische Verse* er in Form und Funktion in die Tradition religionskrit. satir. Romane der europäischen Aufklärung stellte. A. ist einer der wenigen arab. Intellektuellen, die auf der Basis einer polit. links einzuordnenden Grundeinstellung in der Frage nach der gesellschaftlichen Funktion des Islams eine eindeutig säkularist. Position beziehen. So befürwortet er die institutionelle Trennung von Staat und Religion. Säkularismus sei ein formales Prinzip und komme keinem Werturteil über die Religion gleich. Jeder Bürger könne in einer solchen

Gesellschaftsordnung seine Verantwortung für das Gemeinwohl durchaus auch im Namen seiner Religion wahrnehmen, ohne daß die Glaubensform für das öffentliche Geschehen relevant sei. (→ Modernismus) *Co*

Lit.: Azm, Sadiq al-: Unbehagen in der Moderne, 1993. – Wild, S.: Gott und Mensch im Libanon. Die Affäre Sadiq al-ʿAzm, in: Der Islam 48 (1972), 206–253.

B

Bad (arab. ḥammâm). Das aus der Antike stammende und der Bautradition der römischen Thermen folgende öffentliche B. wurde im Mittelalter zu einer typisch islam. Einrichtung. Der Ruhm einer Stadt maß sich u.a. an der Zahl und Größe ihrer Badehäuser. Die islam. Lehre von der rituellen Reinheit (arab. ṭahâra) ist von großer Bedeutung für den Besuch des B., denn nur in diesem Zustand darf ein Muslim die Moschee betreten, beten und im Koran lesen (Sure 5:9). Wer sich im Zustand der janâba (arab. „große rituelle → Unreinheit") befindet, kann die Reinheit nur durch die → Waschung des ganzen Körpers einschließlich der Haare wiedererlangen. Gleichzeitig ist das B. ein beliebter Treffpunkt zur Pflege sozialer Kontakte. Es gibt spezielle Männer- und Frauenbäder; andere Bäder sind tage- oder stundenweise für Frauen reserviert. Seit der Übernahme des europäischen Badezimmers in den modernen Wohnungsbau gehen die Besucherzahlen zurück. In manchen Ländern wird das öffentliche B. durch Tourismus und Rückbesinnung auf die eigenen Traditionen zunehmend wiederbelebt. *Sto*

Lit.: Grotzfeld, H.: Das Bad im arabisch-islamischen Mittelalter. Eine kulturgeschichtliche Studie, 1970.

Bahâ'î. Die B.-Religion oder das Bahâ'itum ist eine im 19. Jh. von dem iran. Notabeln Mîrzâ Ḥusain ʿAlî Nûrî, genannt Bahâ' Allâh (1817–1892), gestiftete Universalreligion. Zwei innerschiit. Bewegungen gingen der B.-Religion voraus, die Shaikhîya und das Bâbitum (→ Schiiten). Die Shaikhîs erwarteten 1844 die Rückkehr des Zwölften Imâms. Zuerst zum direkten Mittler oder Tor (arab. bâb) des Mahdî und dann zum erwarteten Imâm selbst erklärte sich Sayyid ʿAlî Muḥammad Shirâzî. Die von ihm geführte sozialrevolutionäre Bewegung wurde seitens der in → Iran herrschenden Qâjârendynastie brutal bekämpft, der Bâb 1850 hingerichtet. Nach einem versuchten Anschlag auf den Schah wurde auch Mîrzâ Ḥusain ʿAlî Nûrî zuerst ins Gefängnis geworfen, um anschließend in das Osman. Reich verbannt zu werden. In Bagdad offenbarte er einigen seiner Getreuen, er sei die vom Bâb verheißene messian. Persönlichkeit, die spirituelle Wiederkehr des Bâb. Dieser Anspruch wurde ihm allerdings von seinem jüngeren Halbbruder Ṣubḥ-i Azal streitig gemacht, was zu einer Spaltung der Gemeinschaft führte. Nach Aufenthalten in Bagdad, Istanbul und Edirne wurden Bahâ' Allâh, der inzwischen offen für seine Religion warb, und sein Gefolge 1868 nach Akka in Palästina geschickt; sein Bruder und dessen Anhänger gingen ins Exil nach Zypern. In Akka schrieb Bahâ' Allâh das *Kitâb al-Aqdas* („Das Allerheiligste Buch", kürzlich auch in deutscher Sprache erschienen) nieder, das den Koran und die Heilige Schrift des Bâb, *Bayân*, ablösen sollte. Auf der Grundlage des *Kitâb al-Aqdas* begannen sich die Bahâ'îs in Iran zu organisieren und die in diesem Buch offenbarten Gesetze zu befolgen. Bereits 1874 setzte eine period. wiederkehrende Verfolgung der Angehörigen der neuen Religion durch die Regierung und große Teile des schiit. Klerus ein. Dennoch verbreitete sich die B.-Religion in den letzten Dekaden des 19. Jh. nicht nur unter iran. Schiiten, sondern auch unter Zoroastriern und Juden. Weltweit fand die neue Religion in dieser Zeit Zulauf im Irak, der Türkei, Großsyrien, Ägypten, Sudan, auf dem Kaukasus, in Zentralasien, Indien und Burma. Nach dem Tod seines Vaters im Jahre 1892 übernahm Bahâ' Allâhs Sohn ʿAbbâs Efendi ʿAbd al-Bahâ' (1844–1921) die Führung der Religion, die in vielen weiteren Gegenden der Welt neue Gläubige fand. In Iran selbst mußten die Bahâ'îs bis zum Ende der Qâjârenherrschaft weitere Pogrome erdulden. Auch während der Regierung der beiden Pahlavi-Schahs (1926–1979) kam es immer wieder zu staatlicher und klerikaler Verfolgung. Seit der iran. Revolution und der Etablierung der Islam. Republik wird die Existenz von Bahâ'îs in Iran staatlicherseits zumeist geleugnet. Gleichzeitig wird jedoch alles unternommen, um diese Glaubensgemeinschaft zu zerstören. Etwa 200 der bekanntesten Bahâ'îs des Landes wurden hingerichtet, viele weitere inhaftiert. Derzeit leben etwa 300 000 Bahâ'îs in Iran. Weltweit sind es ca. 4,8 Mio., die Vertreter in 175 (1996) nationale „Geistige Räte" entsenden. In Deutschland hat die B.-Religion derzeit etwa 5000 Mitglieder. Die zentralen Wallfahrtsorte der Bahâ'îs liegen im heutigen Israel, wo sich in Akka das Grab Bahâ' Allâhs und in Haifa dasjenige des Bâb befinden. In Haifa liegt an den Hängen des Berg Karmel auch das „Universale Haus der Gerechtigkeit", von wo aus ein Gremium aus neun gewählten Bahâ'îs die Weltgemeinde leitet. In den „Häusern der Andacht", von denen es eines auf jedem Kontinent gibt (das europäische „Haus der Andacht" wurde 1964 in Hofheim-Langenhain bei Frankfurt eingeweiht), soll das Wort Gottes ohne menschlichen Kommentar wirken. Dort wird aus den Heiligen Schriften aller Religionen vorgetragen. Das Konzept der progressiven Offenbarung in der B.-Religion besagt, daß aufeinander folgende göttliche Manifestationen den Menschen im Laufe der Jahrtausende immer anspruchsvollere religiöse Lehren eröffnet haben. Dieses Konzept erlaubt die Anerkennung aller früher entstandenen Religionen. Folgerichtig besteht eine der Kernaussagen der B.-Lehre in der letztendlichen Einheit aller Propheten und Religionsgründer der Welt. *Pi-Ha*

Lit.: Esslemont, J. E.: Baha'u'llah und das neue Zeitalter, [6]1976. – Hutter, M.: Die Bahá'i. Geschichte und Lehre einer nachislam. Weltreligion, 1994. – Schäfer, U.: Der Bahá'i in der modernen Welt. Strukturen eines neuen Glaubens, 1981.

Bahrain, ein Archipel aus insgesamt 33 Inseln nahe der Ostküste der → Arab. Halbinsel. Die größte und am dichtesten bevölkerte unter diesen Inseln ist B., nach der der ganze Staat benannt ist. B. erlangte nach osman., portugies. und britischer Herrschaft 1971 seine Unabhängigkeit und ist seitdem eine absolute Monarchie. Nach dem Tod von Scheich 'Îsâ ibn Salmân Âl Khalîfa am 7. 3. 1999 trat sein ältester Sohn Scheich Ḥamad ibn 'Îsâ die Nachfolge an. In B. wurde als erstem Golfstaat im Jahre 1932 Öl gefunden. Die Vorräte sind aber eher bescheiden. Dafür hat B. ziemlich früh Alternativen entwickelt, eine Aufgabe, die viele andere Golfstaaten noch nicht bewältigt haben. B. gilt als das Hong-Kong Arabiens; hier haben sich viele Fluggesellschaften eingerichtet, da das Land bei Flügen aus Europa in den Fernen Osten als Transit-Station benutzt wird. Weiter entwickelte sich ein ausgebautes Finanz- und Bankwesen mit lebhaftem Devisenhandel. Dies wird durch eine liberale Handhabung der Lehren des islam. Rechts bezüglich der Bankzinsen begünstigt. B. entdeckte auch das Geschäft mit den Ölraffinerien, wo – neben dem eigenen Öl –

ein Teil des saudischen Öls raffiniert wird. Zur Basis der florierenden Wirtschaft B. gehören auch Aluminiumherstellung, Schiffswerften, die Kontrolle über einen Großteil des Tankerverkehrs im Golf sowie reichhaltige Süßwasserquellen, die eine blühende Landwirtschaft ermöglichen. Infrastrukturell ist das kleine Land B. diesem wirtschaftlichen Aufschwung gewachsen, es besitzt ausgebaute Straßen, Brücken, die die einzelnen Inseln miteinander und mit Saudi-Arabien verbinden, und hervorragende Gesundheits- und Bildungssysteme. Die Hauptstadt al-Manâma gleicht einer europäischen Metropole. *Ra*

Lit.: Lawson, F.: Bahrain. The Modernization of Autocracy, 1989. – Nugent, J.B. (Hg.): Bahrain and the Gulf. Past Perspectives and Alternative Futures, 1985.

Balkan, geograph. Region Südosteuropas mit 505 000 qkm und ca. 50 Mio. Einwohnern. Das Wort ist turksprachiger Herkunft und bedeutet soviel wie „Gebirge“, „Gebirgskette“. Ursprünglich bezeichnete es das bulgar. Mittelgebirge „Stara planina“ („Altes Gebirge“), das südlich der Donau in Ost-West-Richtung verläuft und zum Schwarzen Meer hin abfällt. Heute wird der Name B. als Synonym für die gesamte südosteuropäische Halbinsel verwendet, die sich im Zuge der Nationalstaatenbewegung des 19. Jh. allmählich dem Einflußbereich des Osman. Reichs entzogen hatte. Im engeren geograph. Sinn gehören zum B. allerdings nur diejenigen Länder, die südlich der Flüsse Donau und Save liegen, d.h. Kroatien (außer Slawonien), → Bosnien-Hercegovina, die Bundesrepublik Jugoslawien (d.h. Serbien – außer der Vojvodina, jedoch einschließlich des Kosovo – sowie Montenegro), → Albanien, die Republik Makedonien, Griechenland, Bulgarien, ein Teil Rumäniens (die südlich der Donaumündung gelegene Dobrudža) und schließlich der europäische Teil der Türkei. Schon seit ältester Zeit besiedelten Menschen die fruchtbaren Flußtäler des B.gebirges und seiner Ausläufer. Seine besondere geograph. Lage als Verbindung zwischen dem Schwarzen Meer und dem Mittelmeer machte diese Region zur Drehscheibe zwischen dem europäischen und dem asiat. Kontinent und damit zum polit. Zentrum verschiedener Großreiche. Auf die bedeutsame Epoche der altgriech. Zivilisation folgte seit dem 4. Jh. für etwa 1000 Jahre das Oström. Reich mit dem griechisch-orthodoxen Christentum als Staatsreligion und seit dem 14. Jh. für etwa 500 Jahre das Osman. Reich. Die Osmanenherrschaft verlangte zwar von den Balkanvölkern eine Unterordnung unter die islam. Rechts- und Gesellschaftsordnung. Doch entgegen vielen Geschichtsdarstellungen innerhalb der Nationalstaaten Südosteuropas behielten nichtmuslim. Religionsgemeinschaften gewisse rechtliche Freiräume. Der Übertritt zum Islam geschah überwiegend freiwillig, um z. B. der → Steuer für Nichtmuslime (arab. jizya) zu entgehen oder einen Zugang zu den polit. Machtzentren des Reichs zu erhalten. Das Zusammenleben unterschiedlichster Sprachgemeinschaften (z. B. südslav. und roman. Sprachen, das Griechische, Osman.-Türkische und Albanische) und Religionen (Islam, Christentum, Judentum u. a.) wurde durch die Bildung moderner Nationalstaaten empfindlich gestört. Denn die einzelnen Nationen auf dem B. verstehen sich weniger als polit. Interessengemeinschaften, sondern legitimieren ihren Herrschaftsanspruch mit dem Hinweis auf ihre jeweilige Sprache, Herkunft, Geschichte oder Religion. Trauriger Höhepunkt ethnischer Auseinandersetzungen war der Kosovo-Krieg im Frühjahr 1999, der nicht nur die Vertreibung von etwa 1 Mio. Menschen nach sich zog, sondern die gesamte Region in ihrer sozioökonom. Entwicklung zurückgeworfen hat. Ob der Stabilitätspakt für Südosteuropa, den die Europäische Union nach dem Ende des Kosovo-Krieges im Juni 1999 auf den Weg brachte, die B.region aus dieser Krise hinausführen wird, hängt ganz entscheidend von der Bereitschaft der einzelnen Länder ab, über nationale Feindbilder hinweg zukünftig enger zusammenzuarbeiten. Ein Erfolg des Stabilitätspakts setzt jedoch gleichermaßen den Willen der reichen europäischen Industriestaaten voraus, die Bundesrepublik Jugoslawien sowie die Anrainerstaaten bei der raschen Beseitigung der enormen Folgeschäden des Kosovo-Kriegs finanziell zu unterstützen. *Ri*

Lit.: Hatschikjan, M./Troebst, S. (Hg.): Südosteuropa. Gesellschaft, Politik, Wirtschaft, Kultur. Ein Handbuch, 1999. – Hösch, E.: Geschichte der Balkanländer. Von der Frühzeit bis zur Gegenwart, 1995. – Riedel, S.: Die Politisierung islamischer Geschichte und Kultur am Beispiel Südosteuropas, in: Südosteuropa 46 (1997), 539–561.

Bangladesh, mehrheitlich islam. Staat in Bengalen, einer Region im Nordosten des Indischen Subkontinents, gegründet 1971. Seit 1988 ist der Islam Staatsreligion. B. hat mit 144 000 qkm etwa 40%

der Fläche Deutschlands, beherbergt aber mit 108 Mio. Einwohnern deutlich mehr Menschen. Etwa 86% der Bangladeshis sind sunnit. Muslime, 12% Hindus. Bengalen, das Mündungsgebiet der Flüsse Ganges und Brahmaputra, stand seit 1352 unter der Herrschaft eines muslim. Sultans. 1567 wurde es Provinz des Mogulreiches. 1757 eroberte die East India Company in der Schlacht von Plassey Bengalen, das damit als erster Teil Indiens in britische Hand fiel. In der ersten Hälfte des 19. Jh. organisierte die Farâizi-(Farâ'iḍî-)Bewegung die meist muslim. Kleinbauern Bengalens gegen die Engländer und die meist hinduist. Grundbesitzer. Erst im Lauf dieser Auseinandersetzungen entstand eine bengal. islam. Identität. Durch Mission und die höhere Geburtenrate der Muslime stieg deren Anteil, erreichte aber erst um 1890 die 50%-Marke. Bei der Schaffung des islam. Staates → Pakistan 1947 wurde Bengalen geteilt und der östliche Teil zu Pakistan geschlagen. In Pakistans Verwaltung und Heer waren kaum Bengalen vertreten. Weitere Schwierigkeiten waren die Distanz beider Landesteile von über 2000 km und die kulturellen Unterschiede zwischen ihnen. In den Wahlen 1970 gewann die „ʿAwâmî League" von Shaikh Mujîb ur-Raḥmân in Ostpakistan eine überwältigende Mehrheit. Sie hatte bisher die Interessenvertretung der Bengalen in Pakistan für sich beansprucht und forderte nun die Trennung Ostpakistans von Westpakistan. 1971 wurde die pakistan. Armee in Ostpakistan mobilisiert, aber unter großen Opfern und mit indischer Hilfe vertrieben. Im gleichen Jahr erfolgte die Gründung des Staates B. Shaikh Mujîb ur-Rahmân regierte „sein" B. zunehmend autoritär und wurde 1975 mit seiner Familie ermordet, nachdem er einen sozialist. Einparteienstaat ausgerufen hatte. Der darauf folgende Militärdiktator Zia ur-Rahmân (Ḍiyâ' ur-Raḥmân) wurde 1981 ebenfalls umgebracht und von einem weiteren Militärdiktator abgelöst. 1990 wurde dieser nach einem Aufstand abgesetzt und die Demokratisierung eingeleitet. An der Spitze des Aufstands standen die Witwe von Zia ur-Rahmân, Khaleda Zia (Khâlida Ḍiyâ'), und die Tochter von Mujîb ur-Raḥmân, Hasina Wazed. Beide Frauen lösen sich seitdem als Regierungschefs ab und beschuldigen die Partei der anderen, ihren Mann ermordet zu haben. Streiks als Druckmittel der Gegner sind an der Tagesordnung. Dabei bleiben Programme zur Verbesserung der Lage eines der ärmsten und wegen seiner ebenen, wasserreichen Landschaft flutgefährdetsten Länder der Welt auf der Strecke. Jeder zweite Bangladeshi ist jünger als 15 Jahre. Zwei Drittel der Bevölkerung sind Kleinstbauern, viele davon unterernährt. Die Analphabetenrate liegt immer noch bei 74%. So ist es nicht verwunderlich, daß in den letzten Jahren auch bei den traditionell toleranten, von der islam. Mystik, dem Ṣûfismus, geprägten Bangladeshis Islamisten (→ Fundamentalismus) immer mehr Zulauf finden. *Po*

Lit.: Bose, S./Jalal, A.: Modern South Asia; History, Culture, Political Economy, 1998.

Bank. Da die Ökonomien der Staaten in der islam. Welt eng in die Weltwirtschaft eingebunden sind, ist ihr Bankenwesen weitgehend von westlichen Modellen bestimmt. Eine wichtige Rolle spielen daher auch Ableger westlicher Banken. Seit den 1960er Jahren versuchen sog. islam. Banken eine Alternative zu diesem herkömmlichen Bankensystem zu schaffen und die Ge- und Verbote des islam. → Rechts einzuhalten. Offiziell gibt es hier keine → Zinsen, in der Praxis aber können auch diese Banken nicht darauf verzichten, profitorientiert zu arbeiten. Das Bankenwesen des → Iran und → Pakistans ist offiziell vollständig islamisiert; im → Sudan hat es Versuche einer Islamisierung des Bankensektors gegeben. *Di*

Lit.: Nienhaus, V.: Islamische Ökonomik in der Praxis: Zinslose Banken und islamische Wirtschaftspolitik, in: Ende, W./Steinbach, U.: Der Islam in der Gegenwart, [4]1996. – Wippel, S.: Islamische Wirtschafts- und Wohlfahrtseinrichtungen in Ägypten zwischen Markt und Moral, 1997.

Barmherzigkeit, wohlwollend-huldvolle Haltung Gottes zur Kreatur, die auf Befreiung aus einem Zustand des Leidens, der Bedürftigkeit und „Erbärmlichkeit" abzielt. Im Arabischen kommt dem deutschen Wort B. der Begriff raḥma am nächsten. Dieser ist in von islam. Tradition geprägten Texten und Lebenswelten ständig präsent, da viele häufig verwendete Gruß- u.a. Formeln, darunter die → Basmala, die Wurzel r-ḥ-m enthalten. Im Anschluß an den → Koran und dessen Betonung der göttlichen raḥma deuten sowohl islam. → Theologie als auch → Mystik und Volksfrömmigkeit das gesamte Universum und heilsgeschichtliche Ereignisse wie insbesondere die Sendung von Propheten an die Menschheit und die Offenbarung heiliger Schriften, v.a. des Korans, als untrügliche Beweise für Gottes raḥma. Zeitgenöss. muslim. Denker integrieren auch die Erkenntnisse der modernen Naturwissenschaften als auf Gottes raḥma verweisende „Wunder der Natur“ in dieses Bild. Für spirituell orientierte Interpreten und Gläubige wird raḥma gern zum „obersten göttlichen Handlungsprinzip“ (A. Falaturi) und wunderbaren Hauptcharakteristikum der Beziehung Gottes zum Menschen, ähnlich der Liebe Gottes zum Menschen im Christentum. Dabei nimmt der koran. einfach „Wohlwollen“, „Gunst“, „Güte“ bezeichnende, eine „Erbärmlichkeit“ des Objekts der raḥma noch nicht voraussetzende Begriff eine der „B.“ sehr nahekommende, „Hilfe“ und „Mitleid“ einschließende Bedeutung an. Die Gewährung von raḥma im Diesseits ist Appell an die Begünstigten, also an die gesamte Menschheit, sich Gott ganz „hinzugeben“ (arab. → Islam). Wer dies tut, kann auch am Jüngsten Tag auf Gottes raḥma, welche sich dann im Vergeben von Sünden erweisen wird, hoffen. Deshalb wird raḥma oft mit → Gnade identifiziert. – Zur B. im zwischenmenschlichen Bereich: → Nächstenliebe. *Gu*

Lit.: Gimaret, D.: Art. „Raḥma“, in: The Encyclopaedia of Islam, Bd. 8, 1995, 398–399. – Hagemann, L.: Art. „Barmherzigkeit“, in: Islam-Lexikon, Bd. 1, 1991, 106–112.

Basar (pers. „Markt“; arab. sûq), traditioneller Marktbereich oriental. Städte. In der Regel befindet sich im Zentrum des B. die große Freitagsmoschee (→ Moschee), um die herum sich die Handels- und Kleingewerbeeinrichtungen in einer hierarch. Ordnung gruppieren. Typisch sind die Branchensortierung des B., d.h. die Handelsgeschäfte einer Branche liegen in unmittelbarer Nachbarschaft zueinander, sowie die Trennung von Wohn- und Wirtschaftsbereich. Viele Basare des Vorderen Orients sind „gedeckte“, überkuppelte Basare, während diese Form der Überdachung auf dem → Indischen Subkontinent unüblich ist. Der traditionelle B. hat im Zuge der ökonom. Umbrüche seit dem 19. Jh. und der Herausbildung moderner Neustädte seine Bedeutung stark verändert. Heute werden im B. die einfachen Bedürfnisse des täglichen Bedarfs v.a. der unteren Schichten gedeckt, zudem ist er ein Publikumsmagnet für Touristen. *Di*

Lit.: Wirth, E.: Zum Problem des Bazars (sûq, çarşı). Versuch einer Begriffsbestimmung und Theorie des traditionellen Wirtschaftszentrums der orientalisch-islamischen Stadt, in: Der Islam 51 (1974), 203–260, und 52 (1975), 6–46.

Basmala, Bezeichnung für die feststehende arab. Wendung bismi llâhi r-raḥmâni r-raḥîm, übersetzt meist als „Im Namen des barmherzigen und gnädigen Gottes". Die B. leitet (außer der 9.) alle → Suren des → Korans ein. Nach dem koran. Vorbild wurde sie – als Segensspenderin – an den Anfang von Schriftstücken und Druckerzeugnissen jeder Art gesetzt sowie traditionsgemäß beim Beginnen jeglicher Tätigkeit gesprochen, z.B. vor dem Essen oder beim Betreten eines Gebäudes. Im Zuge der Säkularisierung wurde ihr Gebrauch stark eingeschränkt. Heutzutage verwenden viele Gläubige sie deshalb ostentativ. *Gu*

Bauchtanz → Tanz

Beduinen (arab. badû), traditionelle Bezeichnung für Nomaden der Arab. Halbinsel und angrenzender Gebiete u.a. im Sinai, Palästina und Khuzistan, enger gefaßt nur für die Dromedar-Nomaden Nordarabiens. Merkmale der B. sind die tribale Struktur (→ Stamm), die sprachliche und ethnische Charakterisierung als Araber, und in der Vergangenheit die häufigen kriegerischen Auseinandersetzungen. Teil des Selbstverständnisses ist auch die Abgrenzung von der seßhaften Bevölkerung und die Selbstwahrnehmung als Elite mit einem aristokrat. Ethos. Die im Sprachgebrauch oft auftauchende Gleichsetzung von Beduinen mit Nomaden des Vorderen Orients im allgemeinen ist nicht zutreffend, da z.B. die → Berbernomaden Nordafrikas wie die Tuareg zwar in ihrer Lebensweise den Beduinen der arab. Halbinsel nahekommen, sich aber sprachlich und ethnisch von ihnen unterscheiden. Zwischen einzelnen Nomadengruppen gibt es zahlreiche Unterschiede in der Art der Vieh- und Weidewirtschaft (Kamele, Schafe, Ziegen) und im Grad des Nomadismus (Vollnomaden oder Teilseßhaftigkeit). In jüngerer Zeit veränderte sich das Leben der B. rapide durch moderne Einflüsse wie Staatsbildungen, Tourismus sowie die Ölförderung in Saudi-Arabien und den Golfstaaten. *Wer*

Lit.: Oppenheim, M. v.: Die Beduinen, 4 Bde., 1939–1968.

Begräbnis. Zu einem islam. B. gehören die Waschung des Leichnams, seine Hüllung in Leichentücher, das Totengebet und die Grablegung auf dem → Friedhof. In den Einzelheiten der Rituale weichen die → Rechtsschulen voneinander ab. In islam. Ländern wird der Verstorbene im Leichentuch ohne Sarg beigesetzt, was auf den meisten Friedhöfen in Deutschland nicht möglich ist. *Sto*

Beirut, Hauptstadt des → Libanon, 1,4 Mio. Einwohner. Im 19. Jh. stieg B. von einem unbedeutenden Handelsplatz zum wichtigsten Küstenhafen des Nahen Ostens auf. Grund dafür war eine Ausdehnung der Handelsbeziehungen zu Europa, dessen Diplomaten für B. einige Sonderrechte erwirkten. Nach dem Zweiten Weltkrieg wuchs die Stadt bis 1975 noch einmal um über 50% durch Binnenmigration an. Nach 1975 bildete sich infolge des Bürgerkrieges eine Spaltung zwischen dem reicheren christl. Ostteil und dem ärmeren muslim. Westteil heraus. Die Grenze zwischen den beiden Stadtteilen wurde als „Grüne Linie" bekannt. Der groß angelegte Neuaufbau der Stadt nach dem Ende des Bürgerkriegs ist noch nicht abgeschlossen. *Ei*

Lit.: Davie, M.: Beyrouth et ses faubourgs (1840–1940), 1996. – Fawaz, L.: Merchants and Migrants in Nineteenth Century Beirut, 1983. – Khalaf, S./ Khoury, P. (Hg.): Recovering Beirut. Urban Design and Post-War Reconstruction, 1993.

Berber (arab. barbarî, pl. barâbir/barâbira, Eigenbezeichnung u. a. amazigh oder amahagh), Bezeichnung griechischen Ursprungs für vornehmlich in Nordafrika ansässige Bevölkerungsgruppen ungeklärter histor. Herkunft, deren Siedlungsgebiete sich von der Oase Siwa in Ägypten über die Atlantikküste bis zum Nigerbogen erstrecken. Auch die Tuareg (arab. ṭawâriq) der südlichen Sahara gehören zu den B. Die B. sprechen lokale Varianten einer meist als tamazight oder tamahaqq bezeichneten Sprache, sind im arab. Sprachraum jedoch häufig zweisprachig oder vollkommen arabisiert. Ihre Islamisierung begann mit der arab. Eroberung des → Maghreb während der zweiten Hälfte des 7. Jh. Zu Beginn des 8. Jh. trugen Soldaten berber. Abstammung entscheidend zum Erfolg der muslim. Eroberungsarmeen in Nordafrika und auf der Iber. Halbinsel bei. Die ungleiche Behandlung durch arab. Muslime förderte Abspaltungen vom sunnit. Islam. Während die zeitweise in Nordafrika vorherrschende schiit. Glaubensrichtung unter B. völlig eliminiert war, konnte sich der khârijit. Islam in einigen Randgebieten des Maghreb bis heute behaupten. Größere polit. Einheiten, wie die → Dynastien der Almorawiden (11.–12. Jh.) und der Almohaden (12.–13. Jh.), bildeten B. in ihrer Geschichte nur selten. In der Zeit der kolonialen Durchdringung des Maghreb leisteten v. a. B. lang anhaltenden Widerstand. Während Frankreich in → Marokko und → Algerien – in beiden Staaten stellen sie bis heute einen hohen Bevölkerungsanteil – im Zuge einer Politik des „Teilens und Herrschens" die ethnischen Unterschiede zwischen den Bevölkerungsgruppen betonte, stellten die Unabhängigkeitsbewegungen das einigende Band des Islams in den Vordergrund. Nach der Wiedererlangung staatlicher Unabhängigkeit wurde die kulturelle und sprachliche Eigenständigkeit der B. in Marokko und Algerien als Bedrohung der nationalen Einheit erachtet und unterdrückt. Erst seit den 1990er Jahren sind in beiden Maghrebstaaten gewisse Lockerungen ihrer restriktiven Politik gegenüber kulturellen Bewegungen der B. zu beobachten. Im Norden des westafrikan. Mali (→ Afrika) kam es seit der Unabhängigkeit immer wieder zu bewaffneten Konflikten zwischen der zentralstaatlichen Macht und den Tuareg-B. *Ko*

Lit.: Brett, M./Fentress, E.: The Berbers, 1996. – Neumann, W.: Die Berber. Vielfalt und Einheit einer alten nordafrikanischen Kultur, 1983.

Beschneidung. Der im antiken Orient weit verbreitete Brauch wird im Islam wie im Judentum auf → Abraham zurückgeführt. Obwohl nicht bindende religiöse Pflicht, ist die B. männlicher Gläubiger in den Augen der meisten Muslime unverzichtbar. Männliche Kinder werden – oft in festlichem Rahmen – je nach Region verschieden am siebten Tag nach der → Geburt oder auch im Alter zwischen fünf und sieben Jahren beschnitten. Von erwachsenen männlichen Konvertiten zum Islam wird im Allgemeinen erwartet, daß sie sich beschneiden lassen. In der heutigen Diskussion werden hygien. Vorteile (Gebärmutterkrebs tritt bei Ehefrauen beschnittener Männer seltener auf) hervorgehoben; kritisch äußerten sich u. a. die Theaterautorin Fatima Gallaire (La Fète Virile, 1991) und der tunes. Regisseur Farid Boughedir (Halfaouine, 1992). → Klitorisamputation, meist von Frauen im privaten Kreis vollzogen, ist mit männlicher B. nicht vergleichbar. *Bo*

Lit.: Chebel, M.: Histoire de la circoncision des origines à nos jours, 1992.

Bibel. Das Arabische hat kein Wort für die jüd. bzw. christl. B.; im Begriff „ahl al-kitâb" (→ Schriftbesitzer) erscheint sie einfach als „Schrift". Teile der B. sind im → Koran erwähnt: die → Thora, die Psalmen (arab. az-zabûr) und die Evangelien (arab. al-injîl). Im Koran finden sich viele biblische Stoffe wieder – die → Schöpfung, Kain und Abel, die Sintflut, Jakob in Ägypten, Johannes der Täufer, die Kindheitsgeschichte → Jesu –, die oft nicht genau mit den jüd.-christl. Versionen übereinstimmen. Der → Koran beansprucht aber, die richtige Darstellung zu liefern: „Dieser Koran berichtet den Kindern Israels das meiste von dem, worüber sie uneins sind" (Sure 27:76). In der islam. Tradition (→ Ḥadîth) finden sich weitere biblische Stoffe; als „Isrâ'îlîyât" (arab.) wurden dabei v. a. alttestamentliche Prophetenlegenden überliefert. Im allgemeinen kümmerten sich die Muslime wenig um die B.; eine eigentliche Auseinandersetzung mit ihr fand und findet kaum statt. Die Aufmerksamkeit gilt meist den Passagen, die Hinweise auf → Muḥammad und den Islam enthalten könnten. *Schö*

Lit.: Adang, C.: Muslim Writers on Judaism and the Hebrew Bible, 1996. – Jomier, J.: Bibel und Koran, 1962. – Lazarus-Yafeh, H.: Intertwined Worlds. Medieval Islam and Bible Criticism, 1992. – Speyer, H.: Die biblischen Erzählungen im Qoran, 1931 (mehrfach nachgedruckt).

Bibliothek (arab. maktaba oder dâr al-kutub, „Haus der Bücher", im Maghreb auch arab. khizânat al-kutub, pers. kitâb-khâna, türk. kütüphane). Während nahezu jeder Epoche der islam. Geschichte haben um Bildung und die Weitergabe islam. Gelehrsamkeit bemühte Persönlichkeiten öffentliche Bibliotheken eingerichtet. In der Vergangenheit handelte es sich meist um fromme → Stiftungen. Heutzutage verfügen die unabhängigen muslim. Staaten über Nationalbibliotheken, deren Aufgabe es ist, neben der Konservierung wertvoller Manuskripte die literar. Produktion ihres Landes zu erfassen und der Öffentlichkeit zugänglich zu machen. *Ko*

Bidʿa (arab. „Neuerung"), insbesondere als verboten geltende Neuerungen im islam. → Recht. *Mü*

Bilderverbot. Mit dem unbedingten Bekenntnis der Einheit → Gottes ist nach islam. Verständnis die Abbildbarkeit Gottes und die von Lebewesen unvereinbar. Gott allein ist Schöpfer, ein

Künstler darf diesen Schöpfungsakt nicht wiederholen, eine Vorstellung, die vermutlich aus dem Judentum übernommen wurde. Findet sich im Koran noch kein B., so formiert sich dieses zu Beginn des 8. Jh. durch Überlieferungen, die auf die Schöpferrolle Gottes verweisen. Gemäß einer Überlieferung wurde ein Bildersturm durch den Kalifen Yazîd II. im Jahre 722 initiiert. Bereits früh wurde das B. relativiert, so daß auf Münzen das Bild der Kalifen erscheinen konnte und Malerei und Plastik in den Dienst des Hofes gestellt wurden. Die moderne Bildkommunikation erfährt keine Einschränkung, so daß sich das B. heute strikt auf die Abbildbarkeit Gottes und auf Kultgebäude bezieht. (→ Kalligraphie, → Ornamentik) *Fi*

Lit.: Creswell, K. A. C.: The Lawfulness of Painting in Early Islam, in: Ars Islamica 11–12 (1946), 159–166. – Paret, R.: Textbelege zum islamischen Bilderverbot, in: Festschrift H. Schrade, 1960, 36–48. – Ders.: Das islamische Bilderverbot und die Schia, in: Festschrift W. Caskel, 1968, 224–232.

Bildungswesen. Erziehung (arab. tarbîya) bzw. die Bildung der Muslime wird sowohl vom Koran als auch von der Prophetentradition (→ Ḥadîth) ausdrücklich gefordert. Inhalte islam. Erziehung sind u. a. der Koran, der in frühem Lebensalter auswendig gelernt wird, die überlieferten Aussprüche und Taten des Propheten (→ Sunna), → Recht, → Theologie sowie die → arab. Sprache, in der alle Grundtexte des Islams abgefaßt sind. Das traditionelle islam. Erziehungswesen lag bis zum 19. Jh. nahezu ausschließlich in den Händen islam. → Gelehrter. Koranschulen bildeten die Grundlage religiös-islam. Allgemeinbildung der Kinder, während höhere Bildung an → Medresen oder Moschee-Universitäten wie der → Azhar in Kairo, der Zaitûna in Tunis oder der → Qarawîyîn in Fes vermittelt wurde. Unter dem Eindruck europäischer Fremdherrschaft und Überlegenheit kritisierten die Vertreter der → Salafîya-Bewegung die Erstarrung der islam. Lehre und sahen in einer Reform des B. den Schlüssel zum Wiedererstarken muslim. Gesellschaften. Sie unterhielten unabhängige Reformschulen, die islam. Bildungsideale mit modernen Unterrichtsmethoden und -inhalten zu verbinden wußten. Nach Wiedererlangung staatlicher Unabhängigkeit rückten traditionelle Erziehungskonzepte in den Hintergrund. Aufgrund enormer Anstrengungen im B., welche die staatliche Entwicklung fördern sollten, verfügen heute alle muslim. Staaten über ein B., das sich stark an westlichen Vorbildern orientiert. Islam. Religionsunterricht ist in allen muslim. Staaten an staatlichen Schulen ein Pflichtfach. Traditionelle Institutionen bestehen zwar weiter, sind aber nicht mehr die Basis des allgemeinen Schulsystems. Nicht nur Absolventen reformierter islam. Universitäten finden schwer eine angemessene Beschäftigung, auch Studienabgängern moderner Universitäten bietet der nationale Arbeitsmarkt nur geringe berufliche Perspektiven. Islamisten (→ Fundamentalisten) kritisieren die direkte Kontrolle des Staates hinsichtlich der vermittelten Lehrinhalte und bemühen sich, ein ihren Idealen entsprechendes B. zu etablieren. Unter dem Eindruck dieser Kritik wird in den meisten muslim. Staaten gegenwärtig islam. Erziehungsidealen wieder ein breiterer Raum im Erziehungswesen eingeräumt. *Ko*

Lit.: Tibawi, A. L.: Islamic Education. Its Traditions and Modernization into the Arab National System, [2]1979.

Black Muslims → Nation of Islam

Blasphemie, Gotteslästerung, im weiteren Sinne auch jede öffentliche Schmähung religiöser Grundwerte, im islam. Kontext insbesondere auch die „Entehrung" des Propheten → Muḥammad, seiner Familie oder seiner getreuen Weggefährten, der → Engel und gelegentlich auch hoher Würdenträger. Ob eine Äußerung als B. empfunden wird oder nicht, ist stark abhängig von den polit. und gesellschaftlichen Rahmenbedingungen, unter denen sie getan wird. Für eine Bestrafung von B. auf → Scharia-rechtlicher Grundlage wurde häufig der Tatbestand des Abfalls vom Glauben festgestellt (→ Apostasie). In säkularen Staaten bieten heute meist Religionsgesetze oder Bestimmungen bezüglich Erregung öffentlichen Ärgernisses eine jurist. Handhabe gegen B. In neuerer Zeit erregten die B.-Anschuldigungen gegen Najîb → Maḥfûẓ, Salman → Rushdie oder auch Naṣr Ḥâmid → Abû Zaid international großes Aufsehen. *Gu*

Lit.: Vogel, G.: Blasphemie. Die Affäre Rushdie in religionswissenschaftlicher Sicht, 1998.

Blutrache. Die unter den altarab. Stämmen übliche B. wurde im islam. → Recht stark eingeschränkt und einem ordentlichen Gerichtsverfahren unterworfen. Dabei ist für die Tötung eines Menschen, aber auch für verschiedene Verletzungen, ein bestimmtes Blutgeld ausgesetzt, welches von der Haftungsgruppe des Täters zu bezahlen ist. Als Haftungsgruppe definiert das islam. Recht etwa die Dorfgemeinschaft, die Bewohner des Stadtviertels oder die Angehörigen der Berufsgruppe des Täters. Die Angehörigen des Opfers dürfen nur dann die Vergeltungsstrafe, den Tod des Täters, verlangen, wenn gegen ihn genügend Verdachtsmomente vorliegen. In diesem Fall entfällt das Blutgeld. *Mü*

Böser Blick. Der B. B. gilt im islam. wie im mediterranen Kulturkreis als potentiell zerstörer. Ausdruck von Neid auf alles, was wert und teuer ist. Besonders Kinder und Vieh – heute auch Fahrzeuge – bedürfen aufgrund der ihm zugeschriebenen schädigenden Wirkung des Schutzes durch die Anrufung Gottes, durch → Amulette oder abwehrende Handbewegungen. *Bo*

Lit.: Hauschild, T.: Der Böse Blick. Ideengeschichtliche und sozialpsychologische Untersuchungen, 1982.

Bosnien-Hercegovina. Mit einer Fläche von 51129 qkm und 3768000 Einwohnern existiert B.-H. als eigenständige Republik innerhalb des föderalen jugoslaw. Gesamtstaats seit 1946, als selbständiger Balkanstaat jedoch erst seit 1992. Bereits im Jahre 1961 erhielten die Muslime Bosniens den Status einer eigenen „Nation" (serbokroat.: „narod"). Dagegen galt z.B. die albanischsprachige Bevölkerung in der Republik Serbien und Makedonien, die ebenfalls überwiegend muslim. Glaubens ist, als „Nationalität" (serbokroat.: „narodnost"), d.h. als Teil der alban. Nation im benachbarten Albanien. Die unterschiedlichen und sich widersprechenden sprachlichen und religiösen Kriterien der Nationsbildung sind der Hintergrund des Streits um die polit. Macht, als sich B.-H. vom jugoslaw. Gesamtstaat im Jahre 1992 zu lösen begann. Das Referendum über die Unabhängigkeit B.-H. (1.3.1992) boykottierten die Serben, d.h. rund ein Drittel der Bevölkerung. Sie reagierten mit der Ausrufung einer eigenen Serbischen Republik, um sich dadurch dem Einfluß eines bosnischen Zentralstaates zu entziehen, in dem die Muslime mit 44% die größte Bevölkerungsgruppe darstellen sollten. Statt dessen wollten sie in der serbisch dominierten Bundesrepublik Jugoslawien (Serbien und

Montenegro) verbleiben. Obwohl sich anfänglich auch die Kroaten mit einem Bevölkerungsanteil von ca. 17% einem bosnischen Gesamtstaat verweigerten, schlossen sie sich am 1. 3. 1994 auf Druck der USA zur „Bosnjak.-kroat. Föderation“ zusammen. Nach ethnischen Kriterien wurde diese Föderation in acht Kantone aufgeteilt (vier kroat., zwei muslim. und zwei gemischte), wobei die Muslime, die sich als „Bosnjaken“ bezeichnen, und Kroaten als gleichberechtigte Staatsvölker gelten. Doch erst mit der Unterzeichnung des Abkommens von Dayton am 14. 12. 1995 konnte der Krieg um die Aufteilung Bosniens beendet und ein bosnischer Zentralstaat geschaffen werden. Er besteht heute aus den beiden Gebietseinheiten der „Serbischen Republik“ und der „Bosnjakisch-kroat. Föderation“ und wird polit. von einem kollektiven Staatspräsidium vertreten, in das jede Nation jeweils ihren Vertreter nach freien Wahlen entsendet. Die mit dem Dayton-Vertrag verabschiedete Verfassung schreibt aber die Machtverteilung zwischen den Nationen nicht nur im Staatspräsidium, sondern auch in der Parlamentar. Versammlung fest, so daß die Wahl der Volksvertreter und der Regierung stets nach ethnischen Kriterien erfolgt. Eine solche verfassungsrechtliche Verankerung des ethnischen Prinzips hat in Europa bislang kein Vorbild. Darüber hinaus hat die Verfassung den Gesamtstaat mit wenig Kompetenzen ausgestattet, d. h. seiner Hoheit unterliegen nur die Ressorts Außenpolitik, Zölle, Währung, Staatsbürgerschaft, Transport und Verkehr. Er ist jedoch ohne eigenes Militär und Polizei, ohne gesamtstaatliche Verwaltungsgesetzgebung, ohne staatliche Verwaltung und Gerichtsbarkeit (d. h. ohne eigenes Innenministerium) und ohne Finanzhoheit. Die Tatsache, daß die beiden Gebietseinheiten die tatsächlichen Träger der staatlichen Gewalt in B.-H. darstellen, behindert sowohl den polit. Einigungsprozeß als auch den wirtschaftlichen Wiederaufbau des Landes. *Ri*

Lit.: Calic, M.-J.: Der Krieg in Bosnien-Hercegovina. Ursachen, Konfliktstrukturen, Internationale Lösungsversuche, 1995. – Šarčevič, E.: Die verfassungsrechtliche Lage Bosnien-Herzegowinas nach dem Abkommen von Dayton, in: Brunner, G. (Hg.): Verfassungs- und Verwaltungsrecht der Staaten Osteuropas (VSO), 1997. – UNDP: Human Development Report, 2000.

Brauchtum, traditionelle Denk- und Verhaltensformen, die nicht durch Rechtsnormen vorgeschrieben sind. Dazu zählen in der islam. Welt z.B. der Besuch von heiligen Plätzen zwecks Fürbitte, Magie, Gebete um Regen, Verwendung von → Amuletten, → Wahrsagen, der Glaube an den → Bösen Blick und → Klitorisamputation. Derartige Bräuche werden von manchen islam. → Gelehrten als unislam. verdammt, gelten anderen hingegen als legitim – ein Problem, das schon seit der islam. Frühzeit heftige Debatten auslöste. Die oft anzutreffende Bezeichnung des B. als „Volksislam" – im Gegensatz zum „Islam der Gelehrten" – ist problemat., da viele Bräuche bis in die Gegenwart auch von Gelehrten praktiziert werden. *El*

Bruderschaften, Gruppierungen von → Scheichs und Adepten der islam. → Mystik, dem Ṣûfismus, meist benannt nach ihrem Gründer, z.B. die Qâdirîya-B. nach ʿAbd al-Qâdir al-Kîlânî (auch al-Jîlânî, gest. 1166). Die Mitglieder sind durch eine ununterbrochene Initiationskette mit dem Gründer verbunden. Äußere Kennzeichen sind unter anderen die Form des → Dhikr und des Ordenskleides. Erste B. entstanden im 12. und 13. Jh. im Vorderen Orient und verbreiteten sich schnell über die gesamte islam. Welt. Zahlreiche Zweig-B. entwickelten sich dadurch, daß ein Scheich einer bestehenden B. neue ṣûfische Praxisformen einführte, die dann von seinen Schülern und Enkelschülern dauerhaft befolgt wurden. Im 20. Jh. wurde zwar in manchen Ländern ein Niedergang beobachtet, doch existieren weiterhin Hunderte verschiedener B. Teilweise sind sie lokal begrenzt, aber zum Teil auch international verbreitet mit Tausenden von Mitgliedern (z.B. Shâdhilîya, Tijânîya). Einige B. bestehen aus losen, untereinander kaum verbundenen Gruppen, die sich gelegentlich in einer Moschee oder einem Privathaus zum dhikr treffen, andere sind gut organisiert, besitzen eine zentrale Führung, Versammlungszentren und bestimmen das Alltagsleben ihrer Mitglieder in hohem Maße. Dachorganisationen mehrerer B. existieren z.B. in Ägypten. In einigen Ländern (Senegal, Sudan) bilden B. polit. Parteien. Gelegentlich sind Teile von B. an militär. Konflikten beteiligt. Z.B. führte im 20. Jh. die nordafrikan. Sanûsîya den antikolonialen Widerstand; ihr Führer Idrîs as-Sanûsî wurde im Jahre 1951 König von Libyen. In Deutschland sind mehrere B. vertreten, die meist von Scheichs aus islam. Ländern geleitet werden. Besonders bekannt ist der Naqshbandî-Führer Nazim al-Qubrusi mit

Wohnsitz im türk. Zypern. Unter seinen Adepten befinden sich auch viele deutsche Konvertiten. *El*

Lit.: → Mystik

Brüderlichkeit. Das Prinzip der religiös und moral. gebotenen Solidarität zwischen den Muslimen basiert u.a. auf Sure 49:10: „Die Gläubigen sind untereinander Brüder." B. impliziert soziale Verantwortung, die Unterstützung von Bedürftigen und die Verpflichtung, zwischen zerstrittenen Parteien Frieden zu stiften. Sie ist Ausdruck gelebter Frömmigkeit. *Sz*

Lit.: Khoury, A.T.: Der Islam. Sein Glauben. Seine Lebensordnung. Sein Anspruch, 1999.

Brunei Darussalam, der kleinste Flächenstaat in Südostasien im Norden der indones. Insel Borneo, 5765 qkm, 280000 Einwohner, davon 67% Muslime. Die Hauptstadt ist Bandar Seri Begawan. Malaiisch, die Amtssprache B.D., wird von ca. 70% der Bevölkerung als Muttersprache gesprochen. Englisch wird aufgrund des fast 100 Jahre währenden britischen Protektorats (1888–1984) ebenfalls als Verkehrssprache benutzt. Die übrigen Einwohner sprechen meist Chinesisch. Im Jahre 1410 erklärte sich B.D. zu einem unabhängigen islam. Sultanat. Es dehnte seinen Einflußbereich auf die gesamte Insel Borneo aus, wurde aber seit dem Ende des 16. Jh. von europäischen Mächten kolonialisiert. Im Gegensatz zu der kurzfristigen Herrschaft Spaniens und der Niederlande stellte sich das britische Protektorat als langfristig heraus. Den britischen Schutz, den B.D. seit 1888 genoß, mußte das Sultanat mit Länderabtretungen bezahlen. Am 1. 1. 1984 wurde das Sultanat von Großbritannien endgültig in die Unabhängigkeit entlassen. Im Laufe desselben Jahres trat B.D. dem südostasiat. Staatenverbund ASEAN und der UNO bei. Die Staatsform B.D. wurde 1990 von dem damaligen Sultan Hassanal Bolkiah mit dem Begriff „Malaiisch Islamische Monarchie" beschrieben. B.D. legt besonderen Wert auf eine islam., nicht von westlichen Werten durchdrungene Erziehung. Die wirtschaftliche Lage B.D. ist aufgrund seiner Erdölvorkommen deutlich stabiler als die der meisten anderen Staaten Südostasiens. Das Durchschnittseinkommen der Bevölkerung von ca. 15 000 US$ liegt deutlich höher als in den meisten anderen Staaten der Region (vgl. Malaysia: 4500 US$). *Ar*

Lit.: Stahr, V.: Südostasien und der Islam. Kulturraum zwischen Kommerz und Koran, 1997.

Buchdruck. Obwohl schon im 15. Jh. durch Handelskontakte im Nahen Osten bekannt, wurde der B. sehr viel später eingeführt. Die wichtigsten Gründe hierfür waren der Widerstand der Berufsschreiber, die um ihre Arbeit fürchteten, Vorbehalte der religiösen Gelehrten und polit. Bedenken der Herrschenden vor einem schwer kontrollierbaren Medium. Das Drucken mit arab. Lettern (→ Arab. Schrift) blieb ausdrücklich verboten, während in hebräischen und armen. Lettern gedruckt werden konnte. Auch ästhet. Gründe spielten eine Rolle, was die Bevorzugung der Lithographie im 19. Jh. in Indien und Persien erklärt, durch die die Handschrift besser nachgebildet wird. Teilweise wurde Arabisch sogar mit hebräischen oder syrischen Lettern gedruckt. Die ersten arab., pers. und türk. Drucke sind in Europa entstanden und dienten der religiösen Unterweisung der oriental. Christen. Als erstes vollständig in arab. Schrift gedrucktes Buch gilt ein melkit. Gebetbuch, das 1514 in Italien produziert wurde. Es folgten philosoph. und grammat. Traktate sowie literar. Werke. Im Nahen Osten wurden durch Christen zwischen 1706 und 1711 in Aleppo in Syrien die ersten Bücher in arab. Schrift gedruckt. Zu den Pionieren zählt Ibrâhîm Müteferriqa, der 1727 vom osman. Sultan eine Genehmigung für die Einrichtung einer Druckerei in Istanbul erhielt; eine → Fatwâ legitimierte das Drucken mit arab. Lettern, ausgenommen islam. Werke. Gerade 17 Titel erschienen bis 1741 in kleinen Auflagen zwischen 500 und 1000 Stück, darunter Wörterbücher und histor. Schriften. Im Verlauf des napoleon. Feldzugs 1798 wurden in Kairo Proklamationen u. a. Schriften gedruckt. Der Vizekönig von Ägypten, Muḥammad ʿAlî, ließ 1821 eine Druckerei im Kairoer Stadtteil Bûlâq einrichten. Bis 1842 wurden dort etwa 250 Titel produziert, darunter Lehrbücher für die Armee und die Schulen, amtliche Verlautbarungen und Übersetzungen. Bei den Druckschriften wurde die äußere Erscheinungsform der Handschriften imitiert. Zu einer Ausweitung der Druckaktivitäten kam es erst in der 2. Hälfte des 19. Jh. Ende des

19. Jh. existierten im Libanon über 20, in Kairo und Istanbul jeweils fast 100 Druckereien, die mehrere 1000 Titel produzierten. 1857 legte das erste osman. Druckgesetz Zensurbestimmungen fest. Während die ersten Bücher pragmat. Zwecken ihrer Auftraggeber dienten, wurden in der Folgezeit Werke des eigenen kulturellen und literar. Erbes und Übersetzungen von französ. und englischer Literatur bzw. Fachbüchern gedruckt. Auch gefördert durch das sich entwickelnde Pressewesen bahnten sich dadurch wesentliche kulturelle Veränderungen an. *Wi*

Lit.: Atiyeh, G. (Hg.): The Book in the Islamic World, 1995.

Buchmalerei. Die B. besitzt zwei Gattungen, die Koran- bzw. Buchillumination und die illustrierende Miniaturmalerei. Zur ältesten Tradition gehört die Koranillumination, die mit der Abschrift des Korans bereits im 7.–8. Jh. einsetzt. Abgesehen von Markierungen nach dem fünften und zehnten Vers werden die Überschriften mit Zierbändern, Ranken oder stilisierten Lebensbaummotiven dekoriert. Bereits in umayyad. Zeit (7.–8. Jh.) konnten die Frontispize des Korans vollseitig mit Architekturen dekoriert werden, später nutzte man diese Seiten für kostbar gestaltete Ornamentkompositionen, häufig mit Blattgold und Silber bereichert. Zuweilen werden auch die Schlußblätter des Korans dekoriert. Seit dem 14. Jh. wurden auch andere Bücher kostbar illuminiert. Die Miniaturmalerei entwickelte sich v.a. in Irak im 12.–13. Jh. zu einer eigenen Kunstgattung, die vermutlich in der Übersetzung griechischer Bücher ins Arabische ihren Ursprung fand. In erster Linie wurden naturwissenschaftliche Werke übertragen und mit Illustrationen versehen, etwa Bücher zur Botanik, Astronomie, Geographie und Heilkunde. Im 12.–13. Jh. entwickelte sich parallel eine Miniaturmalerei, die Erzählungen illustriert, mit Zentren in Bagdad, wohl auch Basra und Mosul. Aus dieser Zeit ist uns der Maler der Maqâmen des Ḥarîrî (→ Arab. Literatur) bekannt, Yaḥyâ ibn Maḥmûd al-Wâsiṭî, der das Manuskript 1237 geschrieben, illustriert, signiert und mit Datum versehen hat. Etwa in derselben Zeit läßt sich die Miniaturmalerei in Iran nachweisen, deren erste Werke uns jedoch kaum überliefert und allenfalls durch Keramikmalerei zu erahnen sind. Zu den Hauptthemen der pers. Miniaturmalerei gehört die Illustration des Königsbuches, des Shâhnâme des Firdausî (um 980, → Pers. Literatur). Unter der mongol. Herrschaft der Îlkhâniden (→ Dynastien) und deren Nachfolgern (13.–14. Jh.) setzte eine vom Hof geförderte B. ein mit dem Zentrum in Tabriz, die v.a. die Weltgeschichte illustrieren sollte. Bezeichnend für diese Malerei ist das Zusammenfließen unterschiedlicher Stile und Vorlagen aus der byzantin. und chin. Welt sowie aus der Tradition der „Bagdader Schule". Eine vom Hof geförderte Entwicklung der B. läßt sich im pers.-irak. Raum unter verschiedenen → Dynastien beobachten, die in der tîmûrid. Malerei des 15. Jh. und in der ṣafawid. Malerei des 17.–18. Jh. in Iran ihren Höhepunkt findet. Aus der Zeit des 15.–17. Jh. ist durch ein Traktat über die Malerei eine Großzahl von Meisternamen überliefert. – Eine Maltradition, deren Einfluß noch in der Malerei der Capella Palatina in Palermo zu beobachten ist, existiert ebenso im syrisch-ägypt. Raum. Fragmente, die bei Grabungen in Fustat/Kairo gefunden wurden, zeigen, daß es eine vielfältige Malerei in Ägypten gegeben hat. Unter den Mamlûken erstarrte im 14. Jh. das höfische Malschema und fand ein Ende. Eine Malschule ist auch im Westen, d.h. Andalusien, im 11. Jh. nachzuweisen, mit Illustrationen naturwissenschaftlicher Bücher. Das Manuskript der Liebesgeschichte von Bayad und Riyad (möglicherweise aus dem 13. Jh.) beweist, daß auch Romane illustriert wurden. Eine eigene Schule entstand unter den Osmanen in Istanbul im 16. Jh., deren Vertreter lebhaft Szenen des Hofes und der Hofetikette wie auch die Eroberungen der osman. Sultane illustrierten. In Indien förderten die Mogulherrscher im 16.–17. Jh. die Miniaturmalerei, die auf der pers. Tradition aufbaute und durch europäische Einflüsse erweitert wurde. In der Moderne ist die B. zugunsten der Tafelmalerei als schöpfer. Vorgang aufgegeben. (→ Malerei) *Fi*

Lit.: Canby, S.: Persian Painting, 1993, Nachdr. 1997. – Ettinghausen, R.: Arabische Malerei, 1962. – Gray, B.: Persische Malerei, 1961. – Lings, M.: The Qur'anic Art of Calligraphy and Illumination, 1976. – Rogers, J.: Mughal Miniatures, 1993.

C

Cat Stevens (Yusuf Islam, geb. 1948), Stephen Demetre Georgiou, Sohn einer schwedischen Mutter und eines zypriot. Vaters. Den Namen C.S. legte er sich Mitte der 1960er Jahre zu und feierte kurz darauf als Sänger große Erfolge in den internationalen Charts. 1977 konvertierte er zum Islam und nahm den Namen Yusuf Islam an. Heute ist Yusuf Islam Vorsitzender der United Kingdom Islamic Education Waqf und Inhaber einer Medienfirma, die Bücher, CDs, Videos und Spiele religiösen Inhalts vertreibt. Er kümmert sich besonders um die Bereitstellung von Informationen über den Islam in englischer Sprache und um pädagog. Belange. So schreibt C.S. u.a. religiöse Kinderlieder und produziert englische Übersetzungen muslim. Texte, darunter eine Prophetenbiographie und das letzte Dreißigstel des → Koran.

Wei

China. Die Zahl der Muslime in der Volksrepublik C. betrug Ende der 1990er Jahre knapp 20 Mio. Sie leben ganz überwiegend in den beiden autonomen Regionen Ningxia (sprich: „ningschia") und → Xinjiang (sprich: „schindschang") sowie in den Provinzen Qinghai (sprich: „tschinghai") und Gansu, im Nordwesten des Landes. Die Muslime in der Volksrepublik gehören zehn unterschiedlichen, sog. „nationalen Minderheiten" an. Geordnet nach ihrer zahlenmäßigen Größe sind dies (in absteigender Reihenfolge): → Hui, → Uyghuren, Kasachen, Dongxiang (sprich: „dongschiang"), Kirgisen, Salaren, Tadschiken, Usbeken, Bao'an und Tataren. Mit Ausnahme der knapp 40000 (ismâʿîlit.) Tadschiken im äußersten Südwesten Xinjiangs sind die Muslime in C. → Sunniten, die den ḥanafit. und shâfiʿit. → Rechtsschulen angehören. Erste Kontakte von Muslimen mit C. gab es bereits im 7. Jh. durch Handelsniederlassungen von muslim. Kaufleuten an der chin. Süd- und Südostküste. Mit der Islamisierung der turksprachigen Karachaniden-Dynastie im 11. Jh. breitete sich der Islam in Nordwestchina aus. Gegen Ende des 15. Jh. war die lokale

Bevölkerung im südlichen Teil Ost-Turkestans, dem heutigen → Xinjiang, zur Gänze islamisiert. In der Zeit der Qing- (sprich: „tsching") Dynastie (1644–1911) und in der anschließenden Zeit der Chin. Republik (bis 1949) waren Muslime unter der Bezeichnung Hui eines der fünf anerkannten „Völker" des Chin. Reiches. Seit dem Ende der Kulturrevolution (1966–1976), während der praktizierende Gläubige aller Religionen (Muslime, Buddhisten, Lamaisten, Christen u. a.) verfolgt, ihre Würdenträger inhaftiert und religiöse Bauten zerstört oder entweiht wurden, herrscht offiziell wieder Religionsfreiheit in der Volksrepublik. Dessen ungeachtet ist Religionsausübung nur im Rahmen der staatlichen Vorgaben und Bestimmungen erlaubt. Mitgliedern der Kommunist. Partei und staatlichen Angestellten ist die öffentliche Religionsausübung verboten. Versuche zur Etablierung vom Staat unabhängiger religiöser Strukturen werden nicht geduldet. *Fr*

Lit.: → Hui, → Uyghuren, → Xinjiang

Christentum. Die Christen (arab. an-naṣârâ) genießen als → Schriftbesitzer die Protektion der islam. Gemeinde. Im → Koran erscheint das C. in einem günstigeren Licht als das → Judentum, obwohl es nicht an vorwurfsvollen Passagen mangelt (Sure 5:72, 9:29 ff.). Kritisiert werden das christl. Mönchtum (Sure 57:27), v. a. aber die christl. Trinitätsvorstellung und die Gottessohnschaft → Jesu, die als unvereinbar mit einem strikten Monotheismus gelten. Christl. Gedankengut ist im → Koran nachweisbar (→ Bibel); trotzdem scheint die Annahme einer Entstehung des Islams aus dem C. aus heutiger Sicht abwegig. Die islam. Haltung gegenüber den Christen war lange von Pragmatik und Toleranz gekennzeichnet; die Auseinandersetzung wurde auf der theolog. Ebene geführt, wobei es die Muslime meist bei einer Zurschaustellung der eigenen Überlegenheit beließen. Übergriffe gegen Christen waren selten und wurden oft hart bestraft; selbst während der Kreuzzüge oder in → Spanien kam es zu keinen Verfolgungen oder Vertreibungen. Bei entsprechender Qualifikation war es Christen möglich, in die höchsten staatlichen Ämter aufzusteigen. Dieser Zustand änderte sich unter den Vorzeichen des → Kolonialismus, als die islam. Welt in eine Position der Unterlegenheit geriet und sich die westlichen Mächte leicht mit „dem C."

gleichsetzen ließen. Die → Re-Islamisierung hat in der Gegenwart dazu geführt, daß in einigen Ländern blutige Konflikte zwischen beiden Religionen entstanden, etwa in → Ägypten, im → Sudan und in → Südostasien. *Schö*

Lit.: Busse, H.: Die theologischen Beziehungen des Islams zu Judentum und Christentum, ²1991. – Hoyland, R. G.: Seeing Islam as Others Saw it. A Survey and Evaluation of Christian, Jewish and Zoroastrian Writings on Early Islam, 1997. – Khoury, A. T./Hagemann, L.: Christentum und Christen im Denken zeitgenössischer Muslime, 1986. – Zirker, H.: Christentum und Islam. Theologische Verwandtschaft und Konkurrenz, ²1992.

Clay, Cassius → Muhammad Ali

D

Daghestan → Kaukasus, → Rußland

Demokratie. Entwicklungen zu demokrat. Aushandlung von Macht in einem territorial definierten Staat, bei dessen Bevölkerung die Souveränität liegt, können in der islam. Welt seit dem Ende des 18. Jh. ausgemacht werden. Im Osman. Reich wurde durch Selim III. (reg. 1789–1807) eine beratende Versammlung (osman. meclis-i meshveret) angestrebt. Durch die Allianzcharta von 1808 (osman. sened-i ittifâk) wurde die Macht des Sultans beschränkt, einer Notabelnvertretung wurden bestimmte Rechte übertragen. 1876 schuf das Kânûn-i Esâsiye (Grundgesetz/ → Verfassung) erstmals ein – wenn auch begrenztes – parlamentar. System der Mitbestimmung aller Bürger ohne Rücksicht auf ihre Religion. Durch die jungtürk. Revolution wurde dieses zeitweise ausgesetzte parlamentar. System erweitert. In den arab. Staaten Ägypten, Irak, Syrien und Libanon entstanden zwischen den beiden Weltkriegen konstitutionelle oder parlamentar. D., die aber aufgrund von Korruption, Verwaltungswillkür und Nepotismus scheiterten. Aufkeimende nationalist. Ideologien wie der → Panarabismus wurden als Lösung aus diesem Dilemma gesehen. Fast alle repräsentativen Systeme gingen in Einparteienherrschaften über. Erst das Scheitern der nationalist. Ideen und die Deregulierung der Wirtschaft von den späten 1970er bis in die 1990er Jahre führten zu einer – stark eingeschränkten – Re-Demokratisierung in Ländern wie Ägypten, Marokko, Algerien und Jordanien. Für islam. Intellektuelle wie Muḥammad → ʿAbduh waren D. und Islam durchaus vereinbar. Gegenwärtige islamist. Strömungen gründen ihre Vorstellung von Partizipation an der Macht auf den Gedanken der Souveränität Gottes: Da jeder Mensch als Stellvertreter Gottes betrachtet wird, entsteht eine utop.-egalitäre Gesellschaftsauffassung und damit eine Form von D., z.B. bei der Wahl eines → Kalifen. Andere Denker bemühen das koran. Konzept der shûrâ (arab. „Ratsversammlung“) und sehen darin eine Art Expertengremium, das einen islam. Herrscher in Sachfragen beraten kann. Pluralismus ist nach solchen Vorstellungen nur innerhalb der Grenzen des islam. → Rechts und der → Moral möglich. *Sz*

Lit.: Dieterich, R.: Transformation oder Stagnation. Die jordanische Demokratisierungspolitik seit 1989, 1999. – Goldberg, E. u.a. (Hg.): Rules and Rights in the Middle East. Democracy, Law, and Society, 1992. – Kedourie, E.: Democracy and Arab Political Culture, 1994.

Derwisch (pers. darwîsh). Der Begriff steht im wesentlichen synonym für das arab. „ṣûfî“ („Mystiker“). Ein anderer Begriff mit etwa gleicher Bedeutung ist franz.-arab. „→ Marabout“. (→ Mystik) *El*

Deutschland. Nach gegenwärtigen Schätzungen leben in D. derzeit bis zu 3 Mio. Muslime. Die weitaus größte Gruppe (über 2 Mio.) ist türk. Herkunft, gefolgt von Muslimen aus dem Balkan, den arab. Ländern, Iran, Afghanistan und Pakistan sowie kleineren Gruppen aus anderen islam. geprägten Regionen. Dazu kommt eine wachsende Gruppe deutschstämmiger und eingebürgerter Muslime, die mittlerweile die Zahl von 100000 erreicht haben dürfte, damit jedoch nach wie vor nur einen geringen Anteil der Muslime in D. ausmacht. Die große Mehrheit gehört zu den → Sunniten, von denen sich unter den türkischsprachigen Muslimen die Gruppe der → Aleviten zunehmend abgrenzt und als eigene Religionsgemeinschaft organisiert. Schiiten iran. Herkunft bilden ebenfalls eine größere Gruppe. Eine aktive Rolle, auch unter den deutschsprachigen Muslimen, spielen die beiden Zweige der → Aḥmadîya-Bewegung indo-pakistan. Herkunft, die von den übrigen Muslimen meist als nicht-islam. angesehen werden. Insgesamt läßt sich feststellen, daß wohl keine andere Religionsgruppe in D. sprachlich, kulturell und religiös eine mit den Muslimen vergleichbare Vielfalt aufweist. – Wie in anderen Ländern → Europas geht die Präsenz großer muslim. Gruppen auf die Arbeitsmigration seit den 1960er Jahren zurück, auch wenn eine kleine islam. Diaspora von Migranten, Flüchtlingen und Konvertiten bereits seit längerem bestand. Mit der Familienzusammenführung, die seit den 1970er Jahren in großem Stil erfolgte, bildeten sich große muslim. Gemeinschaften, deren Lebensschwerpunkt sich zunehmend nach D. verlagerte, auch wenn sie die Nationalität des Heimatlandes und die sozialen Bindungen an die Heimat nach Kräften aufrechterhielten. In vielen deutschen Städten entwickelten sich kommunale Schwerpunktgebiete türk. Bevölkerung mit einer eigenen Infrastruktur an Geschäften, Unternehmen und Vereinen. Hierzu gehörte bereits sehr früh die Einrichtung von Moscheen und die Gründung religiöser Vereinigungen. Wie bei Migranten allgemein verstärkte sich das religiöse Leben in der Diaspora, und auch bei denjenigen, die ihre Religion nicht oder kaum praktizierten, blieb der Islam meist ein wichtiger Bestandteil ihrer sozialen und kulturellen Identität. Für viele Muslime und Musliminnen in D. ließ sich seit den 1980er Jahren eine wachsende Orientierung an den religiösen Normen von Gebet, Kleidung und Alltagsleben feststellen, was mit erheblichen Spannungen und Konflikten innerhalb der muslim. Gemeinschaften einherging. Bei der Migration hatten etwaige religiöse Bedenken, etwa gegen einen dauerhaften Aufenthalt in nichtislam. Staaten, noch keine erkennbare Rolle gespielt. In D. selbst gewann gerade die religiöse Gemeindebildung für die Muslime zunehmend an Bedeutung. Neben der Rückwirkung der religiös-polit. Entwicklungen im Nahen Osten (Iran, Türkei, arab. Länder) waren es die Bedürfnisse der sozialen Selbstbehauptung, Anerkennung und zugleich Abgrenzung, die zur verstärkten Betonung religiöser Normen bei Älteren wie Jüngeren, Männern wie Frauen beitrugen. Gerade die muslim. Frauen und Mädchen wurden seitdem häufig als Träger und Symbole einer eigenständigen islam. Existenz herausgestellt, die islam. Normen der Bekleidung und des Verhaltens speziell für Frauen besonders betont. Dies wurde von der übrigen Bevölkerung wie von den deutschen Behörden vielfach als Herausforderung empfunden und unterwarf die muslim. Frauen und Mädchen besonderen Spannungen im öffentlichen wie im privaten Leben. – Die verbreiteten Einstellungen zum Islam und zu den Muslimen sind in D. immer noch zum guten Teil von älteren Stereotypen geprägt, in denen der Islam als exot. Chiffre für Mystik, Macht und Leidenschaft, aber auch als Bedrohung für Religion und Gesellschaft in Erscheinung tritt. Zwischen den doch sehr unterschiedlichen islam. Staaten und Gesellschaften wird dabei kaum unterschieden. Die polit. Konflikte mit den Ländern des Nahen Ostens haben diese Stereotypen überlagert und immer wieder aktualisiert. Nicht zu unterschätzen ist allerdings die gewandelte Einstellung zum Islam, die sich in den christlichen Kirchen in D. seit den 1960er Jahren entwickelte und die über den interreligiösen Dialog die institutionelle Integration der Muslime ins öffentliche Leben stark gefördert hat. Mit dem Anwachsen esoter. Strömungen fand auch die islam. Mystik wachsende Beachtung, und nicht wenige deutsche Konvertiten sind mit Ṣûfî-Bewegungen verbunden. Der öffentliche intellektuelle Diskurs über den Islam wird jedoch seit der Iran. Revolution und der Rushdie-Affäre weithin von Diskussionen um Meinungsfreiheit, Menschenrechte und wiederum besonders um die Stellung der Frau bestimmt. Der Islam wird in aktuellen polit. Debatten nicht selten zum negativen Kontrastbild für die eigenen polit. und kulturellen Wertvorstellungen. Erst allmählich tritt daneben das Faktum einer wachsenden islam. Gemeinschaft in D. selbst ins Bewußtsein. – Die Bemühungen der Muslime zielen insbesondere auf die rechtliche Anerkennung als Religionsgemeinschaft. Die Anerkennung des Status einer Körperschaft des Öffentlichen Rechtes, den die christlichen Kirchen und die jüd. Gemeinden in D. genießen, scheiterte für den Islam bisher an der Vielzahl der islam. Organisationen und Verbände und an offiziellen Vorbehalten gegenüber ihrer Verfassungstreue. Diese Bedenken wurden insbesondere durch die militante Bewegung des türk. Hoca Cemalettin Kaplan (gest. 1995) genährt, der seit Anfang der 1980er Jahre offen die Errichtung eines islam. Staates in der Türkei anstrebte und sich schließlich 1992 zum Kalifen ausrief. Sein Sohn und Nachfolger wurde 1999 verhaftet und angeklagt, die Ermordung eines Dissidenten angestiftet zu haben. 2000 wurde er schließlich zu einer mehrjährigen Haftstrafe verurteilt. Die Bewegung zog zeitweilig viele türk. Jugendliche an, die bereits in D. aufgewachsen waren, isolierte sich jedoch durch ihre rigiden Ansprüche und ihren zunehmend exklusiven Charakter. Gerade bei den religiös Engagierten markierte sie damit eine wichtige Wasserscheide zwischen islamist. Abgrenzung und dem Streben nach einer wirksamen Organisation muslim. Interessen innerhalb der deutschen Strukturen. – Mittlerweile bestehen zwei größere Dachverbände, der Zentralrat der Muslime in D. (gegründet 1986, unter dem angegebenen Namen seit 1994) und der Islamrat der Bundesrepublik D. (gegründet 1986), in denen jeweils eine Vielzahl von islam. Vereinigungen unterschiedlicher Herkunft zusammengeschlossen sind und die neuerdings über ein gemeinsames Komitee in Fragen der religiösen Bildung und Erziehung eng miteinander kooperieren. Aktuelles Ziel ist dabei die Einführung eines islam. Religionsunterrichtes an staatlichen Schulen, der aber auch eine jurist. Anerkennung als Religionsgemeinschaft voraussetzt. Als Reaktion auf die Kaplan-Bewegung gründete die türk. Regierung 1984 eine eigene Organisation für die Angelegenheiten der türk. islam. Gemeinden in D. (DITIB, Diyanet Işleri Türk-Islam Birliği), die mittlerweile die Mehrzahl der türk. Moscheen in D. kontrolliert und mit eigenen, in der Türkei ausgebildeten Imamen versieht. Engere Beziehungen zu den deutschen Muslimen unterhält die zweitgrößte türk. islam. Organisation, die Islam. Gemeinschaft Milli Görüş (IGMG, gegr. 1975), die im Umfeld des türk. Politikers Necmettin Erbakan beheimatet ist und die auf der Grundlage einer islam. polit. Orientierung den Dialog mit staatlichen und kirchlichen Institutionen sucht. Von seiner Bildungsarbeit am weitesten auf die deutschen Verhältnisse eingestellt erschien längere Zeit der Verband der Islam. Kulturzentren (VIKZ, in D. bereits seit den 1960er Jahren aktiv). Als erste türk. islam. Organisation gründete er 1998 eine eigene Akademie für die Erwachsenenbildung (Villa Hahneburg, Köln) mit einem umfangreichen deutschsprachigen Programm, das stark auf den interreligiösen Dialog ausgerichtet war. Diese wurde allerdings 2000 nach einem internen Richtungswechsel innerhalb der VIKZ wieder geschlossen, und der Verband verließ den Zentralrat, dessen Position dadurch empfindlich geschwächt wurde. Außerhalb dieser u.a. türk. Organisationen bestehen bedeutende islam. Zentren in Aachen und München, begründet von syrischen bzw. ägypt. Exilanten der → Muslimbruderschaft, sowie ein angesehenes schiit. Zentrum in Hamburg, das seit seiner Gründung von einigen der prominentesten Gelehrten des Iran (u.a. dem derzeitigen Staatspräsidenten Khatami) geleitet wurde. Auch deutsche Konvertiten spielen in der Öffentlichkeit eine wachsende Rolle als Vermittler und Sprecher für die Interessen der Muslime. Nicht zu unterschätzen ist jedoch nicht nur im Fall der Türkei das Gewicht der Botschaften und Konsulate islam. Länder, die intensiv darum bemüht sind, ihren Einfluß auf die religiösen Angelegenheiten ihrer Landsleute in D. zu erhalten. Angesichts der nationalen und kulturellen Vielfalt der Muslime bleibt nach wie vor offen, inwieweit der Islam in D. innerhalb bestimmter nationaler Minderheitengruppen organisiert bleiben wird und inwieweit sich daneben eine eigenständige deutsch-muslim. Gemeinschaft herausbilden kann. *Reich*

Lit.: Karakasoglu-Aydin, Y.: Muslimische Religiosität und Erziehungsvorstellungen. Eine empirische Untersuchung zu Orientierungen bei türkischen Lehramts- und Pädagogik-Studentinnen in Deutschland, 2000. – Schiffauer, W.: Die Gottesmänner. Türkische Islamisten in Deutschland. Eine Studie in religiöser Evidenz, 2000. – Spuler-Stegemann, U.: Muslime in Deutschland. Nebeneinander oder Miteinander, 1998.

Dhikr (arab. „Gedenken"), Meditation, die der völligen Versenkung in das Gedenken an Gott oder den Propheten dient, wichtige Praxis der islam. → Mystik, des Ṣûfismus. Der D. besteht aus je nach der geistigen Stellung des Gedenkenden verschiedenen, vom → Scheich vorgeschriebenen Worten oder Formeln, z. B. „allâh", „allâh al-ḥaqq" (arab. „Gott ist die Wahrheit"), die still oder laut rezitiert und manchmal so lange wiederholt werden, bis der Ṣûfî in Ekstase gerät. Der D. findet einzeln oder in der Gruppe statt. In manchen → Bruderschaften enthält er auch Musik und Tanz. *El*

Dhimmî → Ausländer, → Schriftbesitzer

Dîwân (arab., pers.), nicht nur eine Art von Sofa, sondern auch eine „Gedichtsammlung", außerdem eine alte Bezeichnung für eine Regierungsbehörde. *El*

Diyanet ist die eingebürgerte Abkürzung für das „Präsidium für Religiöse Angelegenheiten" (D. İşleri Başkanlığı) in der Türkei. Es wurde 1924 eingerichtet, um die Verwaltung des Islams der neuen türk. Republik zu unterstellen. Im Osman. Reich unterstand dem Scheich ül-Islam als Oberhaupt der von den islam. Gelehrten verwalteten Staatseinrichtungen die Rechtsprechung, die Verkündigung von → Fatwâs, das Erziehungs- und das Stiftungswesen. Mit der Auflösung des Amtes des Scheich ül-Islam, dessen Befugnisse man seit dem 19. Jh. immer mehr eingeschränkt hatte, wurden seine klassischen Aufgaben von der Generaldirektion für fromme → Stiftungen, dem Hochschulrat, dem Justiz- und Erziehungsministerium sowie dem D. übernommen. Das D. kontrolliert die religiösen Einrichtungen und betreut die Bevölkerung in religiösen Belangen. Es ist in sechs Hauptabteilungen aufgeteilt: Religiöse Dienste, Religiöse Erziehung, Wallfahrtswesen, Religiöse Veröffentlichungen und Außenbeziehungen. 1961 wurde es in die allgemeine Staatsverwaltung eingegliedert. Sein Präsident wird vom Ministerpräsidenten ernannt. Er ist die höchste religiöse Autorität in der Türkei. Nur ihm ist es erlaubt, in der Öffentlichkeit seine geistliche Kleidung als Amtstracht zu tragen. Seit 1970 sind die Religionsdiener des D. Staatsbeamte. *Ba*

Lit.: Hirsch, E.: Laizismus (Layiklik) als verfassungsrechtlicher Begriff in der Türkischen Republik, in: Orient 15 (1974), 106–112.

Drogen. Nach islam. Recht ist Alkoholgenuß eine Straftat (→ Strafrecht), die mit körperlicher Züchtigung bestraft wird. Dagegen unterliegt der Genuß von Cannabis (Haschisch) keinem Verbot und erfreut sich trotz neuzeitlicher gesetzlicher Einschränkung in manchen muslim. Kreisen auch weiterhin großer Beliebtheit. Im Jemen, Ostafrika und Somalia ist das Kauen der Blätter und jungen Triebe des Kath-Strauches (arab. qât, Catha edulis) sehr verbreitet und spielt eine große soziale Rolle. *Mü*

Drusen, genannt nach dem Begründer ihrer Lehre Muḥammad ibn Ismâ'îl ad-Darazî, Anfang des 11. Jh. von den → Ismâ'îliten abgespaltene Religionsgemeinschaft. Im Zentrum der drusischen Lehre steht die Doktrin von einem göttlich inspirierten und eingesetzten → Imâm. Die Imâme sind die nach Gottes Ebenbild geschaffenen perfekten Menschen, die das Göttliche wie ein Spiegel reflektieren. Die letzte dieser göttlichen Manifestationen war der sechste fâṭimid. Kalif al-Ḥâkim (verschwunden 1021). Ebenso wie die → Schiiten glauben die D. an die Rückkehr des Imâm, der Gottes Reich auf Erden errichten wird. Zu ihrem kanon. Schrifttum gehören neben dem Koran die nach mündlicher Überlieferung zwischen 1017 und 1042 in 24 Büchern niedergeschriebenen Episteln drusischer Würdenträger, von denen nur noch sechs erhalten sind. Mit der Lossagung von der alten islam. Ordnung und der Verkündung eines „Dritten Weges" war der Bruch mit

→ Sunniten und Schia besiegelt. Eine Konvertierung zum Drusentum ist seit 1043 nicht mehr möglich, die Gläubigen unterscheiden sich in „Wissende" und „Unwissende". Die ca. 200000 D., die sich selbst muwaḥḥidûn (arab. „Bekenner der Einheit Gottes") nennen, leben in Syrien, Libanon, Israel und Jordanien.

Pi-Ha

Lit.: Abu-Izzeddin, N. M.: The Druzes. A New Study of their History, Faith and Society, 1984. – Falaturi, A.: Art. „Drusen", in: Kreiser, K./Diem W./Majer H. G.: Lexikon der islamischen Welt, Bd. 1, 1974, 146. – Schmucker, W.: Sekten und Sondergruppen, in: Ende, W./Steinbach, U.: Der Islam in der Gegenwart, [4]1996, 663–683.

Dschinn (arab. jinn). Den D., die aus der vorislam. arab. Vorstellungswelt stammen, wurde in der koran. Offenbarung ein Platz zwischen Menschen und Engeln zugewiesen: Sie können durch Annahme des Islams ins Paradies gelangen (Sure 72:1–19). Das griechische Genienbild beeinflußte islam. Vorstellungen, wonach D. Menschen beeinflussen oder von ihnen Besitz ergreifen können (Sure 34:8). D. treten unsichtbar, aber auch in Gestalt von Skorpionen, Schlangen, Winden oder Menschen auf. Sie bevölkern nach populären Vorstellungen u. a. öffentliche Bäder. In den beliebten, im → Ramaḍân gesendeten Fernsehverfilmungen von → „Tausendundeine Nacht" sind D. meist komische Figuren. *Bo*

Lit.: Zbinden, E.: Die Djinn des Islam und der altorientalische Geisterglaube, 1953.

Dynastien, Herrscherfamilien. In der islam Welt wurde Herrschaft jahrhundertelang v. a. als dynastische Herrschaft organisiert. Die ersten vier Nachfolger des Propheten → Muḥammad als Herrscher der islam. Gemeinschaft (→ Umma), die sog. „Rechtgeleiteten Kalifen", wurden zwar durch Wahlen bestimmt, aber schon während der Regierung des vierten Kalifen → ʿAlî (656–661) gewann das dynast. Prinzip die Vorherrschaft. Eine Fraktion der Muslime, die → Schiiten, vertrat die Auffassung, daß nur die Nachkommen des Propheten aus der Ehe seiner Tochter → Fâṭima mit → ʿAlî Kalif sein können. Die Mehrheit der Muslime, die später als → Sunniten bezeichnet wurden, erklärte die Abstammung von den Quraish, dem in Mekka zur Zeit des Propheten dominierenden Stamm, dem auch Muḥammad selber angehörte, zu einer Bedingung für die Übernahme des → Kalifats. Diejenigen Muslime, die weiterhin an dem Prinzip der Kalifenwahl festhalten wollten und der Abstammung keine Bedeutung beimaßen, blieben in der Minderheit (→ Ibâḍiten). Die sunnit. D. der Umayyaden aus dem Hause des dritten Kalifen ʿUthmân (gest. 656) führte die islam. Gemeinschaft von 661 bis 750 von Damaskus aus und konnte noch bis zum Beginn des 11. Jh. ein auf → Spanien sowie zeitweise Teile des → Maghreb begrenztes Kalifat behaupten. Im → Maschrek u. a. Regionen der östlichen islam. Welt regierten zwischen 750 und 1258 die ʿAbbâsiden ein weiteres sunnit. Kalifat mit Zentrum in Bagdad, bis ihre Herrschaft infolge des Angriffs der Mongolen unter dem Enkel Dschingis Khans Hülagü (gest. 1265) erlosch. In Konkurrenz zu den ʿAbbâsiden etablierte sich in Ägypten die ismâʿîlit. D. der Fâṭimiden (969–1171). Eine Anzahl von Sultanaten (→ Sultan) entstand ebenfalls schon während der ʿAbbâsidenzeit. Sie waren theoret. den Kalifen unterstellt, de facto aber weitgehend unabhängig, ja konnten teilweise den Kalifen unter ihre Kontrolle bringen. Als wichtige Herrscherhäuser sind die Seldschuken, die von 1055–1157 in Bagdad regierten, sowie der Zweig der Rûm (bedeutet hier Anatolien) -Seldschuken (1077–1307) mit ihrem Zentrum in → Konya zu nennen; weiter die Ayyûbiden-Sultane (1171–1250), unter ihnen der berühmte Saladin, in Ägypten und Syrien. Im Maghreb und Spanien dominierten die D. der Almorawiden (arab. al-murâbiṭûn, „die in einem Wehrlager leben", „Glaubenskämpfer") im 11. und 12. Jh. und die der Almohaden (arab. al-muwaḥḥidûn, „die Bekenner der Einheit Gottes") von 1130–1269, welche beide aus religiösen Reformbewegungen hervorgingen. Eines der bedeutendsten islam. Reiche nach dem Ende des Kalifats entstand unter den Mamlûken (1250–1517) in Ägypten, Syrien und der Arab. Halbinsel. Dabei handelte es sich um eine Herrschaft ehemaliger Militärsklaven (arab. mamlûk), in deren Rahmen die Vererbung des Sultansamtes ausgeschlossen war – eine der seltenen Ausnahmen von der ansonsten dominierenden dynast. Herrschaftsform. Nachkommen des Mongolen Hülagü bildeten im 13. und 14. Jh. die D. der Îlkhâniden in Persien und Mesopotamien, die 1295 den Islam annahm. Die Tîmûriden aus dem Hause des mongol. Khâns Tîmûr Lenk (Tamerlan, 1336–1405) herrschten im iran.-indischen Raum. Der Tîmûride Bâbur (1483–1530) begründete das Reich der Moguln auf dem → indischen Subkontinent (1526–1857). Im 16. Jh. entwickelten sich weitere große islam. Reiche: in → Iran das der schiit. Ṣafawiden (1502–1722), in Marokko das der Saʿditen (1509–1659). Die Osmanen, Nachkommen des turkmen. Stammesführers Osmân (gest. 1324), gewannen seit dem Ende des 13. Jh. zunehmenden Einfluß zunächst in Anatolien, dann auf dem Balkan und konnten Anfang des 16. Jh. ihre Herrschaft auf die arab. Länder mit Ausnahme Marokkos ausdehnen. Die osman. Herrschaft endete mit der Gründung der Republik → Türkei nach dem Ersten Weltkrieg, trotz großer Anstrengungen, das Reich zu modernisieren und auf diese Weise den europäischen Mächten ebenbürtig zu machen. In → Iran verfolgten die Qâjâren (1794–1925) eine ähnliche Politik. Die aus den Qâjâren hervorgegangene Pahlawi-D. wurde 1979 durch die Revolution unter Führung → Khomeinis gestürzt. Gegenwärtig bestehen noch einige D. in der islam. Welt, darunter in Marokko die ʿAlawiden (König Muḥammad VI.) und in Jordanien die Hâshimiten (König ʿAbd Allâh), die ihren Anspruch teilweise auf ihr Scharifentum gründen, allerdings keine Schiiten sind. Ansätze dynast. Herrschaft sind darin gesehen worden, daß einige Präsidenten arab. Länder ihre Söhne als Nachfolger aufbauen (z. B. Ṣaddâm Ḥusain im Irak) bzw. daß tatsächlich ein Präsidentensohn an die Macht gelangte (Bashshâr al-Asad nach seinem Vater Ḥâfiẓ). *El*

Lit.: Endreß, G.: Der Islam. Eine Einführung in seine Geschichte, 1997.

E

Ehe, nach islam. Rechtsauffassung ein privatrechtlicher Vertrag zwischen Mann und Frau, der beiden Seiten gegenseitige Rechte und Pflichten auferlegt. Diese Rechte und Pflichten sind in Grundzügen im islam. → Recht geregelt und beinhalten eine ungleiche Rechtsstellung, welche neben gesellschaftlichen Vorstellungen auch auf dem koran. Menschenbild (→ Geschlecht) basiert. Der Mann ist verpflichtet, der Frau einen Brautpreis zu bezahlen sowie diese mitsamt den gemeinsamen Kindern mit Wohnung und Unterhalt zu versorgen. Im Gegenzug schuldet die Frau ihrem Mann Gehorsam und die Erfüllung ihrer ehelichen Pflichten. Die genauen Bestimmungen werden in einem Hochzeitsvertrag geregelt, wobei die einzelnen → Rechtsschulen unterschiedliche Auffassungen über die Zulässigkeit verschiedener Vertragsbedingungen, etwa die Auflösung der E. durch die Frau (→ Scheidung) betreffend, vertreten. (→ Familie) *Mü*

Emanzipation, anfänglich die Bewußtwerdung und Artikulation geschlechtsspezifischer Ungerechtigkeiten, die im Laufe der Zeit in ein polit. und gesellschaftliches Engagement von Frauen (und Männern) zur Beseitigung der patriarchal. Strukturen und Bildung gleichberechtigter Lebenswelten übergehen. In der zweiten Hälfte des 19. Jh. begannen einige muslim. Frauen, ihren Unmut über gewisse Formen der Benachteiligung und Unterdrückung zu äußern. Dies hing insbesondere mit der zu jener Zeit begonnenen öffentlichen Diskussion über die Durchführbarkeit von Sozialreformen innerhalb einer islam. Gesellschaft zusammen. Reformisten wie Modernisten suchten nach Möglichkeiten, auf die für sie unerträgliche westliche Dominanz angemessen zu reagieren. Ein wichtiges Thema war hierbei die Stellung der Frau im Islam. Ägypt. Reformer wie Aḥmad Fâris ash-Shidyâq (gest. 1887), Rifâʿa aṭ-→ Ṭahṭâwî oder Muḥammad → ʿAbduh thematisierten in ihren Schriften nicht nur den Ausschluß der Muslimin vom öffentlichen Leben und das Gebot der vollständigen Verschleierung

(→ Schleier), sondern auch die Rechte der Frau auf Erziehung und die verschiedenen Formen der weiblichen Sklaverei. V.a. Qâsim Amîns (gest. 1908) Bücher *Taḥrîr al-mar'a* („Die E. der Frau", 1899) und *al-Mar'a al-jadîda* („Die neue Frau", 1901) lösten eine lebhafte Debatte aus. In der Folgezeit formulierten die Frauen ihre Interessen in erster Linie in fiktionalen Werken (Gedichte, Kurzgeschichten, Romane), Briefen und Zeitschriftenbeiträgen. Darüber hinaus engagierten sich eine Reihe von Musliminnen in Wohltätigkeitsvereinen, Erziehungseinrichtungen, privaten Salons und gelehrten Zirkeln. Erst allmählich entstanden „Frauenjournale" und polit. Organisationen mit einem hohen Anteil an weiblichen Mitgliedern. Gerade in westlich orientierten Ländern wie der Türkei nach → Atatürk oder dem → Iran der Schahzeit hielt die polit. Führung die Anhebung der sozialen Stellung der Frauen für gesamtgesellschaftlich wünschenswert, zumal sie damit auch die eigene Position gegenüber den traditionalist. Gelehrten stärken wollte. Spürbare Verbesserungen ihrer Lage und einiger wichtiger Rechte (→ Scheidung, → Ehe, Sorgerecht, Unterhaltszahlungen) hat es nach dem Zweiten Weltkrieg in → Tunesien, → Ägypten, → Marokko, → Syrien, → Jordanien und im → Irak gegeben. Frauen erhielten das Wahlrecht und durften die staatlichen Schulen besuchen. Ferner drangen sie in Berufe vor, die vormals nur Männern vorbehalten waren. Die seit den 1960er Jahren öffentlich von muslim. Frauen diskutierten Themen sind die Rolle der Geschlechter, das Problem von → Familie und Beruf, sexueller Mißbrauch und sexuelle Ausbeutung (→ Sexualität) oder die überall gegenwärtigen patriarchal. Machtstrukturen. „Feminist." Bewegungen (→ Feminismus), deren Zahl zwar zunimmt, die insgesamt gesehen aber in den meisten muslim. Gesellschaften nur eine marginale Rolle spielen, fordern weitergehende Reformen des Familienrechtes, die Achtung des weiblichen Körpers und die völlige gesellschaftliche Gleichstellung der Frauen. Fühlen sich diese Musliminnen den Modernisten verbunden, so darf man nicht vergessen, daß sich sehr viele Frauen im Zuge der → Re-Islamisierung und der Iran. Revolution den reformist. Bewegungen – etwa in Ägypten, → Palästina, Jordanien, Syrien oder im → Libanon – angeschlossen oder diese zumindest unterstützt haben. Mit ihrer freiwilligen Verschleierung und ihrer Ablehnung westlich-feminist. Forderungen engagieren sie sich für die reformist. Vorstellungen von der Rolle der Frau in einer islam. Gesellschaft: Trotz ihres polit. Engagements sollten sich muslim. Frauen wieder mehr auf die ihnen angestammte häusliche Rolle konzentrieren und Werte wie Bescheidenheit, Loyalität gegenüber dem Mann und moral. Integrität hochhalten. (→ Feminismus) *Co*

Lit.: Ahmed, L.: Women and Gender in Islam, 1992. – Hijab, N., Womanpower. The Arab Debate on Women at Work, 1988. – Moghadam, V. M.: Modernizing Women. Gender and Social Change in the Middle East, 1993.

Emir (arab. amîr), bedeutet allgemein Führer oder Befehlshaber, wird in verschiedenen islam. Ländern (u. a. in den → Vereinigten Arab. Emiraten) auch als Herrschertitel verwandt. *El*

Engel, auch im Islam als geflügelt vorgestellte, überird. und nach weithin akzeptierter Überlieferung aus Licht erschaffene Wesen mit vielfältigen Mittlerfunktionen zwischen Gott und Mensch. Aufgaben der E. sind v. a. der Lobpreis Gottes, der gehorsamst dienende, unverzügliche und exakte Vollzug seines Willens, ihre Mitwirkung bei heilsentscheidenden Ereignissen wie dem → Jüngsten Gericht oder göttlicher → Offenbarung sowie das Beschützen der Menschen, aber auch ihre Überwachung, ihr Verhör und ihre Züchtigung. Der Glaube an die E. zählt zu den islam. Glaubensgrundsätzen, ihre Existenz und ihr Wirken sind auch heute weithin selbstverständliche „Tatsache“, weshalb ihre Schmähung als → Blasphemie gilt. Der bedeutendste E. ist Jibrîl (Gabriel), Überbringer der Gottesworte an die → Propheten, so auch des → Korans an → Muḥammad. Der Volksfrömmigkeit sind daneben besonders die den Menschen überall begleitenden Schutz-E., der Todes-E. (arab. ʿIzrâʾîl) sowie jene beiden E. wichtig, welche die Toten im Grabe auf ihre Rechtgläubigkeit hin befragen. Einen Engelskult wie die kathol. Kirche kennt der Islam nicht. *Gu*

Lit.: Macdonald, D. B./Madelung, W.: Art. „Malâʾika“, in: The Encyclopaedia of Islam, Bd. 6, 1991, 216–219.

Entwicklungsbank, islamische. Die i. E. wurde 1975 in Jiddah/ → Saudi-Arabien als supranationale Bank aus den Reihen der → Organisation der islam. Konferenz gegründet. 1999 hatte sie

53 Mitglieder. Sie wird im wesentlichen aus Ölgeldern finanziert, hat sich zum Ziel gesetzt, die ärmeren Staaten der islam. Welt zu unterstützen, und leistet damit intermuslim. Entwicklungshilfe. Dabei sieht sie sich den Vorstellungen einer islam. Wirtschaftsordnung verpflichtet und arbeitet eng mit islam. → Banken zusammen. Daneben kooperiert sie mit arab. und internationalen Organisationen. *Di*

Lit.: Meenai, S. A.: The Islamic Development Bank. A Case Study of Islamic Cooperation, 1989. – Wilson, R.: The Islamic Development Bank's Role as an Aid Agency for Moslem Countries, in: Journal of International Development 1 (1989), 444–464.

Erbrecht. Das islam. → Recht unterscheidet zwischen festgelegten Pflichtteilen und frei verfügbarem Vermächtnis. Zu den Pflichterben gehören die Kinder, Geschwister, Ehegatten und die männliche Verwandtschaftslinie. Hierbei erben nur lebende Personen, nicht jedoch stellvertretend die Nachkommen eines Erben. Die Pflichtteilregelung beruht auf koran. Bestimmungen. Die genau festgelegten Anteile der jeweiligen Pflichterben ändern sich je nach Anzahl und Art der vorhandenen Erben, wobei prinzipiell ein männlicher Erbe den doppelten Anteil eines weiblichen im gleichen Verwandtschaftsgrad erhält. Das Vermächtnis geht bis zur Höhe eines Drittels der Erbmasse an Nicht-Pflichterben oder Institutionen. Die nicht an Pflichterben und im Vermächtnis weitergegebenen Vermögensteile fallen an das Gemeinwesen, sprich den Staat. Eine Erbschaftssteuer ist im islam. Recht nicht bekannt. Zur Umgehung dieser starren Erbregelung werden häufig zu Lebzeiten Schenkungen und → Stiftungen vorgenommen. *Mü*

Lit.: Coulson, N. J.: Succession in the Muslim Family, 1971.

Ethik. Theoret. islam. E. befaßt sich mit der rationalen Begründung der Erkenntnis von Gut und Böse im menschlichen Handeln. Sie überschneidet sich zum Teil mit der → Theologie, wobei in der Frühzeit oft die Frage diskutiert wurde, ob das Gute durch den Mensch erkannt werden kann oder erst durch die → Offenbarung bekannt gemacht wird. Auch die Vorherbestimmungslehre und die Frage nach Gottes Verantwortung für das menschliche Handeln waren Teil theolog. Reflexion. In der → Philosophie wurde versucht, ethische Fragen auch ohne Rekurs auf die Offenbarung zu diskutieren. Die normative E. ist Gegenstand einer großen Zahl an Sammlungen von Vorschriften und Maximen im Bereich von → Recht und → Moral. Beiträge zur Begründung der E. leisten sowohl – für den arab. Bereich – die beduin. vorislam. Tradition als auch der Koran und die Traditionen (→ Sunna) des Propheten. Die Traditionssammlungen können als ein Kompendium islam. normativer E. bezeichnet werden und bilden auch die wichtigste Basis des islam. Rechts. Die antike griechische Tradition steuerte unter anderen Weisheitslehren (Gnomik) bei, während aus pers. Quellen viele Fürstenspiegel stammen. Normen aus verschiedenen Ursprüngen, oft spezielle Verhaltensregeln für Fürsten, Schreiber u. a. meist beruflich definierte Bevölkerungsgruppen, versammelt der umfangreiche Kanon der „adab"-Werke. E. bildet auch einen zentralen Bestandteil der islam. → Mystik. Sie will die Seele mittels Askese auf einer Folge von Stufen bzw. Seelenzuständen (arab. maqâmât) auf die Begegnung bzw. die Vereinigung mit Gott vorbereiten. Die für alle Muslime geltenden Lehren über das moral. richtige Verhalten gebieten unter anderen Gottesfurcht und -verehrung, Demut, Gutes zu tun und Böses abzuwehren, Gerechtigkeit zu üben, Solidarität zwischen den Muslimen walten zu lassen, Bedürftigen Hilfe zu gewähren, Pietät gegenüber Eltern zu wahren und Verpflichtungen gegenüber der Gemeinschaft nachzukommen. Sie fordern Gastfreundschaft und formulieren Grundsätze einer Sexualmoral. Neben traditionellen Institutionen der Vermittlung ethischer Normen wie Schule und Moschee entstanden in den letzten fünfzig Jahren moderne Foren der Diskussion ethischer Maßstäbe: Wichtig sind z. B. Fernsehdiskussionen mit angesehenen Rechtsgelehrten über moral. Themen und deren → Fatwâs (Rechtsgutachten), die in der → Presse verbreitet werden. *Sz*

Lit.: Khoury, A. T.: Der Islam. Sein Glauben. Seine Lebensordnung. Sein Anspruch, 1999.

Europa. Die wachsende Präsenz des Islams und der Muslime in E. ist durch zwei zeitlich versetzte, dabei jedoch eng miteinander verknüpfte Entwicklungen bestimmt. Zunächst ließ die wirtschaftliche und imperiale Expansion des 19. und frühen 20. Jh. viele Muslime teils zu Untertanen, teils zu Verbündeten und Partnern europäischer Staaten werden und fixierte den Nahen Osten und viele andere islam. geprägte Regionen polit., wirtschaftlich und kulturell nachhaltig auf die europäischen Metropolen. Die Beziehungen und Orientierungen, die dadurch geschaffen wurden, blieben grundlegend auch für die Zeit nach dem Zweiten Weltkrieg. Die europäischen polit. Imperien lösten sich auf; zugleich aber setzten großen Ströme der Bildungs- und Arbeitsmigration von Muslimen ein, die nach und nach in unterschiedlichem Maße praktisch alle europäischen Staaten erreichten. Neben die altansässigen muslim. Volksgruppen und Minderheiten im europäischen Teil der UdSSR (bes. Tataren, Baschkiren, Tschetschenen, Daghestaner) sowie in den → Balkan-Staaten (Bulgarien, Albanien, Jugoslawien, Griechenland) traten seit dem Zweiten Weltkrieg neue muslim. Migranten-Gemeinschaften in den Staaten Nord-, Mittel- und Westeuropas und im Mittelmeerraum. – Bildungs-Migranten kamen teils auf persönliche oder familiäre Initiative, teils im Rahmen staatlicher und internationaler Programme, die dem Aufbau der Bildungs- und Verwaltungsinstitutionen des Heimatlandes dienen sollten. Viele von ihnen etablierten sich auf Dauer, freilich mit unterschiedlichem Erfolg, in den Gastländern. Von ihrer nationalen und ethnischen Herkunft stellten sie meist eine äußerst heterogene, vorwiegend allerdings urban geprägte Gruppe dar. Sie heirateten häufig in die einheim. Gesellschaft ein und engagierten sich nicht selten in polit. und sozialen Organisationen des Ziellandes. Die Arbeitsmigration war zahlenmäßig von ungleich größerem Gewicht. In verschiedenen europäischen Ländern führte der wirtschaftliche Aufstieg seit den 1960er Jahren zu einem großen Bedarf an Arbeitskräften, der nicht zuletzt auch große Zahlen muslim. Migranten anzog. Ausschlaggebend für die Wahl des Ziellandes waren meist die histor., polit. und rechtlichen Beziehungen, die das Heimatland mit der ehemaligen Hegemonialmacht oder mit einem ehemaligen Alliierten verbanden. So etablierte sich in jedem Land eine klare mehrheitliche Dominanz einzelner ethnisch-nationaler Herkunftsstaaten. In Großbritannien waren dies Pakistan und Indien, in Frankreich die Staaten des Maghreb, in den Niederlanden Indonesien, in der Bundesrepublik die Türkei. Trotz der Unterschiede in der ethnisch-nationalen Zusammensetzung vollzog sich der Aufbau der Gemeinschaften in den verschiedenen Ländern auffällig parallel. Die Arbeitsmigranten kamen vorwiegend aus ländlichen Gebieten des Heimatlandes, besaßen selten mehr als eine elementare Schulbildung und waren in starkem Maße durch die heimischen religiösen und familiären Strukturen geprägt. In den meisten Fällen kamen zunächst nur männliche Arbeitskräfte, die nach mehrjährigem Aufenthalt ihre Familien nachholten. In dieser Phase begann der Aufbau religiöser und ethnisch-nationaler Vereine und Organisationen, der vielfach der religiös-polit. Landschaft des Heimatlandes entsprach, aber später auch auf diese zurückwirkte. Die Versuche der europäischen Länder, den Zuzug der Migranten durch Gesetzesänderungen zu stoppen, hatten oft zunächst den gegenteiligen Effekt einer verstärkten Zuwanderung. Bis zu Beginn der 1990er Jahre konsolidierten sich die Migrantengemeinschaften dann in ihrem heutigen Umfang, der in manchen europäischen Staaten wie Frankreich und Deutschland eine Bevölkerungsgruppe von mehreren Mio. Muslimen etablierte. Die Alters- und Beschäftigungsstruktur der muslim. Gemeinschaften hat sich allerdings wesentlich verändert: Da der Nachzug jüngerer Erwachsener weitgehend ausbleibt, steht einer stark expandierenden Zahl muslim. Jugendlicher eine wachsende Überalterung der Erwachsenen gegenüber. Ferner hat die Zahl der Selbständigen gegenüber den abhängig beschäftigten Arbeitern stark zugenommen. Dies verschiebt allmählich auch das Image der Muslime im lokalen Umfeld. – Generell hat sich mit der Konsolidierung und partiellen Einbürgerung großer muslim. Migrantengruppen auch die Bedeutung des Islams in E. verändert. Während die Religion für die muslim. Bildungsmigranten in ihrem Bemühen um soziale Integration im Zielland nicht selten in den Hintergrund trat, rückte sie für die Arbeitsmigranten geradezu ins Zentrum ihrer Bemühungen um die Konsolidierung ihrer Gemeinschaften und ihrer sozio-kulturellen Identität. Mit dem Nachholen der Familien begann daher auch die Gründung eigener Moscheen, zumeist durch Anmietung von Wohnungen oder leerstehenden Fabrikgebäuden, und der Aufbau islam. Vereine, Organisationen und Verbände. Manche islam. Gruppen gewannen durch die neuen Organisationsstrukturen und die finanzielle Unterstützung ihrer Anhänger in E. auch in ihrer Heimat erheblich an Gewicht. Die Beziehungen der Muslime zu den kommunalen Institutionen und zur einheim. Bevölkerung erzwangen dabei nicht selten eine Zusammenarbeit von islam. Gruppen, die sich in der Heimat heftig bekämpften. Aber auch die Beziehungen zwischen den Gemeinschaften der Arbeitsmigranten und den Angehörigen der muslim. Bildungsschicht waren alles andere als einfach, und sowohl die polit. als auch die religiösen Orientierungen gehen bei ihnen zuweilen weit auseinander, wie nicht zuletzt die Rushdie-Affäre deutlich werden ließ. Andererseits führte die wachsende Zahl der Ehen zwischen Muslimen und Einheimischen aber auch zu einem Anwachsen der Konversionen zum Islam, insbesondere bei Frauen. – Die kommunale Integration der verschiedenen muslim. Gemeinschaften bietet bis heute viele Reibungsflächen und Konflikte, die von der Genehmigung von Moscheebau und Gebetsruf bis zu Schulunterricht und Schulspeisen und zur Kleidung der Frauen und Mädchen reichen. Fragen der rechtlichen Anerkennung des Islams und des islam. Religionsunterrichtes sowie der Zulässigkeit des Kopftuches für Musliminnen in Schule und öffentlichen Institutionen werden in fast allen europäischen Ländern sehr kontrovers diskutiert, da sie vielfach die grundsätzlichen Einstellungen zum Verhältnis von Religion und Staat berühren. Einheim. Konvertiten und Vertreter der muslim. Migrantengruppen finden hierbei offenbar zunehmend zu gemeinsamen Positionen. Während grundsätzliche Klärungen polit. und jurist. Fragen bisher weitgehend ausgeblieben sind, verstärkt sich trotz aller Spannungen vielerorts die pragmat. Suche nach tragfähigen Kompromissen, die geeignet sind, ein dauerhaftes Zusammenleben mit muslim. Gemeinschaften und schließlich auch die Integration des Islams in das öffentliche Leben in E. zu fördern. *Reich*

Lit.: Gerholm, T./Lithman, I. G. (Hg.): The New Islamic Presence in Western Europe, 1988. – Nielsen, J.: Muslims in Western Europe. An Introduction, [2]1995. – Westerlund, D./Svanberg, I. (Hg.): Islam Outside the Arab World, 1999.

F

Familie, wichtigste soziale Einheit innerhalb islam. Gesellschaften. Eine traditionelle Großfamilie besteht aus Verwandten und eingeheirateten Frauen. Zur ideellen und materiellen Stärkung der F. ist eine möglichst große Nachkommenschaft erwünscht; im Alter sollen die Kinder die Eltern versorgen. Der Ehemann hat für den Unterhalt seiner Ehefrau und Kinder, gegebenenfalls auch anderer weiblicher Familienangehöriger zu sorgen und ist für diese moral. verantwortlich. In manchen Ländern fällt ihm auch die volle rechtliche Vertretung der Familienangehörigen zu. Väter, ältere Brüder, Onkel, zum Teil auch Vettern können Autorität über die Frauen der F. haben. Aber auch Mütter genießen eine herausgehobene Stellung und nehmen Einfluß auf familiäre Entscheidungen. Besonders respektiert wird darüber hinaus das Wort älterer Familienangehöriger beider Geschlechter. In der Regel erledigt der Mann die außerhalb des Hauses anfallenden Tätigkeiten. Der Frau obliegt die Erziehung und Pflege der Kinder, die Hausarbeit sowie gegebenenfalls die Mithilfe in der Landarbeit. Aus wirtschaftlichen Gründen sind jedoch viele F. auf die Berufstätigkeit der Frauen angewiesen. In den Städten wird die Großfamilie zunehmend durch die Kernfamilie abgelöst. Dies kann Gewinn an individueller Freiheit, aber auch Verlust des Zusammenhalts und der gegenseitigen Unterstützung bedeuten. *Sto*

Lit.: Breuer, R.: Familienleben im Islam, 1998. – El-Azhary, A. (Hg.): Women, the Family, and Divorce Laws in Islamic History, 1996. – Fernea, E. W. (Hg.): Women and the Family in the Middle East, 1985. – Rugh, A.: Within the Circle. Parents and Children in an Arab Village, 1997.

Farben. In der arab. Sprache werden F. v. a. in ihren Hell-Dunkelqualitäten angegeben. Reflexionen über das Wesen und die Entstehung der F. lassen sich stets auf griechische Quellen und Einflüsse zurückführen. Die Auffassung darüber, ob F. als Akzidenz oder Substanz anzusehen ist, divergieren. Zu den Grundfarben zählen mit unterschiedlicher Akzentsetzung Weiß, Schwarz, Rot, Gelb, Grün, Blau oder nur Rot, Gelb, Weiß und Grün. Gemäß der mystischen Auffassung im Islam ist Licht die Spiritualität der F., und F. ist die Körperlichkeit des Lichtes. Demgemäß ist Weiß die F. der Intelligenz, die der Seele Grün, die der Materie Schwarz. Im polit. Leben und im Alltag spielten F. v.a. bei der Kleidung eine Rolle. So galt Schwarz als die F. der ʿAbbâsiden, Weiß die der Fâṭimiden (→ Dynastien). Hingegen wird Rot mit → ʿAlî, dem Schwiegersohn und Vetter des Propheten Muḥammad, assoziiert, Grün mit dem Propheten selbst bzw. seinen Nachkommen. Schwarz ist heute die F. der Kiswa, der Decke der → Kaaba, doch war diese früher auch mehrfarbig. Die F. Gelb wurde in der Kleidung den Christen und Juden zugewiesen, Grün war ihnen verboten. Türkis-Blau gilt als Schutzfarbe gegen den „Bösen Blick", dieselbe Funktion übernimmt Rot z.B. in Südarabien. Pflaumenblau war in Persien eine F. der Trauer, andernorts Weiß, auch Schwarz. In der Kunst wird der F. nicht nur aus ästhet. Gründen besondere Qualität zuerkannt. Sie gilt auch als Träger bestimmter Eigenschaften. Gelb ist die F. der Sonnenmuster im Zenith der Kuppel, assoziiert mit dem Licht schlechthin, das Blau der Kuppeln von Moscheen symbolisiert das Himmelszelt. Das Innere der Kuppeln, häufig Abbild der sieben Himmel, zeigt die F. der jeweiligen Himmelszonen mit einer Staffelung der F. Gelb, Grün, Rot und Weiß. Weiß, von altersher eine sakrale F. im Orient, war den Moscheen vorbehalten, nichtislam. Kultbauten durften nicht weiß sein. Wichtig waren und sind F. bei Fahnen, etwa das Grün in den Fahnen vieler heutiger Staaten (z.B. Saudi-Arabien). Für die Miniaturmalerei wurden die F. aus Mineralien gewonnen, anorgan. und organ. Stoffen, d.h von tierischen und pflanzlichen Stoffen. Für Blau wurde z.B. neben Lapislazuli auch Indigo oder Azurit verwandt. *Fi*

Lit.: Fischer, W.: Farb- und Formbezeichnungen in der Sprache der altarabischen Dichtung, 1965. – Gätje, H.: Zur Farbenlehre in der muslimischen Philosophie, in: Der Islam 43 (1967), 280–301. – Morabia. A.: Art. „Lawn" in: The Encyclopaedia of Islam, Bd. 5, 1986, 698 ff.

Fasten (arab. ṣaum). Während des Monats Ramaḍân ist das F. als eine der → Fünf Säulen (Grundpflichten) jedem Muslim vorgeschrieben. Täglich zwischen erstem Morgenlicht und Sonnenuntergang nehmen die Gläubigen keinerlei Nahrung oder Genußmittel zu sich. Der ethische Wert des F. besteht für Muslime darin, die Lust auf weltliche Dinge zu unterdrücken, welche der Unterwerfung unter Gott (= → Islam) im Wege stehen. Ganz oder teilweise ausgenommen von der Fastenpflicht sind u. a. Kranke und Reisende. *El*

Fâtiḥa, al- (arab. „die Eröffnende"), die erste → Sure des → Korans. In der Form eines kurzen → Gebets ist sie wichtig für die alltägliche Frömmigkeit und den Ritus. Im Abendland wurde die F. oft als besonders „christlich" empfunden und als islam. Äquivalent des Vaterunsers gewertet. *Schö*

Fâṭima (gest. 633), Tochter → Muḥammads aus der Ehe mit Khadîja und Ehefrau des vierten Kalifen → ʿAlî. F. starb wenige Monate nach ihrem Vater. Sie genießt höchstes Ansehen bei → Sunniten und → Schiiten gleichermaßen, mit deutlichen Parallelen zur christl. Marienverehrung: Man spricht auch von der „Jungfrau F.". Die schiit. → Dynastie der Fâṭimiden, die Gründer → Kairos, leiteten ihre Abstammung von ihr ab. In der Volksfrömmigkeit und dem → Brauchtum spielt die „Hand der F." (→ Amulett) eine wichtige Rolle. *Schö*

Fatwâ, arab. für Rechtsgutachten, in dem der → Muftî ein bestimmtes Problem unter Berücksichtigung des islam. → Rechts beantwortet. Das Gewicht eines derartigen Gutachtens beruht grundsätzlich auf der persönlichen Autorität seines Ausstellers. Die vertretene Rechtsauffassung ist deshalb im Unterschied zu einem Gerichtsurteil nur für denjenigen bindend, der diese Autorität anerkennt. Heute werden Fatwâs in vielen Zusammenhängen als praktische Lebensberatung erlassen. Sie erscheinen auch in besonderen Kolumnen religiös orientierter Zeitungen oder werden in Rundfunk und → Fernsehen verbreitet. Der Tötungsaufruf gegen den Schriftsteller Salman → Rushdie wurde vom damaligen Ayatollah → Khomeini in Form einer F. erlassen. Die große Beachtung, die dieser Aufruf fand, rührte daher, daß Khomeini zu Lebzeiten eine hohe Stellung im schiit. Islam einnahm. *Mü*

Feminismus. Gegen Ende des 19. Jh. forderten islam. Reformer zum Wohle der Nation bessere Bildung für Frauen; gleichzeitig traten Vorkämpferinnen, meist aus der Oberschicht, für eine Verbesserung der rechtlichen und sozialen Stellung von Frauen ein. Frauen wie die Ägypterin Hudâ Shaʿrâwî (1879–1947) spielten eine aktive Rolle in der Frauenbewegung wie auch in den arab. Freiheitskämpfen des 20. Jh., da sie sich von der nationalen Unabhängigkeit mehr Rechte für Frauen erhofften. Sie konnten aber nur die wenigsten ihrer Forderungen, etwa die nach Abschaffung der Polygamie und der Kinderehe, durchsetzen. Der Überzeugung der → Jungtürken, reformist. Frauenbildung nutze der Nation, verdanken türk. Frauen die Einführung des Frauenwahlrechts schon 1934. Der kemalist. (→ Atatürk) „Staatsfeminismus" gesteht Frauen aber nur im Rahmen der strikt laizist. Staatsideologie eine aktive Rolle in der Öffentlichkeit zu und gewährt religiös motivierten Frauenrechtlerinnen keinen Freiraum. In der Türkei wie in Iran unter dem Schah wurde Entschleierung staatlich verordnet. Von westlichen Beobachtern oft positiv bewertet, ist dies aber als ebenso gewaltsamer Eingriff in die Freiheit der betroffenen Frauen zu werten wie die Zwangsverschleierung afghan. Frauen durch die → Ṭâlibân. Die iran. Frauenbewegung wird seit der Revolution von Theologinnen, oft Töchtern hoher religiöser Würdenträger, bestimmt, die im Islam die Basis für Gleichwertigkeit der Geschlechter sehen. – „Feministin" als Eigenbezeichnung lehnen arab. Frauenrechtlerinnen im allgemeinen ab, da F. mit westlichen Hegemonialansprüchen und Unmoral assoziiert wird. *Bo*

Lit.: Afshar, H.: Islam and Feminisms. An Iranian Case-Study, 1998. – Badran, M.: Feminists, Islam, and Nation, 1995. – Kreile, R.: Politische Herrschaft, Geschlechterpolitik und Frauenmacht im Vorderen Orient, 1997. – New Woman Research and Study Centre: The Feminist Movement in the Arab World, 1996.

Fernsehen. Nachdem die ersten Rundfunkstationen seit den 1930er Jahren von Kolonialmächten eingeführt und genutzt wurden, entstanden Fernsehstationen seit Ende der 1950er Jahre als staatliche oder private Unternehmen. Heute sind die Fernsehstationen der meisten Länder in staatlicher Hand, obgleich seit den 1990er Jahren mit der wirtschaftlichen Liberalisierung ein Trend zur Privatisierung eingesetzt hat. Wo private Sender zugelassen sind, werden Anzahl und Spektrum der Fernsehstationen größer. Vereinzelt finden sich dann auch von islam. Organisationen betriebene Sender. In vielen Ländern wird ein großer Teil des Programms importiert, v.a. Spielfilme, Dokumentationen und Zeichentrickfilme. Dazu kommen Nachrichten, TV-Serien, Talkshows, Politmagazine, Musiksendungen und Gameshows. Einige Sender unterhalten religiöse Sendungen mit Koranrezitation, religiösen Instruktionen und Predigten islam. → Gelehrter. Solche werden oft während des → Ramaḍân verstärkt ins Programm aufgenommen, doch findet sich dann auch ein spezielles Unterhaltungsprogramm mit Musikshows und TV-Serien, oft histor. Serien mit Themen aus der arab.-islam. Geschichte. Erschwerend für einheim. Produktionen ist eine polit. oder moral. bedingte Zensur, letztere meist religiös motiviert. Seit Mitte der 1980er Jahre gibt es die ersten Satellitensender, welche über nationalstaatliche Grenzen hinaus senden. Hier hat sich ein harter Machtkampf um die Kontrolle entwickelt, in dem Saudi-Arabien eine wichtige Rolle spielt. Seit einigen Jahren erwirbt sich der weitgehend unabhängige arab. Satellitensender al-Jazeera durch seine kritische und offene Berichterstattung hohes Ansehen bei den Zuschauern, welche sich weltweit via Telefon und Fax an vielen Diskussionssendungen beteiligen können. Auch hier gibt es religiöse Sendungen, wie die von Zuschaueranfragen um religiöse Gutachten (→ Fatwâ), zu der prominente → Scheichs der gesamten islam. Welt geladen werden. Auch in Deutschland können via Satellit viele der ausländ. Sender empfangen werden. *Wei*

Lit.: Kamalipour, Y./Mowlana, H.: Mass Media in the Middle East. A Comprehensive Handbook, 1994.

Fes (arab. Fâs), bedeutende Provinzhauptstadt im nördlichen → Marokko, ca. 775 000 Einwohner (1994). F. ist eine Agglomeration aus dem zu Ende des 8. oder zu Beginn des 9. Jh. gegründeten Fâs al-Bâlî (Alt-F.), dem 1276 als Verwaltungs- und Militärzentrum angelegten Fâs al-Jadîd (Neu-F.), der unter dem französ. Protektorat (seit 1912) errichteten und europäisch geprägten Ville Nouvelle sowie einem nordwestlich des Herrscherpalastes gelegenen Stadtteil, der sich seit den 1950er Jahren entwickelte. F. diente über Jh. einer Vielzahl von Herrschern Marokkos als Residenzstadt. Unter französ. Herrschaft hat F. nicht nur seinen Rang als führendes Handelszentrum des Landes an Casablanca verloren, auch der polit. Stellenwert hat sich durch die Verlagerung der Hauptstadt nach Rabat verringert. Unter den Bewohnern der Stadt, den Fâsîyîn, hat sich in Laufe der Geschichte eine eigene Identität entwickelt, die vom Bewußtsein kultureller Überlegenheit geprägt ist. F. ist Sitz der bedeutendsten islam. Moschee-Universität des Landes, der → Qarawîyîn. *Ko*

Lit.: Le Tourneau, R.: Fès avant le protectorat. Étude économique et sociale d'une ville de l'occident musulman, 1949. – Tozy, M.: Monarchie et islam politique au Maroc, 1999.

Festtage. Der islam. → Kalender enthält zwei kanon. F. im Jahresverlauf, das Opferfest am 10. Tag des Monats der → Pilgerfahrt und das Fest des Fastenbrechens, das am 1. des Monats Shawwâl, dem Tag nach Ende des Fastenmonats Ramaḍân, beginnt und drei bis vier Tage dauert. Nichtkanon. Feste wie der Geburtstag des Propheten (→ Maulid) und Heiligentage sind Teil des → Brauchtums (→ Zuckerfest, → Opfer, → ʿÂshûrâʾ). *El*

Lit.: Schimmel, A.: Das islamische Jahr. Zeiten und Feste, 2001.

Frau → Emanzipation, → Feminismus, → Schleier, → Familie

Freiheit, 1) in der heutigen islam. Welt ebenso ein Schlüsselbegriff wie im „Westen“ (was sich u. a. in Partei- und Zeitungsnamen niederschlägt). Die romant. Begeisterung für den Gedanken der F., wie ihn die Französ. Revolution propagierte, erfaßte schon früh im 19. Jh. auch die Länder des Vorderen Orients, wo die Freiheitsidee in Beziehung zu bereits bestehenden ideellen Konzepten gesetzt und zügig in das vorhandene Wertesystem integriert wurde. Den französ. Begriff „liberté“ gab man weithin mit arab. ḥurrîya wieder, das zuvor die stolze Noblesse der Freien und jurist. den Gegensatz zum Sklaven-Status bezeichnet hatte. Diese alte Bedeutung wurde u. a. um das erweitert, was man bereits als „Gerechtigkeit“ (arab. ʿadl) kannte, und ḥurrîya meinte nun auch ein Anrecht des Untertanen auf eine Leistung des Herrschers (nämlich dem Individuum zuzusichern, daß es die ihm zugestandenen Rechte/F. auch vollumfänglich wahrnehmen konnte). In der Verfassung des Osman. Reiches von 1876 garantierte der Sultan den Bürgern neben der Unverletzlichkeit der F. der Person unter anderen die F. der Religionsausübung, F. der Presse, Versammlungs- und Bildungs-F. Weil Sultan Abdülhamid II. diese Verfassung schon 1878 suspendierte, bedeutete F. während seiner Regierungszeit (1876–1909) dann v. a. das Gegenteil von Despotie und Tyrannei. Im Zuge der Nationalbewegungen seit Ende des 19. Jh. stand sodann immer mehr die Bedeutung „Unabhängigkeit von Fremdherrschaft“, „nationale Unabhängigkeit“ im Vordergrund. Parallel dazu traten reformorientierte Intellektuelle für die „innere Befreiung“ ihrer Gesellschaften ein (Frauenbefreiung, Befreiung aus den „Ketten“ unzeitgemäßer Traditionen, polit. Selbstbestimmung). – Die zu den → Menschenrechten gezählten F. sind in einigen Staaten der heutigen islam. Welt verfassungsmäßig geschützt, in anderen nicht, oder sie bestehen nur nominell. In Staat und Gesellschaft finden sie ihre Grenzen meist dann, wenn ein Vorrang der Gemeinschaft und/oder Öffentlichkeit gegenüber subjektiven Rechten postuliert wird. So werden z.B. Presse-F., schriftsteller. F. und F. der Meinungsäußerung häufig mit dem Argument einer Gefährdung höher eingestufter Werte wie „öffentliche Ordnung“, „allgemeine Moral“ oder „Ehre der Nation“, inzwischen immer öfter auch religiöser Werte (→ Apostasie, → Blasphemie) eingeschränkt. – Für moderne islam. Denker gründet die menschliche F. in Gott; wahre F. ist deshalb erst in einer nach islam. Grundsätzen geordneten Gesellschaft möglich; mit der Forderung, diese wahrhaft islam. Gesellschaft herzustellen, wird modernes islam. Denken zur Befreiungsideologie. – 2) In der → Mystik bezeichnet ḥurrîya diejenige Etappe des mystischen Pfades, in welcher der Gottsucher frei ist von allem außer Gott und seiner Verehrung. – 3) Zum Problem menschlicher Handlungs-F. gegenüber göttlicher Determination: → Schicksal, → Theologie. *Gu*

Lit.: Rosenthal, F./Lewis, B.: Art. „Ḥurriyya“, in: The Encyclopaedia of Islam, Bd. 3, 1986, 589–594. – Krämer, G.: Gottes Staat als Republik. Reflexionen zeitgenöss. Muslime zu Islam, Menschenrechten und Demokratie, 1999.

Freitag (arab. yaum al-jumʿa, „Tag der Versammlung"), an dem Muslime das obligator. → Gebet zur Mittagszeit in der Gemeinschaft verrichten sollen. Dieses Gebet findet im allgemeinen unter Leitung eines → Imâm in einer → Moschee, in größeren Orten einer besonderen Freitagsmoschee, statt. Anders als die anderen Gebete ist es mit einer → Predigt verbunden, die an manchen Orten, z.B. in Kairo, durch Lautsprecher auch außerhalb der Moschee übertragen wird. *El*

Friedhof (arab. maqbara). Bei der Gestaltung islam. Friedhöfe gibt es regional große Unterschiede. Weder Koran noch → Ḥadîth-Literatur machen dazu verbindliche Aussagen. Allen Friedhöfen ist gemeinsam, daß die Gräber nach → Mekka ausgerichtet sind. In den meisten islam. Ländern gibt es Grabsteine, zum Teil sind sie dekoriert, meist aber eher schlicht. Da die islam. Glaubensgemeinschaft in → Deutschland nicht als Körperschaft des öffentlichen Rechts anerkannt ist, gibt es hier keine islam. Friedhöfe; der 1798 eingerichtete „Türken-F." in Berlin, die älteste Begräbnisstätte für Muslime in Mitteleuropa, stellt eine Ausnahme dar. Die meisten Muslime lassen sich daher in ihrer Heimat beisetzen. Nur etwa 10% werden auf meist separaten islam. Grabfeldern kommunaler Friedhöfe bestattet. *Sto*

Lit.: Bacqué-Grammont, J.-L. (Hg.): Cimétières et traditions funéraires dans le monde islamique, 1996. – Höpp, G./Jonker, G. (Hg.): In fremder Erde. Zur Geschichte und Gegenwart der islam. Bestattung in Deutschland, 1996.

Fromme Stiftung → Stiftung

Fünf Säulen, die wichtigsten Gebote für → Muslime: Ableistung des → Glaubensbekenntnisses, → Fasten im Monat Ramaḍân, die → Pilgerfahrt nach → Mekka, → Gebet, Entrichtung einer bestimmten Form von → Almosen. *El*

Fundamentalismus, islamischer. In der Forschung werden auch die Bezeichnungen „Islamismus", „Integrismus" oder „islam. Nativismus" verwendet, eine selten gebrauchte arab. Übersetzung lautet in einer während der 1970er Jahre aufgekommenen Neuschöpfung „uṣûlîya". Der Begriff des F. wurde zuerst auf eine Gruppe amerikan. Theologen in den Jahren 1909–1915 angewandt, welche sich u.a. für eine wörtliche Auslegung der Bibel aussprachen. Erst ein halbes Jh. später hat man diesen Begriff auf Erscheinungen in anderen Religionen (Hinduismus, Judentum und Islam) ausgeweitet. Als allen Formen des Fundamentalismus gemein wird das Streben nach einer reinigenden Reform bestehender Glaubensinhalte und religiöser Praktiken vor dem Hintergrund der eigenen Vorstellung von den grundsätzlichen Prinzipien und Normen der vertretenden Religion angesehen. Die Fundamentalisten sehen ihre Auslegung der heiligen Texte als die einzig gültige an. Umstritten ist, ob der i.F. ein Phänomen der Moderne darstellt oder sich Verbindungslinien zu früheren vormodernen Bewegungen wie den → Wahhâbiten ziehen lassen. Der Unterschied zum → Reformislam, wie ihn → ʿAbduh und al-→ Afghânî vertraten, liegt weniger in den Ideen, sondern eher darin, daß der i.F. stärker gesellschaftlich und polit. aktiv ist. Er unterscheidet sich von der allgemeinen Tendenz der → Re-Islamisierung durch einen hohen Grad an Organisiertheit. Als Träger gelten u.a. die radikale Fraktion der → Muslimbruderschaft, die → Jamaat sowie die palästinens. → Ḥamâs, die alger. → Islam. Heilsfront und die libanes. → Ḥizbollah. Bedeutende Vordenker sind al-→ Maudûdî und Sayyid → Quṭb. (→ Traditionalismus, → Modernismus, → Revolution) *Co*

Lit.: Basbous, A.: L'islamisme, une révolution avortée?, 2000. – Lawrence, B.B.: Defenders of God. The Fundamentalist Revolt against the Modern Age, 1989. – Voll, J.O.: Islam, Continuity, and Change in the Modern World, ²1994.

G

Gaddafi, Muammar al- (al-Qadhdhâfî, Muʿammar, geb. 1942), libyscher Staatsführer. Er entstammt einer Beduinen-Familie nahe Sirte, einer an der Großen Syrte gelegenen Stadt. Seine Jugend verbrachte er teils in der Provinzhauptstadt des Fezzan, Sabha, teils in der tripolitan. Stadt Misurata. 1963 nahm ihn die Militärakademie von Bengasi als Offiziersanwärter auf. Nachdem 1969 der von G. mitbegründete „Bund der Freien Offiziere" erfolgreich gegen das Regime von Idrîs as-Sanûsî geputscht hatte, konnte sich G. bis heute als bestimmende Person innerhalb der libyschen Staatsführung behaupten. Als Begründer der im *Grünen Buch* niedergelegten sog. „Dritten Universaltheorie" versucht er die nach dem Staatsstreich begonnenen sozialen, kulturellen, polit. und wirtschaftlichen Reformen ideolog. zu untermauern. Getreu der Vorstellung, daß Islam sowohl permanente Revolution als auch moderne Ideologie sei, spiegelt die „Dritte Universaltheorie" G. Islamverständnis wider. Besonders seine originellen Vorstellungen vom islam. → Recht und der islam. Jurisprudenz haben ihm von seiten einflußreicher sunnit. Persönlichkeiten und Institutionen Häresievorwürfe eingebracht. Der → Koran ist nach G. Vorstellungen die einzig legitime Quelle der → Scharia. Da die → Sunna im Gegensatz zum Koran keinen göttlichen Ursprung für sich beanspruchen kann, sei sie für das islam. Recht irrelevant. Auch andere Kriterien, die von allen → Rechtsschulen zur Ausformulierung und Interpretation der Scharia anerkannt sind, werden verworfen. So ist jeder des Arabischen mächtige Muslim befugt, in Rechtsfragen selbständige Entscheidungen auf Grund der Interpretation der Quellen (→ Ijtihâd) zu fällen. Islam. Rechtsgelehrte sind daher überflüssig. Mit der Gründung der international agierenden „Gesellschaft für islam. Mission" (arab. Jamʿîyat adda'wa al-islâmîya) versucht G. seit 1972, v.a. im Afrika südlich der Sahara auf die dortigen Muslime Einfluß zu gewinnen. Nachdem er jahrelang als Mentor des religiös begründeten Terrorismus gegolten hat, grenzt sich G. seit den 1990er Jahren aus innenpolit. Gründen deutlich von militant islamist. Bewegungen ab. *Ko*

Lit.: Mattes, H.: Qaddafi und die islamische Opposition in Libyen. Zum Verlauf eines Konflikts, 1995.

Gebet. Muslime kennen verschiedene Arten von G. Das arab. „ṣalât“ genannte G. stellt eine der → Fünf Säulen (Grundpflichten) des Islams dar. Es wird jeden Tag fünfmal absolviert, vor Sonnenaufgang, mittags, nachmittags, bei Sonnenuntergang und später am Abend. Vor jedem G. sind eine Ankündigung durch einen → Gebetsruf und die rituelle → Waschung obligator. Eine notwendige Vorbereitung besteht ferner darin, daß der Muslim sich innerlich bewußt macht, das G. nicht nur aus Routine durchzuführen, sondern mit der Absicht, Gott zu dienen. Dann folgt als Eröffnung des zum G. erforderlichen Weihezustands (arab. iḥrâm) die Formel „allâhu akbar“ (arab. „Gott ist überaus groß“). Stehend werden eine Reihe von weiteren Formeln und die erste Sure des Korans (→ Fâtiḥa) rezitiert. Die nächsten Teile des G. sind das Vorbeugen des Oberkörpers, wobei die Hände auf die Knie gelegt werden, und das Wiederaufrichten. Indem die Formel „allâhu akbar“ ausgesprochen wird, erfolgt die gen Mekka gerichtete (→ Qibla) Niederwerfung auf die Knie, Nase, Stirn und Zehen berühren dabei den Boden. Der Betende begibt sich dann in eine aufrecht kniende Position, vollzieht eine zweite Niederwerfung und steht wieder auf. Alle diese Bewegungen werden von verschiedenen Formeln begleitet. Die beschriebene Sequenz (arab. rakʿa) wird noch einmal oder mehrmals vollzogen. Mit weiteren Formeln findet das G. seinen Abschluß. Das G., außer → Freitag mittags, kann an jedem Ort, eventuell auf einem Gebetsteppich, vollzogen werden. Idealerweise findet es aber in → Moscheen statt. Freiwillige G. (arab. „duʿâ’“, manchmal aber ebenfalls „ṣalât“ genannt) haben die verschiedensten Formen und Funktionen. Das Nachtgebet wird besonders von Ṣûfîs geschätzt und von ihnen ebenso streng eingehalten wie die obligator. G. Freiwillige G. sollen Muslimen auch als Schutz auf der Reise dienen oder gelten der Bitte um Regen (→ Brauchtum). *El*

Lit.: Khoury, A. T.: Gebete des Islam, 1995.

Gebetsruf (arab. adhân), Teil des muslim. Gebetsritus. In Siedlungen wird der G. zur Verkündung der Zeiten des obligator. → Gebets von einem Muezzin (arab. mu'adhdhin, „Gebetsrufer") meist vom Minarett einer → Moschee auf Arabisch vollzogen. Die Worte lauten bei den Sunniten: „Gott ist überaus groß. Ich bekenne, daß es keinen Gott gibt außer Gott. Ich bekenne, daß Muḥammad der Prophet Gottes ist. Kommt zum Gebet. Kommt zur Rettung. Gott ist überaus groß. Es gibt keinen Gott außer Gott." Der schiit. G. enthält außerdem nach der Formel „Kommt zur Rettung" die Worte „Kommt zur besten Tat". Ein zweiter G. (arab. iqâma, „sich erheben") mit gleichem Wortlaut findet in der Moschee unmittelbar vor Beginn des Gebets statt. Betet ein Muslim entfernt von anderen Gläubigen, z. B. auf Reisen, so soll er individuell den G. vollziehen. (→ Geburt) *El*

Geburt. Die G. eines Kindes, traditionell insbesondere die eines Sohnes, hebt den Status seiner Eltern, die daraufhin mit einem Ehrennamen (→ Personennamen) angeredet werden. Die mit der G. verbundenen Zeremonien sind nur zum Teil islam. Ursprungs und unterscheiden sich regional. Üblich ist, dem Kind unmittelbar nach der G. den → Gebetsruf in das Ohr zu flüstern. Danach wird der Kopf des Kindes rasiert und ein Tieropfer erbracht. Am siebten Tag nach der G. gilt die Namensgebung und → Beschneidung als religiös verdienstvoll. Den Geburtstag zu feiern, ist erst in neuerer Zeit üblich geworden. *Sto*

Geburtenregelung. Bis ins 20. Jh. war die gängigste Methode der Empfängnisverhütung der religiös erlaubte coitus interruptus. Verboten ist nach koran. Weisung (Suren 16:58–60, 17:31) das Töten weiblicher Kinder sowie nach allgemeiner Rechtsauffassung Kastration und Sterilisation. Abtreibung wird erlaubt, aber mißbilligt. Verhütung durch chemische, mechan. oder pflanzliche Mittel ist gestattet, wenn ihr Ziel nicht dauernde Unfruchtbarkeit ist. *Bo*

Lit.: Musallam, B. F.: Sex and Society in Islam. Birth Control before the Nineteenth Century, 1983. – Petchesky, R. P./Judd, K. (Hg.): Negotiating Reproductive Rights, 1998.

Gelehrte (arab. ʿulamâʾ, sg. ʿâlim), traditionell alle diejenigen Muslime, welche Kenntnis von der Offenbarung des Korans und den prophet. Überlieferungen, dem → Ḥadîth, besitzen. Der Begriff wird auch allgemein auf alle Intellektuellen angewandt. In einem engeren Sinne gelten als G. solche, die das Curriculum des traditionellen islam. Bildungswesens absolviert haben. Dazu zählen die Sprachwissenschaft, Logik und Rhetorik als Grundfächer sowie die Theologie und die Jurisprudenz als Kerndisziplinen. Ursprünglich war der Ausbildungsweg zum G. kaum formalisiert. Studenten suchten verschiedene Lehrer auf, bei denen sie die wichtigsten Basistexte der verschiedenen Fächer kennenlernten und bei Erfolg ein Lehrzeugnis (arab. ijâza) erhielten. Die Wertschätzung einer Ausbildung maß sich v. a. an dem Ansehen der jeweiligen Lehrer, weniger an dem Ruf einer Schule (→ Medrese). Grundsätzlich war Bildung nicht an bestimmte Institutionen gebunden, sondern beruhte auf der individuellen Beziehung einzelner G. zu ihren Schülern. Eine Formalisierung des Bildungswesens fand z. B. im Osman. Reich statt, als der Besuch von Schulen mit festgelegter Hierarchie der Lehrenden und einem geregelten Prüfungswesen Voraussetzung für die Anerkennung als G. wurde. In der Gegenwart gilt ähnliches für staatlich beaufsichtigte Schulen wie die → Azhar in Kairo oder die → Qarawîyîn in Fes. Ihre Absolventen können eines der Ämter an Moscheen, → Muezzin, Vorbeter (→ Imâm) oder Prediger, ergreifen, selber Lehrer werden oder in der Justiz als → Kadi, → Muftî oder Notar (arab. ʿadl) tätig sein. Wurden gelehrte Amtsträger vorher meist mit Mitteln aus frommen → Stiftungen bezahlt, so erhielten sie seit dem 19. Jh. zunehmend den Status von Staatsbeamten. Da das islam. → Recht in den modernen Staaten der islam. Welt einen großen Teil seiner früheren Bedeutung verloren hat, ist auch der Einfluß der G. geschwunden. Dazu kam, daß viele Modernisierer des 19. und 20. Jh. pauschal die G. als rückständig und weltfremd angriffen. Die von ihnen vertretene Bildung sei nicht zeitgemäß, und sie stünden der notwendigen Erneuerung der islam. Länder entgegen. Das führte zwar zu einem Ansehensverlust der G., aber bis heute spielen sie als moral. Instanzen eine gewisse Rolle. Opposition gegen staatliche Politik wird gerade von beamteten G. meist nicht geäußert, jedoch sind einige G. auch kritisch gegen die Herrschenden eingestellt und beklagen offen den Rückgang der Bedeutung islam. Normen in der Gesellschaft. Vor allem im schiit. Islam beanspruchen manche G., z.B. → Khomeini im Iran, auch polit. Herrschaft. Ein Grund dafür besteht darin, daß schiit. G. höheren Ranges, die → Ayatollahs, sich als Vertreter des „verborgenen → Imâms" verstehen können, die in seiner Abwesenheit das Amt des Herrschers ausfüllen. Zwar konnten G. wie Khomeini oder auch Institutionen wie die Azhar eine Stellung als überregionale Autoritäten erlangen, jedoch bildete sich in der islam. Welt kein Klerus oder eine einheitliche Organisation, vergleichbar der kathol. Kirche, heraus. Weithin anerkannte Positionen zu bestimmten dogmat. Fragen oder Rechtsproblemen entstanden aufgrund von oft langwierigen Prozessen der Konsensbildung, nicht durch Weisung einer dem Papst vergleichbaren Instanz. *El*

Lit.: Elger, R.: Zentralismus und Autonomie. Gelehrte und Staat in Marokko, 1900–1931, 1994. – Mottahedeh, R.: Der Mantel des Propheten. Das Leben eines persischen Mullah zwischen Religion und Politik, 1988. – Zilfi, M.: The Politics of Piety. The Ottoman Ulema in the Postclassical Age, 1988.

Geschlecht. Mann und Frau sollen sich äußerlich durch → Kleidung und Schmuck deutlich voneinander unterscheiden. Sind zumindest vor Gott beide G. für ihre Taten gleichermaßen verantwortlich und konnten im frühen Islam Frauen an der religiösen Praxis in größerem Ausmaß als heute teilnehmen, so zieht sich gegenwärtig das Konzept der Geschlechterkomplementarität durch alle Lebensbereiche. Frauen und Männer werden als verschieden, aber gleichwertig und einander ergänzend angesehen. Praktisch werden Frauen auf den niederen Rang verwiesen. Andererseits genießen Frauen koran. verbriefte Rechte, die sie in Erb- und Eigentumsfragen bis ins 20. Jh. rechtlich besser stellten als ihre europäischen Geschlechtsgenossinnen. Sie haben Anspruch auf Versorgung durch männliche Familienangehörige. Geschlechtsidentität wird durch Erziehung und lokale Initiationsriten geschaffen, zu deren wichtigsten die → Beschneidung und die → Hochzeit gehören. Das Konzept der Geschlechterkomplementarität trägt gesellschaftlich zu traditioneller Rollenteilung, zu mehr oder minder strikter Absonderung der G. voneinander und zur religiös begründeten Norm der Heterosexualität bei. Die → Ehe, die → Sexualität und zwischengeschlechtlichen Kontakt legitimiert, spielt daher in islam. geprägten Kulturen eine zentrale Rolle. *Bo*

Lit.: Ahmed, L.: Women and Gender in Islam, 1992. – Ghoussoub, M./Sinclair-Webb, E.: Imagined Masculinities. Changing Patterns of Identity for Middle Eastern Men, 1999. – Strohmeyer, S.: Kairo. Gespräche über Liebe, 1996.

Glaubensbekenntnis (arab. shahâda). Die Ablegung des G. ist eine der → Fünf Säulen des Islams. Die Worte lauten: „Es gibt keinen Gott außer Gott, und Muḥammad ist sein Prophet." *El*

Glücksspiel. Der Koran erklärt verschiedene altarab. G., insbesondere das Ziehen von Lospfeilen (arab. maisir), zur Sünde (Suren 2:219 und 5:90). In frommen Kreisen gelten Spiele aller Art als unnützer Zeitvertreib, der von der Erfüllung der Glaubenspflichten abhält. *Mü*

Lit.: Rosenthal, F.: Gambling in Islam, 1975.

Gnade, für die christl. (paulin.) Lehre zentraler Begriff, dessen vielfältiges Bedeutungsfeld in der islam. Theologie teilweise von mehreren anderen Konzepten abgedeckt wird; einige Aspekte bleiben jedoch auch ohne Entsprechung. Fremd sind dem islam. Dogma insbesondere der Gedanke einer der Erlösung durch Gottes Gnade bedürftigen (erb-)sündigen Menschheit sowie die Vorstellung vom Kreuzestod Christi als ebendiese Erlösung bewirkendes göttliches Gnadenopfer. Wichtige Begebenheiten der Heilsgeschichte (menschengerechte Einrichtung und harmon. Ordnung der Welt, die Offenbarung u. a.) deutet die islam. Theologie ebenfalls nicht als einer „gefallenen" Menschheit zuteilgewordene G., sondern als Akt der allumfassenden Gunst und Wohltätigkeit (arab. raḥma), grenzenlosen Freigebigkeit (arab. karâma) und gütigen Fürsorge (arab. rizq) Gottes gegenüber den in Unkenntnis des heilvollen rechten Wegs dahinvegetierenden oder irregeleiteten (aber nicht sündigen!) Geschöpfen (Sünde). Die Begriffe raḥma, karâma, rizq und ähnliche enthalten den auch für „Gnade" konstitutiven Aspekt einer häufig (besonders in der → Mystik, aber auch von einem Großteil der heutigen gläubigen Muslime) wie im Christentum als liebevoll gedeuteten wohlmeinenden Zuwendung Gottes zum Menschen; das für ein Gnädig-Sein unverzichtbare Element des unverdienten Verzeihens von Schuld bzw. Sünde fehlt ihnen jedoch. Dieses ist demgegenüber präsent in der Bereitschaft des Weltenrichters zur allumfassenden Vergebung, auf welche Sünder und Gesetzesbrecher unter Umständen hoffen dürfen. Denn der Allmächtige kann auf die eigentlich verdiente gerechte Bestrafung verzichten – entweder aus Wohlwollen und Güte (raḥma) oder auf einen in seiner Motivation nicht hinterfragbaren Entschluß hin („Er bestraft, wen er will, und erbarmt sich, wessen er will“, Sure 29:21). Im ersten Fall wäre von „G.“, im zweiten Fall wohl eher von „Begnadigung“ (als Rechtsterminus) oder auch nur von „Straferlaß“ zu sprechen. Im letzteren Sinne können auch heute die Staatsoberhäupter islam. Länder mit ihren häufig säkularen Rechtssystemen „G. vor Recht“ ergehen lassen. *Gu*

Lit.: Gimaret, D.: Art. „Raḥma“, in: The Encyclopaedia of Islam, Bd. 8, 1995, 398–399. – Wensinck, A.J. [& Gardet, L.]: Art. „Khaṭī'a“, in: The Encyclopaedia of Islam, Bd. 4, 1990, 1106–1109.

Gott (arab. allâh, evtl. aus al-ilâh „der [alleinige] G.“, pers. auch khodâ, „Herr“, türk. auch tanrı, eine schon alttürk. Gottheitsbezeichnung). Das Gottesbild des Islams ließ, noch bevor die islam. → Theologie es systematisierte und im Detail ausarbeitete, einige Hauptzüge erkennen, die es auch heute noch weitgehend bestimmen. a) G.es „Einsheit“ (T. Nagel): Daß es außer dem einen und einzigen G. keine anderen Götter gibt, ist Teil des muslim. → Glaubensbekenntnisses. Der strenge Monotheismus, d.h. die Lehre von G. als dem Unteilbar-und-absolut-Einen, ist ein Hauptdogma der islam. Theologie (die sich deshalb auch ʿilm at-tauḥîd, arab. „Wissenschaft vom Einsheit-Bekennen“, nennt). Die christl. Dreifaltigkeit wird zumeist als der Einsheit widersprechende und dem Verbot der „Beigesellung“ (arab. shirk) zuwiderlaufende Aufspaltung interpretiert. b) G.es Allmacht und absolute Größe: G. sieht, hört, weiß alles, er ist der allgewaltige Schöpfer des Universums, Herr über Werden und Vergehen, alles Geschehen und Handeln folgt seinem Willen. Allâhu akbar bedeutet: „G. ist groß“, der schlechthin und unvorstellbar Große, in seiner Transzendenz ewig unerkennbar, unsagbar, geheimnisvoll. c) Gerechtigkeit: G. ist der Richter des → Jüngsten Gerichts, der am „Tag der Abrechnung“ die Taten der Menschen absolut gerecht beurteilt und vergilt (→ Hölle und Paradies). d) Unermeßliche Güte (arab. raḥma): Sie erweist sich nicht nur, wenn G. beim Weltgericht zuweilen von Bestrafung absieht und den Sündern verzeiht (→ Gnade). Zeichen der raḥma sind vielmehr die gesamte → Schöpfung selbst und die Selbstmitteilung G.es in seinem Sprechen zur Menschheit (→ Offenbarung), v.a. also das → Wunder des → Korans, wodurch G. den Menschen die Möglichkeit gibt zu erkennen, was recht ist, und den „geebneten Weg“ (d.i. die Scharia) zu beschreiten. Zur Herstellung einer persönlichen Beziehung der Gläubigen zu G.: → Gebet, → Mystik, → Dhikr, → Jihâd. Zur Hingabe des Menschen an G.: → Islam. Zur Auffassung der Mensch-G.-Beziehung als vertragsrechtliche Bindung: → Apostasie. *Gu*

Lit.: Gardet, L.: Art. „Allâh“, in: The Encyclopaedia of Islam, Bd. 1, 1986, 406–417.

Gotteslästerung → Blasphemie

Gottesnamen. Die (kanon. 99, de facto jedoch über hundert) „Schönen Namen Gottes“ (arab. asmâ' allâh al-ḥusnâ) sind eine Reihe von z.T. im Koran wörtlich vorkommenden, z.T. aus koran. Begriffen abgeleiteten oder dem → ḥadîth entnommenen, die Eigenschaften → Gottes bezeichnenden Nomina. Solche sind z.B. al-ʿazîz „der Mächtige/Werte“, al-ghaffâr „der Vergebungsreiche“, al-ʿalîm „der Allwissende“ (zu allâh: → Gott; zu ar-raḥmân und ar-raḥîm: → Basmala, → Gnade). Weit verbreitet ist der rituelle Gebrauch der G., z.B. in den → Dhikr-Zeremonien der Ṣûfîs oder beim meditierenden Rezitieren mit Hilfe der Gebetsketten (→ Rosenkranz). (→ Personennamen) *Gu*

Gräberkult → Heiliges

Graue Wölfe (türk. Bozkurtlar). Die Grauen Wölfe, deren Name und Symbol aus der vorislam., türk.-mongol. Mythologie stammen, sind die Jugendorganisation der Nationalist. Aktionspartei, die 1969 durch den Ex-Obristen Alparslan Türkeş (1917–1997) in der Türkei gegründet wurde. Die Ideologie der Partei ruht auf drei Pfeilern: Nationalismus, Panturkismus und ein stark türk. überformtes Islamverständnis; hinzu kommt ein militanter Antikommunismus. Ihre Organisationsstruktur basiert auf dem Führerprinzip. In den 1970er Jahren war sie mehrmals an Koalitionsregierungen beteiligt. Dabei war ihr überproportionaler Einfluß zum einen den instabilen Mehrheitsverhältnissen im Parlament und zum anderen dem Terror zuzuschreiben, den die Grauen Wölfe damals auf den Straßen verbreiteten. Nachdem die Nationalist. Aktionspartei in den 1980er und 1990er Jahren ein Dasein am Rande der polit. Bedeutungslosigkeit gefristet hatte, konnte sie in den Wahlen vom 18. 4. 1999 ein unerwartet gutes Ergebnis erzielen (18,4%). Seit dem 28. 5. 1999 ist sie als Koalitionspartner an der Regierung von Bülent Ecevit (Demokrat. Linkspartei) beteiligt. Die Grauen Wölfe sind in Europa unter dem Namen „Konföderation der Demokrat. Idealistenvereine in Europa" mit Hauptsitz in Köln organisiert. *Ju*

Lit.: Landau, J.: Pan-Turkism. From Irredentism to Cooperation, 1995.

H

Ḥadîth (arab. „Erzählung, Gespräch“) bezeichnet die Aussprüche, Anordnungen und Handlungen des Propheten, deren Überlieferung auf seine Gefährten (arab. ṣaḥâba) zurückgeführt wird. Im weiteren Sinne gehören dazu auch Berichte über die Prophetengefährten selbst sowie über frühe Muslime der nächsten Generation (die sog. „Nachfolger“, arab. tâbiʿûn). Für diese werden andere Bezeichnungen wie „Nachricht“ (arab. khabar) oder „überlieferter Bericht“ (arab. athar) bevorzugt. Die begriffliche Trennung ist jedoch nicht immer streng, und sowohl die Überlieferungen vom Propheten als auch diejenigen über seine Gefährten und ihre Nachfolger fallen in das Gebiet der islam. Ḥ.-Wissenschaft. In den ersten zweieinhalb Jahrhunderten nach dem Tod des Propheten fand der Ḥ. allmählich Anerkennung als zweitwichtigste Quelle für die religiösen und rechtlichen Normen neben dem Koran. Diese Entwicklung, die bis heute für die Forschung in vieler Hinsicht unklar und umstritten geblieben ist, war offenbar eng verbunden mit den großen Krisen polit. und religiöser Autorität im islam. Staat. Viele Ḥ. lassen sich auf die frühen theolog. Streitfragen und religiös-polit. Konflikte beziehen. Diese verstärkten offenbar das religiöse Interesse an den Prophetengefährten und an den mit ihnen verbundenen Kreisen. Ähnlich wie im Christentum oder wie in späteren islam. religiösen Bewegungen fallen die ersten Bemühungen zur umfassenden Sammlung und Fixierung der Überlieferungen vom Gründer offenbar in die Periode des Überganges von der Generation der Jünger zu der ihrer Schüler, d.h. in diesem Fall ca. 50–100 Jahre nach dem Tode des Propheten. Verschiedene regionale Zentren religiöser und rechtlicher Lehre wie in Mekka, Medina, Damaskus, Basra und Kufa beriefen sich auf die Autorität von Prophetengefährten und ihren Nachfolgern und verbreiteten deren – authent. oder angebliche – Überlieferungen und Lehrmeinungen. Sowohl die Anfänge der rechtlichen und theolog. Schulen als auch der asket. und mystischen Strömungen gingen einher mit den Bemühungen um die

Sammlung und Weitergabe prophet. Überlieferung. Dies erklärt die große themat. Vielfalt des Ḥ – Spezifisch für den Islam ist die Entwicklung einer formalisierten Überlieferungsmethode, die zwischen der Kette der Überlieferer (arab. isnâd) und dem Text der Überlieferung selbst (arab. matn) unterscheidet. Die Kritik der Überlieferungen unterschied verschiedene Grade der Authentizität des Ḥ.-Materials, das je nach Stimmigkeit des Textes und Glaubwürdigkeit der Überlieferer als „gesund" (ṣaḥîḥ), „gut" (ḥasan), „schwach" (ḍaʿîf) oder „gefälscht" (mauḍûʿ) eingestuft wurde. Andere wichtige Kriterien bezogen sich auf die Zahl der verschiedenen Überlieferungswege sowie auf die ununterbrochene Kontinuität der einzelnen Ketten. Die Ausbildung der Ḥ.-Wissenschaft erforderte auch eine reichhaltige biograph. Literatur zu den verschiedenen Klassen und Generationen der Überlieferungsträger, die deren chronolog. Zuordnung und die Bewertung ihrer Glaubwürdigkeit ermöglichen sollte und die für die islam. Geschichtsschreibung große Bedeutung gewann. Weite Reisen, die dem Sammeln wichtiger Ḥ.-Überlieferungen dienten, wurden zu einem wichtigen Element islam. Gelehrsamkeit. Von der Vielzahl der Ḥ.-Sammlungen, die im 9. und 10. Jh. entstanden, haben sechs nahezu kanon. Anerkennung im sunnit. Islam gefunden. Größtes Ansehen genießen die beiden *Ṣaḥîḥ*-Werke von al-Bukhârî (gest. 870) und Muslim (gest. 875), die nur Ḥ. enthalten, die die Autoren als „gesund" einstuften. Sie werden gefolgt von den vier *Sunan*-Werken von Abû Dâ'ûd (gest. 889), at-Tirmidhî (gest. 892), an-Nasâ'î (gest. 915) und Ibn Mâja (gest. 886), deren Material auch weniger hoch bewertete Überlieferungen einschließt. All diese umfangreichen Werke sind themat. nach den Bereichen der islam. Glaubens- und Pflichtenlehre geordnet und ermöglichen so die Einordung des Ḥ. in deren Rahmen. Die systemat. Entwicklung der Ḥ.-Wissenschaft schloß sich an den Abschluß der großen Sammlungen an. Sie erreichte im 11. Jh. mit den Schriften von al-Ḥâkim an-Nîsâbûrî (gest. 1017) und al-Khaṭîb al-Baghdâdî (gest. 1071) einen ersten Höhepunkt und kam mit den großen ägypt. Kommentatoren und Sammlern des 15. Jh. wie Ibn Ḥajar al-ʿAsqalânî (gest. 1449) und as-Suyûṭî (gest. 1505) zu einem gewissen Abschluß. Die Entwicklung der Ḥ.-Wissenschaft seit dem 16. Jh. ist bisher nur unzureichend bekannt. Es scheint jedoch, daß besonders die Standardisierung der

Überlieferungsverfahren sowie die Suche nach möglichst kurzen Überliefererketten weiter vorangetrieben wurde. Der Austausch von Ḥ.-Überlieferungen und Lizenzen (arab. ijâzât) brachte Gelehrte aus den unterschiedlichsten Regionen der islam. Welt miteinander in Verbindung und konnte auch Vertretern neuer Zentren des Islams wichtige Anerkennung verschaffen. Weithin unerforscht ist auch die wachsende Bedeutung der Ḥ.-Interpretation im Spannungsfeld von Theologie, Recht und Mystik, die für die späteren Jahrhunderte typisch zu sein scheint und die zur Relativierung der Autorität der Rechtsschulen beitrug (→ Sunna). – Auch für den zeitgenöss. Islam besitzen Ḥ. und Ḥ.-Wissenschaft zentrale Bedeutung. Der Ḥ. dient vielerorts immer wieder zur Kritik an traditionellen Strukturen islam. Gesellschaften und an den Autoritätsansprüchen von → Rechtsschulen und mystischen → Bruderschaften. Für viele gebildete Muslime stellen die Ḥ.-Werke neben dem Koran die zentrale Quelle der eigenen religiösen Meinungsbildung dar. Der Rückgriff auf den Ḥ. spielt auch für zeitgenöss. religiöse wie polit. Bewegungen eine überragende Rolle. In diesem Zusammenhang steht auch ein wachsendes Interesse an der Ḥ.-Literatur selbst. Hierzu ist seit den 1980er Jahren eine Fülle bisher kaum zugänglicher oder noch weithin unbekannter älterer Schriften neu oder erstmalig ediert worden. Ein neues Stadium in der Verbreitung der Ḥ.-Literatur ist in den letzten zehn Jahren durch ihre digitale Erfassung und Erschließung für Computer und → Internet erreicht, deren Folgen für die religiösen Anschauungen der Muslime in aller Welt noch unabsehbar erscheinen. *Reich*

Lit.: Juynboll, G.H.: Muslim Tradition. Studies in Chronology, Provenance and Authorship of Early Hadith, 1983. – Motzki, H.: Die Anfänge der islamischen Jurisprudenz. Ihre Entwicklung in Mekka bis zur Mitte des 2./8. Jahrhunderts, 1991. – Schoeler, G.: Charakter und Authentie der muslimischen Überlieferung über das Leben Mohammeds, 1996.

Ḥâfiẓ, Shams ad-Dîn Muḥammad (1325/6–1389/90), geboren und gestorben in Schiraz (Iran), einer der bekanntesten pers. Dichter, dessen lyrisches Hauptwerk die Gedichtform des Ghasels (pers. ghazal) populär machte. Die Gedichte über Liebe, Wein und schöne Menschen erlauben eine Vielfalt unterschiedlicher Auslegungen und haben zu einer umfangreichen Kommentarliteratur geführt. Der bekannteste Kommentar zum Diwan (Gedichtsammlung) des Ḥ.

stammt von dem Türkisch schreibenden Bosnier Sûdî (16. Jh.), ein Beweis für die internationale Verbreitung pers. Dichtung (→ Pers. Literatur). Übersetzungen der Ghaselen des Ḥ. inspirierten Goethe zu seinem „West-östlichen Diwan". *Ha-Hi*

Lit.: Ḥâfiẓ: Dreiundsechzig Ghaselen das Hafis, übers. von F. Rückert, hg. von W. Fischer, 1988. – Ḥâfiẓ: 50 Gedichte aus dem Diwan, übertragen von C. Atabay, 1987. – Glünz, M./Bürgel, C. (Hg.): Intoxication: Earthly and Heavenly. Seven Studies on the Poet Hafiz of Shiraz, 1991. – Hillman, M. C.: Unity in the Ghazals of Hafez, 1976.

Ḥajj → Pilgerfahrt

Halbmond (arab. hilâl), die erste sichtbare Mondsichel nach dem Neumond. Das Erblicken der Mondsichel kündigt den Beginn eines neuen Monats im lunaren Kalender an. Bedeutungsvoll und erwartet ist das Erscheinen des H. v. a. bei Festtagen und -monaten wie z. B. dem Fastenmonat Ramaḍân. Schon früh gehörte der H. zum dekorativen Symbolkanon mit religiösem Bezug, sichtbar etwa in Mosaiken des im Jahre 691–692 erbauten Felsendoms in Jerusalem. Bei der Umwandlung der Kathedrale des von den Muslimen eroberten Ani in Südfrankreich im 11. Jh. soll das Kreuz durch einen H. ausgetauscht worden sein. Im Europa des 15. Jh. wurde der H. z. B. auf großen Häusern in Ansichten von muslim. Städten eingefügt, um sie als islam. zu kennzeichnen. Auch für den Export in den Orient hergestelltes Papier versah man mit halbmondförmigen Wasserzeichen. Der osman. Sultan Abdülmecîd (ʿAbd al-Majîd) II. führte 1827 eine Flagge mit weißem H. und Stern auf rotem Grund ein. Bald gebrauchte der Herrscher von Tunis das gleiche Symbol. → Pakistan verwendet den H. seit seiner Gründung im Jahre 1947 als nationales Emblem, als letztes Land führte ihn Algerien 1961 nach Erlangung seiner Unabhängigkeit ein. *Sz*

Lit.: Ettinghausen, R.: Art. „Hilâl" in: The Encyclopaedia of Islam, Bd. 3, 1979, 379 ff.

Ḥamâs (arab. „Eifer, Engagement", gleichzeitig Abkürzung für Ḥarakat al-muqâwama al-islâmîya, arab. „Bewegung des islam. Widerstandes"). Die Ḥ. wurde im Dezember 1987 als „militär. Arm" der palästinens. → Muslimbruderschaft gegründet. Bis zu diesem Zeitpunkt spielte der → Islam als Identifikationsgegenstand im palästinens. Befreiungskampf im Gegensatz zum arab.-palästinens. Nationalismus kaum eine Rolle. Erst mit der allgemeinen → Re-Islamisierung der arab. Gesellschaften nach der Niederlage → Ägyptens im Sechs-Tage-Krieg von 1967 forderten die palästinens. Aktivisten in Einklang mit ihren Gesinnungsgenossen in Ägypten und → Jordanien eine islam. Reformierung der Gesellschaft. Das Verhältnis zur → PLO war anfänglich sehr gut, doch kam es nach der Etablierung der Autonomen Palästinenserbehörde im November 1988 zum Bruch zwischen den beiden Organisationen. 1993 sympathisierten etwa 30–40% der palästinens. Bevölkerung mit der Ḥ., die in den 1990er Jahren immer wieder durch blutige Selbstmordanschläge in → Israel von sich reden machte und mit ihren Aktionen den Friedensprozeß im Nahen Osten behindern wollte. Die israel. Seite reagierte mit Ausgangssperren und Schließung der Grenzen für die zahlreichen palästinens. Pendler. Am 27. 2. 1997 fand unter Beteiligung der Ḥ. zwischen den verschiedenen palästinens. polit. Gruppen eine Versöhnungskonferenz statt. Wie ambivalent die Haltung der Ḥ. hinsichtlich der Bemühungen um einen friedlichen Interessenausgleich zwischen Israel und seinen Nachbarn ist, zeigen die Äußerungen ihres Führers, Scheich Aḥmad Yasîn, der im Oktober 1997 aus israel. Haft entlassen wurde. Einerseits verurteilte er wiederholt die Ermordung von Israelis durch terrorist. Unternehmungen von Mitgliedern seiner Gruppe, andererseits rief er zum Heiligen Krieg gegen den „Judenstaat“ auf. (→ Reformislam, → Fundamentalismus, → Revolution) *Co*

Lit.: Abu Amr, Z.: Islamic Fundamentalism in the West Bank and Gaza: Muslim Brotherhood and Islamic Jihad, 1994. – Rashad, A.: Hamas. Palestinian Politics with an Islamic Hue, 1993. – Shadid, M.: The Muslim Brotherhood Movement in the West Bank and Gaza, in: Third World Quarterly 10 (1988), 658–682.

Ḥammâm → Bad

Harem (arab. ḥarîm, „geweihter, unverletzlicher Ort“), Bezeichnung für den von der Umwelt weitgehend abgeschlossenen Familientrakt eines Hauses, in dem sich Frauen unverschleiert aufhalten können (→ Schleier). Die islam. Sitte, weibliche Familienangehörige von der Männergesellschaft räumlich getrennt wohnen zu lassen, wurde vermutlich im 7. Jh. von den Byzantinern übernommen. Im Koran wird diese strikte Trennung nicht explizit empfohlen; doch werden die Frauen aufgefordert, sich nicht zur Schau zu stellen (Sure 24:31). Den H. bewohnten früher bis zu vier rechtmäßige Ehefrauen des Hausherrn (Polygamie), seine Töchter, Schwiegertöchter u. a. weibliche Familienangehörige. Außer Ehemännern und Söhnen, in Ausnahmefällen auch einem Arzt, hatten ausschließlich Frauen Zutritt. In den weitläufigen H. der Herrscherhäuser lebten auch Dienerinnen, Sklavinnen und Konkubinen, gelegentlich bis zu mehreren tausend Frauen. Die Verbindung zur Außenwelt erfolgte über Eunuchen, die gleichzeitig den H. bewachten. Bekanntes Beispiel für einen herrschaftlichen H. ist der Topkapı Palast in Istanbul. Diese Form des H. ist mit dem Rückgang und teilweise auch mit dem Verbot der Polygamie unüblich geworden. Heute versteht man unter H. „Frauen-" oder „Familienbereich" oder auch die Gesamtheit der weiblichen Hausbewohner. *Sto*

Lit.: Mernissi, F.: Harem. Westliche Phantasien – östliche Wirklichkeit, 2000. – Peirce, F.: The Imperial Harem. Women and Sovereignty in the Ottoman Empire, 1993. – Sagaster, B.: Im Harem von Istanbul. Osmanisch-türkische Frauenkultur im 19. Jahrhundert, 1989. – Walther, W.: Die Frau im Islam, 1980.

Hebron (arab.: al-Khalîl, „der Freund"; nach dem Beinamen → Abrahams, „der Freund Gottes"), Stadt im Westjordanland mit ca. 75 000 Einwohnern, eine der ältesten Städte → Palästinas. Im Jahre 635 geriet die Stadt unter islam. Herrschaft, die lediglich von einer kurzen Episode der Übernahme durch die Kreuzfahrer zwischen 1100 und 1260 unterbrochen wurde. Der heilige Bezirk (arab. ḥaram al-khalîl) beherbergt die Grabstätten von Abraham, Isaak und Jakob sowie deren Ehefrauen Lea, Sara und Rebekka. H. hat daher sowohl für Juden als auch für Muslime eine wichtige religiöse Funktion. 1267 eroberten die Mamlûkenherrscher H. und untersagten Nichtmuslimen fortan das Betreten des heiligen Bezirks. 1967 besetzte die israel. Armee die Stadt und ermöglichte den jüd. Gläubigen zum ersten Mal wieder den Zugang zu den heiligen Stätten. Im 20. Jh. kam es in H. immer wieder zu blutigen Zusammenstößen zwischen Arabern und Juden, so 1929, als 67 der damals etwa 700 jüd. Einwohner ums Leben kamen, und 1994, als ein israel. Siedler 29 betende Muslime erschoß. Besondere Sprengkraft für das Zusammenleben zwischen Arabern und Juden besitzt die Ansiedlung von etwa 450 radikalen jüd. Siedlern im Herzen der Altstadt. *Di*

Lit.: Al-Jube, N.: Hebron (al-Khalîl). Kontinuität und Integrationskraft einer islamisch-arabischen Stadt, 1991 (Dissertation). – Sharon, M.: Art. „Al-Khalîl", in: The Encyclopaedia of Islam, Bd. 4, 1960, 954 ff.

Heiliger Krieg → Jihâd

Heiliges, allgemein das, was als einer übernatürlichen Sphäre angehörig und mit besonderen Kräften ausgestattet betrachtet wird. Muslim. Gelehrte und Ṣûfîs haben schon früh Lehren über die Heiligkeit formuliert und dabei Elemente des → Brauchtums aufgenommen. Bestimmte Menschen werden als Heilige (arab. walî, pl. auliyâ') angesehen, wenn sie → Wunder tun oder andere Zeichen besonderer Kraft zeigen. Als heilige Orte gelten in erster Linie solche, die besondere Bedeutung für das Leben des Propheten → Muḥammad haben (→ Mekka, → Medina, → Jerusalem). Darüber hinaus werden Gräber von anderen → Propheten, bedeutenden Gelehrten und Ṣûfîs als heilig verehrt. Manche Gegenstände, in erster Linie der Stein der → Kaaba, genießen ebenfalls den Ruf der Heiligkeit. Fundamentalisten stehen der Verehrung von Heiligen und Heiligtümern oft kritisch gegenüber. *El*

Heilsgeschichte. Der Begriff entstammt dem jüd.-christl. Denken. Strenggenommen bezeichnet er eine Geschichtsinterpretation, die in der Menschheitsgeschichte eine Entwicklung auf ein Ziel außerhalb derselben sieht, eben zum Heil, zu dem jedes geschichtliche Ereignis in Beziehung gesetzt wird. Im weiteren Sinne wird nahezu jede religiöse Geschichtsinterpretation als H. bezeichnet. Der → Koran ersetzt die unorganisierte histor. Erinnerung der Araber durch ein Geschichtskonzept, nach dem die Welt in ihrer zeitlichen Dauer begrenzt ist. Die Schöpfung markiert den Anfang, das Jüngste Gericht den Endpunkt der Geschichte. Die Geschichte besteht aus immer neuen Angeboten des Heils durch aufeinanderfolgende Propheten von Âdam bis

Muḥammad. In diesem zyklischen Geschichtsbild gibt es jedoch keine Entwicklung auf ein Ziel jenseits der Geschichte hin, da der Inhalt der Offenbarung keine Geschichte hat. Eine feste Folge von sieben Zyklen von Propheten, in deren sechstem Muḥammad erschienen sei, lehrte die islam. Gnosis (→ Ismâ'îliten). Die Geschichte der islam. Gemeinde in der Nachfolge des Propheten ist als H. im Sinne einer Geschichte der auserwählten Gemeinschaft des Heils bezeichnet worden. Mit zunehmendem zeitlichen Abstand empfanden die Muslime jedoch auch eine Entfernung vom Ideal der islam. Gemeinschaft. Insofern ist auch hier die Geschichte nicht als Weg zum Heil gedacht. Außerdem wird nach islam. Verständnis das Heil individuell erworben, während H. ein kollektives Heil voraussetzt. Das vormoderne islam. Geschichtsbild ist insofern säkular, als es den Verlauf der Geschichte in immer gleichen Bahnen sieht, die durch interne Gesetzmäßigkeiten bestimmt werden. Ihre Funktion als moral.-didakt. Beispiel ist gleichzeitig religiös fundiert, da einerseits die Gesetzmäßigkeiten göttlichen Ursprungs sind, andererseits Gott darüber hinaus strafend und belohnend in den Geschichtsablauf eingreift. Als säkularisierte Form der H. hat K. Löwith den Fortschrittsglauben der Aufklärung ausgemacht, der auch in der islam. Welt rezipiert wurde. Modernist. Autoren haben die Verkündung des Islams durch Muḥammad als Fortschritt interpretiert. Neben die essentialist. Forderung nach der Rückkehr zum reinen Islam tritt im Sinne dieses Fortschrittsgedankens der Ansatz, den Motor des Fortschritts selbst im Islam zu entdecken. *Ha*

Lit.: Ammann, L.: Kommentiertes Literaturverzeichnis zu Zeitvorstellungen und geschichtlichem Denken in der islamischen Welt, in: Die Welt des Islams 37, 1 (1997), 28–87. – Löwith, K.: Weltgeschichte und Heilsgeschehen, [2]1953.

Henna (arab. ḥinnâ'), botan. Lawsonia inermis; die Blätter des Hennastrauchs liefern einen orangeroten Farbstoff (schwarz durch die Zugabe von Indigo). Dieser wird bis heute als Textilfärbemittel, hauptsächlich aber als Kosmetikum verwendet, mit dem sich Frauen zu festlichen Anlässen Hände und Füße oder das Gesicht kunstvoll färben (→ Hochzeit). Außerdem dient H. Frauen wie Männern zum Färben der Haare, bei Männern – nach dem Vorbild des Propheten Muḥammad – auch der Bärte. Die Rolle des H. im rituellen Bereich verweist auf die ihm ursprünglich beigemessenen magischen Kräfte (z.B. Schutz vor dem → Bösen Blick). *Sto*

Lit.: Kanafani, A.S.: Aesthetics and Ritual in the United Arab Emirates. The Anthropology of Food and Personal Adornment among Arabian Women, 1983.

Hijra (arab. „Auswanderung"), die Übersiedlung → Muḥammads von → Mekka nach → Medina im September 622. Das Aufgeben der Stammesbindungen war ein für die damaligen Verhältnisse Arabiens einschneidender Vorgang; die H. – oder vielmehr das Jahr, in dem Muḥammads H. stattfand – markiert deshalb den Beginn der islam. Zeitrechnung. Das Motiv der H. („Exodus") weist deutliche Parallelen zu → Abrahams Fortgang aus Mesopotamien und → Moses' Zug aus Ägypten auf. Das Wort bezeichnet nicht nur Muḥammads Weggang aus Mekka, sondern auch die zweimalige Auswanderung seiner Anhänger nach Äthiopien. Heute wird der Begriff von manchen Fundamentalisten verwendet, um das Verlassen gesellschaftlicher oder staatlicher Ordnungen zu bezeichnen. *Schö*

Himmelsreise (arab. miʿrâj). Anknüpfend an den Koran (Sure 17:1) entstand die Überlieferung, → Muḥammad sei von Mekka aus vom Engel Gabriel auf einem paradies. Reittier zunächst nach Jerusalem, dann in den Himmel und durch die sieben Paradiese geführt worden, bis er schließlich Gott selbst schauen durfte. Dem Gläubigen wird nach seinem Tod in ähnlicher Weise das Paradies gezeigt. Die poet.-mystische Ausmalung der H. ist Gegenstand der Literatur und der Malerei und hat das volkstümliche Paradiesesbild mit geformt und verbreitet. Der Zusammenhang dieses Bildes mit Dantes Divina Commedia ist umstritten. *Ha*

Lit.: Bencheikh, J.: Le voyage nocturne de Mahomet, 1988. – Kremers, D.: Islamische Einflüsse auf Dantes „Göttliche Komödie", in: Heinrichs, W. (Hg.): Orientalisches Mittelalter. Neues Handbuch der Literaturwissenschaft 5, 1990, 202–215.

Hinduismus. Der Islam drang bereits Anfang des 8. Jh. in → Indien ein, als 712 in der nordwestlichen Region Sind das erste islam. Gemeinwesen errichtet wurde. Aus praktischen Gründen wurden die Hindus den Juden und Christen gleichgestellt und als → Schriftbesitzer behandelt. Das Zusammenleben von Hindus und Muslimen, die oft gemeinsame Heilige verehrten und dieselben Feste begingen, ist seit der Staatsgründung von → Pakistan und der Entstehung nationalist. Hindu-Parteien in Indien nachhaltig gestört. *Schö*

Historiographie (arab. ta'rîkh), einer der bedeutendsten und umfangreichsten Textkorpora in der islam. Welt. Die frühesten historiograph. Texte befassen sich mit der Biographie des Propheten → Muḥammad (arab. sîra) und den ersten islam. Eroberungszügen (arab. maghâzî). Die bekannteste sîra stammt von Ibn Hishâm (gest. 833 oder 828), der sich auf die Autorität des Überlieferers Ibn Isḥâq (704–767) beruft. Im 9. und 10. Jh. werden die in den ersten zwei Jh. zirkulierenden historiograph. Texte zu Universalgeschichten zusammengefaßt, mit verschiedenen Deutungen der Geschichte. Polit. ging es um die Legitimation der ʿabbâsid. Dynastie (749–1258), theolog. um die Erklärung von Geschichte auf der Basis heilsgeschichtlicher Paradigmen (Bund mit Gott, Verrat und Erlösung). Eines der einflußreichsten historiograph. Werke ist die Chronik von Abû Jaʿfar aṭ-Ṭabarî (gest. 923). Sein *Ta'rîkh ar-rusul wa-l-mulûk* („Die Geschichte der Propheten und Herrscher") beginnt mit der Schöpfung und reicht bis zur Gegenwart des Autors. Die Aufgabe des Historikers zur Zeit aṭ-Ṭabarîs war es weniger, ein durchgängiges histor. Narrativ zu verfassen, als vielmehr eine Sammlung durch glaubwürdige Überlieferer bezeugter Berichte über wesentliche Ereignisse und Akteure der islam. Geschichte zu erstellen. Neben sîra und Universalgeschichten entstanden weitere Genres, die biograph. ṭabaqât (arab. Generationen, Nachrichten über die Überlieferer prophet. Tradition) und die Chronik. Ordnungskriterium war hier zunächst die Regierungszeit eines → Kalifen, ungefähr seit dem 9. Jh. wurden die Ereignisse nach Jahren aufgezählt. Spätere Universalgeschichten übernahmen die Darstellung der frühen Geschichte aus der „klassischen" H., nur der Anhang (arab. dhail) wurde vom Autor eigenständig erarbeitet. Daneben entstanden Lokalgeschichten. (z.B. von Damaskus und Kairo). ʿAbd al-Raḥmân al-Jabartîs (1753–1826) *ʿAjâ'ib al-âthâr* wird als eines der letzten in traditioneller Weise verfaßtes histor. Werk betrachtet. Es schließt mit den Schilderungen der französ. Besetzung Ägyptens 1798–1801. Die Regentschaft von Muḥammad ʿAlî (reg. 1805–1848) ist in ʿAlî Mubâraks (1823–1893) *al-Khiṭaṭ at-taufîqîya* dokumentiert, das in traditioneller Weise nach Ortsnamen geordnet ist, ebenso wie z.B. die *Khiṭaṭ* des Kairoer Historikers al-Maqrîzî (1364–1442). Die Zeitgeschichte von Salîm an-Naqqâsh *Miṣr li-l-miṣrîyîn* („Ägypten für die Ägypter") von 1884 stützt sich auf Regierungsdokumente und Gerichtsakten. Im 20. Jh. geriet die H. zunehmend in Kontakt mit europäischer Geschichtsschreibung über den Orient. Auf europäische Forschung gestützt, verfaßte der aus dem Libanon stammende Jurjî Zaidân (1861–1914) seine einflußreiche Geschichte der islam. Zivilisation. Selber Christ, wurde ihm deswegen und aufgrund seiner westlichen Quellen seitens muslim. Gelehrter vorgeworfen, in seinem Werk islam. Geschichte zu verfälschen. Bis in die 1970er Jahre konzentrierte sich die H. in den jungen postkolonialen Nationalstaaten des Nahen Ostens auf Epochen der Auseinandersetzung mit dem Westen, wie z.B. die Kreuzzüge, und solche, die für die Schaffung einer nationalen Identität bedeutsam waren. Daneben trat aber auch eine weniger ideologiebehaftete akadem. H. *Sz*

Lit.: Humphreys, R. S.: Art. „Taʾrîkh" in: The Encyclopaedia of Islam, Bd. 8, 271–299.

Ḥizbollah (arab. Ḥizb allâh, „Die Partei Gottes"), ein koran. Begriff (Suren 5 und 58), der sich auf die muslim. Gläubigen bezieht, denen der Sieg über die „Partei des Teufels" versprochen wird, heute zumeist Bezeichnung einer von → Iran unterstützten militanten reformist. schiit. Gruppe im → Libanon. Eine als Ḥ. bezeichnete Gruppe entstand allerdings schon während der Iran. Revolution 1979. Als Parteigänger → Khomeinis organisierten ihre Mitglieder am Ende der Schah-Zeit Massenkundgebungen, Streiks und Demonstrationen. Nach dem Umsturz des Regimes betätigten sie sich als paramilitär. Kontrolltruppe, die für Einhaltung von Recht und Ordnung in der neuen Islam. Republik Iran sorgte. Nach dem israel. Einmarsch in den Libanon im Jahre 1982 entstand auch hier eine – ebenfalls militante, antiwestlich und antizionist. eingestellte – Ḥ., deren Mitglieder von den iran. Revolutionsgarden ausgebildet und finanziert wurden. War die libanes. Ḥ. während des Bürgerkrieges auch an den Geiselnahmen und den Selbstmordattentaten auf die amerikan. und französ. Truppen beteiligt, so nimmt sie in der libanes. Innenpolitik seit dem Ende des Bürgerkrieges eine pragmat. Haltung ein und partizipiert seit 1992 regelmäßig an den Parlamentswahlen. Außenpolit. bekämpft sie mit militär. Mitteln die israel. Truppen, die in der von → Israel beanspruchten und besetzten „Sicherheitszone" im Süden des Libanon stationiert waren. Nachdem am 9. 4. 1996 jüd. Siedlungen im Norden Israels bombardiert worden waren, entschloß sich die Regierung zu einem großangelegten Vergeltungsschlag („Früchte des Zorns"). Vom 11. bis zum 26. 4. 1996 flog die israel. Luftwaffe Einsätze gegen die Stellungen der Ḥ. Darüber hinaus zerstörte sie zahlreiche Kraftwerke, Bewässerungsanlagen, Brücken und Verkehrsknotenpunkte des Landes. Erst als bei der Beschießung eines UN-Stützpunktes in Qana 102 libanes. Zivilisten ums Leben kamen, wurde von internationaler Seite Druck auf Israel ausgeübt, die militär. Handlungen einzustellen. Im Frühjahr 2000 entschied das israel. Parlament, alle Truppen aus dem Libanon abzuziehen. Die Ḥ. übernahm die Kontrolle über das Gebiet. Abzuwarten bleibt, ob die israel. Drohungen, jede Aggression unverzüglich und mit aller Härte zu ahnden, die Ḥ. von ihren Angriffen auf den „Judenstaat" abhalten wird. (→ Reformislam, → Fundamentalismus, → Revolution) *Co*

Lit.: Akhavi, S.: Elite Factionalism in the Islamic Republic of Iran, in: Middle East Journal 41 (1987), 181–201. – Haber, J.: Hezbollah. Born with a Vengeance, 1997. – Shapira, S.: The Origins of Hizbullah, in: Jerusalem Quarterly 46 (1988), 115–130.

Hochzeit, eines der wichtigsten Familienfeste unter Beteiligung von Verwandten, Bekannten und Nachbarn. Der H. geht meist eine Verlobungsfeier sowie die Unterzeichnung des Ehevertrages (→ Ehe) voraus. Die Hochzeitsbräuche sind rechtlich nicht geregelt und nach Region und sozialer Stellung unterschiedlich. Im allgemeinen nimmt vor einer traditionellen Hochzeitsfeier die Braut im Haus ihrer Eltern oder im öffentlichen → Bad eine rituelle Waschung vor, entfernt ihre Körperbehaarung, parfümiert und schminkt sich. Danach legt sie Hochzeitskleidung und -schmuck an. Oftmals werden der Braut, mitunter auch dem Bräutigam, in der sog. Hennanacht Hand- und Fußflächen mit Henna gefärbt. Die Überführung der Braut in das Haus des Bräutigams geschieht in einem festlichen Zug, in den Städten oft einem Autokorso. Das Fest, welches traditionell im Privathaus und von Männern und Frauen getrennt gefeiert wird, findet neuerdings zunehmend in gemieteten Sälen und Hotels statt und kann dort auch in einer gemischten Feier begangen werden. Die Hochzeitskleidung der Stadtbewohner orientiert sich überwiegend an europäischen Vorbildern. Eine Hochzeitsfeier ist für viele Familien eine große finanzielle Belastung, die zu Verschuldung oder Aufschub des Festes führen kann (→ Jugend). *Sto*

Hölle und Paradies. Nach dem → Jüngsten Gericht vollzieht sich die Bestrafung der Sünder und die Belohnung der Frommen in der H. bzw. im P. Nach gängiger Ansicht sind beide siebenfach aufgebaut (→ Himmelsreise) und von Flüssen durchzogen; in ihrer Mitte steht ein Baum (Sidra bzw. Zaqqûm). Dem Koran zufolge ist die H. ein Ort des Feuers, der Schmerzen, der Hitze und des Durstes (Sure 56:41–56 u.a.). Das P. dagegen ist der Ort der Kühle und des Schattens, an dem den Gerechten paradies. Früchte und Getränke und ewig jungfräuliche, großäugige Mädchen erwarten (Suren 44:54, 56:8–40 u.a.). Die Sinnenhaftigkeit dieser Vorstellung hat islam. und außerislam. Kritik auf sich gezogen. V.a. der → Mystik gilt vielmehr als höchster Lohn die verheißene Schau Gottes. Während hinsichtlich der Ewigkeit der Paradiesesfreuden Einigkeit besteht (Sure 2:25), lehrten viele Theologen, daß dank der Gnade Gottes einige oder alle Sünder nach einer gewissen Zeit aus dem Höllenfeuer ins P. eingehen oder daß die H. insgesamt nur begrenzte Zeit besteht. Ob der Garten Eden, in dem → Âdam weilte, mit dem P. ident. sei, ist strittig. Die schon im Mittelalter vorhandene Tendenz, Paradiesesfreuden und Höllenqualen spirituell, also nur auf die Seele bezogen zu verstehen, oder als symbol. Ausdruck einer der menschlichen Einsicht unzugänglichen Welt, verstärkt sich in der Moderne. *Ha*

Lit.: Chittick, W.: Eschatology, in: Nasr, S. (Hg.): Islamic Spirituality. Foundations, 1987. – Smith, J.I./Haddad, Y.Y.: The Islamic Understanding of Death and Resurrection, 1981.

Homosexualität. Der Verurteilung von H. im islam. → Recht steht eine reiche literar. Tradition homoerot. Anspielungen gegenüber. Dabei wird jedoch nahezu ausschließlich die männliche

Homoerotik thematisiert, und das auch nur innerhalb eines bestimmten Rahmens. In einem hierarchisch strukturierten Konzept von → Sexualität wird dem „männlich aktiven" Part ungleich mehr Wert beigemessen als dem „weiblich passiven". Wichtig bei der mehr oder weniger öffentlich angebahnten H. wie z.B. in der sogenannten „Knabenliebe" ist das Prinzip der Ungleichheit; die soziale Rolle außerhalb der Sexualität bestimmt auch die sexuelle Rolle. Temporäre H. kann, sofern die männliche Rolle erhalten bleibt oder eine Gegenleistung erfolgt, toleriert werden, während das Bekenntnis zur fortdauernden homosexuellen Neigung vielerorts als Krankheit wahrgenommen wird. Aufgrund der religiös-normativ abgesicherten familienzentrierten sozialen Struktur existieren homosexuelle Subkulturen oder eine organisierte Bewegung in islamischen Gesellschaften höchstens marginal und informell. In den Strafgesetzen fast aller mehrheitlich muslim. Staaten werden homosexuelle Handlungen als abnorme sexuelle Vergehen angesehen und im allgemeinen analog zu Unzucht (zinâ), d.h. sexuellen Beziehungen außerhalb des rechtlich sanktionierten Rahmens, behandelt. Enge Körperkontakte, Händchenhalten oder Küsse zwischen Angehörigen des gleichen Geschlechts in der Öffentlichkeit, von Ausländern oft fälschlicherweise als Zeichen homosexueller Neigungen interpretiert, sind dagegen allgemein üblich und eher das Resultat einer Geschlechtertrennung, bei der ein enger Kontakt zum eigenen Geschlecht selbstverständlich wird, während das andere Geschlecht fremd bleibt. Frauen haben sich aufgrund stärkerer sozialer Restriktionen selten über Sexualität öffentlich geäußert und daher kaum Zeugnisse hinterlassen. Dies sowie männliche Phantasien und Vorstellungen, die Furcht vor weiblicher Sexualität und der verstellte Blick europäischer Reisender auf die oriental. Frau machen es schwierig, die wenigen Angaben zu weiblicher Homoerotik in den histor. Quellen im Hinblick auf die soziale Realität zu interpretieren. Vereinzelt wird das Thema heute, sowohl von männlicher wie weiblicher Seite, in modernen Literaturgattungen oder eigenen Zeitschriften behandelt. *Wei*

Lit.: Murray, S.O.: Woman-Woman Love in Islamic Societies, in: Murray, S.O./Roscoe, W. (Hg): Islamic Homosexualities: Culture, History, and Literature, 1997. – Pellat, C./Schmitt, A.: Liwâṭ by Charles Pellat. Anonymously published in The Encyclopaedia of Islam, annotated by Arno Schmitt, in:

Schmitt, A./Sofer, Jehoeda (Hg.): Sexuality & Eroticism Among Males in Muslim Societies, 1995. – Rzehak, L.: Ungleichheit in der Gleichheit: Materialien zu männlich-männlicher Erotik in iranischsprachigen Kulturen Mittelasiens, in: Ofitsch, M. (Hg.): Eros, Liebe und Zuneigung in der Indogermanie, 1997.

Hui. Bis zur Gründung der Volksrepublik → China (1949) bezeichnete „H." die Gesamtheit aller Muslime in China, ungeachtet ihrer ethnischen Herkunft und sprachlichen Zugehörigkeit, d.h. ihrer „Nationalität". In der Volksrepublik China ist „H." die Bezeichnung für eine von insgesamt 56 offiziell anerkannten sog. „nationalen Minderheiten". Die H. sind Muslime chin. Muttersprache, weshalb sie oft auch als „muslim. Chinesen" bezeichnet werden. Mit einer Gesamtzahl von knapp neun Mio. (1990) stellen die H. noch vor den → Uyghuren die zahlenmäßig größte „islam. Nationalität" der Volksrepublik und deren drittgrößte „nationale Minderheit" überhaupt. Im Unterschied zu den anderen neun muslim. „nationalen Minderheiten" Chinas, die traditionell alle recht klar umrissene Gebiete, v.a. in den nordwestlichen Provinzen und in → Xinjiang, bewohnen, sind die H. in ganz China zu finden. Etwa 17% (1,25 Mio.) der H. leben in der am 25. 10. 1958 gegründeten Autonomen Region Ningxia (sprich: „ningschia"). Sie stellen damit nur gut ein Drittel der dortigen Bevölkerung. Größere Gruppen von H. gibt es außerdem in den Provinzen Gansu (knapp 1 Mio.), Henan (ca. 750000), Qinghai (sprich: tschinghai) (ca. 550000) und Yunnan (ca. 440000) sowie in der Autonomen Uyghur. Region Xinjiang (ca. 730000). Außerhalb der Volksrepublik China leben größere Gruppen von H. in Kirgisistan und Kasachstan (dort, wie auch in Xinjiang, werden sie auch „Dunganen" genannt), in Malaysia und Burma (wo sie auch als „Panthay" bezeichnet werden) sowie auf Taiwan. Die Herkunft bzw. Entstehung der heutigen H. ist noch nicht vollständig geklärt. Es wird jedoch angenommen, daß sie Nachkommen von Chinesen („Han") und Muslimen sind, die sich aus unterschiedlichen Gründen (v.a. Handel und Kriege) für kürzere oder längere Zeit in China aufhielten oder aber, wie die turksprachige muslim. Bevölkerung des heutigen Xinjiangs, schon lange Zeit innerhalb der chin. Welt lebten. Seit dem späten 17. Jh. verstärkte sich bei der heute H. genannten Bevölkerung der Einfluß verschiedener Ṣûfî-→ Bruderschaften (zuerst „Qâdirîya", ab Mitte des 18. Jh.

„Jaḥrîya"). Seit dem Ende des 19. Jh. gelangten die Reformbewegungen der sog. „Wahhâbîya" (→ Wahhâbiten), seit den 1930er Jahren die „→ Salafîya" zu größerer Bedeutung. *Fr*

Lit.: Gladney, D. C.: Muslim Chinese. Ethnic Nationalism in the People's Republic, 1991. – Lipman, J.: Familiar Strangers. A History of Muslims in Northwest China, 1997.

Ḥusain (ca. 625–680), der zweite Sohn von → ʿAlî und → Fâṭima. Ḥ. wurde in → Medina geb. und hatte bis kurz vor seinem Tod kaum polit. Einfluß. Erst als Yazîd, der Sohn Muʿâwiyas (des Widersachers von ʿAlî) 680 als Kalif eingesetzt wurde, sammelte Ḥ. seine Anhänger in → Mekka, um ihm entgegenzutreten. Bei → Kerbela wurde er jedoch von den Truppen Yazîds eingekesselt und fand zusammen mit den meisten seiner Anhänger den Tod am 10. Muḥarram (dem → ʿÂshûrâʾ-Tag). Bis heute wird dieser Tag von den → Schiiten als Trauertag mit Umzügen und Passionsspielen begangen, wobei der Opfertod Ḥ.s aus religionswissenschaftlicher Sicht in einigen Aspekten dem Erlösungstod Jesu im Christentum entspricht. *Schö*

I

Ibâḍiten (arab. Ibâḍîya), einziger bis heute existierender Zweig der Khârijiten (arab. khawârij, „die hinausgehen"). Diese entstanden aus einer Gruppe von Muslimen, die sich in dem Konflikt um die Herrschaft zwischen dem vierten Kalifen → ʿAlî und seinem Widersacher Muʿâwiya gegen beide stellten, weil sie sie als → Imâme, als Vorsteher der → Umma, ablehnten. Später leisteten die Khârijiten heftigen Widerstand gegen das sunnit. umayyad. Kalifat, grenzten sich aber auch gegen die → Schiiten ab. Sie vertraten die Auffassung, daß prinzipiell jeder Muslim das Recht habe, das Imâmat bzw. → Kalifat zu übernehmen – und nicht nur Nachkommen des Propheten, wie die Schiiten lehren, bzw. Angehörige des Stammes der Quraish, wie es Auffassung der → Sunniten ist (→ Dynastien). In einigen khârijit., bzw. ibâḍit. Staaten konnte das – manchmal als demokrat. bezeichnete – Prinzip der Herrscherwahl etabliert werden. Dabei galt die Regel, daß ein sündiger Imâm, der gegen die Gebote der → Scharia verstieß, abgesetzt werden mußte. Wenn Khârijiten unter der Herrschaft anderer Muslime leben, besteht das Imâmat im Verborgenen weiter. Extreme khârijit. Gruppen vertraten die Auffassung, daß alle Nicht-Khârijiten als Heiden (arab. mushrikûn) zu betrachten seien, die getötet werden dürfen. Ein khârijit. Muslim, der eine Sünde begeht, sei der → Apostasie schuldig, könne nicht durch Reue Vergebung erhalten und werde ebenfalls mit dem Tode bestraft. In der Gegenwart wird der Begriff „Khârijiten" deshalb von muslim. → Gelehrten gelegentlich pejorativ auf extreme fundamentalist. Terroristen angewandt, welche den Mord an ihren Gegnern dadurch legitimieren, daß sie sie zu Ungläubigen erklären. Der Zweig der I., benannt nach einem seiner angeblichen Gründer ʿAbd Allâh ibn Ibâḍ (lebte im 7. Jh.), lehrt dagegen, daß Nicht-Khârijiten lediglich kuffâr (arab. „Ungläubige") wie die → Juden und → Christen sind. Ein Zusammenleben mit ihnen ist I. also möglich. Sie erlauben auch die Heirat mit anderen Muslimen. Ihre Auffassungen in → Theologie und

→ Recht ähneln denen der Sunniten. Allerdings lehren sie anders als die sunnit.-ash'arit. Theologen, daß der → Koran nicht ewig ist, sondern zur Zeit des Propheten Muḥammad geschaffen wurde. Ibâḍit. Minderheitsgruppen leben gegenwärtig in → Oman, Ost-→ Afrika, → Libyen, → Tunesien und → Algerien. *El*

Lit.: Rebstock, U.: Die Ibaditen im Magrib (2./8.–4./10. Jh.). Geschichte einer Berberbewegung im Gewand des Islam, 1983. – Wilkinson, J. C.: The Imamate Tradition of Oman, 1987.

Ibrâhîm → Abraham

Ijtihâd (arab. „Anstrengung") bezeichnet in der Jurisprudenz eine weitgehend selbständige Auslegung von → Koran und → Ḥadîth zum Zweck der Rechtsfindung – im Gegensatz zur Übernahme bereits bestehender Auslegungen aus autoritativen Rechtstexten (arab. taqlîd). Seit dem 10. Jh. plädierten viele muslim. → Gelehrte für eine Schließung des „Tores des I.", da die Grundtexte ausgeschöpft seien. Das hinderte aber spätere Reformisten wie die → Wahhâbiten nicht daran, weiter I. zu betreiben, und im Rahmen des späteren → Reformislams wird häufig auf I. zurückgegriffen, um das islam. → Recht an die Erfordernisse der neuen Zeit anzupassen. *El*

Lit.: Fareed, M. G.: Legal Reform in the Muslim World. The Anatomy of a Scholarly Dispute in the 19th and the Early 20th Centuries on the Usage of Ijtihad as a Legal Tool, 1996.

Imâm. Grundbedeutung des arab. Begriffes ist „Führer" oder „Vorsteher". Er bezeichnet den Vorbeter beim obligat. → Gebet, wird aber auch für Personen gebraucht, die religiöse und polit. Autorität vereinen. In diesem Sinne steht der Begriff bei den → Sunniten neben → „Kalif" für das Oberhaupt der islam. → Umma. Die → Schiiten verwenden ihn für ihre aus der Nachkommenschaft → 'Alîs stammenden „göttlich geleiteten" Führer. *El*

Imperialismus → Kolonialismus

Indien, Staat, der etwa 80% der Fläche des → Indischen Subkontinents ausmacht. Auch nach der Teilung des Subkontinents in I. und → Pakistan beherbergt das mehrheitlich hinduist. I. noch 110 Mio. Muslime, 12% der Bevölkerung und fast so viele wie die Einwohner → Pakistans. Zentren des Islams in I. sind v.a. die westliche Gangesebene mit den Städten Delhi, Agra und Lucknow; letztere ist ein bedeutendes Zentrum der indischen → Schiiten (etwa 20% der Muslime). In Südindien ist v.a. Hyderabad eine bedeutende islam. Stadt aus der Zeit der Dekkan-Sultanate, daneben die Hafenstadt Kozhikode (Calicut) an der Malabarküste. Darüber hinaus sind in allen Städten I. Muslime ansässig. Wie für die Hindus das Familienrecht ihrer Kaste im wesentlichen beibehalten wurde, so gilt für die Muslime I. das Familienrecht nach der ḥanafit. → Rechtsschule, aber mit Erleichterungen bei der → Scheidung der Frau. Seit etwa 1990 wurden indische Muslime zunehmend zur Zielscheibe hinduist. populist. Politiker. Dies führte 1992 zur Zerstörung der 400 Jahre alten Babri-Moschee in Ayodhya durch fanatisierte Hindus. Ansonsten sieht sich der Islam in I. eher als eine Religion im westlichen Sinn des Wortes und nicht als eine polit. Größe. In der indischen Filmindustrie, der größten der Welt, werden Quoten für Muslime und Sikhs bei der Rollenvergabe berücksichtigt. *Po*

Lit.: Bose, S./Jalal, A.: Modern South Asia. History, Culture, Political Economy, 1998. – Schimmel, A.: Der Islam im indischen Subkontinent, [3]1995.

Indischer Subkontinent, Halbinsel im Süden Asiens, auf der sich heute die Staaten → Pakistan, → Indien, Nepal, Bhutan, → Bangladesh, die Malediven und Sri Lanka befinden. Im Zug der islam. Expansion eroberten die Araber 711 den Unterlauf des Indus, den Sind, auf dem Seeweg, jedoch ohne an den polit. Verhältnissen etwas zu verändern. Um die gleiche Zeit ließen sich die ersten Muslime in Malabar nieder. Doch erst als Maḥmûd von Ghazna (998–1030) die Schwäche der Herrscher Nordindiens nutzte, um das Land und seine Tempel zu plündern, entstand ein islam. Reich auf indischem Boden, zu dem der Pandschab, die westliche Gangesebene, Sind und die indische Nordwestküste gehörten. In diesen Gebieten findet sich noch heute die Mehrheit der Muslime auf dem I.S. Eine ähnliche Invasion begründete 1206 das Sultanat von

Delhi. Es umfaßte anfangs ganz Nordindien und bestand bis zur Eroberung durch die Moguln (Mongolen) im Jahr 1526. Als Tîmûr 1398 Delhi plünderte, wurde es fast ausgelöscht, jedoch erlebte es unter der Dynastie der Lôdîs ab 1451 eine zweite Blüte. Die wichtigste Abspaltung vom Sultanat von Delhi war der Staat der Bahmaniden in Zentralindien, der von 1347 bis 1527 bestand und dann in fünf kleinere, schiit. Sultanate (besonders Golkonda) zerfiel. Unabhängig davon bilden die Muslime von Malabar, die Moplas, bis heute ein Gemeinwesen von Händlern. 1526 eroberte Bâbur, ein in seiner Heimat Afghanistan stark bedrängter Nachkomme Tîmûrs und Dschingis Khâns, Nordindien und legte den Grundstein für die Dynastie der Moguln. Nach einem Rückschlag unter seinem Sohn Humâyûn eroberte sein Enkel Akbar (1556–1605) ganz Nord- und Zentralindien einschließlich Bengalens. Seine Herrschaft und die seines Sohnes Jahângîr (1605–1627) und seines Enkels Shâh Jahân (1628–1658), des Erbauers des Tadsch Mahal, waren von allgemeiner Toleranz geprägt, die auch der Herrscher förderte, und von einer Blüte indisch-islam. Kultur und Kunst begleitet, die auch die hinduist. beeinflußte. Aurangzêb (1658–1707), der letzte große Mogulkaiser, setzte die Eroberungen fort und herrschte über den ganzen I.S. mit Ausnahme der Südspitze. Er war ein strenggläubiger Muslim und führte die von Akbar aufgehobene → Steuer für Nichtmuslime wieder ein, um die Staatskasse zu füllen. Dies führte jedoch zur Rebellion hinduist. Fürsten und Generäle, und der Aufstand der Marathen in Zentralindien bekam großen Zulauf. Nach Aurangzêbs Tod zerfiel das Mogulreich in Kleinfürstentümer. 1757 eroberten die Briten Bengalen. 1799 besiegten sie Tipû Sulṭân von Mysore und dessen Verbündete, die Franzosen, und hatten so freie Hand zur Unterwerfung des ganzen I.S. Der Mogulkaiser war seit 1765 eine Marionette der Briten, bis er nach dem Aufstand von 1857 abgesetzt wurde. Als letzte islam., von England abhängige Herrschaft in Indien bestand Hyderabad bis zur indischen Unabhängigkeit. Islam. Herrschaft auf dem I.S. bedeutete immer die Herrschaft islam. Fürsten über eine mehrheitlich nichtislam. Bevölkerung, außer im Pandschab und Sind, und ihre Politik unterschied sich kaum von der hinduist. Könige. Die islam. Mission ist nicht ihnen, sondern den Ṣûfîs zu verdanken, die weite Teile der Bevölkerung erreichen konnten. Oft wurde der Kult einer lokalen Gottheit einfach auf einen islam. Heiligen übertragen. Ihr Anspruch auf Gleichheit sprach besonders niedrigkastige Hindus an, jedoch setzte sich das Kastenwesen im Islam fort. Außerdem blieb die islam. Aristokratie und Geistlichkeit unter sich und bildete als „ashrâf“ eine Art Adel. So teilt sich der Islam auf dem I.S. bis heute, ähnlich wie die Christen Indiens, in hochkastige Sayyids, Händler und Grundbesitzer, und in niedrigkastige „Gemeine“ (ajlâf). Dieses Kastensystem begünstigt, daß Muslime und Hindus (und auch Hindus untereinander) aneinander vorbei leben und kaum Dialog zwischen ihnen stattfindet. *Po*

Lit.: Bose, S./Jalal, A.: Modern South Asia. History, Culture, Political Economy, 1998. – Schimmel, A.: Im Reich der Großmoguln. Geschichte, Kunst, Kultur, 2000. – Stein, B.: A History of India, 1998. – Von Grunebaum, G. (Hg.): Fischer Weltgeschichte. Der Islam, Bd. 2: Die islamischen Reiche nach dem Fall von Konstantinopel, 1971.

Indonesien, Archipel aus 13000 Inseln, davon ca. 3000 bewohnt, Fläche 1904569 qkm. Der Staat in → Südostasien wird geograph. in die großen und kleinen Sundainseln unterteilt. Zu der ersten Gruppe gehören Kalimantan (Borneo), Sumatra, Sulawesi (Celebes) und Java, die zweite umfaßt u.a. die Inseln Bali, Lombok, Flores, Sumbawa, Sumba und Westtimor. Zusätzlich gehören die Molukken und Irian Jaya (West Papua) zum Staatsgebiet I. Die Hauptstadt ist Jakarta. Die Amtssprache Bahasa Indonesia, die zu den austrones. Sprachen gehört, ist eine modernisierte Form des Malaiischen. Neben der Nationalsprache werden über 250 verschiedene Regionalsprachen gesprochen. Die Sprachen der ehemaligen Kolonialmächte Holland und Japan werden in der Schule gelehrt, jedoch selten benutzt. Englisch erfreut sich heute in den urbanen Zentren und Touristengebieten zunehmender Beliebtheit, während es in ruralen Gegenden kaum verwendet wird. Zum Islam bekennen sich 90% aller Einwohner, ca. 5% sind Christen, während die restlichen Einheim. dem Hinduismus oder einer Stammesreligion angehören. Als stärkste Volksgruppe gelten die Javaner mit 40%, gefolgt von den Sundanesen mit 15%. Der Islam verbreitete sich seit dem 13. Jh. Im 17. Jh. schwang sich das südliche Binnenland Mitteljavas zur führenden Macht in Java auf, die zum Sultanat Mataram wurde. Die übrigen Inseln waren unterschiedlich stark islamisiert. So existieren z.T. bis heute alte Stammesreligionen sowie eine spezielle Form des Hinduismus auf Bali. Anfang des 17. Jh. begann die koloniale Herrschaft der Niederländ. Ostindischen Kompanie (VOC). Im Jahre 1945 wurde I. unabhängig. In den 1950er Jahren erhoben sich radikale islam. Kräfte und forderten einen islam. Staat. Dies führte zu Auseinandersetzungen zwischen islam. Aufständischen und der Armee, die bis in die 1960er Jahre andauerten. Präsident Sukarno wurde am 11.3.1966 von dem ehemaligen General Suharto dazu gezwungen, die Regierungsvollmachten an ihn abzutreten. Es kam zu einer zunehmenden Unterdrückung der Bevölkerung. Die heutige Regierung unter dem Muslim Abdurrahman Wahid (ʿAbd ar-Raḥmân Waḥîd) ist der erste Versuch einer Demokratie. Der Islam in I. gilt als weitgehend moderat. Bis zur Wirtschaftskrise im Jahre 1997 war I. eine aufstrebende Wachstumsregion. Seitdem hat sich die ökonom. Lage nicht mehr verbessert. *Ar*

Lit.: Dahm, B./Ptak R. (Hg.): Südostasien Handbuch. Geschichte, Gesellschaft, Politik, Wirtschaft, Kultur, 1999. – Ricklefs, M.C.: A History of Modern Indonesia since c. 1300, 1981.

Inguschetien → Kaukasus

Internet. Heute in fast allen Staaten der islam. Welt genutzt, wurde das I. in den meisten Staaten nur zögerlich eingeführt. Denn die Informationsrevolution bedeutet für die Regierungen gleichzeitig den Verlust von Kontrolle über Information. Dieser Wunsch nach Kontrolle muß mit ökonom. und bildungspolit. Vorteilen des Mediums vereinbart werden. In den meisten Ländern wurde die neue Technologie zunächst vom Staat eingesetzt, dann in Bildungs- und Forschungseinrichtungen und zuletzt für Privatpersonen zugänglich gemacht. Neben Versuchen der Kontrolle auf technischer Ebene, z.B. durch die Installation eines Zentralrechners als Filter, wird Zensur auch auf struktureller Ebene angewandt. Dabei werden die Genehmigungen für Anschlüsse begrenzt oder Kosten für Anschluß und Gebühren sehr teuer gehalten. Religiös motivierte Opposition richtet sich weniger gegen das Medium selbst als gegen manche der transportierten Inhalte und den ungehinderten Zugang zu Internetseiten, die als moral. bedenklich oder verwerflich gelten. Multimediale Technik wird auch im Dienste der Religion genutzt. Traditionelle islam. Lehrinstitutionen stellen religiöse Texte ins I. und konzipieren digitalisierte Korankonkordanzen oder andere Hilfsmittel zum Studium der Religion, wie CD-Roms zum Erlernen der Koranrezitation nach dem Vorbild bekannter Rezitatoren. Internationale islam. Organisationen wie auch viele islam. Staaten bieten eigene Internetseiten und Informationsdienste im World Wide Web an. *Wei*

Lit.: Alterman, J. B.: The Internet and Islam's New Interpreters, in: Eickelman, D. F./Anderson, J. W.: New Media in the Muslim World: The Emerging Public Sphere, 1999.

Iqbal, Muḥammad (1877–1938), Philosoph, Politiker und Nationaldichter von → Pakistan. Iqbal war zunächst Dozent am Government College in Lahore und ging 1905 nach Cambridge, um Philosophie und Jura zu studieren. 1907 folgte ein Aufenthalt in Heidelberg und München, wo er promovierte. Dann kehrte er nach Lahore zurück und wurde dort Rechtsanwalt. Er trat der Muslim League bei. In einer Rede am 30.12.1930 forderte I. Autonomie für die mehrheitlich muslim. Gebiete im Nordwesten Indiens und lieferte damit die Grundidee für die Schaffung des Staates Pakistan. Philosoph. war er von Hegel und Nietzsche beeinflußt und entwickelte daraus eine Philosophie der Selbstverwirklichung durch „Liebe", worunter er Vitalität und Begeisterung für das Leben verstand. Diese Philosophie legte er 1915 in seinem gereimten Essay *„Die Geheimnisse des Selbst"* vor und wurde durch seine provokanten Thesen berühmt. Als Dichter war I. von den englischen Romantikern und den pers. Klassikern → Ḥâfiẓ und Rûmî geprägt. Er experimentierte mit neuen Gedichtformen und schrieb die ersten Kindergedichte auf Urdu, der Hauptsprache der indischen Muslime. Seine Urdugedichte wurden 1924 herausgegeben, es folgten noch zwei Gedichtbände 1936 und 1937. Seit seiner Hinwendung zur Politik für die Sache der Muslime schrieb er auch auf Persisch, um ein internationales Publikum zu erreichen. In dieser Sprache erschienen *„Die Botschaft des Ostens"*, das von Goethes West-Östlichem Diwan inspiriert ist, der *„Persische Psalter"* und das *„Buch der Ewigkeit"*, in dem der Dichter eine fiktive Himmelsreise unternimmt und sich zu Philosophie und Politik äußert. I. begann als Romantiker.

Auch seine späteren Gedichte zeigen typisch romant. Strukturen, die aber durch seine Philosophie ergänzt werden. Er gilt heute als Klassiker und Wegbereiter der modernen Urdu-Literatur. *Po*

Lit.: Bürgel, J. C.: Steppe im Sandkorn (Urdu-Gedichte in Auswahl), 1982. – Iqbal, M.: Botschaft des Ostens (übers.von A. Schimmel), 1977. – Schimmel, A.: Muhammad Iqbal, prophetischer Poet und Philosoph, 1989.

Irak, der östlichste Staat des → Maschrek, 435 000 qkm, ca. 22,5 Mio. Einwohner. Die Hauptstadt ist Bagdad. Nach dem Ersten Weltkrieg wurde der I. Mandatsgebiet der Briten, die dort Faiṣal aus der Familie der Hâshimiten (→ Dynastien) zum König machten. Die Grenzziehung des neuen Staates wurde durch europäische Interessen bestimmt. Die Spaltung des Landes entlang ethnischer und religiöser Linien erschwerte die Entstehung eines Nationalstaates. Polit. dominieren arab. Sunniten das Land gegenüber einer großen kurdischen Minderheit im Norden (20% der Bevölkerung) und den → Schiiten im Süden (65%) bis heute. Bis 1958 war der I. eine Monarchie. Danach beeinflußte das Militär zunehmend die Politik, was mit dem Aufstieg der sozialist. Baʿth-Partei einherging (→ Nationalismus, → Panarabismus, islam. → Sozialismus), die immer stärker durch Familien aus der Stadt Takrit dominiert wurde. In den 1970er Jahren setzte sich unter diesen Saddam Hussein (Ṣaddâm Ḥusain) durch. Er ist seit 1979 Präsident des I. Nach der Revolution in Iran im gleichen Jahr fand 1980–1988 aufgrund von Grenzstreitigkeiten der erste Golfkrieg statt. Hintergrund war u. a. die Furcht, das in neuerer Zeit politisierte Islamverständnis der sonst traditionell apolit. Schiiten könne das irak. Regime destabilisieren. Während des Krieges zeigte sich aber, daß die nationale Loyalität gegenüber der religiösen überwog. 1990 besetzte der I. Kuwait, was 1991 zum zweiten Golfkrieg führte. Um den I. zur Abrüstung zu zwingen, ist seitdem ein von der UN verhängtes Ölembargo in Kraft. Wegen der verheerenden Auswirkungen für die stark vom Ölexport abhängige irak. Wirtschaft wurden seit Ende 1996 Exporte zur Finanzierung humanitärer Hilfsgüter erlaubt. *Ei*

Lit.: Batatu, H: The Old Social Classes and the Revolutionary Movements of Iraq, 1978. – Kienle, E.: Baath vs. Baath: The Conflict between Syria and Iraq 1968–1989, 1990.

Iran, Staat in Westasien mit einer Ausdehnung von 1648 000 qkm und einer Einwohnerzahl von über 60 Mio. (1996). Das Bevölkerungswachstum, 1990 noch bei 3,6%, beträgt inzwischen nur noch ca. 2,1%. Die Alphabetisierungsrate der über 15jährigen liegt bei 72%. Die Hauptstadt und zugleich größte Stadt ist →Teheran (1994: 11 Mio. Einwohner). Weitere große Städte mit über einer Mio. Einwohner sind Maschhad, Täbris, Isfahan und Schiras. I. war 1991 in 26 Provinzen und 299 Departements gegliedert, wobei sich diese Einteilung abhängig von der Bevölkerungsdichte und der Gründung neuer Dörfer immer wieder ändert. Im regenreicheren Norden und Nordwesten des Landes konzentrieren sich 80% der Bevölkerung. Klima, Vegetation und Ausdehnung des Landes werden bestimmt von drei Landschaftstypen: den Plateau- und Beckenlandschaften Zentralirans, den Gebirgszügen des Elburs im Norden und des Zagros im Westen und Südwesten sowie den Küstensäumen am Kasp. Meer und am Pers. Golf. Abgeleitet von der griechisch-römischen Bezeichnung „Persae“ wurde „Persien“ wahrscheinlich erst im europäischen Mittelalter als Bezeichnung für die iran. Hochebene gebräuchlich. Auch heute noch heißt die Region im Südwesten des Landes Fârs (ursprünglich. pârs). Das aus dem Mittelpersischen stammende „Îrân“ geht auf die ältere Form „Ariana“ zurück. 1935 wurde „I.“ zum offiziellen Namen des Landes. Als polit. und kulturelle Einheit wurde I. in vorislam. Zeit zuerst unter den Sasaniden (bis 642), in islam. Zeit erst wieder unter den Mongolen (1256–1353) definiert. Die Ṣafawiden (1502–1722) sorgten für die mehrheitliche Bekehrung der Bevölkerung ihres Reiches zur Zwölferschia. Während es den Qâjâren (1794–1925) nicht gelang, eine wirkungsvolle Zentralmacht in I. durchzusetzen, war die nachfolgende Pahlavi-Dynastie darin erfolgreicher. Diese letzte Monarchie wurde 1979 nach der Revolution von der Islam. Republik I. abgelöst. Im Jahre 1906 hatte I. nach der Verfassungsrevolution seine erste Verfassung erhalten und war somit zu einer Konstitutionellen Monarchie geworden. Nach der Revolution von 1979 gab sich die Islam. Republik eine Verfassung, die zehn Jahre später ergänzt wurde. Das Parlament, das alle vier Jahre gewählt wird, hat 290 Sitze. Außerdem gibt es einen zwölfköpfigen Wächterrat, der für die Überprüfung der Konformität von Gesetzen mit dem in der Verfassung verankerten islam. →Recht zuständig ist. Das allgemeine Wahlrecht gilt für iran. Staatsbürger ab 16 Jahre. Die Grundlage der Verfassung ist die Idee, daß die Souveränität Gott allein gebührt. Während der Verborgenheit des 12. Imâms (→ Schiiten) liegt die Regierungsgewalt in den Händen des dazu befähigten Experten (faqîh). Für dieses Amt wurde in Art. 107 → Khomeini genannt. Nach seinem Tode 1988 trat Ayatollah ʿAlî Khamenei seine Nachfolge an. Der „Revolutionsführer", das Staatsoberhaupt der Islam. Republik, wird durch einen von 86 Geistlichen besetzten „Expertenrat" gewählt. Am 23. 5. 1997 gewann überraschend der Außenseiter Hojjatoleslam Sayyid Mohammad Khatami die fünften Präsidentschaftswahlen. Die in ihn und seine moderate Politik v. a. von Frauen und jungen Leuten gesetzten Hoffnungen drückten sich auch in den Ergebnissen der sechsten Parlamentswahl der Islam. Republik im Februar 2000 aus. Bei einer Wahlbeteiligung von 80% wurde diese Wahl zu einem Erdrutschsieg für diejenigen Kandidaten, die den reformorientierten Präsidenten Khatami unterstützten. Mehr als 70% der 290 Parlamentssitze gingen an die 18 moderaten Fraktionen. Je einen Sitz erhalten die religiösen Minderheiten der Juden und Zoroastrier. Den vier christl. Gruppen des Landes steht ebenfalls je ein Parlamentssitz zu. Die sprachlich und kulturell vorherrschende Gruppe der persischsprachigen Iraner (Perser) macht ca. die Hälfte der Bevölkerung des Landes aus, die andere Hälfte setzt sich hingegen aus Angehörigen nicht-pers. Bevölkerungsgruppen zusammen. Zur offiziellen Staatsreligion, der Zwölferschia, bekennen sich 95% der Iraner, ca. 4% sind → Sunniten. Die Einteilung iran. Minderheiten nach religiösen und sprachlichen Kriterien ist schwierig, da es immer wieder zu Überschneidungen kommt. Zu den sog. ethnischen Minderheiten, also denjenigen Gruppen, die sich aufgrund verschiedener Zugehörigkeitsdefinitionen bestimmen, gehören Azerbaidschaner, Kurden, Araber, Belutschen, Luren, Turkmenen, Kaschgai und Bakhtijaren. Während sich die Azerbaidschaner, Araber, Kaschgai, Luren und Bakhtijaren mehrheitlich zur Schia bekennen, sind die Kurden, Belutschen und Turkmenen überwiegend sunnit. Konfession. Einige dieser Minderheiten, die v. a. an den Außengrenzen I. leben, sind in Stammesverbänden organisiert (Araber, Kurden, Turkmenen, Belutschen). Für andere, wie v. a. die Azerbaidschaner gilt das nicht; sie leben in engem Kontakt zu den ebenfalls auf der iran. Hochebene siedelnden Persern. Zu den nichtmuslim. religiösen Minderheiten gehören die → Bahâ'îs (ca. 300 000), die armen. Christen (ca. 200 000), die assyr. Christen (ca. 130 000), Juden (ca. 30 000), Zoroastrier (ca. 30 000) und Mandäer (ca. 10 000). Während Bahâ'îs, Juden und Zoroastrier Persisch sprechen, pflegen Armenier das Armenische und die assyr. Christen eine neuostaramäische Sprache. Außer den Bahâ'îs und den Mandäern werden alle nichtmuslim. Minderheiten anerkannt und sind im Parlament vertreten. I. verfügt über einen großen Vorrat natürlicher Ressourcen, zu denen v. a. Erdöl, Gas, Kohle, Chrom und Kupfer gehören. Zu den wichtigsten Exportgütern zählen, abgesehen vom Erdöl und seinen Produkten (93%), Teppiche, Frisch- und Trokkenobst, Nüsse, Leder, Eisen und Stahl. I. wichtigste Handelspartner sind außer Japan und der Türkei v. a. Staaten der EU, darunter auch Deutschland. I. Wirtschaft ist charakterisiert durch das Nebeneinander von großen Unternehmen in staatlicher Hand, dörflicher Landwirtschaft, gering technisierten privaten Manufakturen und privatem Handel in kleinem Maßstab. *Pi-Ha*

Lit.: Ehlers, E.: Iran. Grundzüge einer geograph. Landeskunde, 1980 – Halm, H.: Der schiit. Islam. Von der Religion zur Revolution, 1994. – Kermani, N.: Iran. Die Revolution der Kinder, 2001. – Rieck, A.: Art. „Iran", in: Koszinowski, Th./Mattes, H. (Hg.): Nahost-Jahrbuch 1998. Politik, Wirtschaft und Gesellschaft in Nordafrika und dem Nahen und Mittleren Osten, 1998, 80–87.

Islam, eine der großen Offenbarungsreligionen. Der arab. Begriff „islâm" bedeutet „Unterwerfung", verstanden als Unterwerfung unter Gott. Nach Auffassung muslim. → Gelehrter existiert der I. schon seit der → Schöpfung der → Menschen, d. h.: Es gab immer Menschen, die Unterwerfung übten. Im Laufe der Geschichte ergingen mehrere Offenbarungen von Gott (→ Bibel, → Thora). Unverfälscht sind seine Worte aber nur im → Koran, dem Text der letzten Offenbarung, enthalten. Rechter Glaube und Einhaltung der Normen des islam. → Rechts gehören gleichermaßen zum I. *El*

Lit.: Endreß, G.: Der Islam. Eine Einführung in seine Geschichte, [3]1997. – Halm, H.: Der Islam. Geschichte und Gegenwart, 2000.

Islam, Yusuf → Cat Stevens

Islamische Heilsfront, „Front Islamique du Salut" (FIS), seit Anfang 1992 verbotene alger. Partei. Als es in den 1980er Jahren infolge des Niederganges des Ölpreises in → Algerien zu einer drastischen Zunahme der Jugendarbeitslosigkeit gekommen war, stießen die überall in der arab. Welt kursierenden Ideen einer islam. Reform der bestehenden Systeme auf einen fruchtbaren Nährboden. War noch Mitte der 1980er Jahre jegliche Form des polit. Widerstandes verboten, führte der „Brotaufstand" vom Oktober 1988 zur Duldung eines gewissen polit. Pluralismus. Im März 1989 ließ sich die FIS offiziell als Partei eintragen. Die von ʿAbbâsi Madanî (Präsident), ʿAlî Bey Hajj (Vizepräsident), al-Hâshimî Saḥnunî und Zubda Ben ʿAzzûz, dem Herausgeber des Parteiorgans al-Munqidh, geführte Bewegung wurde schnell zur größten reformist. Oppositionspartei Algeriens. In den Kommunalwahlen vom Juni 1990 war sie in 851 von 1541 Kommunen siegreich. Ziel der FIS war die Schaffung einer einheitlichen und hierarch. strukturierten muslim. Gesellschaft. Religion und Politik sollten ein harmon. Ganzes bilden und westliche Einflüsse gänzlich verschwinden. Nur den muslim. → Gelehrten stehe es zu, die polit. Führung des Landes zu bilden, wohingegen sich die FIS selbst als Verbindungsglied zur Bevölkerung sah. Für den Juni 1991 waren Parlamentswahlen angesetzt, doch mußte der Wahltermin aufgrund der öffentlichen Proteststürme gegen die Aktionen der Regierung zur Schwächung der FIS auf den Dezember 1991 verschoben werden. Die FIS gewann schließlich 193 von 430 Sitzen und hatte gute Chancen, die Zahl ihrer Mandate in den Nachwahlen im Januar 1992 noch einmal deutlich zu erhöhen. Doch am 11.1.1992 unternahm die Armee einen Staatsstreich und zwang Präsident Chadli Benjedid zum Rücktritt. Die FIS wurde verboten und viele ihrer Anhänger ins Gefängnis geworfen. Als der neue Präsident Mohammed Boudiaf am 29. 6. 1992 einem Attentat zum Opfer fiel, nutzte die Heeresführung die Gunst der Stunde, um massiv gegen die Islam. Heilsfront vorzugehen. Die FIS wurde weitgehend zerschlagen. Funktionstüchtig blieb allerdings ihr „militär. Arm" („Armée Islamique du Salut", AIS), der kurze Zeit darauf zusammen mit einer Reihe von anderen äußerst militanten Islam. Gruppierungen („Groupes Islamiques Armés", GIA) – wie es scheint – dem gesamten Land den Heiligen Krieg (→ Jihâd) erklärte. Die Zahl der Opfer des daraus resultierenden

Bürgerkrieges belief sich bis 1998 auf 60 000–80 000. Zwar entschloß sich die Regierung im Juli 1997 dazu, den seit dem 2. 2. 1992 geltenden Ausnahmezustand aufzuheben und den – mittlerweile unbedeutenden – ʿAbbâssî Madanî aus dem Gefängnis zu entlassen, doch dauert der Bürgerkrieg in Algerien auch nach dem Milleniumswechsel an. (→ Reformislam, → Fundamentalismus, → Revolution) *Co*

Lit.: Ciment, J.: Algeria. The Fundamentalist Challenge, 1997. – Martinez, L.: La Guerre civile en Algérie, 1998. – Rouadjia, A.: Les frères et la mosquée. Enquête sur le mouvement islamiste en Algérie, 1990.

Islamische Weltliga → Liga der islam. Welt

Islamismus, oft als Synonym zu → Fundamentalismus gebrauchter Begriff. *El*

Ismâʿîliten (arab. Ismâʿîlîya), auch Siebenerschia. Im Gegensatz zu den Zwölferschiiten (→ Schiiten) glauben die I., daß der vor seinem Vater, dem sechsten schiit. Imâm Jaʿfar aṣ-Ṣâdiq, verstorbene Ismâʿîl oder dessen Sohn Muḥammad der siebte Imâm gewesen sei und nicht etwa aṣ-Ṣâdiqs zweiter Sohn Mûsâ al-Kâẓim. Im Zentrum der ismâʿîlit. Lehre steht die deutliche Unterscheidung zwischen dem allen Gläubigen zugänglichen Exoterischen (arab. ẓâhir) einerseits, d.h. den offensichtlichen, allgemein akzeptierten, geoffenbarten Schriften und den darin dargelegten religiösen Geboten, die sich mit der Offenbarung eines jeden Propheten ändern, und dem Esoterischen (arab. bâṭin) andererseits, d.h. den in den Schriften und Gesetzen verborgenen unveränderlichen Wahrheiten. Diese werden durch eine Interpretation kabbalist. Natur zugänglich gemacht. In einem zyklischen histor. Prozeß von sieben Epochen bestimmen die „Verkünder" Âdam, Noah, Abraham, Moses, Jesus und Muḥammad, jeweils gefolgt von einem „Schweigenden", der das Verborgene der Offenbarung offenlegt, die ersten sechs Epochen. Erst der Mahdî, der in der Verborgenheit lebende siebte Imâm, wird in der siebten Ära alle verborgenen Wahrheiten offenbaren. Die ismâʿîlit. Pflichtenlehre weicht nur geringfügig von den Lehren der anderen Schiiten und der Sunniten ab. Die histor. bedeutendste ismâʿîlit. Dynastie waren die Fâṭimiden. Von den zwischen dem 11. und 13. Jh. berüchtigten Assassinen in Iran leitet sich die Linie der Nizârîs her, die heute von Karîm Khân, dem Sohn des bekannten → Agha Khân, geführt wird. I. leben in Jemen, Syrien, Iran, Indien, Afghanistan, Zentralasien und im muslim. Afrika. Ihre Zugehörigkeit zum Islam wird ihnen ebenso wie den → Drusen und → ʿAlawiten v. a. von sunnit. Muslimen bestritten. *Pi-Ha*

Lit.: Falaturi, A.: Art. „Ismailiten", in: Kreiser, K./Wielandt, R.: Lexikon der islamischen Welt, 1992, 133–134. – Halm, H.: Die Schia, 1988. – Madelung, W.: Art. „Ismâʿiliyya", in: The Encyclopaedia of Islam. New Edition, Bd. 4, 1978, 198–206. – Schmucker, W.: Sekten und Sondergruppen, in: Ende, W./Steinbach, U.: Der Islam in der Gegenwart, [4]1996, 663–683.

Israel, Staat im → Maschrek mit 5 970 700 Einwohnern (1998), davon 4 743 400 Juden, 883 900 Muslime, 127 400 Christen, 97 800 Drusen und 118 200 Einwohner ohne Religionszugehörigkeit. Die Fläche beträgt 20 700qkm. Landessprachen sind Hebräisch und Arabisch. Das biblische Land I. ist mit den heiligen Stätten für alle drei monotheist. Religionen Judentum, Christentum und Islam von größter Bedeutung (→ Jerusalem). Der moderne Staat I. wurde 1948 gegen den erbitterten Widerstand der arab. Einwohner als Heimat für alle Juden gegründet. I. hat seither fünf Kriege und militär. Auseinandersetzungen mit seinen arab. Nachbarn geführt: 1948, 1956, 1967, 1973 und 1982 (→ Ägypten, → Jordanien, → Libanon). Der 1993 begonnene Friedensprozeß mit der → PLO soll einer endgültigen Befriedung der Region zum Durchbruch verhelfen. (→ Ḥamâs, → Hebron, → Ḥizbollah, → Palästina, → PLO) *Di*

Lit.: Balke, R.: Israel, 2000. – Lichtenstein, H./Romberger, O. R. (Hg.): Fünfzig Jahre Israel: Vision und Wirklichkeit, 1998. – Wolffsohn, M./Bokovoy, D.: Israel. Grundwissen Länderkunde. Geschichte, Politik, Gesellschaft (1882–1996), [6]2000.

Istanbul, am Bosporus gelegene größte Stadt der → Türkei. I. hat trotz des Verlustes der Hauptstadtfunktion (1923) bzw. der Abschaffung des Osman. Sultanats (1922) und des → Kalifats (1924) seine überragende Rolle im wirtschaftlichen und geistigen Leben der Türkei behalten. Die heutige Megalopolis übertrifft die spätosman. Stadt nach Bevölkerungszahl (ca. 12 Mio. Einwohner) um das 15fache, nach der Fläche um das 100fache. Einem starken Abnehmen der christl. und jüd. Bewohner steht ein Anstieg der Muslime durch natürlichen Bevölkerungszuwachs, Binnenmigration und Einwanderung (u. a. aus Bulgarien, Kaukasien, Iran) gegenüber. Zahlreiche Bibliotheken (insbesondere die zentrale Handschriftensammlung der Süleymânîye) und Archive (v. a. das Osman. Archiv des Ministerpräsidiums und das Archiv des Müftü-Amts) bilden nicht nur für die Türkei, sondern auch für zahlreiche Nachfolgerstaaten des Osmanenreichs das zentrale histor. Gedächtnis. Die Reliquien aus frühislam. Zeit im Topkapı-Serail und das Mausoleum des Prophetengefährten Ayyûb (türk. Eyüb) sind Anziehungspunkt für viele Pilger. Die Konferenz der islam. Staaten unterhält ein aktives Forschungsinstitut (IRCICA). I. ist der Mittelpunkt aller großen neo-islam. Gemeinschaften und der ihnen nahestehenden Tageszeitungen, Zeitschriften und Fernsehsender. Seit den Wahlen von 1994 stellt die Tugendpartei (→ Wohlfahrtspartei) den Bürgermeister von Groß-I. *Kr*

Lit.: Batur, A. (Hg.): Istanbul. World City, 1996. – Heper, M.: Local Government in Turkey. Governing Greater Istanbul, 1989. – Kreiser, K.: Istanbul. Ein historisch-literarischer Stadtführer, 2001.

J

Jamaat (arab. al-Jamâʿât al-Islâmîya, „Islam. Gruppen"). Unter diesem Oberbegriff werden seit den 1970er Jahren verschiedene – zumeist unabhängig voneinander agierende – ägypt. Organisationen bezeichnet. Anwar as-Sâdât (reg. 1970–1981) hatte zu dieser Zeit einige Mitglieder der → Muslimbruderschaft amnestiert und die Organisation als Gegengewicht zu den sozialist. orientierten Nasseristen zugelassen. Gleichzeitig entstanden zahlreiche private Moscheen (1985: 40000). Diese übernahmen gerade in den spannungsgeladenen und konfliktreichen urbanen Zentren eine wichtige soziale Rolle, zumal die Regierung ihre Programme zur Unterstützung der Armen einschränkte. Die Moscheen und die „Islam. Gruppen" verteilten kostenlos Essen und Kleidung und kümmerten sich um das Koranstudium der unterversorgten Massen. Gleichzeitig kam es zu einer Ausweitung des ägypt. Universitätssystems. Neue Hochschulen wurden etwa in al-Minya, al-Fayyum, Qina und Assuan gegründet, an denen sich im Rahmen der offiziell zugelassenen „Islam. Gruppen" Studentenvereinigungen organisierten. Als die ägypt. Öffentlichkeit Ende der 1970er Jahre Sâdât wegen seiner Friedensverhandlungen mit Israel stark kritisierte, reagierte dieser u.a. mit einer Beschneidung der Freiheiten der J. Daraufhin radikalisierte sich ein Teil dieser Gruppierungen. Dennoch waren wohl nicht dieser neue militante Flügel der J., sondern die von diesem unabhängig agierenden → Jihâd-Gruppen an der Ermordung Sâdâts am 6. 10.1981 beteiligt. Ideologie und Ziele der als reformist. einzuordnenden J. sind unterschiedlich. Generell fordern sie eine „islam." Regierung und nehmen öffentlich Stellung gegen – ihrer Ansicht nach – unislam. Praktiken. Die → Scharia soll offizielles Recht werden, und der Einfluß der Regierung auf die Moscheen und religiösen Organisationen soll schwinden. V.a. Scheich ʿUmar ʿAbd ar-Raḥmân (geb. 1921), der sich selbst zum Sprecher und Führer der „Islam. Gruppen" ernannt hat, spricht sich gegen eine Beteiligung an der Regierung aus und fordert die ägypt. Muslime zum Umsturz des bestehenden Regimes – allerdings ohne Einsatz von massiver Gewalt – auf. Obgleich sich keine direkte Verbindung mehr zu den militanten Strömungen nachweisen ließ, ist es immer wieder zu Zusammenstößen mit den offiziellen Ordnungsmächten und zur Schließung von Moscheen gekommen. 1988 entschloß sich die Regierung, alle Aktivitäten der „Islam. Gruppen" zu verbieten. Dieser Schritt ließ – wie auch die zahlreichen Hausdurchsuchungen und Verhaftungen – die Spannungen wachsen und steigerte die Gewaltbereitschaft vieler Mitglieder der J. Scheich ʿUmar ʿAbd ar-Raḥmân mußte das Land verlassen und in den USA Zuflucht suchen. Dennoch kam es weiterhin zu blutigen Auseinandersetzungen, auf die die Regierung mit noch härteren Polizei- und Militäreinsätzen reagierte. Höhepunkt des Terrors einiger „Islam. Gruppen" waren die Ermordungen des Sprechers der Volksversammlung Rifâʿa al-Maḥjûb im Oktober 1990 und des liberalen Autors Faraj Foda im Juni 1992 sowie das Attentat auf den Premierminister ʿÂṭif Ṣidqî im November 1993. Als 1992 – wie auch wieder im November 1997 – Touristen angegriffen wurden, erließ man ein neues Antiterrorgesetz. Die harten Maßnahmen des Staates gegenüber Reformisten jeglicher Couleur – man machte ausdrücklich keinen Unterschied zwischen moderaten und radikalen Reformisten – zeitigten einerseits den gewünschten Erfolg: Die Anschläge reduzierten sich (vorübergehend) auf ein Minimum. Andererseits schürte das selbstherrliche Vorgehen der Ordnungsmächte unter der Bevölkerung den Groll auf die Regierung und erhöhte die Bereitschaft breiter Schichten, islam. Gruppen zu unterstützen. (→ Reformislam, → Fundamentalismus, → Revolution) *Co*

Lit.: Ansari, H.: The Islamic Militants in Egyptian Politics, in: International Journal of Middle East Studies 16 (1984), 123–144. – Ibrahim, S.: Anatomy of Egypt's Militant Islamic Groups. Methodological and Preliminary Notes, in: International Journal of Middle East Studies 12 (1980), 423–453. – Kupferschmidt, U.: Reformist and Militant Islam in Urban and Rural Egypt, in: Middle Eastern Studies 23 (1987), 403–418.

Jazz. Mit der Welle der sogenannten Weltmusik ist eine Reihe asiat. und afrikan. Musiker international bekannt geworden, welche die Musik ihres Herkunftslandes mit J. oder anderen Musikstilen kombinieren. Die Schwerpunkte sind dabei unterschiedlich gesetzt wie z.B. bei dem in Deutschland lebenden libanes. Musiker Rabih Abou Khalil oder dem tunes. Lautenspieler Anouar Brahem und variieren je nach Zusammensetzung der internationalen Mitspieler, welche entweder vorwiegend im J. oder einer anderen Musikkultur beheimatet sind. So dominiert bisweilen J., welcher durch den Einsatz „exot." Instrumente oder die Verwendung von Melodiefragmenten aus einer anderen Musikkultur versetzt wird. Arab. Laute (arab. ʿûd), afrikan. Daumenklavier (mbira) oder Xylophon (marimba) werden mit Klavier, Akkordeon, Saxophon, Baß und Violine gemischt. Typisch ist auch die Verwendung von asiat. und afrikan. Trommeln und der Einbau fremder rhythmischer Pattern. Auf der anderen Seite können Elemente des J. in die jeweils eigene Musikkultur einfließen. Zwei Aspekte erleichtern diese Kombination: Zum einen nimmt im J. wie in vielen anderen Musikkulturen die Improvisation einen breiten Raum ein, zum anderen verbindet ihn eine strukturelle Ähnlichkeit mit asiat. Musik, die ebenfalls skalenbetont ist. Südafrika besitzt eine eigene reiche J.-Tradition (marabi), aus welcher der in den 1960er Jahren zum Islam übergetretene Pianist Abdullah Ibrahim hervorging. Er flicht in seine Kompositionen religiöse Motive und Texte ein. Während bei anderen muslim. Jazzmusikern höchstens sporad. Elemente aus der religiösen Volkskultur als Lokalkolorit und Titel instrumentaler Stücke auftreten, enthalten einige seiner Stücke arabischsprachige Passagen wie das islam. → Glaubensbekenntnis (arab. shahâda) oder die Anrufung des Namen Gottes (arab. → Basmala), welche entweder Solo oder von einem Chor in afrikan. Polyphonie vorgetragen werden. *Wei*

Jemen, Republik im Süden der → Arab. Halbinsel mit über 16 Mio. Einwohnern. Der J. galt in der Antike als „das Glückliche Arabien" (Arabia Felix), was wahrscheinlich zu der Bezeichnung „Yaman" (von arab. yumn, „Wohlstand") führte. Die Spaltung in Nord- und Süd-J. geht auf das Jahr 1728 zurück, als sich shâfiʿit. Stämme im Süden von den → Zaiditen-Imâmen im Norden lossagten. Während der britischen Herrschaft im Süden (1839–1967) entstanden dann zwei unabhängige Staaten. Die Geschichte Nord-J. im 20. Jh. beginnt mit der Monarchie der zaidit. Dynastie der Rassiden seit dem Jahre 1919. Sie wurde durch die Ausrufung der „Arab. Republik J." am 27. 9. 1962 beendet. Der Süd-J. wurde nach der Proklamation der Unabhängigkeit von den Briten am 29. 11. 1967 eine sozialist. Republik, gestützt von der UdSSR. Die Phase von 1967 bis zur Vereinigung der beiden Staaten 1990 war durch Spannungen und Grenzkämpfe gekennzeichnet. Aber es gab auch viele Annäherungsversuche an den Norden, die schließlich zur Vereinigung der beiden Staaten am 22. 5. 1990 führten. Von beiden Parlamenten wurde eine Übergangsverfassung verabschiedet. 1994 ging ein Trennungsversuch vom Süden aus, wurde aber am 5. 7. 1994 durch Truppen des Nordens verhindert. Nach der Verfassung von 1994 ist das Land eine parlamentar. Republik. Hauptstadt ist Sanaa. Der J. lebt von der Landwirtschaft (Regenfeldbau, Kaffee, Qat-Strauch), dem Transfer von Gastarbeitern v. a. nach Saudi-Arabien und in die Golfstaaten, dem Tourismus sowie in geringem Maße von der Erdölförderung. Die gegenwärtige Politik des J. ist durch eine vorsichtige Öffnung zum Westen, v. a. den USA gekennzeichnet. Gesellschaftlich ist der J. sehr traditionell geprägt. Die Stämme in den Bergregionen können von der Regierung kaum kontrolliert werden und stellen teilweise eigene Armeen auf. *Ra*

Lit.: Ferchl, D.: Jemen und Oman, 1995.

Jerusalem (arab. al-Quds, „Die Heilige"). Von den 590 000 Einwohnern sind etwa 75% Juden und 25% Palästinenser. West-J. zählt allein 450 000 in der Mehrzahl jüd. Einwohner, während die palästinens. Bevölkerung im sehr viel kleineren Ostteil der Stadt lebt, der mit der Altstadt die wichtigen religiösen Stätten beherbergt. Die islam. Eroberer trafen im Jahre 638 in der Stadt ein. 1099 eroberten die Kreuzfahrer J. Sie herrschten bis 1187 und erneut von 1228 bis 1244. 1517 nahmen die Osmanen Palästina und damit auch J. ein und herrschten bis auf eine kurze Unterbrechung bis zum Ende des Ersten Weltkriegs. Danach gehörte J. zum britischen Mandat über Palästina. Ebenso wie für den jüd. und den christl. Glauben hat J. auch für die islam. Welt eine besondere religiöse Bedeutung. Vor Mekka war die Gebetsrichtung der Muslime nach Jerusalem ausgerichtet, was der aktuellen islam. Rhetorik als eine der Begründungen des muslim. Anspruchs auf die Stadt dient. Der J. Tempelberg war nach islam. Auffassung Ausgangspunkt der → Himmelsreise des Propheten → Muḥammad. An dem Ort wurde später der Felsendom errichtet. J. gilt nach Mekka und Medina als drittwichtigste heilige Stätte des Islams. Im ersten arab.-israel. Krieg von 1948 wurde Ost-J. von arab. Truppen besetzt und gehörte fortan zu → Jordanien. Die Klagemauer war für jüd. Gläubige in dieser Zeit nicht zugänglich. West-J. wurde von Israel bereits 1950 annektiert und zur Hauptstadt ernannt. Im Junikrieg von 1967 eroberte die israel. Armee auch den Ostteil der Stadt, und 1980 wurde das nunmehr vereinigte J. zur „ewigen und unteilbaren Hauptstadt Israels" erklärt. Ebenso wie die israel. Seite erheben auch die Palästinenser einen Besitzanspruch auf die Stadt, die sie zur Hauptstadt eines palästinens. Staates machen wollen. J. wie auch Palästina im allgemeinen besitzt für die islam. Welt einen ganz besonderen Status, der sich nicht mehr nur auf die religiöse Bedeutung der Stadt gründet, sondern gleichsam eine Schlüsselrolle für das Verständnis des arab.-jüd. Konflikts einnimmt. *Di*

Lit.: Amiran, D.: Urban Geography of Jerusalem. A Companion Volume to the Atlas of Jerusalem, 1973. – Levine, L. I.: Jerusalem. Its Sanctity and Centrality to Judaism, Christianity, and Islam, 1999.

Jesus (arab. ʿÎsâ). Nach koran. Darstellung wurde J. durch ein Wort Gottes gezeugt (Suren 3:39–45, 4:171). Er wird als „Geist Gottes" (Suren 4:171, 21:91) und als Messias (arab. al-masîḥ) bezeichnet. J. gilt im Islam nicht als Gottessohn (Sure 5:17), sondern nur als einer der → Propheten. Die christl. Trinität wird als polytheist. verworfen, und nach islam. Auffassung starb J. nicht den Kreuzestod. Am Jüngsten Tag wird seine Wiederkunft erwartet, wobei J. den Antichrist (arab. ad-dajjâl) töten und für die Christen Fürsprache leisten wird. J. ist eine wichtige Figur nicht nur in der islam. Eschatologie, sondern auch in der → Mystik, wo er als Weisheitslehrer und Vorbild für Armut und Askese dient. Der Personenname „ʿÎsâ" ist auch unter Muslimen verbreitet. *Schö*

Lit.: Hayek, M.: Le Christ de l'Islam, 1959. – Michaud, H.: Jésus selon le Coran, 1960. – Räisänen, H.: Das koranische Jesusbild. Ein Beitrag zur Theologie des Korans, 1971. – Schumann, O. H.: Der Christus der Muslime. Christologische Aspekte in der arabisch-islamischen Literatur, ^{2}1988.

Jihâd. Etymolog. bedeutet der arab. Begriff die Bemühung, ein bestimmtes Objekt zu erreichen. Auch wird darunter eine individuelle Bemühung um den Glauben (großer J.) oder zum moral.

Handeln und Mission verstanden. Im islam. → Recht bezeichnet er, oft „Kleiner J.“ genannt, eine der zulässigen Formen des Krieges zur Erweiterung des islam. Herrschaftsbereichs oder zu dessen Verteidigung (Suren 8:30; 61:8; 2:217 u. a.). J. ist eine Pflicht der Gemeinschaft der Muslime, die ständig verfolgt werden muß. Gemäß dem islam. Recht müssen bei der Ausrufung des J. bestimmte Regeln eingehalten werden: Zunächst ein Aufruf an die Ungläubigen, den Islam anzunehmen bzw. an die → Juden und → Christen, die Herrschaft der Muslime anzuerkennen. Nach einer Bedenkzeit wird dann der Krieg begonnen. Die J.-Doktrin erfuhr verschiedene Umdeutungen, als Friedensschlüsse mit nichtmuslim. Herrschern unumgänglich wurden. Im Ersten Weltkrieg bemühten sich die Osmanen mit deutscher Unterstützung ohne großen Erfolg, durch den Aufruf zum J. die muslim. Bevölkerung zum Kampf gegen ihre britischen Besatzer anzustacheln. In der Moderne gehört das Konzept des J. zur Rhetorik radikaler islam. Bewegungen und auch muslim. Staaten bei der Abgrenzung von und der Auseinandersetzung mit dem Westen. *Sz*

Lit.: Khadduri, M.: War and Peace in the Law of Islam, 1962. – Peters, R.: Islam and Colonialism. The Doctrine of Jihad in Modern History, 1979.

Jordanien, einer der Staaten des → Maschrek, ca. 4,2 Mio. Einwohner, 92 000 qkm. Die Hauptstadt ist Amman. 1921–1946 war das Emirat von Transjordanien britisches Mandatsgebiet unter ʿAbd Allâh aus der Familie der Hâshimiten, die im Ersten Weltkrieg die arab. Unabhängigkeitsbewegung mit britischer Hilfe aus der → Arab. Halbinsel heraus angeführt hatte. 1946 wurde das hâshimit. Königreich Transjordanien gegründet. Die Hâshimiten leiten ihre Legitimation von ihrer Abstammung vom Propheten Muḥammad ab (→ Scharifen). Aufgrund seiner geringen Bodenschätze (v. a. Phosphat) und des trockenen Klimas ist J. auf wirtschaftliche Unterstützung von außen angewiesen, die anfangs aus England und dann mit Unterbrechungen aus den USA sowie den arab. Golfstaaten kam. 1948 verleibte sich J. nach der Gründung Israels die verbleibenden palästinens. Gebiete am Westufer des Jordan (Westbank) ein, die es 1967 im Sechs-Tage-Krieg an Israel verlor. Viele Palästinenser flohen nach J. Sie gingen nach dem Debakel von 1967 unter der Führung Yâsir ʿArafâts davon ab, die

Lösung der Palästinafrage den arab. Regierungen zu überlassen. In den Jahren 1970–71 kam es zur direkten militär. Konfrontation mit der jordan. Regierung, die mit der weitgehenden Zerschlagung bewaffneter Palästinensergruppen und der Exilierung ihrer Führer endete. Diese Ereignisse sind in der arab. Welt als „der schwarze September" bekannt. Die Aufgabe jordan. Ansprüche auf die Westbank 1988 und die Abkommen von Oslo 1993 und 1995, in denen Israel den Palästinensern beschränkte Autonomie im Gazastreifen und auf der Westbank gewährte, waren erste Schritte zur Lösung dieser Spannungen. J. war nach → Ägypten das zweite arab. Nachbarland Israels, das seine Beziehungen zu ihm normalisierte. Nach der Grenzöffnung hat sich ein reger Tourismusverkehr zwischen beiden Ländern entwickelt. Wie in den meisten arab. Staaten existiert seit dem Ölboom der 1970er Jahre eine starke Migration in die arab. Golfstaaten, die J. v. a. mit qualifizierten Fachkräften versorgt. 1953–1999 regierte König Ḥusain das Land. 1991 ließ er erstmals die bislang verbotenen Kommunisten und → Fundamentalisten bei Wahlen zu. Zunächst verzeichneten letztere erhebliche Gewinne. 1995 verloren sie aber wieder viele Parlamentssitze. Kurz vor seinem Tod enthob er seinen Bruder Ḥasan seiner Stellung als Thronfolger und bestimmte seinen eigenen Sohn zu seinem Nachfolger, der als ʿAbd Allâh II. das Land seit Februar 1999 regiert. *Ei*

Lit.: Köndgen, O.: Jordanien, 1999. – Salibi, K.: The Modern History of Jordan, 1993.

Josef → Maria und Joseph

Judentum. Im → Koran gelten die Juden neben den Polytheisten als die eigentlichen Widersacher → Muḥammads; dennoch genießen sie als „→ Schriftbesitzer" den Schutz der Muslime. Muḥammad, der zunächst um eine Annäherung an die Juden bemüht war, änderte, als er dabei auf Widerstand stieß, seine Politik und vertrieb die Juden aus → Medina. Im Gegensatz zu den Verhältnissen im mittelalterlichen Europa war die Lage der Juden im Islam im allgemeinen nicht schlecht. Oft kam es bei ihnen zu kultureller Blüte und wirtschaftlichem Wohlstand; Ghettoisierung, etwa in Marokko, blieb die Ausnahme. Große jüd. Gemeinden gab es in Spanien, Marokko, Tunesien (Djerba), Kairo, Bagdad, Jemen und

Iran (Isfahan). Seit der Gründung Israels haben die meisten arab. Juden ihre Heimat verlassen. Der Palästinakonflikt hat die Beziehungen zwischen Islam und J. stark belastet und zu einer Wiederbelebung des frühislam. Antagonismus geführt. *Schö*

Lit.: Bouman, J.: Der Koran und die Juden. Die Geschichte einer Tragödie, 1990. – Busse, H.: Die theologischen Beziehungen des Islams zu Judentum und Christentum, [2]1991. – Cohen, M.: Under Crescent and Cross: The Jews in the Middle Ages, 1994. – Goitein, S.D.: Jews and Arabs. Their Contacts Through the Ages, [3]1974. – Lewis, B.: Die Juden in der islamischen Welt, 1987. – Stillman, N. A.: The Jews of Arab Lands, 1979.

Jüngstes Gericht. Das nahe bevorstehende Weltende mit dem J. G. ist ein zentrales Motiv schon der ältesten Suren des Korans, wo es in eindringlichen Bildern heraufbeschworen wird (z.B. 69:18–37, 81, 82, 84, 99, 101). Das im eschatolog. Schrifttum gezeichnete Bild der erwarteten Ereignisse beruht nur in Teilen auf dem Koran. Danach kündigt sich das Ende durch Vorzeichen an, besonders das Erscheinen des apokalypt. Wesens (arab. dajjâl), das aber vom Mahdî (für die Zwölferschiiten der zwölfte Imâm) besiegt wird. Nach dem ersten Trompetenstoß des Engels Isrâfîl wird der Makrokosmos vernichtet, analog zum Tod des Mikrokosmos → Mensch. Die Einheit Gottes wird hier manifest, indem allein Gott fortexistiert. Durch einen zweiten Trompetenstoß werden alle Toten wiedererweckt (→ Auferstehung). Die auferstandenen Menschen sowie Dämonen und Engel werden zum Gericht versammelt, bei dem die Taten jedes von ihnen auf einer Waage gewogen werden. Die Taten des Einzelnen sind in einem Buch verzeichnet, das den Frommen in die rechte, den Sündern in die linke Hand gegeben wird. Nur die Gerechten passieren die Brücke (arab. ṣirâṭ) über den Abgrund der Hölle hinüber ins Paradies. Hierbei hilft die Fürsprache des Propheten oder (von der strengen Orthodoxie bestritten) anderer hervorragender Menschen. Da Gott allwissend ist, findet im Gericht keine Urteilsfindung statt, sondern nur die Verkündung. Das Konzept von Lohn und Strafe für die Taten im Diesseits ist eines der wichtigsten Themen der islam. Theologie. Die vorauszusetzende Verantwortlichkeit des Menschen wurde auch gegenüber der Prädestinationslehre aufrechterhalten. Im modernen Islam tritt die Schilderung des Gerichts selbst hinter der moral. Nutzanwendung für die Lebensführung im Diesseits zurück. Zeiterscheinungen wie moral. Verfall werden auch in der Moderne als Zeichen der Endzeit dargestellt. *Ha*

Lit.: Chittick, W.: Eschatology, in: Nasr, S. (Hg.): Islamic Spirituality. Foundations, 1987, 378–409. – Murata, S./Chittick, W.: The Vision of Islam. St. Paul, 1994. – Smith, J. I./Haddad, Y. Y.: The Islamic Understanding of Death and Resurrection, 1981.

Jugend. In den meisten Ländern des islam. Kulturkreises stellen unter 30jährige den größten Bevölkerungsanteil. Durch rasches Bevölkerungswachstum überforderte Infrastrukturen führen zu überfüllten Bildungsstätten und hoher Jugendarbeitslosigkeit. Unter angespannten Lebensbedingungen wenden sich gerade gebildete Jugendliche auf der Suche nach Identität und Lebenssinn der Religion zu. Islamist. Bewegungen bieten Studierenden vielfältige Dienstleistungen (Studienunterlagen, Stipendien, „islam." → Kleidung für arme Studentinnen) und ermöglichen durch das Stellen billiger Unterkünfte jungen Erwachsenen die Eheschließung. Da der Bräutigam die gemeinsame Wohnung zu finanzieren hat, heiraten heute gerade in den Städten wegen hoher Lebenskosten und Mietpreise viele Menschen erst mit über dreißig Jahren. Der Straßenkampf der palästinens. Befreiungsbewegung (arab. intifâḍa) wird fast ausschließlich von männlichen Jugendlichen bestritten. Türkische Jugendliche in der Bundesrepublik suchen verstärkt die Öffentlichkeit und präsentieren u. a. durch Rap und Hip-Hop eine eigenständige Identität. *Bo*

Lit.: Fernea, E. W. (Hg.): Women and the Family in the Middle East, 1985. – Heidapur-Ghazwini, A.: Kulturkonflikt und Sexualentwicklung. Eine Untersuchung bei türkischen Jugendlichen in der BRD, 1986.

Jungtürken (türk.-osman. Eigenbezeichnung: İttiḥâd ve teraqqî jemʿîyeti, „Komitee für Einheit und Fortschritt"), nationalist.-reformist. Gruppierung, die zwischen 1908–1918 de facto den osman. Staat beherrschte und dem Sultan die Annahme einer → Verfassung aufzwang. Die J. inspirierten den Gründer der Republik → Türkei → Atatürk u. a. Nationalisten des Nahen Ostens. *El*

Lit.: Prätor, S.: Der arabische Faktor in der jungtürkischen Politik, 1993.

Jurisprudenz. Islam. J. fällt in die arab. „Fiqh" genannte Disziplin des Wissenskanons der muslim. → Gelehrten. → Recht *El*

K

Kaaba (arab. al-kaʿba al-musharrafa, „die geehrte K."), ein würfelförmiges Haus (12 x 10 x 15 m) in der Mitte der Großen Moschee von → Mekka. Zu ihr pilgern alljährlich Mio. von Gläubigen aus der ganzen Welt (→ Pilgerfahrt), und alle Muslime wenden sich beim Gebet in Richtung der K. Ihre Bedeutung für die Muslime rührt daher, daß sie in der islam. Tradition als das „erste Haus Gottes auf Erden" gilt (Sure 3:96). Die Propheten → Abraham und Ismâʿîl gelten als ihre Erbauer (Sure 2:127). Im Raum der K., gegenüber der nordwestlichen Mauer, befinden sich die Gräber von Ismâʿîl und seiner Mutter Hâjar. Unweit davon, zwischen dem Bâb Banî Shaiba und der K., steht der in Sure 2:125 erwähnte Maqâm Ibrâhîm (arab. „Ort Abrahams"), wo Abraham sich beim Erbauen der K. aufgehalten haben soll. Der Maqâm Ibrâhîm wird in jener Stelle des Korans als „die zum Gebet geeignete Stelle" bezeichnet. Abraham wurde von Gott aufgetragen, er solle die Menschen zur Wallfahrt zu diesem heiligen Ort aufrufen, „und sie werden zu dir aus allen Enden und Ecken kommen" (Sure 22:27). Ein weiterer Grund für die Heiligkeit der K. im Islam ist der darin eingemeißelte „Schwarze Stein". Der Prophet Muḥammad soll ihn selber bei einer Renovierung der K. kurz vor der Verkündung des Islams in seinem Kleid hineingetragen und damit eine Streitigkeit unter den Mekkanern beendet haben. Jedes Jahr, kurz vor der Pilgerzeit, wird die K. gewaschen und zeitweilig mit einem weißen Überzug bedeckt. Am Ende der Pilgerfahrt bekommt sie einen neuen, aus schwarzem Brokat angefertigten Überzug (arab. kiswat al-kaʿba). Aus diesem Anlaß findet alljährlich die Zeremonie der Bekleidung der K. statt, die der Emir der Region Mekka anführt und zu der Mitglieder der diplomat. Vertretungen der islam. Welt in Saudi-Arabien, Leiter der Pilgermissionen aus aller Welt und Mitglieder der königlichen Familie eingeladen werden. Dabei werden auch die Vorbereitungen zur Pilgerfahrt und entsprechende Sicherheitsmaßnahmen überprüft. Um die K. ranken sich viele Legenden. *Ra*

Lit.: Gonda, A.: Die Kiswa der Ka'aba in Makka, 1989. – Sourdel-Thomine, J.: Clefs et serrures de la Ka'aba. Notes d'epigraphie arabe, 1971.

Kadi (arab. qâḍî, „Richter“), speziell der Richter nach islam. → Recht. Die Autorität des K. und seiner Urteile beruht auf der genauen Beachtung des religiösen Rechts, wobei dem Beweisrecht eine besondere Stellung zukommt. Die darin festgelegte Beschränkung der richterlichen Untersuchungskompetenzen, welche keine inquisitor. Befragung von Beschuldigten und Zeugen zuließ, wurde in der Geschichte früh durch die Übertragung von polizeilichen und richterlichen Aufgaben an obrigkeitliche Beamte ausgeglichen. In der Neuzeit steht der K. in den meisten Ländern in Konkurrenz zu im staatlichen Recht ausgebildeten Richtern. Seine Gerichtsbarkeit beschränkt sich zumeist auf einen Kernbereich des Ehe-, Familien- und → Erbrechts sowie den der religiösen → Stiftungen. *Mü*

Kaffeehaus. Durch die Verbreitung der Kaffeehäuser im Vorderen Orient seit dem 16. und 17. Jh. wurde Männern die Möglichkeit gegeben, auf respektable Weise auszugehen und sich über aktuelle Ereignisse zu informieren. Das traditionelle K. ist ein Ort der Männer geblieben. Inzwischen gibt es in den meisten Städten auch moderne Cafés, Restaurants, Eisdielen, Kinos u.a. Orte, an denen Männer und Frauen sich treffen können. Insbesondere in den älteren Stadtvierteln sind die Kaffeehäuser jedoch immer noch eine nicht wegzudenkende Institution. Während des → Ramaḍân werden dort abends Heldenepen oder Geschichten aus → Tausendundeiner Nacht erzählt, eine Tradition, die heute oft zu einer Touristenattraktion geworden ist. *Sto*

Lit.: Hattox, P.: Coffee and Coffeehouses. The Origins of a Social Beverage in the Medieval Near East, 1985. – Desmet-Grégoire, H./Georgeon, F. (Hg.): Cafés d'orient revisités, 1997. – Lemaire, G.-G.: L'orient des Cafés, 1990.

Kairo (arab. al-Qâhira, „die Siegreiche“), Hauptstadt Ägyptens. Mit ca. 15 Mio. Einwohnern (oder mehr) die größte Stadt Afrikas und bedeutendste Metropole der arab.-islam.Welt. K. beherbergt auch den Sitz der → Arab. Liga. An der Südspitze des Nildeltas gelegen, wurde K. 969 durch die Fâṭimiden als Palaststadt gegründet, nördlich einer antiken Vorgängersiedlung (Babylon, heute „Old Cairo“) und der ersten arab. Gründung Fusṭâṭ. Unter den Ayyûbiden (1171–1250) und den Mamlûken (1250–1517) wurde die Stadt regelmäßig erweitert, aber erst im 19. Jh.

entstand das heutige städtische Konglomerat. Der Name „K.“, der ursprünglich nur den Stadtkern bezeichnete (oft fälschlich „islam. Altstadt“ genannt), wurde als offizieller Name übernommen, doch auch der volkstümliche Name „Miṣr“ (zugleich „Ägypten“) blieb erhalten. K. erlebte eine erste Blüte unter den schiit. Fâṭimiden (969–1171), die auch die Moschee-Schule al-→ Azhar gründeten (972). Nach der Eroberung durch die sunnit. Ayyûbiden ließ Saladin (Ṣalâḥ ad-Dîn) die Zitadelle errichten (1176), die bis heute das Stadtbild dominiert. Nach der Einnahme Bagdads durch die Mongolen (1258) und aufgrund der fortschreitenden Reconquista in al-Andalus (→ Spanien) sammelte sich die kulturelle Elite aus Ost und West in K., was die zweite Blütezeit K. unter den Mamlûken einleitete. Die über 600 erhaltenen Großbauten K., Moscheen, Medresen u.a., Weltkulturerbe der UNESCO, stammen v.a. aus dieser Zeit. Der Abbruch des Seehandels über das Rote Meer nach der europäischen Eroberung der Weltmeere führte zu wirtschaftlichem Niedergang, der während der osman. Periode (1517–1805) kaum gebremst werden konnte, obwohl K. weiterhin ein wichtiges geistiges Zentrum der islam. Welt war. Im 19. Jh. wirkten in K. führende Köpfe des → Reformislam (→ ʿAbduh, al-→ Afghânî, → Ridâ). Im 19. und 20. Jh. entstanden neue Stadtteile im europäischen Stil, in den letzten Jahrzehnten auch Satellitenstädte in der Wüste. Die Zukunft K. wird dabei wesentlich davon abhängen, ob und wie die drängenden Probleme der Umweltverschmutzung sowie der Überbevölkerung gelöst werden können. *Schö*

Lit.: Beyer, U. (Hg.): Kairo. Die Mutter aller Städte, 1983. – Desmond, S.: Great Cairo. Mother of the World, 1997. – Raymond, A.: Le Caire, 1993. – Rodenbeck, M.: Cairo. The City Victorious, 1998.

Kalender. Die muslim. Zeitrechnung beginnt mit dem Jahr der → Hijra, dem christl. Jahr 622. Gerechnet wird nach dem Mondkalender, d.h., daß die Jahre kürzer sind als die des christl. Sonnenkalenders. Das Jahr ist in zwölf Monate gegliedert. Besondere Bedeutung haben in religiöser Hinsicht der Fastenmonat Ramaḍân und der Dhû al-Ḥijja, in dem die obligator. → Pilgerfahrt stattfindet. Die Woche hat sieben Tage, wobei der → Freitag dem gemeinsamen → Gebet bestimmt ist. Ein wöchentlicher Feiertag ist ursprünglich nicht vorgesehen, jedoch gilt in vielen

Ländern der Freitag als Feiertag, an dem ebenso wie zu den kanon. → Festtagen weitgehend nicht gearbeitet wird. In den meisten Ländern der islam. Welt wird in der Gegenwart im Alltag nach dem christl. Kalender gerechnet. *El*

Lit.: Schimmel, A.: Das islamische Jahr, 2001.

Kalifat, die Institution des weltlich-religiösen Herrschers in der muslim.Welt. Der Kalif (von arab. khalîfatu rasûli llâh, „Vertreter des Gesandten Gottes") wird auch als amîr al-mu'minîn („Fürst der Gläubigen") oder imâm („Vorbeter") bezeichnet. Eine erste Theorie des K. bietet al-Mâwardî (974–1058) in seinem Werk *al-Aḥkâm as-sulṭânîya* („Die Regeln der Herrschaft"). Demnach ist der Kalif für die Durchsetzung der Gesetze, die Verteidigung und Vergrößerung des Herrschaftsgebietes, die Verteilung von Beute und Almosen und die Überwachung der Regierung zuständig. Er ist Wächter des Glaubens und in seinem Handeln an die → Scharia gebunden. Der Theorie nach wird der Kalif gewählt, andere Stimmen erlauben ihm, einen Nachfolger zu ernennen. Die Wahl des Kalifen wird durch Anerkennung (arab. baiʿa) bestätigt. Theoret. kann er abgesetzt werden, sollte er gegen die Scharia verstoßen. Das K. entstand nach dem Tod des Propheten Muḥammad, indem nacheinander Abû Bakr, ʿUmar, ʿUthmân und ʿAlî durch Akklamation zum Anführer des muslim. Gemeinwesens bestellt wurden. Allgemein wurden sie als die „vier rechtgeleiteten Kalifen" bezeichnet. Nach Ansicht der Schiiten ist das K. eigens für ʿAlî geschaffen worden, weshalb sie die ersten drei Kalifen wie auch die Kalifen der Dynastie der Umayyaden in Damaskus (661–750) und der ʿAbbâsiden in Bagdad (750–1258) ablehnen. Seit dem 10. Jh. verloren die ʿabbâsid. Kalifen zusehends ihre Macht an die Amîre, militär. Führer und Provinzgouverneure, was die Autorität der Kalifen auf Rechtsfragen und geistliche Angelegenheiten reduzierte. Nach der seldschuk. Eroberung von Bagdad durch Tughrıl Beg 1057 wurde für diesen das Amt des → Sultans geschaffen, womit die bereits angelegte Aufteilung der Macht eine institutionelle Bestätigung erfuhr. Abkömmlinge der ʿAbbâsiden wurden noch bis 1517 durch die Mamlûken in Kairo dazu benutzt, ihre Herrschaft zu legitimieren. Die osman. Herrscher in Istanbul strebten später danach, als amîr al-mu'minîn angesehen zu werden, vertraten diesen Anspruch aber nicht offiziell. Diese Unsicherheiten trugen dazu bei, daß die indischen Moguln im 16. und 17. Jh. den Titel für sich in Anspruch nehmen konnten. Das Ende des Mogulreiches im Jahre 1857 orientierte die muslim. Inder auf das K. in Istanbul als Zentrum des in dieser Phase des → Kolonialismus einzigen unabhängig verbliebenen Reichs der Muslime. Der osman. Sultan Abdülhamid II. (reg. 1876–1909) beanspruchte im Rahmen seiner panislam. Staatsideologie den Kalifentitel. Einerseits wollte er damit seine absolutist. Herrschaft legitimieren, andererseits versuchte er nach Gebietsverlusten an Rußland vergeblich, die religiöse Führerschaft über die dortige muslim. Bevölkerung zu behalten. 1922 hob die türk. Nationalversammlung zunächst das Sultanat auf, 1924 setzte sie den letzten Kalifen Abdülmecid ab und beendete damit das K. Konkurrenz und nationalist. Ideen verhinderten den Konsens über eine Fortführung des K., König Ḥusain (reg. 1916–1924) aus dem Hedschas (→ Arab. Halbinsel) konnte nur wenig Unterstützung bei seinem Versuch finden, sich als Kalif zu etablieren. Ägypt. Gelehrte bemühten sich vergeblich, König Fu'âd zum Kalifen zu machen. Verschiedene Kongresse muslim. Gelehrter konnten das Problem ebenfalls nicht lösen. Gegenwärtig wird die Idee des K. noch in utop. Staatsvorstellungen islamist. Intellektueller als eine idealist. Form einer, zuweilen demokrat. legitimierten, weltlich-religiösen Führung gedacht, die im Rahmen einer egalitären islam. Weltgesellschaft für Gerechtigkeit sorgen soll. *Sz*

Lit.: Holt, P.: Art.: „Khalîfa", in: The Encyclopaedia of Islam, Bd. 4, 1978, 937 ff.

Kalligraphie gilt im Islam als die Königin der Künste, als die Kunst schlechthin, deren Erfindung dem Vetter und Schwiegersohn des Propheten Muḥammad, → ʿAlî ibn Abî Ṭâlib, zugeschrieben wird. Die Namen der großen Kalligraphen wurden von Anbeginn überliefert, und am Hof galt K. als Kunst, die selbst von Herrschern geübt werden konnte. K. hat es offensichtlich bereits in frühester islam. Zeit gegeben, für offizielle Inschriften und für Koran-Handschriften. Die Koran-Fragmente der Moschee von Sanaa, die in die umayyad. Zeit des 7.–8. Jh. datiert werden, zeigen eine exquisite, fein ausgewogene Schrift im sog. Kûfî-

Duktus. Zu Beginn des 11. Jh. waren sechs Schriftarten verbreitet, die von den Meistern auch für den Koran verwendet wurden. Zu unterscheiden ist dabei die lapidare Schrift, meist ein sog. Kûfî, und die kursive Schrift, die seit dem 11. Jh. auch für Koran-Exemplare verwendet wurde. Die Entwicklung fester Proportionsregeln für die K., die sich an einem Punktsystem orientieren, werden dem Yâqût Mustaʿṣimî (gest. 1298) zugeschrieben. Auch in späterer Zeit galt das Kûfî als „heilige Schrift“ und wurde gerne für Koran-Inschriften in Moscheen gebraucht. Jede Dynastie vertrat ihren eigenen Duktus in der K., die somit einen ikonograph. Gehalt erlangen kann. Heute zeichnet sich v. a. die Schrift der Palästinenser durch einen spezifischen Duktus aus, der gleichzeitig als polit. Manifest verstanden werden muß. (→ Bilderverbot) *Fi*

Lit.: Kühnel, E.: Islamische Schriftkunst, 1972. – Schimmel, A.: Calligraphy and Islamic Culture, 1984.

Karagöz → Puppenspiel

Kasachstan. In den Grenzen der ehemaligen Sowjetrepublik K. erklärte sich die Republik K. am 16. 12. 1991 für unabhängig. Sie hat eine Fläche von 2717300 qkm. Von den 16,84 Mio. Einwohnern (1998) leben etwa 61% in Städten. Offizielle Hauptstadt ist seit Dezember 1998 das in Astana umbenannte Akmola (früher: Tselinograd) mit knapp 300000 Einwohnern. Weitere wichtige Städte sind die frühere Hauptstadt Almaty (früher: Alma Ata), Karaghandy/Karaganda, Tschimkent, Semey/Semipalatinsk, Pavlodar, Oskemen/Ust-Kamenogorsk und Dschambul. Etwa 46% der Bevölkerung K. sind Kasachen, knapp 35% Russen. Weitere Nationalitäten sind Ukrainer, Deutsche, Tataren und Usbeken. Amtssprache ist Kasachisch, Russisch hat den Status einer „Sprache der Verständigung zwischen den Volksgruppen“. K., in 19 Regionen gegliedert, ist seit 1991 eine Präsidialrepublik. Der Präsident wird für eine siebenjährige Amtsperiode direkt vom Volk gewählt. Wiederwahl ist möglich. Seit 1990 bekleidet der frühere Präsident der kasach. SSR und Erste Vorsitzende der KP von K., Nursultan Nasarbayev, das Amt des Präsidenten der Republik. Die Staatsführung ist bestrebt, den Anteil von ethnischen Kasachen in der Verwaltung zu erhöhen. Kasachen sind durch Geburt sunnit. Muslime der ḥanafit. Rechtsschule. Im Unterschied zu Usbekistan spielt der Islam im öffentlichen Leben K. keine besondere Rolle. Ausdrucksformen eines radikalen oder fundamentalist. Islams sind nicht bekannt. (→ Zentralasien) *Fr*

Lit.: Svanberg, I. (Hg.): Contemporary Kazaks. Cultural and Social Perspectives, 1999.

Kaschmir, 135 km langes Hochtal im westlichen Himalaya, das vom Fluß Jhelum durchzogen wird, seit langer Zeit bekannt für seine Obstplantagen, seinen Safran und seine Wollherstellung. K. war bis zum Jahr 178 buddhist., dann hinduist. Königreich und spielte eine wichtige Rolle bei der Ausbreitung des Buddhismus nach China. Auch eine große Zahl tantr. Traktate ist in K. entstanden. 1320 plünderten die Mongolen das Land. Im darauf folgenden Chaos setzte sich General Shâh Mîr durch und begründete 1339 die Dynastie der Sultane von K. In der Folgezeit konvertierten viele K.is zu einem Islam, der auf einem regen Austausch zwischen Ṣûfîs und Yogis basierte und bis heute sehr synkretist. geblieben ist. Seit etwa 1500 waren die Muslime in der Mehrheit. 1586 eroberte Kaiser Akbar K., das von da an Urlaubsort der Mogulkaiser wurde. Nach dem Niedergang des Reiches verkauften die Briten K. 1846 dem Maharadscha von Jammu als Dank für seine Hilfe bei einem Sieg über die Sikhs. Dessen Nachkommen taten viel für die Entwicklung des Tales, ignorierten aber die Bedürfnisse der Muslime, damals schon über 90% der Bevölkerung. Bei der Teilung des Subkontinents 1947 verhandelte der Maharadscha zunächst mit Pakistan, dann mit Indien. Inzwischen ließ Pakistan K. durch ein afghan. Heer besetzen und plündern, so daß der Maharadscha den Beitritt zu Indien unterschrieb und Truppen aus Delhi anforderte. Indien akzeptierte und versprach, das Problem durch eine Volksabstimmung zu lösen. Diese Versprechung ist bis jetzt noch nicht eingelöst worden. Das Kaschmirproblem führte 1949 zum ersten indisch-pakistan. Krieg, der mit Waffenstillstand entlang der Linie endete, die heute faktisch Grenze ist. Danach wurde im indischen Teil die Verfassung von Jammu und K. („J & K") als teilautonomer Staat ausgearbeitet. Sie trat 1956 in Kraft. Jedoch hat Indien immer wieder ihm unliebsame Regierungen in „J & K" abgesetzt. 1965 kam es zum zweiten Krieg Indiens und Pakistans um K.; durch Vermittlung der UNO und der UdSSR wurde er beigelegt und die Waffenstillstandslinie festgeschrieben. 1987 waren die Wahlen in J & K so offensichtlich manipuliert, daß sich 1989 die Bevölkerung unter der Führung der J & K Liberation Front erhob. Deswegen ließ Indien 550000 Soldaten in K. stationieren, die dadurch 6% der Bevölkerung stellen. Seitdem bekämpfen sich in K. die säkular und an Unabhängigkeit orientierte Liberation Front, die pakistan. orientierten → Mudschahidin und das indische Heer. Das Kriegselend im ehemals vornehmen Urlaubsland hat inzwischen viele Kaschmiris in die Großstädte und Touristenhochburgen abwandern lassen. 1999 versuchte Pakistan, die Waffenstillstandslinie zu überschreiten und Gebiet zu erobern. Der pakistan. Premier Nawaz Sharif gab auf Druck der USA nach, was ihm seine Absetzung durch die Armee einbrachte. – Die Literatur auf Kaschmiri ist nicht sehr umfangreich, jedoch haben Kaschmiris seit der Mogulzeit immer auch auf Urdu, der Amtssprache Pakistans, geschrieben. Bekannt sind vor allem die „lôl"-Liebeslieder, die Epen von Maḥmûd Gâmî (1765–1855) und in neuerer Zeit die Gedichte von Maḥjûr (1885–1952), Kaul Mâst'erjî (1884–1965) und Dînâ Nâth Nâdim (geb. 1925). *Po*

Lit.: Bose, S./Jalal, A.: Modern South Asia. History, Culture, Political Economy, 1998.

Kaukasus, Gebirgszug zwischen dem Schwarzen und dem Kasp. Meer, zugleich übergeordnete Bezeichnung für die Region mit den unabhängigen Staaten Georgien, Armenien und Aserbaidschan im Süden sowie den offiziell noch zur Russischen Konföderation gehörenden semi-autonomen Republiken Daghestan, Inguschetien, Tschetschenien, Nord-Ossetien, Kabardino-Balkarien, Karatschejewo-Tscherkessien und Adygien. Mit einzelnen Erhebungen über 5000 m bildet der K. eine Grenze zwischen gemäßigten und subtropischen Klimazonen. Es gibt eine zum Teil starke seismische Aktivität. Ethnisch, sprachlich und religiös ist die Bevölkerung des K. (insgesamt ca. 1,25 Mio.) äußerst heterogen. Neben zahlreichen kaukas. (wie Georgisch, Abchasisch, Tschetschen- und Daghestani-Sprachen), iran. (wie Ossetisch, Tati, Kurdisch) und türk. Sprachen (wie Azeri, Nogaiisch, Karatschaiisch) sind insbesondere Armenisch, Russisch und Ukrainisch von Bedeutung. Die Islamisierung weiter Gebiete setzte schon im 8. Jh. ein, ausgenommen waren die christl. Territorien Georgiens und Armeniens. Eine wichtige Rolle spielen gegenwärtig mystische → Bruderschaften wie die Naqshbandîya. Die Geschichte des K. ist ähnlich vielfältig wie seine Ethnien und Sprachen. Eigenständige christl. Reiche in Armenien und Georgien gerieten ebenso wie muslim. Herrschaften in Aserbaidschan (Schirwan-Schahs) und Daghestan (Avaren) seit dem 16. Jh. zunehmend unter pers., osman., und ab dem 18. Jh. unter russische Oberhoheit. Der nach Süden ausgreifende russische Imperialismus okkupierte zuerst Gebiete des nördlichen Daghestan, vielfach durch die Ansiedlung von Kosaken, bevor 1801 Georgien annektiert wurde. Als Folge der Kriege gegen Persien (1804–13 und 1826–27) besetzte Rußland fast vollständig die transkaukas. Gebiete des heutigen Armenien und Aserbaidschan und übernahm auch Gegenden an der Schwarzmeerküste von den Osmanen. Zugleich regte sich erster Widerstand gegen die russische Fremdherrschaft, am prominentesten durch den Daghestaner Imâm Schamil, der für 30 Jahre bis 1859 einen Guerillakrieg gegen die Russen führte und einen frühen „Islam. Staat" verwirklichte. Im folgenden konzentrierte sich die gewaltsame Pazifizierung des K. auf die Schwarzmeerküste mit der Vernichtung und Vertreibung der tscherkess. Bevölkerung. Um die Jahrhundertwende setzte der von Rußland ausgehende polit. und wirtschaftliche Modernisierungsprozeß auch in Georgien, Armenien und Aserbaidschan ein. Nach dem Ersten Weltkrieg kam es zu einer kurzen Phase der Unabhängigkeit für einzelne Regionen, die allerdings mit dem Sieg der Bolschewiken 1921 endete. Die stalinist. Politik der 1930er und 1940er Jahre war gekennzeichnet durch die Kombination von Zwangskollektivierungen, Säuberungen, anti-islam. Maßnahmen und Massendeportationen (u.a. 1944 aus Tschetschenien). Dennoch führte insbesondere die sowjet. Kulturpolitik auch zur Schaffung neuer nationaler Identitäten, so durch die Verschriftlichung zahlreicher kaukas. Sprachen. Die Zeit Chruschtschows war gekennzeichnet durch zunehmende Korruption und weitgehende Ignoranz gegenüber der brisanten Nationalitätenfrage. Diese führte nach dem Zusammenbruch der Sowjetunion zu zahlreichen, häufig noch andauernden Konflikten in der Region. Zwischen Aserbaidschan und Armenien traten 1989–1995 wiederholt kriegerische Auseinandersetzungen auf, insbesondere um den Status der Enklaven Nagorny-Karabach und Nachitschewan. Georgien hatte sich mit separatist. Abspaltungen in Abchasien und Südossetien auseinanderzusetzen. Innerhalb der Russischen Föderation kam es 1991 zur Unabhängigkeitserklärung Tschetscheniens unter Dzokhar Dudayev und der Ablösung Inguschetiens, das sich für den Verbleib in der Konföderation aussprach. In der Folge führte der Konflikt mit Rußland zum ersten tschetschen. Krieg 1994/95, der mit einer Niederlage Rußlands und der Zusage verstärkter Autonomie endete. Bombenanschläge in Moskau und St. Petersburg, angeblich von tschetschen. Terroristen verübt, lieferten 1999 den Vorwand zum zweiten Krieg gegen Tschetschenien. Noch rücksichtsloser geführt als der erste Krieg, resultierte er in der fast vollständigen Zerstörung der Hauptstadt Grosny und einer gewaltigen Zahl ziviler Flüchtlinge in den Nachbarrepubliken Inguschetien und Daghestan. Trotz eines scheinbaren militär. Sieges im Frühjahr 2000 ist Rußland von einer Befriedung der Region weit entfernt; eine polit. Lösung ist derzeit nicht in Sicht. *Wer*

Lit.: Bodenstedt, F. v.: Die Völker des Kaukasus und ihre Freiheitskämpfe gegen die Russen, 1848 (Nachdr. 1995). – Goldenberg, S.: Pride of Small Nations, 1994. – O'Ballance, E.: Wars in the Caucasus, 1997.

Kenia, Staat an der ostafrikan. Küste, 580367 qkm, 28,6 Mio. Einwohner, davon etwa 6% Muslime. Die Hauptstadt ist Nairobi. Die muslim. Bevölkerung K. beschränkt sich bis heute im wesentlichen auf die histor. Swahiliküste. Diese Küstenregion stellte aber bereits in der Kolonialzeit nur einen kleinen Teil der kenian. Bevölkerung. Die kenian. Muslime engagierten sich zudem nicht im kenian. Unabhängigkeitskampf. Sie forderten in den 1950er und 1960er Jahren vielmehr staatliche Eigenständigkeit und verbündeten sich dabei mit der britischen Kolonialmacht. Im unabhängigen K. blieben die Muslime daher polit. bedeutungslos. Die Bildung einer einheitlichen muslim. polit. Bewegung scheiterte an ausgeprägten Interessengegensätzen. Die Migration christl. Bevölkerungsgruppierungen aus dem kenian. Hochland in die Küstengebiete und die vermehrte christl. Missionstätigkeit in den histor. muslim. Regionen an der Küste führten in den 1990er Jahren zwar zur Radikalisierung der Muslime im Küstengebiet, die bestehenden innermuslim. Rivalitäten wurden dadurch aber eher noch verstärkt. *Lo*

Lit.: Salim, A. I.: The Swahili-speaking Peoples of Kenya's Coast 1895–1965, 1973.

Kerbela, Stadt im Irak, 88 km südwestlich der Hauptstadt Bagdad und 25 km vom rechten Euphratufer entfernt, ca. 110000 Einwohner (1992). Auf der bei Kufa gelegenen Ebene von K. fiel am 10. Muḥarram 61 der Hijra (10.10.680) der Prophetenenkel → Ḥusain im Kampf gegen die Umayyaden (661–750). Über seinem Grab ließ der osman. Sultan im 16. Jh. das Heiligtum restaurieren, dessen Kuppel Ende des 18. Jh. von den Qâjâren (1794–1925) vergoldet wurde. Im 19. Jh. wurde K. unter osman. Herrschaft Zentrum eines Verwaltungsbezirks. Um in der Nähe von Ḥusains Grab zu sein, ließen sich im Laufe der Zeit viele Schiiten, unter ihnen v.a. eine große Zahl iran. Rechtsgelehrter und Theologiestudenten, in K. nieder. Seit dem 10. Jh. wurden viele schiit. Gläubige in K. oder → Nadschaf beigesetzt, die glaubten, so am Tag des Jüngsten Gerichts in der Nähe der beiden Imâme → ʿAlî und Ḥusain sein zu können. Die Wallfahrt zu den Heiligen Stätten der Schiiten im Irak (neben K. befinden sich diese auch in Nadschaf, Kazimain/Bagdad und Samarra) ist keine religiöse Pflicht wie die → Pilgerfahrt nach Mekka (ḥajj), gilt aber als empfohlene Handlung. Durch das Heiligtum, den regen Pilgerverkehr – auch nach Nadschaf und Mekka – und den von K. ausgehenden Handel mit Innerarabien war die Stadt traditionell sehr reich. Die Hälfte ihrer Einwohner stellten noch im 20. Jh. Iraner, dazu kamen viele indo-pakistan. Schiiten. *Pi-Ha*

Lit.: Honigmann, E.: Art. „Karbalâ'", in: The Encyclopaedia of Islam. New Edition, Bd. 4, 1978, 637–639.

Khârijiten → Ibâḍiten

Khomeini, Ruhollah (1902–1989), seit 1922 Theologiestudent in Qom. 1937 begann er dort selbst zu unterrichten. K. spezialisierte sich auf die Gebiete Theologie, Ethik, Philosophie, Mystik und Gnostik. Bereits in einem 1944 erschienenen Buch hatte K. das Schah-Regime verurteilt. Seit 1960 begann er, die Regierung in seinen Ethikvorlesungen in Qom offen zu kritisieren. Nach mehreren Verhaftungen wurde K. 1964 ins türk. Exil geschickt, von wo aus er 1965 nach → Nadschaf ging. Dort entwickelte er in Seminaren 1970 das Konzept des wilâyat-i faqîh (pers., „Herrschaft des Rechtsgelehrten"). Im Oktober 1978 mußte er den Irak verlassen und verbrachte die letzten Monate seines Exils in Neauphle-le-Chateau bei Paris. K. wurde zur führenden Figur der iran. Revolution von 1979 und war das erste geistliche Oberhaupt (pers. rahbar) der Islam. Republik → Iran. *Pi-Ha*

Lit.: Ajatollah Chomeini: Der islamische Staat, 1983. – Encke, U.: Ayatollah Khomeini, 1989. – Moin, B.: Khomeini. Life of the Ayatollah, 1999.

Kindheit. Eine Übergangsphase zwischen K. und dem Erwachsenenalter ist nach koran. Regelung nicht vorgesehen. Kinder gelten als sexuell unschuldig (Sure 24:31) und werden bis zum Erreichen der Mündigkeit zwischen zwölf und vierzehn Jahren vielfach nachsichtig behandelt. Unterweisung im → Koran und im Befolgen religiöser Vorschriften erfolgt in Koranschulen. Die erste Rezitation des gesamten Korans aus dem Gedächtnis und das erste Teilnehmen am Ramaḍânfasten sind wichtige Abschnitte auf dem Weg zur religiösen Mündigkeit. Kinder einer Ehe mit einem muslim. Ehepartner gelten nach islam. Recht als Muslime. *Bo*

Lit.: Fernea, E. W. (Hg.): Children in the Muslim Middle East, 1995. – Köster, F.: Religiöse Erziehung in den Weltreligionen. Hinduismus, Buddhismus, Islam, 1986. – Rooke, T.: In My Childhood: A Study of Arabic Autobiography, 1997.

Kino. Schon kurz nach der Entstehung der ersten filmischen Produktionen der Brüder Lumière wurden diese zwischen 1896 und 1900 in Alexandria, Istanbul, Nordafrika und Teheran gezeigt, bald darauf wurde mit der Einrichtung erster Vorführsäle begonnen. Der Betrieb von K. sowie die ersten Filmproduktionen in der arab. Welt wurden zunächst von Ausländern unternommen. Die ersten einheim. Kurzfilme entstanden 1922 in Tunesien, Ägypten und der Türkei, es folgten Dokumentar- und Spielfilme. Die → Azhar-Universität verhinderte 1926 durch eine → fatwâ die Entstehung des Films eines türk. Produzenten, in dem der ägypt. Theaterstar Yûsuf Wahbî den Propheten spielen sollte. Gab es bis in die 1950er Jahre noch Proteste von Seiten islam. Organisationen gegen das Zeigen der Person Muḥammads auf der Leinwand, so machen sich heute viele islam. Gruppierungen das Medium Film zu eigen, indem sie religiöse Lehrfilme, Historienfilme aus der Frühzeit des Islams oder moralisierende Spielfilme als pädagog. Mittel einsetzen. Religiös motivierte Opposition gegen Filme richtet sich u. a. gegen das Zeigen von Gewalt, freizügiger Liebesszenen oder Alkohol trinkender Muslime. Zu vielen K. hatten Frauen zunächst keinen Zutritt, nur in Iran wurden Ende der 1920er Jahre Vorführsäle für Frauen errichtet. Die ersten Tonfilme in Ägypten 1932 stellten gleichzeitig auch den Auftakt eines neuen Genres, des Musikfilms, dar. Komödien, Revuen und Melodramen wurden unter Mitwirkung bekannter Komponisten, Sängerinnen und Sänger gedreht und in die gesamte arab. Welt exportiert. Kairo avancierte zum Zentrum des arab. Films, genannt „Hollywood am Nil". Nach dem Erreichen ihrer Unabhängigkeit errichteten die meisten Staaten nationale Filmgesellschaften und Produktionsfirmen. Trotzdem ist die staatliche Förderung nicht besonders groß, viele Cineasten müssen mit einem kleinen Budget auskommen oder sich ausländ. Geldgeber suchen. Zusätzlich kämpfen sie gegen staatliche Zensurbestimmungen polit. oder moral. Art. Waren es neben Musikfilmen zunächst durch Nationalismus inspirierte Filme, die kulturelle Identität und Kolonialismus als Thema aufgriffen, so nahmen später kommerzielle Produktionen zu, bis sich seit dem Ende der 1960er Jahre eine neue Avantgarde progressiver Filmemacher bildete, welche vermehrt Sozialkritik darstellten. In Iran wurde nach der Revolution 1979 die Einführung eines Codes mit dem Ziel eines „Islam. K." beschlossen, welches den religiösen Vorstellungen der Geistlichen Rechnung tragen sollte. Strenge Zensurbestimmungen ließen viele Regisseure emigrieren oder sich der Darstellung individueller und psycholog. Themen widmen. Trotz aller Schwierigkeiten haben viele Filmemacher, seit Mitte der 1980er Jahre darunter verstärkt Frauen, sich international einen Namen gemacht. *Wei*

Lit.: Basutçu, M.: Le Cinéma Turc, 1996. – Malkmus, L./Armes, R.: Arab & African Film Making, 1991. – Naficy, H.: The Development of an Islamic Cinema in Iran, in: Alta Gruahar (Hg.): Third World Affairs, 1987.

Kirgisistan. Die ehemalige Sowjetrepublik K. in → Zentralasien erklärte sich am 31. 8. 1991 für unabhängig. Sie hat eine Fläche von 198 500 qkm. Etwa 39% der Gesamtbevölkerung von 4,6 Mio. (1998) leben in Städten. Hauptstadt ist Bischkek (früher: Frunze) mit 670 000 Einwohnern. Weitere wichtige Städte sind

Osch sowie Dschalalabad und Tokmak. Etwa 53% der Bevölkerung sind Kirgisen, knapp 23% Russen und etwa 13% Usbeken. Weitere Nationalitäten sind Ukrainer, Deutsche, Tataren, Kasachen, Uyghuren und Dunganen (→ Hui). Amtssprachen sind Kirgisisch und Russisch. K. ist in sechs Regionen gegliedert. Seit 1991 ist K. eine Präsidialrepublik. Der Präsident wird für eine fünfjährige Amtsperiode direkt vom Volk gewählt. Seit 1990 ist Askar Akayev Präsident der Republik K.; er ist der einzige Präsident in den neugegründeten Republiken Zentralasiens, der nicht direkt der sowjet. Politnomenklatura entstammt. Die Kirgisen sind sunnit. Muslime der ḥanafit. → Rechtsschule. Der Islam spielt im öffentlichen Leben K. keine besondere Rolle. Tendenzen einer → Re-Islamisierung sind aus K. nicht bekannt. *Fr*

Lit.: Anderson, J.: Kyrgyzstan. Central Asia's Island of Democracy?, 1999.

Kleidung. Abgesehen von regionalen Unterschieden zeichnet sich traditionelle K. in islam. Ländern meist durch lange, den Körper fließend umhüllende Gewänder und Kopfbedeckungen aus, die klimat. Bedingungen und islam. Moralvorstellungen gleichermaßen Rechnung tragen. Seit dem 19. Jh. veränderten sowohl die Übernahme westlicher Modevorstellungen in den Städten als auch staatliche Vorschriften die Kleidungsgewohnheiten. Die zunehmende polit. Einflußnahme Europas, der Import von industriell gefertigten Geweben sowie ein Wandel der Wertvorstellungen erfaßten im 20. Jh. auch die ländlichen Gebiete und veränderten die bis dahin kaum betroffene K. der Frauen. Oft werden auch traditionelle mit europäischen Stilen kombiniert. Heute versteht man unter „islam. K." keinen Rückgriff auf die Tradition, sondern das Ergebnis einer Anpassung europäisierter Kleidungsformen an islam. Moralvorstellungen. Islam. Frauenkleidung muß Arme und Beine vollständig bedecken und so weit sein, daß der Körper sich nicht abzeichnet. Ein langer Mantel europäischen Typs kann den Vorschriften nicht entsprechende K. außerhalb des Hauses verdecken. Zu dem Mantel wird ein bis auf die Schultern reichendes Kopftuch getragen (→ Schleier). Männer verleihen ihrer Frömmigkeit durch Aufsetzen eines runden weißen Käppchens Ausdruck, das der Kopfbedeckung des Propheten nachempfunden ist. Dazu gehört auch das Tragen eines Vollbarts. Die Krawatte wird als Symbol des Westens in einigen Ländern (z.B. in Iran) abgelehnt und durch ein Stehkragenhemd ersetzt. Mit der Zunahme islamist.-fundamentalist. Ideologien (→ Fundamentalismus) ist die K. unter Muslimen, v.a. unter muslim. Frauen, in früher nicht gekanntem Ausmaß zum Kennzeichen religiös-polit. Gesinnung geworden. *Sto*

Lit.: Rugh, A.: Reveal and Conceal. Dress in Contemporary Egypt, 1987. – Stillman, Y. K.: Arab Dress. A Short History. From the Dawn of Islam to Modern Times, 2000.

Klitorisamputation, in einigen islam. Ländern Afrikas, heute auch in der muslim. Diaspora praktizierte Operation, in der Mädchen im Alter zwischen fünf und acht Jahren Teile der oder die ganze Klitoris entfernt wird. Bei der in afrikan. Ländern verbreiteten sog. „Pharaon. Beschneidung“ (medizin.: Infibulation) werden alle äußeren Geschlechtsteile entfernt und die entstehende Öffnung in einigen Fällen bis auf Stecknadelkopfgröße zusammengenäht. Betroffene nennen dies eine traumat. Erfahrung (→ Saadawi); spätere Komplikationen bei Menstruation und Geburt verursachen Krankheiten und Todesfälle. Obwohl vorislam., wird sie in ländlichen Gebieten Ägyptens und im Sudan als → Sunna, als religiöse Pflicht, verstanden. Nichtregierungsorganisationen versuchen international wie in den betroffenen Ländern Öffentlichkeit und religiöse Autoritäten zur Aufgabe dieser Praxis zu bewegen und vorhandene Verbote der K. durchzusetzen. *Bo*

Lit.: Hicks, E. K.: Infibulation, 1993. – Hosken, F. P.: The Hosken Report, Genital and Sexual Mutilation of Females, 1979. – Krawietz, B.: Die Hurma, 1991. – Lightfoot-Klein, H.: Das grausame Ritual, 1992.

Körperstrafen. Das islam. → Recht kennt K. zum einen für die im Koran festgelegten Vergehen gegen die „Rechte Gottes“, die sog. ḥadd-Delikte. Hierzu zählen Diebstahl (Abhacken der rechten Hand), Ehebruch (Steinigung), die Verleumdung als Ehebrecher (80 Peitschenhiebe), das Trinken berauschender Getränke (Peitschenhiebe), Straßenraub (Hinrichtung) sowie der Abfall vom Islam (Kreuzigung). Diese Strafen werden im vollen Umfang nur dann verhängt, wenn sie den Straftatbeständen genau entsprechen (→ Strafrecht) sowie nach genau festgelegten Regeln der Beweisführung, zumeist durch eine bestimmte Anzahl von Zeugen, bewiesen sind. Daneben werden K., in der Regel die Auspeitschung, als sog. „Ermessensstrafen“ (arab. taʿzîr) in minderer Form dann eingesetzt, wenn ein Vergehen gegen die „Rechte Gottes“ nicht vollständig nachgewiesen werden konnte. Auch andere Delikte (etwa Betrug) können nach richterlichem Ermessen mit K. geahndet werden. *Mü*

Lit.: → Strafrecht

Kolonialismus, eine „Herrschaftsbeziehung zwischen Kollektiven, bei welcher die fundamentalen Entscheidungen über die Lebensführung der Kolonisierten durch eine kulturell andersartige und kaum anpassungswillige Minderheit von Kolonialherren unter vorrangiger Berücksichtigung externer Interessen getroffen und tatsächlich durchgesetzt werden“ (J. Osterhammel). Das Formenspektrum des K. reicht von der Zerstörung des vorkolonialen Herrschaftssystems und Übernahme der Verwaltungs- und Machtstrukturen durch die Kolonialisten über den Aufbau einer indirekten Kontrolle der Kolonie zur Sicherung eigener Wirtschaftsinteressen bis hin zur Ausübung eines repressiven Druckes durch die Kolonialmacht. Für die Zeit seit dem Ende des 19. Jh. wird der K. als Imperialismus bezeichnet, wobei hierunter alle polit. Anstrengungen subsumiert werden können, die ein Staat zur Schaffung und Erhaltung eines Imperiums unternimmt. In der islam. Welt begann die Kolonialzeit im 16. Jh., als Portugal einzelne Niederlassungen im Indischen Ozean gründete. Anfang des 17. Jh. erwarben die Niederlande Teile Südostasiens, während Frankreich in die Region des → Senegal einfiel. 1760 begann die britische Durchdringung der nordind. Region Bengalen. Im östlichen Mittelmeerraum verursachte Napoleons Einmarsch in → Ägypten (1798) zwar für die muslim. Gebiete gewisse Erschütterungen, führte jedoch nicht zu einer dauerhaften Okkupation des Landes. Im Jahre 1830 besetzten die Franzosen Algier, während die Briten gleichzeitig eine polit. Vormachtstellung in Nordindien einnehmen konnten. Zwischen 1830 und 1880 mußte Ägypten seine Wirtschaft für europäische Interessen öffnen und verlor großenteils seine staatliche Souveränität. Gleichzeitig wurden in Asien und Afrika die kolonialen Grenzen festgelegt, die lange Zeit Bestand haben sollten. Das russische Zarenreich drang in den → Kaukasus und nach → Zentralasien vor, Frankreich eroberte Westafrika und den westlichen → Maghreb (1881 → Tunesien, 1912 → Marokko), und 1882 besetzten die Briten Ägypten. Hier – wie auch in Marokko und Algerien – fanden die neuen Kolonialherren proto-nationalist. Strukturen vor, welche dazu beitrugen, daß die Bewohner dieser Gebiete die Kolonialherrschaft mehr als anderswo als unrechtmäßig ansahen. Ein neuer Kolonisierungsschub setzte nach dem Ersten Weltkrieg mit der Aufteilung des Osman. Reiches ein. → Syrien und der → Libanon kamen unter französ., → Palästina, Transjordanien und der → Irak unter britische Verwaltung. Seine größte Ausdehnung in der Geschichte hatte der K. in den 1920er Jahren. Die Kolonialmächte schienen sich auf Dauer in ihren Kolonien einrichten zu wollen. Die Verwaltung wurde nach „wissenschaftlichen" Kriterien geordnet und vereinheitlicht, die Infrastruktur in den Regionen stark verbessert und eine koloniale Exportwirtschaft aufgebaut, welche den Kolonien den Status von Rohstofflieferanten für die entwickelten Industrien Europas aufzwang. Obgleich diese Bemühungen auch nach dem Zweiten Weltkrieg fortgesetzt und z.T. sogar verstärkt wurden, begann die Zeit der „Dekolonisierung" der nunmehr sog. Dritten Welt. Die Völkerbundmandate im Nahen Osten wurden aufgehoben und die meisten Kolonien in die Unabhängigkeit entlassen: 1945 Indonesien; 1946 Syrien-Libanon; 1947 Indien; 1948 Israel; 1952 Libyen; 1956 Tunesien und Marokko; 1957 die „Malaiische Föderation"; 1962 Algerien. Der K. und die damit seit dem ausgehenden 19. Jh. verbundene Überzeugung der Kolonialherren von ihrer eigenen kulturellen Höherwertigkeit hat in den einheim. Kulturen deutliche Spuren hinterlassen. Der Kontakt mit der expansiven westlichen Zivilisation führte zu einer Bewußtseinsveränderung. Es ist zwar kaum einmal zum völligen Umsturz präkolonialer Weltsichten und Lebensführungen gekommen, doch läßt sich eine Infragestellung kultureller Selbstverständlichkeiten feststellen. Die Verarbeitung der Konfrontation mit dem europäischen Denken hat zu grundlegenden mentalen Veränderungen des Individuums wie der Gesellschaften geführt, ohne daß sich allerdings westliche Denkweisen ungebrochen hätten durchsetzen können. *Co*

Lit.: Kiernan, V. G.: European Empires from Conquest to Collapse 1815–1960, 1982. – Dirks, N. B. (Hg.): Colonialism and Culture, 1992. – Osterhammel, J.: Kolonialismus, 1995.

Konversion, allgemein der Übertritt von einer Religion zu einer anderen. Meist besteht der Konversionsakt zum Islam darin, das → Glaubensbekenntnis vor muslim. Zeugen auszusprechen und einen islam. → Personennamen anzunehmen; aus Hans Müller wird z.B. Muḥammad Müller. Oft wird die K. von Behörden islam. Länder offiziell beurkundet. In der Zeit der Ausbreitung des Islams konvertierten Bewohner der eroberten Länder massenhaft, zum Teil, um der → Steuer für Nichtmuslime zu entgehen. Fast alle islam. Gelehrte schreiben die K. von Männern vor, die eine Muslimin heiraten wollen. Umgekehrt gilt das nicht. Über die Zahl der Konvertiten in Deutschland liegen nur Schätzungen vor (1993: ca. 40000). K. von Muslimen zu anderen Religionen kommt zwar vor, wird aber von den Gelehrten im allgemeinen als → Apostasie beurteilt und kann mit dem Tode bestraft werden. *El*

Lit.: Hofmann, G.: Muslimin werden. Frauen in Deutschland konvertieren zum Islam, 1997.

Konya. Die alte Seldschukenresidenz im mittleren Westen der anatol. Türkei ist auch nach Schließung der Derwischklausen und Mausoleen im Jahr 1925 der Mittelpunkt der Mevlevî-Bruderschaft geblieben. Neben dem Grabmal des Ordenspatrons Celâleddîn-i Rûmî (gest. 1273) und dem als Museum verwalteten „Kloster" besteht eine moderne Halle für die jährliche Aufführung des „Reigen der tanzenden Derwische", des Mevlevî-Rituals (→ Maulawîya). – K. war Schauplatz der anti-laizist. Demonstrationen im Herbst 1980 unter Necmettin Erbakan, die zum Eingreifen der Militärführung beitrugen. (→ Wohlfahrtspartei) *Kr*

Lit.: Ritter, H.: Die Mevlânafeier in Konya vom 11.–17. 12. 1960, in: Oriens 15 (1962), 249–270.

Kopfsteuer → Steuer

Kopftuch → Schleier

Koran (arab. qur'ân, „Vortrag" oder „Lesung", oft auch al-kitâb, „das Buch", oder muṣḥaf „Codex" genannt), die Heilige Offenbarungsschrift des Islams. Formal besteht der K. aus 114 → Suren. Zu Zwecken der → Koranrezitation, etwa während des → Ramaḍân, ist er in 30 etwa gleich lange Abschnitte unterteilt, die ihrerseits untergliedert sein können. Die Suren entsprechen keinen themat. Abschnitten, wie überhaupt der K. – von einzelnen Surenteilen abgesehen – keine inhaltliche Ordnung oder Systematik aufweist. Nach islam. Verständnis geht der K. auf ein bei → Gott verborgenes „Ur-Buch" zurück, das als „wohlverwahrte Tafel" (Sure 85:22) beschrieben wird. Die Kontroverse um die Natur des koran. Wortlauts, der entweder als geschaffen oder als in Ewigkeit existierend angesehen wurde, prägte für Jahrhunderte die innerislam. Diskussion zwischen orthodoxen → Sunniten und rationalist. Gruppierungen (Muʿtazila). Darüber hinaus gilt der K. als Gottes Wort, als eine sprachliche Theophanie. Parallelen bestehen zwischen der Stellung des K. im Islam und der Figur → Jesu im Christentum: Beide sind Gottes Wort, als Text („Inlibration") oder als Mensch (Inkarnation). Wie Jesus als „Buch des Lebens" (liber vitae) gelten mag, so „verkörpert" der K. die → Offenbarung textlich. Der heutige Wortlaut des K. ist nicht einheitlich, sondern umfaßt phonet., orthograph. und syntakt. Varianten, die auf verschiedene Rezensionen zurückgehen. Eine nach philolog. Maßstäben erarbeitete, textkrit. Ausgabe, die sämtliche Lesarten berücksichtigt, steht bisher jedoch noch aus. Daneben sind in der islam. Überlieferung (→ Ḥadîth) Passagen bekannt, die zunächst Bestandteil des K. waren, vor → Muḥammads Tod aber entfernt oder modifiziert wurden; auch innerhalb des K. finden sich Verse, deren Aussage durch später offenbarte Verse abgeschwächt, geändert oder außer Kraft gesetzt wurde. Dieses Entfernen, Außerkraftsetzen oder Verändern, als „Abrogation" (arab. naskh) bezeichnet, hat ein umfangreiches islam. Schrifttum hervorgebracht. Der Wortlaut des K. besteht aus den Offenbarungen, die Muḥammad zwischen 610 und 632 zuerst in → Mekka, dann in → Medina empfangen hat. Der Prophet, der nach islam. Überzeugung des Lesens und Schreibens unkundig war, beschäftigte Sekretäre, die die einzelnen, Stück für Stück mitgeteilten Offenbarungen festhielten; viele Gläubige im Umfeld Muḥammads wußten den K. auch auswendig. Als Schreibmaterialien dienten zuerst Knochen, Palmrispen, Häute u.a. Zur eigentlichen Sammlung des K., der Basis der heutigen „kanon." Textgestalt, kam es nach dem Tod des Propheten, als unter den beiden ersten Kalifen Abû Bakr und ʿUmar die niedergeschriebenen

Texte zunächst gesammelt wurden, bevor sie auf Initiative des dritten Kalifen ʿUṭhmân (644–56) zur sog. „ʿuthmân. Rezension" zusammengestellt wurden. Die → Schiiten vertreten die Auffassung, daß dabei einige Passagen aus dem K. getilgt wurden, die den besonderen Status → ʿAlîs zum Gegenstand hatten, obwohl der von den Schiiten verwendete Korantext der sunnit. Fassung entspricht. Die jüngst bekanntgewordenen Koranhandschriften aus dem Jemen, die auf das erste islam. Jh. zurückgehen, lassen darauf schließen, daß die Einheitlichkeit des koran. Wortlauts noch einige Zeit nach der „ʿuthmân. Rezension" nicht gewährleistet war. Der K. besitzt keine inhaltliche Systematik, weshalb für die ausführliche Beschäftigung mit ihm – weiß man ihn nicht auswendig – eine Konkordanz unerläßlich ist. Die im K. angesprochenen Hauptthemen bestehen aus der Eschatologie (→ Hölle und Paradies, das → Jüngste Gericht), Stoffen der → Bibel, ethischen Maximen, Rechtsvorschriften und theolog. Diskussionen (Bekämpfung des Polytheismus, Überwindung des Juden- und Christentums, Darlegung des islam. Monotheismus). Dieser inhaltlichen Vielfalt entspricht eine Form- und Stilmannigfaltigkeit: Drohreden wechseln mit sog. „Straflegenden" (Berichte über Völker, die der Offenbarung Gottes zuwiderhandelten), hymnische Abschnitte mit Schwurformeln, liturg. Texte mit Gebeten, Gleichnisse mit rituellen Anweisungen, Erzählungen mit Gesetzestexten ab. Oft werden die Themen und Stoffe nicht ausführlich präsentiert, sondern nur angedeutet oder kurz zitiert, so daß ein genaueres Verständnis vieler Stellen auf die → Koranexegese angewiesen ist. Das bedeutet, daß eine „einfache Lektüre" des K. unmöglich ist; auch eignet er sich nicht ohne weiteres als Argumentationsgrundlage im interreligiösen Diskurs (schon gar nicht in Übersetzung): Der K. ist weniger ein Text, der Lehren vermittelt, als ein Text, der schon bekannte Lehren kondensiert und sprachlich anspruchsvoll formuliert; er ist weder ein theolog. noch ein rechtlicher Traktat, sondern in erster Linie für den liturg. Gebrauch (→ Koranrezitation) und die → Predigt bestimmt. Abgesehen von den Problemen der → Koranübersetzung bleiben deshalb viele Passagen ohne die Kenntnis des geschichtlichen Hintergrunds und der → arab. Sprache wenn nicht verschlossen, so doch unklar. Des weiteren enthält der K. zwar einige relativ exakt formulierte Rechtsvorschriften, diese betreffen aber insgesamt nur wenige Probleme. Der weitaus größte Teil des islam. → Rechts läßt sich nicht allein auf der Grundlage des K. behandeln. Die sprachliche Form des K. ist durch Reimprosa (arab. sajʿ) gekennzeichnet: Die einzelnen Verse folgen keiner festen Metrik; die Versenden sind reimgebunden, wobei der Reim innerhalb einer Sure wechseln kann. Diese koran. Sprachgestalt ist tatsächlich sui generis und vermittelt fast durchweg einen hymnischen Eindruck. Für die Muslime erweist sich in dieser sprachlichen Unvergleichlichkeit (arab. iʿjâz) der göttliche Ursprung des K., und er gilt als das wichtigste Beglaubigungswunder für Muḥammads Prophetentum. Daß hier, ganz abgesehen von der Komplexität der arab. Sprache, ein großes Problem für die Koranübersetzung liegt, versteht sich von selbst. Wer den K. nicht im Original rezipieren kann, für den ist der ästhet. Reiz der unverwechselbaren koran. Sprachlichkeit verloren. Angesichts der Einzigartigkeit des K. ist die in der Orientalistik oft gestellte Frage nach den Quellen der koran. Botschaft weniger von Belang. Ohne Zweifel finden sich im K. viele Elemente aus der jüd. und christl. Überlieferung, wobei eher die außerkanon. Schriften (Haggada, neutestamentliche Apokryphen) als die Bibel selbst in Betracht kommen, und die im K. zu findenden Fremdwörter gehen auf den Sprachgebrauch der Juden oder Christen zurück. Die Übernahme von Begriffen und Motiven beweist aber nichts anderes als die Einbindung der islam. Religion in den Kontext des nahöstlichen, zur Zeit Muḥammads v.a. vom Juden- und Christentum geprägten Monotheismus: Wie das Christentum aus dem Judentum hervorgegangen ist, so entwickelte sich der Islam vor dem Hintergrund dieser beiden Religionen und brachte etwas Neues hervor, nicht zuletzt die ganz eigene Form des K. Der K. ist seit gut 1400 Jahren das zentrale Dokument der islam. Kultur. Er prägt diese so tief, daß seine Rolle mit keiner Heiligen Schrift in anderen Weltreligionen verglichen werden kann. Die arab. Idiomatik und die modernen Islamsprachen sind mit koran. Wendungen durchsetzt. Ohne den Rückgriff auf den K. sind viele Anspielungen in der → arab. Literatur u.a. Literaturen islam. Länder unverständlich, und nicht umsonst ist heute der K., nicht die Bibel, das sprichwörtliche Beispiel eines Heiligen Buches. Die besondere Heiligkeit des K. als materieller Gegenstand und Buch kommt dadurch zum Ausdruck, daß es Nichtmuslimen im Prinzip – die → Rechtsschulen sind sich hier uneins – nicht gestattet ist, ein Exemplar zu berühren; noch dürfen sie es besitzen oder herstellen; früher war auch die Mitnahme eines K. in nichtmuslim. Gebiete untersagt. Auf dem Gebiet der Kunst war es die → Kalligraphie, die Meisterwerke hervorbrachte, wenn es darum ging, den K. in visueller Perfektion zu präsentieren; die Rolle der koran. Kalligraphie kann dabei am besten mit dem Anfertigen von Altarbildern und Ikonen im Christentum verglichen werden. Koran. Verse zieren nicht nur → Moscheen, → Medresen und Grabsteine, sondern oft auch das Innere von Privathäusern und die Karosserien von Autos und Bussen; Exemplare des K. finden sich allerorten, seine Präsenz hat nicht selten amulettartigen Charakter. Die wortgetreue Überlieferung und das Auswendiglernen des Korantexts bildeten einen wichtigen Zweig der islam. Gelehrsamkeit, bis in der Moderne der → Buchdruck dieser Beschäftigung viel an Bedeutung genommen hat. Der erste Druck eines arab. K. enstand um 1537 in Venedig, doch westliche Drucke fanden keine Verbreitung in der islam. Welt. Die von der → Azhar-Universität in Kairo seit 1923 vertriebene Koranausgabe folgt der am weitesten verbreiteten Rezension (Lesart) und wird heute als Standardausgabe bei jeder Beschäftigung mit dem K. zugrundegelegt. Im Maghreb ist bis heute eine eigene Rezension in Gebrauch, die ebenfalls allgemein anerkannt ist. *Schö*

Lit.: Berque, J.: Der Koran neu gelesen, 1996. – Bobzin, H.: Der Koran. Eine Einführung, 1999. – Bouman, J.: Gott und Mensch im Koran. Eine Strukturform religiöser Anthropologie anhand des Beispiels Allah und Muhammad, [2]1989. – Horovitz, J.: Koranische Untersuchungen, 1926. – Nagel, T.: Der Koran. Einführung, Texte, Erläuterungen, [3]1998. – Paret, R.: Mohammed und der Koran, [5]1980. – Ders.: Der Koran: Kommentar und Konkordanz, 1981. – Ders. (Hg.): Der Koran, 1975. – Watt, W. M.: Bell's Introduction to the Qur'ân, 1991. – Wild, S. (Hg.): The Qur'ân as Text, 1996. – Zirker, H.: Der Koran. Zugänge und Lesarten, 1999.

Koranexegese (arab. tafsîr, „Erklärung", oder ta'wîl, „Ausdeutung"). Im Unterschied zur Bibelexegese im Christentum konzentriert sich die K. mehr auf den „äußeren Sinn" (Literalsinn) und weniger auf den inneren Sinn (allegor. Exegese). Sie diente von Anfang an der Erklärung einzelner Wörter und Sätze: Es ist oft nicht die Frage, welche Bedeutung eine koran. Aussage hat oder haben könnte, sondern zunächst, welche Aussage überhaupt vorliegt. In den ersten Jh. herrschte die glossierende Exegese vor, die nur kurze Erklärungen gibt, wobei Synonyme genannt oder Passagen paraphrasiert wurden. Daneben entstanden Lexika, die sich mit dem schwierigen Vokabular des Korans beschäftigen. Die Interpretation des Literalsinns ist bis heute zentral, obwohl dogmat. Verengung und nachlassende sprachliche Kompetenz oft dazu führen, daß weniger genau und unbefangen mit dem Text umgegangen wird. Die übliche Form der K. ist der fortlaufende Kommentar: Ein oder mehrere Verse werden im Wortlaut zitiert, anschließend folgen die Erläuterungen; bis in die Moderne gab es keine Schriften, die den Koran nach themat. Gesichtspunkten kommentierten. Selbst die exeget. Techniken waren lange Zeit unsystematisiert, und erst seit dem 14. Jh. wurden Handbücher der K. verfaßt, etwa *al-Itqân fî ʿulûm al-qur'ân* („Die Vollendung der Koranwissenschaften") von as-Suyûṭî (gest. 1505), das bis heute als Standardwerk gilt. Viele Sparten der K. dienen spezifischen Bedürfnissen, zumal das Material von einzelnen → Gelehrten kaum zu überschauen ist. So kommentierten manche nur diejenigen Verse, die im → Recht von Bedeutung waren. Daneben gibt es mystische Korankommentare, die dem Literalsinn wenig Beachtung schenken und sich der Aufdeckung des inneren Sinns (arab. bâṭin) widmen. Zwischen sunnit. und schiit. K. bestehen Unterschiede auf der inhaltlichen Ebene: Das Augenmerk der → Schiiten liegt dabei auf der Person → ʿAlîs und dem schiit. Imâmat. Außerdem wurden die „Gründe der Offenbarung" (arab. asbâb an-nuzûl) gesammelt, d.h. Überlieferungen, die von den Ereignissen berichten, die zur Offenbarung von Koranversen geführt hatten. Diese Überlieferungen geben Hinweise darauf, was in einem Vers konkret gemeint ist; die meisten von ihnen sind Teil der → Sunna und der Prophetenbiographie. Das erklärt auch die Abneigung der Muslime, die Quellen über das Leben → Muḥammads kritisch zu untersuchen, denn die Preisgabe der Prophetenbiographie hätte indirekt zur Folge, daß der koran. Wortlaut an vielen Stellen unklar bliebe. Die K. der letzten beiden Jh. ist v.a. eine Abkehr von traditionellen Sichtweisen. Die geistige Auseinandersetzung mit dem Westen, etwa im Korankommentar von M. → ʿAbduh, brachte eine Konzentration auf diejenigen Punkte, die der Apologetik dienen oder Probleme des technischen Fortschritts behandeln. Dies gilt auch für die neueren Versuche, den Koran auf den Grundlagen westlicher Wissenschaft zu interpretieren; die Anwendung moderner literaturwissenschaftlicher Methoden, etwa durch N. H. → Abû Zaid und M. → Arkoun, hatten dagegen kaum Einfluß und stießen mehrheitlich auf Ablehnung. Den größten Bruch mit der Tradition bildet die moderne Abkehr vom Prinzip der Meinungsvielfalt (arab. ikhtilâf). Besonders fundamentalist. Gruppierungen sehen die K. als Mittel, um doktrinäre Meinungen oder polit. Ideologien zu vermitteln, wobei sie sich auf den bekannten Kommentar von Sayyid → Quṭb berufen können. Der undogmat. Charakter der vormodernen K. macht aber ihre Bedeutung und ihren Reiz aus; die Anerkennung verschiedener Deutungen steht dabei im Zentrum dessen, was zu Recht als „Humanismus" bezeichnet worden ist (→ Toleranz). Trotz ihrer Bedeutung und Reichhaltigkeit ist die K. noch weitgehend unerforscht, obwohl besonders die kürzlich publizierten Kommentare des 8. Jh. auch ein neues Licht auf die Frühzeit des Islams werfen. Ein deutscher Korankommentar, der für den interkonfessionellen Dialog konzipiert ist, wird gegenwärtig von A. Th. Khoury erstellt. Dieses umfassende Werk erscheint seit 1990; bisher sind elf Bände veröffentlicht worden. *Schö*

Lit.: Baljon, J. M. S.: Modern Muslim Koran Interpretation, 1961. – Gätje, H.: Koran und Koranexegese, 1971. – Gilliot, C.: Exégèse, langue, et théologie en Islam, 1990. – Goldziher, I.: Die Richtungen der islamischen Koranauslegung, 1920 (mehrfach nachgedruckt). – Khoury, A. T.: Der Koran. Arabisch-Deutsch. Übersetzung und Kommentar, 1990. – Wansbrough, J.: Quranic Studies. Sources and Methods of Scriptural Interpretation, 1977.

Koranrezitation (arab. qirâ'a, „Lesung", oder tajwîd, „kultische Rezitation"). Der Koran ist als liturg. Text eng an den Vortrag und an das → Gebet gebunden. Die wichtigsten Kriterien bei der K. sind phonet. Modulationen (Vokalfärbung, Ligaturen). In vielen Drucken finden Sonderzeichen Verwendung, die genaue Anweisungen für die K. geben, so daß der Text (für den Kenner) fast einer Partitur ähnelt. Die K. ähnelt einem liturg. Gesang, der aber im islam. Verständnis nicht als Vokalmusik betrachtet wird; eine Begleitung durch Musikinstrumente ist nicht üblich. *Schö*

Lit.: Kermani, N.: Gott ist schön. Das ästhetische Erleben des Koran, 1999.

Koranübersetzung. Der → Koran ist eng an seine sprachliche Gestalt gebunden, und sein spezifischer Stil ist oft unübersetzbar. Friedrich → Rückert ist die beste Annäherung an das Original geglückt; seine Übertragung ist unübertroffen, will man einen Eindruck von der ästhet. Wirkung des Korans erhalten. Das Übersetzungsproblem ist aber nicht nur eine Stilfrage: Viele Passagen im Koran sind zwei- oder mehrdeutig, was in der Übersetzung unweigerlich verloren geht. Nichtarab. Muslime rezitieren den Koran zwar auf Arabisch, verstehen aber dessen Bedeutung nicht oder nur ungefähr. Zu diesem Zweck wurden Interlinearübersetzungen in alle Islamsprachen angefertigt, zuerst für das Persische, später auch für die Turksprachen und das Chinesische. In Europa wurde die erste latein. Fassung 1142/43 durch Robert von Ketton hergestellt, die allerdings nicht direkt auf dem Original beruhte. Die erste direkte Übersetzung in eine europäische Volkssprache stammt von André du Ryer (gest. 1688), der den Koran ins Französische übertrug; die erste deutsche Ausgabe erschien 1772 in Frankfurt am Main. Neuere deutsche Übersetzungen stammen von M. Henning, A. Th. Khoury und R. Paret; von islam. Seite sind besonders die von der → Aḥmadîya seit 1954 herausgegebene deutsche Fassung sowie die Übertragung durch A. von Denffer zu nennen. *Schö*

Lit.: Bobzin, H.: Der Koran im Zeitalter der Reformation, 1995. – Denffer, A.v.: Der Koran. Die Heilige Schrift des Islam in deutscher Übertragung, 1996. – Henning, M.: Der Koran. Einleitung und Anmerkungen von A. Schimmel, 1991. – Khoury, A.T.: Der Koran, ^{2}1992. – Paret, R.: Der Koran, 1975. – Rückert, F.: Der Koran, hg. v. Bobzin, H./Fischer, W., ^{2}1996. – → Koran, → Koranexegese.

Krieg → Jihâd

Kunst. Abgesehen von der Dichtkunst spielen die → Kalligraphie und die Architektur in der islam. Welt eine wichtige Rolle. → Malerei bzw. → Buchmalerei sind demgegenüber kaum von Bedeutung. Überliefert sind Traktate über die einzelnen Kunstsparten und über die berühmtesten Künstler. Von den Herrschern gefördert wurde die Kalligraphie (für die Abschrift von Koranexemplaren) und für Bauinschriften. Die Architektur muß als Ausdruck des Machtstrebens der einzelnen Herrscher und der Dynastien gewertet werden, wobei Bauinschriften die Größe des Auftraggebers vor Augen führen sollen. Über das Verhältnis von Macht und K. hat bereits Ibn Khaldûn im 14. Jh. geschrieben, daß sich die K. proportional zur Macht des Herrschers verhält. Ästhet. Fragen behandelten eher Dichter und Philosophen, etwa die „Lauteren Brüder" von Basra im 10. Jh. Eigene Theorien zur K. wurden nicht entwickelt, es existieren aber, abgesehen von Urteilen über die Schönheit von Kunstwerken und Kunstgattungen, zahlreiche Abhandlungen zu Kunsttechniken und Künstlern. *Fi*

Lit.: Behrens-Abouseif, D.: Schönheit in der Arabischen Kultur, 1998. – Brend, B.: Islamic Art, 1991. – Hillenbrand, R.: Islamic Art and Architecture, 1999. – Irwin, R.: Islamische Kunst, 1997.

Kurden. Die v.a. in der Türkei, im Irak und in Iran lebenden 24–27 Mio. K. bekennen sich ganz überwiegend zum sunnit. Islam. Die zur iran. Sprachfamilie gehörende kurdische Sprache ist nicht einheitlich; vielmehr existieren einige, z.T. stark voneinander abweichende Dialekte. Unter den K. gibt es zahlreiche → Aleviten u.a. religiöse Sondergruppen wie die → Yeziden. Der Name für ihr angestammtes Siedlungsgebiet, Kurdistan („Land der K."), ist seit dem 12. Jh. überliefert. Jahrhundertelang war das Land Teil des Osman. Reiches bzw. von verschiedenen Dynastien türk. und iran. Herkunft gegründeter Reiche in Iran. Der gebirgige und unwegsame Charakter Kurdistans und die spezifische Sozialorganisation seiner Bewohner sorgten bis ins 19. Jh. für seine Abgeschlossenheit. Heute ist die Region aufgrund ihrer Öl- und Wasserressourcen von strateg. und wirtschaftlicher Bedeutung. Ein Teil der K. kämpft um polit. und kulturelle Anerkennung bzw. Autonomie. Im Nord-Irak hat sich seit dem Golf-Krieg (1991/92) ein de facto-Kurdenstaat gebildet. Der Krieg zwischen der Kurdischen Arbeiter-Partei (PKK) und dem türk. Militär ist nach der Verhaftung ihres Führers Abdullah Öcalan fast zum Erliegen gekommen. *Str*

Lit.: Strohmeier, M./Yalçın-Heckmann, L.: Die Kurden. Geschichte, Politik, Kultur, 2000.

Kuwait, Staat im Nordosten der → Arab. Halbinsel, 1809000 Einwohner. Die Hauptstadt ist al-K. (K. City). Die moderne Geschichte K. beginnt in der Mitte des 18. Jh., als die Sippe der

Âl Ṣabâḥ aus dem Stamm der Banû 'Utba sich im Südosten des Landes niederließ. Dieser Stamm stellt bis heute die als Emir betitelten Herrscher; der heutige Emir des K., Scheich Jâbir al-Aḥmad al-Jâbir Âl Ṣabâḥ, ist der 13. Herrscher dieser Dynastie. Unter den Âl Ṣabâḥ wurden die in der Region vormals bestehenden vereinzelten Siedlungen zu einem Staatswesen zusammengefügt. In der Folge konnte sich das Land seine Unabhängigkeit bewahren und auch der immer wieder auftauchenden Gefahr durch Angriffe der → Wahhâbiten begegnen. Nach dem Ersten Weltkrieg geriet K. in die Einflußsphäre Großbritanniens, erlangte aber im Jahre 1961 seine volle Unabhängigkeit. K. besitzt ein Parlament, dessen Mitglieder zu Zweidritteln gewählt und zum anderen Teil vom Herrscher ernannt werden. Gegenwärtig wird u. a. über die Einführung des Wahlrechts für Frauen beraten. Trotz mancher Ansätze konnte sich in K. keine funktionierende Demokratie etablieren, da die Macht weitgehend in den Händen der Herrscherfamilie liegt. Der heutige Staat K. wäre ohne seinen Erdölreichtum nicht lebensfähig, da er aus einer kargen Wüste mit Temperaturen bis zu 50° C im Sommer und einer extrem hohen Luftfeuchtigkeit besteht. Das Trinkwasser mußte früher von auswärts mit Booten herbeigeholt werden; heute übernehmen moderne Meerwasserentsalzungsanlagen die Versorgung der Bevölkerung. Die Lage K. zwischen den beiden großen Anrainern Saudi-Arabien und dem Irak macht es polit. abhängig. Mit Saudi-Arabien wurden Grenzstreitigkeiten weitgehend geklärt. Man einigte sich zunächst auf die Bildung einer Neutralen Zone (Vertrag von 'Ukair 1923) und die Teilung der Einnahmen aus Erdölförderung daraus. Durch Verträge der Jahre 1965 und 1969 kam es zur Aufteilung dieses Territoriums. Die Grenze zum Irak war immer wieder Anlaß zu Spannungen. Nach der Proklamation der Unabhängigkeit K. 1961 erhob der Irak den Anspruch auf das gesamte Staatsgebiet K. Am 2. 8. 1990 marschierten irak. Truppen in K. ein, wurden aber im zweiten Golfkrieg durch eine Koalition unter US-Führung vertrieben. K. erlitt durch den Krieg große Schäden, konnte sich aber dank seines Reichtums schnell erholen.

Ra

Lit.: Crystall, J.: Oil and Politics in the Gulf. Rulers and Merchants in Kuwait and Qatar, 1990. – Mansfield, P.: Kuwait. Vanguard of the Gulf, 1990. – Stöger, C. J.: Kuwait. Öl, Macht und Ohnmacht, 1990.

L

Libanon, einer der Staaten des → Maschrek, ca. 3,2 Mio. Einwohner, 10 500 qkm. Die Hauptstadt ist → Beirut, in der ein Drittel der Bevölkerung lebt. Das schwer zugängliche L.-Gebirge ist schon seit Jahrhunderten Fluchtpunkt religiöser Minderheiten wie → Drusen und Christen. Es kam daher wiederholt zu religiösen Spannungen, andererseits entwickelte sich eine eigene libanes. Identität. 1920 wurde von Frankreich das Mandatsgebiet L. geschaffen, indem dem Libanongebirge Gebiete im Norden, Osten und Süden zugeschlagen wurden. 1943 erlangte der L. die Unabhängigkeit und schuf sich ein weitgehend demokrat. polit. System. Die Bevölkerung zerfällt heute in 35% Schiiten, 23% Sunniten, 7% Drusen und 35% Christen (v. a. Maroniten). Die Verfassung trägt der religiösen Zersplitterung des Landes Rechnung. Die Ämter werden jeweils von Angehörigen bestimmter Volksgruppen besetzt, wobei die maronit. Christen dominieren und den Präsidenten stellen. Da sich in der Folge die Zusammensetzung der Bevölkerung zunehmend zu Ungunsten der Christen veränderte, forderten andere Gruppen stärkere polit. Repräsentanz, was 1958 zu ersten Unruhen führte. Das fragile polit. Gleichgewicht wurde zusätzlich durch den Zustrom palästinens. Flüchtlinge belastet, die seit 1970 den Südlibanon verstärkt zur Basis für Angriffe auf Israel machten. 1975 brach der Libanes. Bürgerkrieg aus, in den 1976 Syrien und 1982 Israel aktiv eingriffen. Bis vor kurzem hielten beide Länder starke Truppenverbände im L. Im Frühjahr 2000 hat sich die israel. Armee aus dem Südlibanon zurückgezogen. Erst nach 1984 begann die libanes. Wirtschaft ernstlich unter dem Krieg zu leiden. So sank der staatlich garantierte Mindestlohn in den Jahren 1982–1987 von 250 auf 38 Dollar. Dies führte zu einer Massenemigration nach Europa und Amerika. Im Jahre 2000 liegt die Arbeitslosenquote bei regional bis zu 20%. Die Zuspitzung der sozialen Notsituation ließ die Kriegsparteien 1989 einen polit. Kompromiß finden. Unter Leitung der → Arab. Liga wurde in Taif (Saudi-Arabien) ein neuer Machtverteilungsmodus gefunden. Zwar werden die drei wichtigsten polit. Ämter weiterhin unter Maroniten, Sunniten und Schiiten aufgeteilt, das Amt des maronit. Staatspräsidenten mußte jedoch wichtige Kompetenzen an die beiden anderen Ämter abgeben. Dieses System der parlamentar. Repräsentation weist inzwischen eine gewisse Kontinuität auf. Größere Erschütterungen sind meist auf äußere Einflüsse zurückzuführen, wie etwa israel. Angriffe 1996. Bei den Wahlen im gleichen Jahr zog die schiit., von Iran unterstützte → Ḥizbollah in das Parlament ein. Nach dem Abzug der Israelis kontrolliert diese Organisation unangefochten den Südlibanon, was ihr zusätzliches Prestige verschafft. L. verfügt über ein im Maschrek herausragend gutes Bildungssystem, dessen Grundlagen von westlichen Mächten im 19. Jh. gelegt wurden. Theoret. ist allen Religionsgruppen der freie Zugang zur Bildung gleichermaßen gewährt. Jedoch ist das Bildungssystem entlang religiöser Trennlinien organisiert und hängt stark von Privatinitiative ab. Daher haben in der Praxis Christen vor den Muslimen einen leichten Bildungsvorsprung. Viele Libanesen sprechen mindestens zwei oder drei Sprachen (Arabisch, Französisch, Englisch). Über 60% der Beschäftigten arbeiten im Dienstleistungssektor. Seit dem 19. Jh. existiert eine erhebliche Emigration nach Europa und Amerika, die zu Zeiten des Bürgerkrieges noch zunahm. Die Emigrantengemeinden stellen große Summen für den Wiederaufbau ihrer Heimat zur Verfügung. *Ei*

Lit.: Perthes, V.: Der Libanon nach dem Bürgerkrieg, 1994. – Picard, E. Lebanon. A Shattered Country, 1996. – Salibi, K.: A House of Many Mansions. The History of Lebanon Reconsidered, 1989.

Libyen, Staat im → Maghreb, 1 759 540 qkm, ca. 5,7 Mio. Einwohner (1998); die Hauptstadt ist Tripolis. L. gliedert sich in die drei geograph. Regionen: Tripolitanien im Westen, Cyrenaika im Osten und Fezzan im Südwesten. Mit der Vereinigung der Landesteile durch Italien zu einer Kolonie (1934) ist der ursprünglich griechische Begriff „L." erstmals wieder seit der Antike Bezeichnung des Landes. Die Bevölkerung ist mehrheitlich arab.-berber. Ursprungs. Neben der offiziellen Landessprache Arabisch sind Italienisch und Englisch als Verkehrssprachen verbreitet. Ca. 97% der Libyer sind sunnit. Muslime. Abgesehen von den Minderheiten der Ḥanafiten osman. Ursprungs sowie der → ibâḍit. Muslime gehören die Libyer mehrheitlich der mâlikit. → Rechtsschule an. Bevor die jüd. Minderheit (1948: ca. 30000) nach dem Zweiten Weltkrieg massenhaft auswanderte, spielte sie im wirtschaftlichen Leben des Landes eine bedeutende Rolle. – Die Islamisierung L. begann 642/43 mit einem Feldzug muslim. Truppen nach Tripolitanien. Nachhaltiger auf die Verankerung des Islams in der Bevölkerung wirkte sich im 11. Jh. der Einfall der nomad. Stämme Banû Hilâl und Banû Sulaim in den Maghreb aus. Jahrhundertelang standen die tribal geprägten Küstenregionen des heutigen L. nur zeitweise unter nomineller Herrschaft überregionaler Machtzentren. Erst im Laufe der ersten osman. Herrschaft (1551–1711) kann von der allmählichen Entwicklung einer eigenständigen polit. Identität L. gesprochen werden. Der Fezzan stand selbst nach der Etablierung der Qaramânlî-Dynastie (1711–1835) in Tripolis weitgehend unter der Kontrolle des zentralsaharan. Kanem-Bornu Reiches. Die zweite Osman. Herrschaft (1835–1911) mündete in die Okkupation durch italien. Truppen. Hauptträger des antikolonialen Kampfes war die reformorientierte Ṣûfî-→ Bruderschaft der Sanûsîya. Die Kolonialherrschaft Italiens endete offiziell 1947, nachdem das Land bereits seit 1943 von britischen und französ. Truppen besetzt war. 1951 erlangte das vereinigte L. seine staatliche Unabhängigkeit unter dem später zum König proklamierten Oberhaupt der Sanûsîya Idrîs as-Sanûsî. Die im Laufe der 1960er Jahre begonnene Vermarktung der Erdölvorräte veränderte das soziale Gefüge des Landes grundlegend. Urbanisierung, erste Ansätze einer Industrialisierung sowie ein hoher Bedarf an ausländ. Arbeitskräften waren Folgen des Ölbooms. Die Monarchie konnte die krisenhafte Entwicklung von Wirtschaft und Gesellschaft nicht aufhalten. Schließlich putschte sich am 1. 9. 1969 der „Bund der Freien Offiziere“ an die Macht, und ein Revolutionärer Kommandorat rief die Libysche Arab. Republik aus. Der gesellschaftliche und polit. Umbau des Landes erfolgte in mehreren Stufen. 1973 markiert den Beginn der Volksrevolution. Ideolog. Grundlage L. wurde die im *Grünen Buch* niedergelegte „Dritte Universaltheorie“. Erste hierarch. gegliederte Volkskomitees und Volkskongresse wurden ins Leben gerufen, und 1977 erfolgte die Gründung des „Staates der Volksmassen“ (arab. jamâhîrîya). Im gleichen Jahr entstand parallel zu den bereits bestehenden Herrschafts- und Kontrollorganen das erste Revolutionskomitee. In den folgenden Jahren erlangten diese Komitees weitreichende Kontrolle über das Bildungswesen, die Medien und die innere Sicherheit. Allen vermeintlich basisdemokrat. Experimenten – unter Ausschaltung jeglicher Opposition – zum Trotz ist jedoch bis heute die bestimmende Person innerhalb der libyschen Staatsführung Colonel Muʿammar al-Qadhdhâfî (→ Gaddafi). Die außenpolit. Haltung L. seit 1969 zeichnet sich zum einen durch eine radikale Ablehnung Israels aus, zum anderen durch das Streben nach Arab. Einheit (→ Panarabismus), die allerdings nach zahlreichen gescheiterten Föderationen – z.B. mit Ägypten und Syrien (1971), mit Tunesien (1974) oder mit Syrien (1980) – keine konkreten Formen annahm. Militär. Konflikte mit Ägypten (1977) sowie mit der US-Flotte im Mittelmeer (1981 und 1986) und die Invasionen im Tschad (1973, 1980 und 1983) trugen ebenso zu einer zeitweisen polit. Isolierung L. bei wie der Vorwurf, L. unterstütze terrorist. Bewegungen. Nach einem Anschlag auf eine von US-amerikan. Soldaten frequentierte Diskothek in Berlin griffen am 15. 4. 1986 US-Kampfbomber Tripolis und Bengasi an. Die einseitige Ausrichtung auf Erdöl- und Erdgasexporte – in Ermangelung anderer Rohstoffe oder Industrieprodukte machen sie ca. 99,5% aller Ausfuhren aus – machten das Land stark von den Weltmarktpreisen für Rohstoffe abhängig. So ermöglichten zwar die Einnahmen aus dem Erdölgeschäft zahlreiche polit., gesellschaftliche und wirtschaftliche Experimente, die staatlichen Entwicklungspläne konnten aber selten vollständig realisiert werden. Auf den Verfall der Rohölpreise während der 1980er Jahre mußte der libysche Staat mit Sparmaßnahmen reagieren. Für die Bevölkerung gravierend waren zudem die zwischen 1992 und 1999 von den Vereinten Nationen gegen L. verhängten Sanktionen. Grund des internationalen Boykotts war die Weigerung der libyschen Führung, die mutmaßlichen Drahtzieher der Sprengung eines Pan-Am-Jumbojets über dem schottischen Lockerbie (1988) auszuliefern. Im Gegensatz zu König Idrîs, der Oberhaupt der Sanûsîya Ṣûfî-Bruderschaft war, stand der Revolutionäre Kommandorat unter dem Druck, seine Herrschaftsansprüche islam. zu legitimieren und gleichzeitig seine potentiellen Konkurrenten auch in religiösen Bereichen auszuschalten. Die Niederlassungen der Sanûsîya wurden geschlossen, und mit der Reform der islam. → Stiftungen – traditionell eine bedeutende Quelle der Unabhängigkeit islam. Gelehrter gegenüber dem Staat – konnten die neuen Machthaber die → Gelehrten unter direkte staatliche Kontrolle stellen. Auch die Bemühungen, das Rechtswesen in Übereinstimmung mit dem islam. → Recht zu bringen, sind Versuche der Staatsführung, alle Bereiche des religiösen Lebens zu zentralisieren und ihr eigenes Islamverständnis zu propagieren. Diese Politik blieb nicht unwidersprochen, und seit den 1980er Jahren ist das Regime mit einer Opposition konfrontiert, die sich in ihrer Argumentation religiöser Terminologie bedient. Diese Formen islamist. Opposition werden gleich allen anderen polit. Widersachern mit rigiden Mitteln bekämpft. Selbst wenn seit 1969 in vielen Bereichen Fortschritte erzielt worden sind, ist eine polit. Liberalisierung oder gar die Entwicklung zivilgesellschaftlicher Strukturen, wie sie in einigen arab. Ländern zu beobachten sind, in L. kaum zu spüren. *Ko*

Lit.: Vandewalle, D. (Hg.): Qadhafi's Libya. 1969–1994, 1995.

Liga der islamischen Welt (arab. Râbiṭat al-ʿâlam al-islâmî), Organisation mit panislam. Hintergrund, entstand während eines Treffens von muslim. → Gelehrten 1962 in Mekka. Die L.i.W. wird von Saudi-Arabien finanziert und dient als Sprachrohr saudischer Interessen. Ihr Sitz ist in Mekka, geleitet wird sie von einem Rat der Gelehrten, dem momentan 62 Mitglieder angehören. Generalsekretär ist satzungsgemäß ein saudischer Staatsbürger, gegenwärtig ʿAbd Allâh ibn Ṣâliḥ al-ʿUbaid. Als eine kulturelle Organisation sind ihre Hauptziele die islam. → Mission, die Verbreitung der Lehren des Islams wie auch die Wahrnehmung der Interessen der Muslime und die Abwehr von vermeintlichen Verschwörungen gegen den Islam, welche die Einheit der Muslime zu unterminieren suchen; weiter die Betreuung muslim. Minderheiten in Europa, Asien und Amerika. 1975 wurde der Hohe Rat für Moscheen gegründet, der versucht, Standards bei der Mission durchzusetzen, die Aufgaben der Moscheen zu revitalisieren und muslim. → Stiftungen zu bewahren. 1978 entstand der Islam. Rechtsrat. Gelehrte sollen hier auf der Basis von Koran und Tradition für rechtliche Probleme Lösungen vorschlagen. Die Empfehlungen sind von einiger Autorität. Des weiteren betreibt seit 1984 eine Kommission zur Untersuchung der wissenschaftlichen

Aspekte in Koran und → Sunna systematische Koranexegese. Ein wichtiges Organ der L.i.W. ist die Islam. Hilfsorganisation, eine karitative Organisation, die in Krisensituationen wie z.B. im vom Bürgerkrieg geschädigten Bosnien und Kosovo humanitäre Hilfe leistet. Weitere Aktivitäten sind Öffentlichkeitsarbeit, Pressedienste, Förderung der islam. Kultur, Vorschläge zur Islamisierung der Gesetzgebung, die Antwort auf die christl. Mission unter Muslimen und die Erstellung und Verteilung von Koranübersetzungen. Gegenwärtig unterhält die L.i.W. Büros in 32 Staaten Afrikas, Asiens, Europas und Amerikas. *Sz*

Lit.: Schulze, R.: Die Islamische Weltliga, 1990.

Literatur → arab. Literatur, → pers. Literatur, → türk. Literatur und die Länderartikel

M

Madrasa → Medrese

Märtyrer (arab., pers. shahîd), der im Kampf für den islam. Glauben oder bei dessen Verteidigung zu Tode Gekommene. An verschiedenen Stellen spricht der Koran vom Lohn, der diejenigen erwartet, die für die Sache Gottes sterben. Es lassen sich grob zwei Gruppen von M. unterscheiden: nämlich diejenigen, die auf dem Schlachtfeld sterben und als M. im Diesseits und im Jenseits gelten, sowie diejenigen, die nur im Jenseits als M. gelten, da sie nicht durch die Hand von „Ungläubigen" oder Tyrannen auf dem Schlachtfeld ihr Leben verloren haben. Zu dieser zweiten Gruppe gehören Gläubige, die durch Gewalteinwirkung oder frühzeitig z.B. durch Krankheit starben, ebenso wie solche, die z.B. während der → Pilgerfahrt eines natürlichen Todes starben. Schließlich gibt es auch lebende M., die sich dem sog. „großen → Jihâd", d.h. dem Kampf des Gläubigen gegen seine Schwächen und weltlichen Begierden und für das Verweilen auf dem rechten Wege verschrieben haben. Die zwölferschiit. Lehre räumt dem Märtyrertod des Prophetenenkels und dritten Imâms → Ḥusain, der für die gerechte Sache gekämpft und sich für seinen Glauben geopfert habe, einen hohen Stellenwert ein. Sein Tod im Jahre 680 bei → Kerbela, wo er im Kampf gegen die Truppen des umayyad. „Usurpatoren" fiel, steht im Zentrum des schiit. Märtyrerkultes (→ ʻÂshûrâʼ). In der Islam. Republik → Iran erhielt der Mythos des M. besonders während des Krieges gegen den Irak (1980–1988) große Bedeutung. Laut Ayatollah → Khomeini ist der Tod in einem Glaubenskrieg das höchste Glück, das einem Menschen widerfahren kann. Wer den Märtyrertod sterbe, dem würden alle Sünden verziehen und er werde im Jenseits den wahren Frieden und die ewige Glückseligkeit finden. *Pi-Ha*

Lit.: Abedi, M.: Jihad and Shahadat. Struggle and Martyrdom in Islam, 1986. – Khosrokhavar, F.: L'islamisme et la mort. Le martyre révolutionnaire en Iran, 1995. – Kohlberg, E.: Art. „Shahîd", in: The Encyclopaedia of Islam. New Edition, Bd. 9, 1997, 203–207.

Maghreb (arab. al-Maghrib, „Westen" bzw. „Land des Sonnenuntergangs"), das Gebiet der nordafrikan. Staaten → Libyen, → Tunesien, → Algerien und → Marokko. Ende des 7. Jh. kam der M. unter arab.-islam. Herrschaft (→ Dynastien). Seit der Mitte des 16. Jh. regierten die Osmanen die Region mit Ausnahme Marokkos. Die schrittweise Übernahme des gesamten M. durch den europäischen → Kolonialismus begann 1830 mit der französ. Besetzung Algiers und endete 1962. Den mehrfachen Versuchen zu einer polit. Einigung der nachkolonialen M.-Staaten stehen häufige Konflikte (z.B. Algerien-Marokko) gegenüber. Ungeachtet von Differenzen der polit. Systeme in den einzelnen Staaten haben die maghrebin. Gesellschaften signifikante Gemeinsamkeiten: Nach der arab.-islam. Eroberung verbreitete sich der Islam im M. ebenso wie die arab. Sprache. Juden und Christen bilden bis heute Minderheiten. Die schon vor der Eroberung ansässigen → Berber sind zumeist Muslime, wurden aber nur teilweise arabisiert und haben einen der zahlreichen Berberdialekte als Muttersprache. Berber-Sprecher stellen gegenwärtig etwa 25% aller Maghrebiner. Die meisten anderen Maghrebiner sprechen einen der untereinander ähnlichen westarab. Dialekte (→ Arab. Sprache). Seit der Kolonialzeit ist auch das Französ., weniger das Spanische und Italien., verbreitet und wird als Verkehrssprache benutzt. In allen Staaten bis auf Libyen sind die gesellschaftlichen Institutionen weitgehend europäisiert. Das Bildungswesen z.B. orientiert sich seit der Kolonialzeit am französ. Vorbild. Viele Maghrebiner, besonders auf dem Land, folgen zwar weitgehend traditionellen Werten, die meisten gebildeten Stadtbewohner der Mittel- und Oberschichten pflegen aber einen weitgehend westlich geprägten Lebensstil und orientieren sich auch kulturell an Europa bzw. Amerika. Bemerkenswert ist z.B. die frankophone Literatur von arab. Autoren, die ihr Publikum zum Teil in Frankreich suchen. In der → Musik versucht der → Rai eine Verbindung von westlichem Pop mit traditioneller arab. Musik. V.a. aufgrund ökonom. Probleme in den M.-Staaten sowie einer rapiden Bevölkerungszunahme existiert eine bedeutende Migration nach Europa und in die USA. *El*

Lit.: Abun-Nasr, J.M.: A History of the Maghrib in the Islamic Period, 1987. – Herzog, W.: Der Maghreb. Marokko, Algerien, Tunesien, 1990. – Waltz, S.E.: Human Rights and Reform: Changing the Face of North African Politics, 1995.

Mahdî (arab. „der [durch Gott] Rechtgeleitete"). In islam. Eschatologien ist der M. die Figur, die in der muslim. Gemeinschaft vor dem → Jüngsten Gericht das → Recht wiederherstellt und sie bis zum Anbruch der Endzeit führt. Für die → Schiiten wird ihr „Verborgener Imâm", bei den Zwölferschiiten der zwölfte Imâm, bei den → Ismâ'îliten der siebente, als M. erscheinen. → Sunniten hingegen haben die Identität des M. nie eindeutig bestimmt. Somit konnten sich verschiedene Führer sozialreligiöser Bewegungen zum M. erklären, darunter der wohl bekannteste, der M. Muḥammad Aḥmad (gest. 1885), der im → Sudan gegen die ägypt.-britische Kolonialherrschaft kämpfte. Auch der Gründer der → Aḥmadīya, Mîrzâ Ghulâm Aḥmad (ca. 1839–1908), hielt sich für den M., der zur Erneuerung seiner Zeit berufen sei. *El*

Lit.: Halm, H.: Im Reich des Mahdi, 1991.

Maḥfûẓ, Najîb (geb. 1911), ägypt. Prosa-Schriftsteller, Autor zahlreicher Romane, Sammlungen von Kurzgeschichten und Filmdrehbücher. M. studierte 1930–1934 in Kairo Philosophie und arbeitete anschließend bis zu seiner Pensionierung (1971) als Angestellter bei verschiedenen Behörden des ägypt. Staates, seit Ende der 1950er Jahre v. a. in höheren Kultur-Ämtern, später auch z. B. in der Feuilleton-Redaktion der Tageszeitung *al-Ahrâm* sowie in vielen Ehrenämtern. Nach den im Alten Ägypten spielenden ersten Romanen trat M. seit den 1940er Jahren mit Erzählwerken hervor, in denen er sich mit den Umbrüchen in der zeitgenöss. ägypt. Gesellschaft und speziell den städtischen Mittelschichten beschäftigt. Insbesondere für diese sozialrealist. Texte, darunter auch eine große Roman-Trilogie (1956–1957), wurde M. als erster arab. Schriftsteller 1988 mit dem Nobel-Preis für Literatur geehrt. Vom späteren Werk, in welchem sich M. religiösen, existentialist. und philosoph. Fragen widmet, ist über Ägypten hinaus wohl nur *Awlâd ḥâritnâ* („Die Kinder unseres Viertels") bekannter geworden – v. a., weil diese religionsphilosoph. Allegorie dem Autor den Vorwurf der → Blasphemie (sie wurde 1959 nach ersten Andrucken verboten und konnte seither nur außerhalb Ägyptens erscheinen) und zuletzt (Okt. 1994) sogar den Anschlag eines Islamisten auf sein Leben eintrug. Ein Großteil des erzähler. Werkes liegt inzwischen auch in deutscher Übersetzung vor. *Gu*

Lit.: Fähndrich, H.: Nagib Machfus, 1991.

Malaysia, Staat in → Südostasien, 329 759 qkm, 20 500 000 Einwohner, Hauptstadt ist Kuala Lumpur. Dem Islam gehören 53% der Bevölkerung an, 17% sind Buddhisten, Christen und Hinduisten bilden religiöse Minderheiten. Als stärkste Ethnie gelten die Malaien, gefolgt von Indern und Chinesen. Im Jahre 1511 nahmen die Portugiesen Malakka ein und nutzten die Region als Basis für den Gewürzhandel. Zu Beginn des 17. Jh. fiel auch M. in den Einflußbereich der niederländ. Kolonialmacht. Diese verzichtete 1824 auf die malaiischen Gebiete und trat sie an Großbritannien ab. Am 30. 8. 1957 wurde die südliche malaiische Halbinsel unabhängig, im Jahre 1963 schlossen sich die Provinzen Sarawak, Sabah, Singapur, Malaya und Labuan zu dem Staatenbund M. zusammen. Zwei Jahre später trat Singapur aus dem Bündnis aus und bildete einen eigenen unabhängigen Staat. Ende der 1960er Jahre kam es zu Spannungen zwischen Malaien und Chinesen. Die Malaien empfanden sich im Vergleich zu den Chinesen als benachteiligt, da sie keinen nennenswerten Einfluß in der Wirtschaft ausüben. Die Regierung stellte folglich ein Programm auf, das Malaien im öffentlichen Leben Vorteile gewährt. Malaiisch wurde zur einzigen Nationalsprache erklärt, und die Firmen müssen prozentual mehr Bumiputras (Einheim.) einstellen. Diese Dominanz der Malaien gilt heute als ein Bestandteil der Politik des Landes. Als Staatsoberhaupt wird in M. für die Dauer von fünf Jahren ein König eingesetzt. Die Macht hat de facto ein vom Parlament gewählter Premierminister inne. Unter der Herrschaft von Datuk Seri Mahathir Mohamad (geb. 1925) ist die malaiische Gesellschaft massiv islamisiert worden. *Ar*

Lit.: Andaya, B. W.: A History of Malaysia, [2]2001.

Malcolm X (Malcolm Little, 1925–1965). Little wuchs in Omaha/ Nebraska unter schwierigen sozialen Umständen und rassist. Übergriffen auf seine Familie auf. Anfang der 1940er Jahre kam er nach Boston, wo er als Kleinkrimineller (Zuhälterei, Erpressung und Drogenhandel) in Konflikt mit dem Gesetz geriet und 1946 zu sechs Jahren Haft verurteilt wurde. Während seiner Haft lernte er die Schriften Elijah Muhammads, des Oberhaupts der → Nation of Islam, kennen und konvertierte zum Islam. Nach seiner Entlassung 1952 avancierte er zum bedeutendsten Minister (Prediger) der Nation of Islam, deren Aufstieg unmittelbar mit ihm verbunden war. Anstatt einen „üblichen" islam. Namen anzunehmen, nannte er sich Malcolm X, eine Chiffre für die anonymen Schwarzen in den Ghettos. Intern strukturierte er die Nation of Islam zu einer disziplinierten, ihren Mitgliedern gegenüber repressiven Organisation mit eigenem paramilitär. Ordnungsdienst. Elijah Muhammads zahlreiche Verstöße gegen den Kodex der Nation of Islam führten 1963 schließlich zum Konflikt mit M., der daraufhin aus der Organisation ausgeschlossen wurde. In den verbleibenden zwei Jahren seines Lebens unternahm M. mehrere Reisen in die arab. Welt, u.a. eine → Pilgerfahrt nach Mekka. Auch distanzierte er sich von den synkretist. Inhalten der Nation of Islam und verwarf deren Vorstellung eines auf Rassenzugehörigkeit basierenden Separatismus. Gleichzeitig näherte er sich einer konservativeren sunnit. Form des Islams an und wurde zu einem frühen Vertreter der Dritte-Welt-Bewegung. M. wurde 1965 von Mitgliedern der Nation of Islam ermordet. Seit den 1990er Jahren – nicht zuletzt durch den biograph. Film von Spike Lee – ist das „geistige Erbe" M.s v.a. durch kommerzielle Vermarktung in der amerikan. Öffentlichkeit präsent. *Ep*

Lit.: Malcolm X/Haley, A.: Malcolm X. Die Autobiographie, 1992. – Lincoln, C.: The Black Muslims in America, 1994.

Malerei. Trotz des → Bilderverbots spielte die M., zumeist Freskomalerei, bereits in der Frühzeit des Islams eine Rolle an den Herrscherhöfen, deren Machtanspruch sie unterstreichen sollte. Ob die mit M. ausgestatteten Räume öffentlich zugänglich waren, ist nicht bekannt. Zeugnisse finden sich z.B. in der Badeanlage von Quṣair ʿAmra (Jordanien, Anfang 8. Jh.). Themat. wurde mit Herrscherdarstellungen auf Vorbilder des spätantiken Repertoires zurückgegriffen. Durch die Literatur wissen wir, daß sich auch in späterer Zeit die Herrscher mit ihrem Hofstaat abbilden ließen. Tafelbilder mit der Darstellung von Herrschern, oft unter Einfluß europäischer M. entstanden, sind sowohl aus der Zeit der ṣafawid. Dynastie (1502–1722, z.B. Cihil Sutun, Isfahan/Iran) als aus der Qâjârenzeit (19. Jh. Iran) erhalten. „Erot. Darstellungen" spielten den Beschreibungen europäischer Reisender zufolge eine Rolle in einigen Palästen Tîmûrs in Samarqand (um 1400) oder am Hofe der Ṣafawiden (Darstellung von Liebespaaren in

ʿAlî Qapu, Cihil Sutun, Isfahan/Iran, 17. Jh.). Im 16.–17. Jh. entwickelt sich in Iran unter den Ṣafawiden eine M., die auf kleinformatigen Blättern Portraits, Alltagsszenen und kunstvolle Kompositionen skizzenhaft festhält, die jeweils datiert und signiert sind. Die im 19. Jh. in Iran aufkommende höfische Tafelmalerei mit der portraithaften Darstellung des Herrschers, seiner Familie und der Großen des Reiches ist beeindruckend. Unter europäischem Einfluß entwickelte sich im 20. Jh. v. a. in der Türkei und im Irak eine eigene M. und Maltradition, die bis heute lebendig ist und v. a. für polit. Themen genutzt wird. Karikaturen, oft grotesk übersteigert, gehören zum Alltag einer jeden arab. und türk. Zeitung. → Buchmalerei *Fi*

Lit.: Arnold, T. W.: Painting in Islam. A Study of the Place of Pictorial Art in Muslim Culture, 1928, Nachdr. 1965. – Canby, S.: Persian Painting, 1997. – Ettinghausen, R.: Arabische Malerei, 1962.

Mamlûken → Dynastien

Marabout, die französisierte Fassung des arab. murâbiṭ („einer, der in einem ribâṭ, einer klosterähnlichen Institution, lebt"). Der Begriff wurde von französ. Forschern der Kolonialzeit v. a. im Maghreb als allgemeine Bezeichnung für Ṣûfîs (→ Mystik) gebraucht. *El*

Maria und Josef (arab. Maryam und Yûsuf), die Eltern → Jesu. Der → Koran berichtet ausführlich von M.s jungfräulicher Geburt, ihrem Aufenthalt im Tempel sowie von ihrer Kindheit und Jesu Geburt; Sure 19 ist nach M. benannt. Als Quellen der jeweiligen Darstellung lassen sich v. a. apokryphe christl. Schriften ausmachen, z. B. das Protoevangelium Jacobi. In Sure 5:116 wird die christl. Trinität als Gott, Jesus und M. vorgestellt. An anderer Stelle wird M. mit Miriam, der Schwester Aarons und → Mose, gleichgesetzt; als ihr Vater wird ʿImrân genannt, parallel zu Amram, dem Vater Miriams in der → Thora. In der islam. Frömmigkeit spielt M., neben → Fâṭima, eine große Rolle. J. wird im Koran nicht erwähnt, aber sein Name ist in der islam. Überlieferung bekannt. *Schö*

Markt → Basar

Marokko, der westlichste Staat des → Maghreb, 458730 qkm, 27310000 Einwohner. Die Hauptstadt ist Rabat. „M." ist eine Verballhornung des Städtenamens „Marrâkush" (Marrakesch). Die Bevölkerung besteht etwa zu 60% aus Arabisch-Sprechern, der Rest spricht meist → Berber-Sprachen. Das Französ. sowie das Spanische in den nördlichen Landesteilen werden als Verkehrssprachen benutzt. Die große Mehrheit der Marokkaner sind mâlikit. Muslime (→ Rechtsschulen). Eine Minderheit von Juden ist seit Jahrhunderten im Lande ansässig (gegenwärtig 7000). Die christl. Bevölkerung (etwa 69000) besteht v.a. aus seit Beginn des 20. Jh. eingewanderten Europäern. Das Gebiet des heutigen M. kam Ende des 7. Jh. unter die Herrschaft der Dynastie der Umayyaden, wurde aber bald darauf von weitgehend unabhängigen lokalen Dynastien regiert. Seit Mitte des 17. Jh. sind die ʿAlawiden an der Macht, die auch die französ. und spanische Protektoratsherrschaft 1912–1956 (→ Kolonialismus) überdauerten. Der bis heute in M. als Nationalheld verehrte Muḥammad V. (reg. 1927–1961) stellte sich an die Spitze der nationalist. Bewegung, welche die Unabhängigkeit des Landes erlangte. Ihm folgten Ḥasan II. (gest. 1999) und der aktuelle König Muḥammad VI. Die ʿAlawidenherrscher verstehen sich nicht nur als polit., sondern auch als oberste religiöse Führer des Landes. Eine Basis ihrer Legitimation besteht darin, daß sie als → Scharifen, Nachkommen des Propheten Muḥammad, anerkannt werden. Ist das heutige M. formal eine konstitutionelle Monarchie mit einem gewählten Parlament, so herrscht de facto der König weitgehend unbeschränkt. Ansätze zu polit. Opposition wurden immer wieder mit teilweise rigiden Mitteln unterdrückt. Anzeichen eines oppositionellen islam. → Fundamentalismus zeigten sich in den 1970er und 1980er Jahren, konnten aber keinen großen Einfluß im Land gewinnen, das innenpolit. weitgehend stabil ist. Wie in anderen arab. Staaten auch bestehen aber gravierende ökonom. Probleme, die durch die hohen Kosten der Besetzung der Westsahara noch vermehrt werden. Versuche zu wirtschaftlichen Reformen und eine Öffnung für den Weltmarkt haben den breiten Schichten bisher wenig Wohlstand gebracht. Europäisch geprägte Gesetze gelten in den Bereichen Wirtschaft und im Strafrecht. Islam. Recht mâlikit. Prägung bestimmt hingegen das Personenstandsrecht, das im Jahre 1958 in der „Mudawwana" kodifiziert wurde. Die seither vorgenommenen begrenzten Reformen dieses Gesetzeswerkes gehen vielen Kritikern nicht weit genug. Eine aktive Frauenbewegung (→ Mernissi) mahnt z.B. eine deutliche Verbesserung der Stellung der Frau an. Gewisse Hoffnung auf eine Demokratisierung und Stärkung der → Zivilgesellschaft verbanden sich mit dem Amtsantritt von Muḥammad VI., der von vielen Beobachtern einer neuen, liberal gesinnten Generation von arab. Monarchen zugerechnet wird. *El*

Lit.: Munson, H.: Religion and Power in Morocco, 1993.

Maschrek (arab. mashriq, „Osten" bzw. „Land des Sonnenaufgangs"), das Gebiet der heutigen Staaten → Ägypten, → Israel, → Palästina, → Jordanien, → Libanon, → Syrien und → Irak. Im Zuge der arab.-islam. Expansion im 7. Jh. wurde der M. Sitz des → Kalifats, zunächst in Damaskus dann in Bagdad. Danach herrschten verschiedene, meist türk. Dynastien in der Region. Von 1517 bis 1918 regierten die Osmanen von Istanbul aus. Während des Ersten Weltkriegs verständigten sich die europäischen Kolonialmächte im Sykes-Picot-Abkommen von 1916 darauf, die Region in eine britische (Israel, Jordanien, Irak) und französ. (Libanon, Syrien) Einflußzone aufzuteilen. Daneben versprachen die Briten 1917 in der Balfour-Erklärung den Juden die Errichtung einer „nationalen Heimstätte", woraus 1948 die Gründung des Staates Israel resultierte. Die meisten arab. Juden sind inzwischen dorthin ausgewandert. Die modernen Grenzen im M. wurden durch die europäischen Mächte gezogen. Nach dem Zweiten Weltkrieg traten Ideologien auf, die eine polit. Einigung des Raumes forderten und in dem ägypt. General Nasser ihre Führergestalt fanden. 1958–1961 kam es zum gescheiterten Versuch der polit. Einheit zwischen Syrien und Ägypten. Nach der Niederlage Nassers im Sechs-Tage-Krieg 1967 gegen Israel setzten sich regionalist. Strömungen durch. Grenzstreitigkeiten komplizieren die polit. Lage des Raumes bis heute. Hinzu kommen große Minderheiten, seien es ethnische wie die → Kurden oder religiöse wie Christen verschiedener Bekenntnisse, → Drusen und → Schiiten. Problemat. ist auch das Verhältnis zu Israel. Während Ägypten und Jordanien zu Friedensschlüssen kamen, bestehen Syrien und der Irak weitgehend auf ihrer feindlichen Haltung. Islamist. Bewegungen traten in allen Ländern des M. auf. Sie wurden in Syrien und Irak unterdrückt, während sie in Jordanien, Ägypten und im Libanon fortbestehen und teilweise sozial und polit. einflußreich sind. Stark traditionalist. geprägte Lebensstile stehen einer großen Akzeptanz westlicher Kultur (Libanon, Israel, teilweise Jordanien) gegenüber. Mit Ausnahme Israels ist Arabisch die erste Amtssprache, das von den meisten in einem der ost-arab. Dialekte (→ Arab. Sprache) gesprochen wird, wobei das Ägypt. aufgrund der Dominanz des ägypt. → Kinos den höchsten Stellenwert genießt. Seit der Kolonialzeit wird daneben auch das Englische bzw. Französ. benutzt, das im Falle Libanons den Rang einer Zweitsprache einnimmt. *Ei*

Lit.: Schulze, R.: Geschichte der islamischen Welt im 20. Jahrhundert, 1994.

Maudûdî, Abû l-Aʿlâ al- (1903–1979), bedeutender indisch-pakistan. Denker und Politiker, dessen Ideen zum Programm der v. a. in → Pakistan, aber auch in → Indien, Sri Lanka, Großbritannien und den USA agierenden Jamâʿat-i islâmî (Urdu „Islam. Organisation") wurden. M. war der Sprößling einer hochangesehenen Aurangabader Familie. Sein antibrit. eingestellter Vater hielt ihn ganz bewußt so lange wie nur möglich von europäischen Kultureinflüssen fern und versuchte, ihm in Form von Privatunterricht die eigene indo-muslim. Tradition näherzubringen. Nach dem Tode seines Vaters beschloß M., eine journalist. Karriere einzuschlagen. Zusammen mit seinem Bruder ging er nach Delhi und nahm Kontakt zu Reformisten und Anhängern der Unabhängigkeitsbewegung auf. 1919 fand er sich in Jabalpur ein, um dort für das reformist. Magazin *al-Tâj* („Die Krone") zu schreiben. Während dieser Zeit begann auch sein Engagement für die Khilâfat-Bewegung, die sich nach dem Ersten Weltkrieg für die Aufrechterhaltung des → Kalifats einsetzte. Als die Zeitung *al-Tâj* ihr Erscheinen einstellte, kehrte M. nach Delhi zurück. Eine Zeitlang gab er die Zeitschrift *al-Jamʿîyat*, das Organ der Jamʿîyat-i ʿulamâʾ-i hind („Organisation der indischen Gelehrten"), heraus, doch stürzte ihn der Zusammenbruch der Khilâfat-Bewegung im Jahre 1924 in eine intellektuelle Krise. Aus diesem Grunde zog er sich 1928 zur Kontemplation und zum Schreiben nach Hyderabad zurück. Im Laufe der nächsten Jahre entwickelte er seine dezidiert reformist. Positionen: Der gegenwärtige Islam sei durch den Einfluß westlicher Vorstellungen verderbt und müsse von unlauteren Elementen gereinigt werden. Es müsse deutlich gemacht werden, daß der Islam selbst ein vollständiger Gesellschafts- und Lebensentwurf sei, der ohne auswärtige Hilfe auskomme. Eine notwendige Voraussetzung für eine wirkliche Läuterung und für die Rückkehr zur „wahren" Religion sei allerdings der Abbruch jeglicher Beziehungen zu den Hindus. 1932 kaufte M. das Journal *Tarjumân al-qur'ân* („Interpret des Korans"), das ihm bis zu seinem Tode als Forum seiner reformist. Ideen diente. Im August 1941 gründete er die reformist. Partei Jamâʿat-i islâmî. Ihr Hauptquartier befand sich anfangs in Pathankot, doch wurde sie nach der Teilung Indiens in zwei voneinander unabhängig agierende Organisationen gespalten. M. selbst übernahm den Vorsitz der pakistan. Partei in Lahore. Sein erklärtes Ziel war die Gründung eines Islam. Staates. In den folgenden Jahren übte M. großen Einfluß auf die Diskussion um die künftige ideolog. Orientierung Pakistans aus, und nicht zuletzt ihm war es zu verdanken, daß es in der ersten Verfassung von 1956 tatsächlich hieß, man wolle einen wahrhaft islam. Staat aufbauen, in dem sich alle Gesetze nach dem → Koran und der → Sunna richteten. Sein reformist. Aktionismus brachte ihn allerdings auch für geraume Zeit ins Gefängnis. Einmal wurde er sogar zum Tode verurteilt, später aber begnadigt und wieder freigelassen. Nach einer verheerenden Niederlage seiner Partei bei den Wahlen von 1970 trat M. als Vorsitzender zurück. Dennoch war er an dem Versuch der Jamâʿat-i islâmî im Jahre 1977 beteiligt, die Regierung von Zulfiqar ʿAlî Bhutto (1928–1979) zu stürzen. Am 22. 9. 1979 starb M., der zeit seines Lebens davon überzeugt war, daß der polit. Kampf in Pakistan in eine „Theokratie" oder ein „demokrat. Kalifat" münden würde, das in der Lage sei, breite gesellschaftliche Reformen durchzusetzen. Die Anwendung von Gewalt hat M. stets abgelehnt und stattdessen das Mittel der Erziehung favorisiert. (→ Reformislam, → Fundamentalismus, → Revolution) *Co*

Lit.: Adams, C.J.: The Ideology of Mawlana Mawdudi, in: Smith, D. (Hg.): South Asian Politics and Religion, 1966, 371–396. – Ders.: Mawdudi and the Islamic State, in: Esposito, J.L. (Hg.): Voices of Resurgent Islam, 1983, 99–133. – Hasan, M.: Sayyid Abul Aʿala Maududi and his Thoughts, 2 Bde., 1984.

Maulid. Der 12. Tag des islam. Monats Rabîʿ I wird seit dem 12. Jh., ausgehend vom fâṭimid. Ägypten, als Geburtstag (arab. maulid) des Propheten Muḥammad öffentlich gefeiert und ist in vielen islam. Ländern heute ein offizieller Feiertag. Im Mittelpunkt der Feiern steht die Rezitation eines Poems über Muḥammad (arab. maulidîya). Hunderte solcher Werke existieren, einige genießen besondere Verehrung. Ṣûfische Andachtsübung (arab. → Dhikr) und Kerzen gehören in vielen Gegenden zur Feier. Maulidfeiern werden vielerorts außerdem lokalen Heiligen gewidmet, wobei häufig außerislam. Einflüsse deutlich werden. Maulidrezitationen werden auch zu privaten religiösen Feiern, namentlich unter Frauen, abgehalten. Die Praxis des M. wird von vielen Islamisten als Neuerung abgelehnt. *Ha*

Lit.: Kaptein, N.J.G.: Muhammad's Birthday Festival, 1993. – Schimmel, A.: Und Muhammad ist sein Prophet, [3]1995. - Tapper, R./Tapper, N.: The Birth of the Prophet. Ritual and Gender in Turkish Islam, in: Man (N.S.) 22 (1987), 69–92.

Mauretanien → Afrika

Mazâr-i Sharîf, Stadt in Nord-→ Afghanistan, ca. 300000 Einwohner (2000). Der Name bedeutet „edles Grab" und weist auf das im Jahre 1481 durch einen Traum „entdeckte" Grab des vierten Kalifen → ʿAlî hin, das v.a. von Schiiten verehrt wird und traditionell zahlreiche Pilger anzieht. In den 1970er Jahren wurde M. mit Hilfe der Sowjetunion zur Großstadt nach europäischem Vorbild ausgebaut. Während des Bürgerkrieges und der sowjet. Besatzungszeit strömten Flüchtlinge vom Land und der Hauptstadt Kabul in die Stadt, deren Zahl für 1997/98 auf 480000 bis 700000 geschätzt wurde. Nach Einnahme durch die → Ṭâlibân-Milizen im August 1998 ereigneten sich schwere Ausschreitungen gegen die nicht-paschtun. Bevölkerung. Schiiten wurden vertrieben, Grabmäler und Moscheen zerstört oder anderer Nutzung zugeführt. *Schi*

Medien → Presse; → Fernsehen; → Internet

Medina (arab. Madînat an-nabî, „die Stadt des Propheten" bzw. al-Madîna al-munawwara, „die erleuchtete Stadt"), in vorislam. Zeit unter dem Namen „Yathrib" bekannt. Die Stadt in Saudi-

Arabien gilt neben Mekka und Jerusalem als einer der heiligsten Orte des Islams. Dies rührt daher, daß hierher der Prophet im Jahre 622 die → Hijra (Auswanderung) von Mekka aus unternahm, nachdem die Mekkaner ihm und seinen Anhängern wegen des neuen Glaubens das Leben unmöglich gemacht hatten. Von M. gingen die späteren Aktivitäten des Propheten und seiner Nachfolger (Kalifen) zur Ausbreitung der neuen Religion und zu Bildung und Ausbau des jungen islam. Staates aus. M. gilt als die erste Hauptstadt des Islams. Die wichtigste Moschee ist die Moschee des Propheten, die von Muḥammad 623 gebaut wurde. Hier befindet sich sein Grab. Zu den Ritualen der → Pilgerfahrt gehört es, daß dem Grab des Propheten in M. ein Besuch abgestattet wird. Deswegen wurde die Moschee im Laufe ihrer wechselvollen Geschichte immer wieder erweitert. Die heutige Stadt hat ca. 290000 Einwohner und verfügt über eine sehr gute Infrastruktur. Der Zutritt zu den heiligen Stätten ist für Nichtmuslime verboten. *Ra*

Lit.: → Saudi-Arabien

Meditation → Dhikr

Medizin beruht in der islam. Welt auf drei unterschiedlichen Traditionssträngen, die jeweils eigene Legitimationsgrundlagen haben. Die Volksmedizin verwendet teils bis ins Altertum zurück verfolgbare Behandlungsmethoden wie Schröpfen, Aderlaß und Kauterisierung, als Arzneien kommen allerlei Drogen in der Form von Salben und Elixieren zum Einsatz. Eine wichtige Ursache für Krankheiten wurde in den Aktivitäten der → Dschinn gesehen, dagegen boten Amulette, bestimmte Steine und auch Zaubersprüche Schutz. Die zweite große Tradition stammt aus der griechischen Vorstellung von der Balance der Körpersäfte. Die Werke von Galen von Pergamon wurden im 9. Jh. zuverlässig ins Arabische übersetzt, was auch eigenständige arab. medizin. Forschungen auslöste. Avicenna (Ibn Sînâ, gest. 1037) faßte in seinem grundlegenden Werk *al-Qânûn fî t-ṭibb* („Der Kanon der M.") das auf Galen basierende medizin. Wissen zusammen. Dessen latein. Übersetzung war maßgeblich für die Rezeption Galens in der mittelalterlichen westeuropäischen M. Galenische M., die v.a. in der urbanen Kultur der muslim. Welt tradiert wurde, wird in Indien und Pakistan bis heute gelehrt. Die dritte Tradition ist die sog. M. des Propheten. Analog zu → Moral und Rechtsprechungen basiert diese auf koran. Aussagen (z.B. über die Heilkraft des Honigs) und Prophetentraditionen (→ Ḥadîth). Die größte Traditionssammlung auf diesem Gebiet wurde von Ibn Abî Shaiba (gest. 848) zusammengestellt. Einflußreich bis heute ist die Kompilation *Ṭibb an-nabî* („Die M. des Propheten") des syrischen Rechtsgelehrten Ibn Qayyim al-Jauzîya (gest. 1350). Westliche M. verbreitet sich seit dem 19. Jh. Im frühen 20. Jh. wurden medizin. Einrichtungen wie auch die Ausbildung von Ärzten an den Hochschulen meist unter der Ägide staatlicher Organe institutionalisiert. Auch wenn sich in jüngster Zeit die Prophetenmedizin größerer Beliebtheit erfreut – die in den 1970er Jahren in Kuwait gegründete Islamic Medical Organization propagiert eine M. auf religiöser Grundlage und versucht, ihr einen islam. Moralkodex zugrunde zu legen –, werden westliche oder traditionelle Formen der M. nicht verdrängt. Es ist eher von einem pluralen Verständnis von M. auszugehen, das je nach Bedürfnissen, Finanz- und Glaubenslage des Patienten wie auch Ausbildung des Therapeuten vom Schreiben von Amuletten bis hin zur westlichen „Apparatemedizin" reichen kann. Die oft lückenhafte medizin. Versorgung insbesondere in den ärmeren muslim. Ländern lud gegen Ende des 19. und in der ersten Hälfte des 20. Jh. christl., heute verstärkt muslim. religiöse Aktivisten dazu ein, neben der Bereitstellung erschwinglicher medizin. Versorgung ihre jeweiligen Ideologien zu verbreiten. *Sz*

Lit.: Brandenburg, D.: Die Ärzte des Propheten. Islam und Medizin, 1992. – Rosenthal, F.: Science and Medicine in Islam, 1990. – Sinclair, M.J.: A History of Islamic Medicine, 1978.

Medrese (arab. madrasa), traditionelle Schule v.a. für die höhere Bildung. (→ Bildungswesen, → Azhar, → Qarawîyîn, → Gelehrte) *El*

Mekka (arab. Makka al-mukarrama, „das geheiligte M."), die Geburtsstadt des Propheten → Muḥammad mit bedeutenden islam. Heiligtümern. In Richtung auf das in der großen Moschee von M. befindliche Heiligtum der Kaaba verrichten Muslime ihr Gebet (→ Qibla). Es ist ebenso wie andere heilige Orte im Umkreis von M. (der Brunnen Zamzam, Ṣafâ- und Marwa-Hügel, Minâ und Muzdalifa) Ziel der → Pilgerfahrt. Heute ist M. Hauptstadt der gleichnamigen Region → Saudi Arabiens und besitzt etwa 350 000 Einwohner. Während der Pilgerzeit kommen in der Stadt 2–2,5 Mio. Menschen zusammen, eine enorme Zahl von Pilgern, die organisator. und sicherheitstechn. von den Behörden viel Aufwand erfordert. Der Zutritt zur Stadt ist Nichtmuslimen verboten. *Ra*

Lit.: → Saudi Arabien, → Pilgerfahrt

Mensch. Nach dem Koran ist der M. (wie → Âdam) aus Lehm erschaffen, dem Gott seinen Geist einblies (Sure 32:8 f.). Die Entwicklung vom Samentropfen über den Embryo zum M., der reift und altert, ist in Sure 40:67 ff. angesprochen; seine Zeit im Diesseits ist begrenzt (Sure 23:12 ff.). Der M. ist also aus niedrigen Substanzen erschaffen worden (Suren 96:1, 75:36–39, 86:5–7). Andererseits durchläuft der M. im Mutterleib die drei Naturreiche (→ Weltbild) und gelangt über sie hinaus: Er ist das höchste Geschöpf, Gottes Stellvertreter (Sure 2:30). In der → Mystik gilt der M. als Mikrokosmos. Gott hat mit dem M. einen Bund geschlossen (Sure 7:172). Die ganze → Schöpfung soll ihm zum Besten dienen (Suren 55, 2:29 f.). Ihn zeichnen die Kenntnis der Namen Gottes (Sure 2:30–33), Rede und Intellekt aus. Aufgrund seiner Kreatürlichkeit entspricht die dienende Hinwendung (arab. islâm) zu seinem Schöpfer seiner ursprünglichen Natur, nach der der M. zu Gott und zum Heil erschaffen ist. Aufgrund seiner intellektuellen Fähigkeiten ist der M. verführbar (→ Satan). Seine „Triebseele" (nafs) stachelt ihn zum Übel an (Sure 12:53). Obwohl alle Dinge von Gott bestimmt sind, wird der M. vor dem → Jüngsten Gericht für seine Werke zur Verantwortung gezogen. Diese Verantwortlichkeit sowie die Gleichheit der M. werden in der Moderne zunehmend betont. *Ha*

Lit.: Beck, E.: Iblis und Mensch, Satan und Adam, in: Le Muséon 89 (1976), 195–244. – Jomier, J.: Dieu et l'homme dans le Coran. L'aspect religieux de la nature humaine joint à l'obéissance au Prophète de l'Islam, 1996. – Le Gai Eaton, C.: Man, in: Nasr, S. (Hg.): Islamic Spirituality. Foundations, 1987, 358–377.

Menschenrechte (arab. ḥuqûq al-insân, pers. ḥuqûq-i insân, türk. insan hakları). Schon früh wurden in islam. → Philosophie, → Theologie und im → Recht die Rechte des Individuums im Unterschied zu den Rechten der Herrscher festgestellt. Mit dem zunehmenden Kontakt zu Europa verbreiteten sich dann die Konzepte der Aufklärung und Vorstellungen der Französ. Revolution. Zur gleichen Zeit drängten bürgerliche Eliten im Osman. Reich angesichts von Zentralisierungsbestrebungen der Regierungen auf Verfassungen, die die Rechte von Individuen verbriefen. Das *Hatt-i şerif* („Großherrscherliches Handschreiben“) von 1839 und die *Hatt-i hümayun* („Erlaß des Sultans“) von 1856 z.B. garantierten dem Individuum die Sicherheit von Leben, Ehre, Eigentum und einen fairen Prozeß. Im *Hatt-i hümayun* wurde Diskriminierung aufgrund von Rasse und Sprache verboten. In der allerdings bald ausgesetzten und erst 1908 wiederbelebten Osman. → Verfassung von 1876 wurden im Abschnitt *Huquq-i umumiye* („Allgemeine Rechte“) allgemeine Freiheiten garantiert, darunter auch das Recht der uneingeschränkten Religionsausübung. Als Mitgründer der Vereinten Nationen schlossen sich die meisten muslim. Staaten der Allgemeinen Erklärung der M. vom 10.12.1948 an. Große Unterschiede gibt es bei der Unterzeichnung verschiedener Menschenrechtsdeklarationen. Durch die gegenwärtig zunehmende Bedeutung von islam. Rechtssystemen als Identitätsmerkmal muslim. Staaten kommt es zu Konflikten zwischen naturrechtlichen Herleitungen der Rechte und der Unverletzlichkeit des Individuums einerseits sowie den auf dem Prinzip der Souveränität Gottes aufbauenden Rechtskonzepten andererseits. Von der → Organisation der Islam. Konferenz wurde 1990 die „Kairoer Deklaration für Menschenrechte im Islam“ verabschiedet, die jedoch von dem folgenden Gipfeltreffen der Staatsoberhäupter nicht ratifiziert wurde. Diese wie auch andere Erklärungen zeigen, daß Muslime M. als normativ anerkennen und es Bemühungen zur Angleichung gibt. In der Erklärung werden viele Konzepte und Termini der Menschenrechtserklärung der Vereinten Nationen übernommen, jedoch gibt sie im Konfliktfall Vorschriften der → Scharia den Vorrang. Das Recht auf Leben und die Menschenwürde werden koran. legitimiert (Suren 6:151, 17:70, 33:72). Einschränkungen gegenüber den allgemeinen M. bedeuten folgende Punkte: Die Gleichheit von Frauen und

Männern wird in bezug auf ihre „Würde", nicht aber in ihren Rechten festgestellt (Artikel 6). Aufgrund des Apostasieverbotes wird religiöse Freiheit so verstanden, daß lediglich Nichtmuslime ihre Religion wechseln können. Der Abfall vom Islam steht hingegen unter Strafe. Auch die Freiheit des Wortes wird unter dem Vorbehalt eines Blasphemieverbotes gestellt. Menschenrechtsbewegungen in muslim. Ländern sind zahlreich. 1933 wurde eine der ersten im spanischen Protektorat in Marokko gegründet. Die meisten Bewegungen entstanden in den 1980er Jahren, oft gegen den Widerstand der Regierungen, in Iran z.B. das „Iran. Komitee für die Verteidigung von M.", in der arab. Welt ist die vielleicht wichtigste Organisation die „Arab. Organisation für M.". *Sz*

Lit.: Krämer, G.: Gottes Staat als Republik. Reflexionen zeitgenössischer Muslime zu Islam, Menschenrechten und Demokratie, 1999.

Mernissi, Fatima (al-Mirnissî, Fâṭima, geb. 1940), marokkan. Soziologin, Schriftstellerin und Frauenrechtlerin. M. studierte Politik in Rabat, anschließend Soziologie in Paris und in den USA. 1973 promovierte sie zum Thema Sexualität, Ideologie und Islam; 1974–1981 lehrte sie Soziologie an der Universität Rabat. Ihre Publikationen behandeln u.a. Geschlechterrollen, weibliche Macht in der islam. Geschichte, Auswirkungen der Moderne in der marokkan. Gesellschaft und die Schicksale marokkan. Frauen. M. stellt wie andere Feministinnen die Frauenfreundlichkeit der frühislam. Zeit, besonders die des Propheten selber, heraus. *Bo*

Lit.: Mernissi, F.: Der Harem ist nicht die Welt, 1988. – Dies.: Geschlecht, Ideologie, Islam, 1987. – Dies.: Der Harem in uns, 1994. – Nagie, N.: Fez – New York und zurück. Fatima Mernissi. Ihre Welt und ihre Geschichte, 1992.

Miḥrâb, Gebetsnische in einer → Moschee, die zusammen mit der gesamten Wand die Richtung des Gebets nach → Mekka anzeigt. Der → Imâm nimmt für die Leitung des Gebetes Aufstellung vor dem M. Damit ist gleichzeitig für ihn ein „reiner Raum" bezeichnet, der für ein gültiges Gebet notwendig ist. Formal bildet der M. meist eine mehr oder minder große apsidiale Nische mit halbrundem oder rechteckigem Grundriß, kann aber auch als Steintafel mit der Darstellung einer Nische ausgebildet sein. Im andalus. und nordafrikan. Raum ist der M. oft als eigener kleiner Kuppelraum ausgestaltet (Moschee von Cordoba). Der Schmuck einer

Moschee konzentriert sich im allgemeinen auf den M. und auf die Zone um den M., damit gilt der M. als besonders sakraler Ort. Oft wird das Miḥrâbjoch mit einer Kuppel ausgestattet, die den Platz des Imâm auszeichnet. In Zeiten besonders strenger religiöser Anschauungen wurde der reich geschmückte M. zerstört oder weiß übertüncht, um die Gläubigen nicht vom Gebet abzulenken. Als Kunstwerk wurde der M. in verschiedenen Materialien gestaltet: Marmor, Stuck, Holz und Fayencen. Inschriftenbänder mit bestimmten Suren aus dem Koran, die die Größe und Allmacht Gottes ausdrücken (Thronvers 225, Sure 2), sowie das Glaubensbekenntnis bilden die Begrenzung. Symbole wie die Darstellung einer Lampe, die nach Sure 24:35 als Zeichen für Gott steht, Lebensbaummotive oder der arab. Schriftzug „Allâh" verleihen der Nische zusätzlich einen sakralen Charakter. In den modernen Moscheen bevorzugt man die einfache, ungeschmückte Nische. Formal läßt sich die Miḥrâbnische aus dem spätantiken Formenkanon ableiten, wo sie ebenfalls als „Hoheitszeichen" diente. Der erste M. wurde in Nischenform in den Jahren 706/07 in der Moschee von → Medina erbaut und galt als „Neuerung". Vorher muß aber schon ein Zeichen bestanden haben, wahrscheinlich eine Tafel mit Bogenmotiv, die bis heute als M. ihre Gültigkeit bewahrt hat. Bereits in Medina war der M. kostbar geschmückt und enthielt in der Nische den Stab des Propheten. *Fi*

Lit.: Kuban, D.: Muslim Religious Architecture, Bd. 1, 1971. – Papadopoulo, A. (Hg.): Le mihrab dans l'architecture et la religion musulmanes, Actes du colloque international tenu à Paris en mai 1980, 1980.

Milli Görüş → Deutschland, → Wohlfahrtspartei

Minarett (arab. manâr oder minâra, „Leuchtturm", auch ma'dhana, „Ort, von dem man den → Gebetsruf erschallen läßt"), ein zur → Moschee gehöriger Turm, der ausschließlich der Moschee vorbehalten ist. Im Mittelalter finden sich allerdings auch M. bei → Medresen. Der Ursprung des M. ist nicht eindeutig. Die frühesten M. haben im 7. Jh. möglicherweise kleinen Ciboria geglichen, die auf der Außenmauer oder auf einem kurzen Turmstumpf saßen und über eine Treppe zu erreichen waren, das sog. „staircase-minarett". Dieser Typ hat sich bis heute in Ostafrika und im

Jemen erhalten. In der Frühzeit besaß nicht jede Moschee ein M., sondern nur die Freitagsmoschee. Von dem Turm aus wurde der → Gebetsruf von einem oder mehreren Muezzinen verrichtet, dies ist zumindest in der Frühzeit von der Moschee des Propheten in Medina nachgewiesen, die je einen Turm in den vier Ecken besaß. Später kam die Sitte auf, einer Moschee oder Medrese mehrere M. beizufügen, z.B. die Sülaimaniya in Istanbul mit sechs M. (16. Jh.). Bei vielen Moscheen, v.a. in Iran, erklingt der Gebetsruf nicht von den hohen Türmen, sondern von einem kleinen ciborienartigen Aufbau über dem Portal, dem sog. guldasteh. Die Position des M. ist unterschiedlich, der Turm kann direkt angebaut sein oder unabhängig seitwärts stehen. In Iran entwickelten sich Moscheefassaden mit großen Portalen, die seitlich von schlanken Türmen eingefaßt werden (Masjid-e Shâh-i Iṣfahân, 1616). Formal lassen sich zwei Typen von Türmen unterscheiden: M. mit einem quadrat. Schaft, deren Vorbild wahrscheinlich bei antiken Leuchttürmen zu suchen ist, und M. mit Rundschaft, die z.T. auf einen quadrat. Sockel gesetzt werden. Quadrat. Türme sind v.a. im Mittelmeerraum zu finden, Rundtürme in Iran, Indien, Zentralasien und der Türkei. Die Abstufung eines Turmschaftes in Geschosse mit unterschiedlichen Abschnitten entwikkelte sich v.a. in Ägypten unter den Mamlûken (13.–15. Jh.) Eine Ideallösung stellt das hohe, pfeilartige M. der osman. Moscheen dar, das bis heute – wenn auch unerreicht – Vorbildcharakter besitzt. Daneben dient häufig ein montierter Lautsprecher als „M." für den Gebetsruf. *Fi*

Lit.: Bloom J.: Minaret. Symbol of Islam, 1989. – Schacht, J.: Ein archaischer Minarett-Typ in Ägypten und Anatolien, in: Ars islamica 5 (1938), 46–54.

Minbar, Kanzel in einer Moschee für die Freitagspredigt; formales Vorbild waren koptische Kanzeln. → Muḥammad wurde laut Überlieferung ein dreistufiger M. aus Äthiopien geschenkt, von dem aus er seine Ansprachen hielt. In der Frühzeit diente der M. möglicherweise als Richterstuhl. Die Kalifen erhöhten den M. um mehrere Stufen, die späteren M. besaßen meist bis zu sieben Stufen, konnten aber wie die osman. M. noch höher sein. Der M. befindet sich nach dem Vorbild der Prophetenmoschee in Medina immer rechts vom → Miḥrâb. In den Moscheen des Westens, in Nordafrika und auch Andalusien lag rechts neben dem Miḥrâb ein

Raum, in dem der M. verborgen und nur zu den Freitagsansprachen (→ Predigt) hervorgeholt wurde. Als für den Gottesdienst notwendiges Requisit wurde der M. oft als kostbar verziertes Kunstwerk gestaltet, wie etwa der Holzminbar in der Großen Moschee in Qairawân/Tunesien aus dem 9. Jh., der vermutlich aus dem Irak stammt. Verziert werden die Seitenwangen, Stufen und der Sitz, über dem sich ein Baldachin erhebt. Abgesehen von M., die aus Holz gefertigt wurden, gibt es auch aus Stein gemauerte M., v. a. in osman. Moscheen. *Fi*

Lit.: Becker, C.: Die Kanzel im Kultus des alten Islam, in: Orientalische Studien, Festschrift Theodor Nöldeke, 1906, 331–351, oder in: Islamstudien I (1924), 450–471. – Pedersen, J.: Art. „Minbar", in: The Encyclopaedia of Islam, Bd. 7, 1993, 73 ff.

Mission (arab. daʿwa). Die islam. M. im 20. Jh. zielt nicht in erster Linie auf die Bekehrung von Ungläubigen ab, sondern war vielmehr auf eigene Glaubensbrüder ausgerichtet, die – vom westlichen Säkularismus und Materialismus verführt – vom rechten Wege abgekommen seien. So meinte etwa Ḥasan al-Bannâ (1906–1949), der Gründer der → Muslimbruderschaft, daß die missionar. Tätigkeit bei einem selbst beginnen müsse. Erst dann könne man dazu übergehen, seine nähere Bekanntschaft, die Gemeinschaft, in der man lebt, das eigene Land, die muslim. Gesamtgemeinde (→ Umma) und schließlich den Rest der Welt zum wahren Islam zu führen. Auf gesellschaftspolit. Ebene werden verschiedene Möglichkeiten für eine reformist. Missionierung der vom richtigen muslim. Glauben Abgefallenen genannt: Aufbau von Organisationen wie der → Liga der islam. Welt mit Sitz in Saudi Arabien, aktives Engagement für eine Islam. Ordnung im Alltag und in der Öffentlichkeit, Unterwanderung des bestehenden polit. Systems und Widerstand gegen die als unislam. angesehenen Praktiken und Prinzipien. Obgleich reformist. missionar. Bestrebungen dieser Art Teilerfolge (→ Re-Islamisierung) in einzelnen Ländern verbuchen können, ist der Versuch, überregionale missionar. Vereinigungen zu etablieren, bisher nicht sehr erfolgreich gewesen. *Co*

Lit.: Piscatori, J. P.: Islam in a World of Nation-States, 1986. – Schulze, R.: Islamischer Internationalismus im 20. Jahrhundert. Untersuchungen zur Geschichte der Islamischen. Weltliga, 1990. – Poston, L.: Da'wah in the West. Muslim Missionary Activity and the Dynamics of Conversion to Islam, 1992.

Modernismus, Strömung innerhalb der muslim. intellektuellen Auseinandersetzung um die richtige Entgegnung auf die europäische Herausforderung, deren Träger sich bei der theoret. Fundierung ihres Gesellschaftsentwurfes auch auf westliche („moderne") Konzeptionen stützen. Die überwiegende Mehrheit der Modernisten leitet ihr Weltbild – im Gegensatz zu den Anhängern des → Reformislam oder des → Traditionalismus – gleichberechtigt aus islam. und europäischen Vorstellungen ab. Sie wollen die für sie offenkundige Rückständigkeit der muslim. Welt überwinden. Das polit. Mittel zum Erreichen dieses Zieles wird in der Beschneidung autoritärer Herrschaftsformen durch die Einführung eines konstitutionellen, parlamentar. Regierungssystems (→ Demokratie) gesehen. Hinzu kommen Forderungen nach größerer individueller Freiheit und besseren Ausbildungsmöglichkeiten. Einige Modernisten wollen Religion und Politik voneinander trennen und den Islam zur Privatsache erklären. Solche Säkularisten (al-→ʿAẓm) machen allerdings nur einen verschwindend kleinen Teil dieser Strömung aus. Die meisten Modernisten möchten die islam. Grundorientierung ihrer Gesellschaften nicht ändern. Zu Beginn des 20. Jh. waren – v. a. in Syrien und Ägypten – viele Modernisten arab. Christen, die Europa und die Aufklärung als Bestandteile ihrer eigenen Kultur ansahen. Der Westen war nicht ihr Feind, sondern nachahmenswertes Vorbild. Einige Ideen dieser Christen wurden im Laufe der Zeit von muslim. Modernisten aufgegriffen. Im Zentrum ihrer Überlegungen stand die Wiedergewinnung der polit. Freiheit im Rahmen von Nationalstaaten. So propagierten z. B. in Ägypten die Modernisten Ahmad Luṭfî as-Sayyid (1872–1963) und Rafîq al-ʿAẓm (gest. 1925) die intellektuelle Befreiung von der arab. Überfremdung unter Betonung einer eigenen ägypt. „Persönlichkeit" und „Mentalität". Ende der 1920er Jahre gingen Schriftsteller wie Ṭâhâ Ḥusain (1889–1973) und Muḥammad Ḥasanain Haikal (1888–1956) daran, das authent. ägypt. kulturelle Erbe unter ständigem Rekurs auf europäische Vorstellungen wiederzubeleben und ihm als Essenz ägypt. Selbstverständnisses künstler. Ausdruck zu verleihen. Solche modernist. Ideen faßten in der Zwischenkriegszeit nicht nur in Ägypten, sondern auch in anderen islam. Ländern Fuß. Überall kam es zur Herausbildung von „Nationalgeschichten", „Nationalkulturen" und „Nationalliteraturen". Als in den 1930er und

1940er Jahren einerseits die von Modernisten ins Leben gerufenen Parteien bei dem Versuch scheiterten, ihre demokrat. und liberalen Positionen polit. durchzusetzen und sich andererseits nach dem Zweiten Weltkrieg in zahlreichen Staaten des Nahen Ostens der „Arab. Sozialismus“ durchsetzen konnte, gerieten viele Modernisten in eine tiefe Orientierungskrise. War daher in den 1970er Jahren eine Annäherung der Modernisten an die Vorstellungen der Vertreter des gemäßigten → Reformislam zu spüren, so drehen sich die modernist. Debatten seit Mitte der 1980er Jahre wieder vermehrt um die Frage, ob und wie es gelingen kann, bestimmte als modern definierte Werthaltungen, Verhaltensweisen und Institutionen zu übernehmen und dennoch der eigenen Tradition treu zu bleiben. Letztlich geht es bei diesen Diskussionen um die (alte) Frage, wie eine modernist. Identität aussehen könnte. Diskutiert wird weiterhin über die Schlüsselbegriffe Erbe (arab. turâth) bzw. Authentizität (arab. aṣâla) einerseits und europäisches Denken bzw. Kontemporaneität (arab. muʿâṣara) andererseits: „Wie“, so der ägypt. Modernist Zakî Najîb Maḥmûd (gest. 1993), „bringen wir jenes hereinkommende Denken (arab. al-fikr al-wâfid), ohne daß uns unsere Epoche entgleitet und umgekehrt, in Übereinstimmung mit unserem Erbe, ohne das uns unsere Arabizität entgleitet und umgekehrt?“ *Co*

Lit.: Boullata, K.: Trends and Issues in Contemporary Arab Thought, 1990. – Ferjani, M.-C.: Islamisme, laïcité, et droits de l'homme. Un siècle de débat sans cesse reporté au sein de la pensée Arabe contemporaine, 1991. – Scheffold, M.: Authentisch arabisch und dennoch modern? Zaki Najib Mahmuds kulturtheoretische Essayistik als Beitrag zum euro-arabischen Dialog, 1996.

Mohamed → Muḥammad

Moral, im Sinne von sittlichem Handeln, in der islam. Normativität (→ Scharia) als Ergänzung, nicht als Gegensatz zur äußerlichen Befolgung der Gesetze verstanden. Sie äußert sich vorrangig in der Verantwortung gegenüber Gott in einem inneren Bereich (Gewissen, forum internum), welcher jenseits des von der islam. Gerichtsbarkeit (→ Kadi) erfaßbaren äußeren Bereichs des Augenscheins liegt und daher von Gerichten nicht beurteilt werden kann. Der ganzheitliche Charakter wird etwa in der fünfstufigen religiös-rechtlichen Bewertung von Handlungen deutlich, die von notwendigen zu empfehlenswerten, erlaubten, verwerflichen und verbotenen Handlungen reicht. *Mü*

Lit.: Johansen, B.: Die sündige, gesunde Amme. Moral und gesetzliche Bestimmung (ḥukm) im islamischen Recht, in: Welt des Islam 28 (1988), 264–282.

Moschee (arab. masjid, „Ort, an dem man zum → Gebet niederfällt"). Das täglich fünfmalige Gebet ist obligator. für jeden erwachsenen Muslim, ebenso die Teilnahme am gemeinsamen Freitagsgebet. Demgemäß gibt es Freitags- oder Versammlungsmoscheen und kleine M. für das tägliche Gebet. In der Freitagsmoschee wird die → Predigt gehalten, die bis heute nicht nur religiösen, sondern auch polit. Charakter hat, weshalb die Freitagsmoscheen oft der Ausgangspunkt für Revolutionen waren. Ursprünglich leitete der Kalif das Freitagsgebet, delegierte dies aber bereits im 10. Jh. an einen → Imâm. Der Bau einer Freitagsmoschee beinhaltet demgemäß stets eine polit. Absicht, die sich im Laufe der Geschichte in der Architektur ausdrückte. Eine M. ist ein Versammlungsraum ohne spezifisch sakralen Charakter, der sich zudem durch den Akt des Schuhe-Ablegens der reinen Profanität entzieht. Die → Miḥrâb-Nische hat schon im Laufe der Zeit einen sakralen Charakter angenommen und wird als bedeutsamer Ort des Raumes empfunden. Als weitere Innenausstattung finden sich in einer Freitagsmoschee ein → Minbar und eine Dikka, eine Art Plattform, auf welcher der Muezzin zum gemeinsamen Gebet am Freitag den → Gebetsruf vollzieht. Mit der M. verbunden sind stets Waschanlagen, die die rituelle Reinheit für das Gebet gewährleisten (→ Unreinheit). In der Frühzeit des Islams befanden sich diese Waschanlagen stets außerhalb der eigentlichen M., eine Sitte, zu der man heute wieder zurückkehrt. Der Brunnen im Hof oder das Wasserbecken dienten früher nicht den Waschungen, sie enthielten reines Trinkwasser. Das → Minarett ist für eine Moscheeanlage nicht obligator., meist aber mit einer Freitagsmoschee verbunden. Bereits zur Zeit Muḥammads gab es M., deren Architektur wir jedoch nicht kennen. Typisch für die Frühzeit des Islams sind einfache Gebetshallen mit vielen Stützen, Marmor- oder Holzsäulen (hypostyle M.), denen ein Hof vorgelagert sein konnte. Gebetsraum und Hof bildeten eine Einheit, zumal der Hof oft von Arkadengängen eingefaßt war. Eine zusätzliche Schutzzone (arab. ziyâda) umgab häufig eine M., die mit einer großen Zahl von Türen ringsum offen stand. Diese Bauweise breitete sich mit den Eroberungszügen der Muslime in den verschiedenen Ländern aus. Der Bau und die Konstruktionstechnik unterscheiden sich gemäß der Bautradition der unterschiedlichen islam. Länder mit ihren jeweiligen Werkstoffen wie Backstein, Lehmziegel, Stampflehm und Stein. In den Ländern des Vorderen Orients gibt es Stützenmoscheen mit und ohne Hof, Kuppelmoscheen mit einem großen Kuppelraum oder solche mit mehreren Kuppeljochen. Im pers. Gebiet sind Îwânmoscheen verbreitet (ein Îwân ist ein dreiseitig geschlossener tonnenüberwölbter Raum, der sich zum Hof hin öffnet). Vier-Îwânmoscheen, bei denen Îwâne die vier Seiten des Hofes begrenzen oder nur zwei Îwâne einander gegenüberstehen, sowie Kuppelmoscheen sind für den pers. Raum verbindlich. In den von Osmanen beherrschten Gebieten findet sich v.a. die Kuppelmoschee. In der modernen Architektur werden häufig traditionelle Formen übernommen und in eine moderne Sprache übersetzt, z.B. die al-Ghadir-M. in Teheran (1977–87) oder die M. von Neu-Gurna/Luxor (1948). *Fi*

Lit.: Frishman, M. (Hg.): Die Moscheen der Welt, 1995. – Hillenbrand, R.: Islamic Architecture, 1994. – Holod, R.: The Mosque and the Modern World. Architects, Portraits and Designs since the 1950s, 1997. – Kuban, D.: Muslim Religious Architecture Bd. 1, 1971, Bd. 2, 1985. – Vogt-Göknil, U.: Die Moschee, Grundformen sakraler Baukunst, 1978.

Moses (arab. Mûsâ), der neben → Abraham und → Jesus wichtigste islam. → Prophet. M. ist die im Koran am häufigsten erwähnte Figur der → Thora. In vielen Aspekten wurde sein Prophetentum als Parallele zu → Muḥammads Wirken verstanden: der Kampf gegen den Polytheismus (M. als Widersacher des Pharao), der Exodus (→ Hijra-Motiv), die Rolle als Gesetzgeber und Empfänger einer göttlichen → Offenbarung. Das islam. Mosesbild greift v.a. auf das Alte Testament und die jüd. Haggada zurück; im Koran nehmen die aus der → Bibel bekannten Motive breiten Raum ein: M. als Findelkind, sein Konflikt mit dem Pharao, die Plagen über Ägypten, der Durchzug durchs Rote Meer und die Wunder (Speisung in der Wüste). *Schö*

Lit.: Prenner, K.: Muhammad und Musa, 1986.

Moslem → Muslim

Mudschahidin (arab. pl. mujâhidûn, sg. mujâhid). Der Begriff bedeutet „die den → Jihâd ausüben". *El*

Muezzin → Gebetsruf

Muftî, der Aussteller eines Rechtsgutachtens (→ Fatwâ). *Mü*

Muḥammad (ca. 570–632), der Prophet des Islams. Er gehörte der Sippe der Hâshimiten (aus dem Stamm der Quraish) an. Die islam. Tradition schildert ausführlich M.s Geburt in → Mekka, die bis heute gefeiert wird (→ Festtage); auch um seine Amme Ḥalîma ranken sich Geschichten. Früh verlor er seine Eltern Âmina und ʿAbd Allâh (der vielleicht noch vor Muḥammads Geburt starb) und wuchs als Waisenkind bei seinen Verwandten auf. In seiner Jugend führte er teils ein Hirtenleben – eine Parallele zu → Moses –, teils unternahm er mit seinem Onkel Handelsreisen nach Syrien. Christliche Mönche, etwa Baḥîrâ, sagten dort M.s Prophetentum voraus. Später lebte er als Kaufmann in Mekka und heiratete Khadîja, seine erste Frau und Mutter der → Fâṭima. Mit 40 Jahren, im Jahr 609 oder 610, empfing M. zum ersten Mal die → Offenbarung Gottes, in einer Bergeshöhle nahe Mekka. Die Zahl 40 ist dabei eine symbol. Zahl: Sie ist mit dem Exodus-Motiv (→ Hijra) verknüpft, und 40 Jahre gelten im Koran als reifes Mannesalter (Sure 46:15). Wenig später begann M. die öffentliche Predigt gegen die mekkan. Polytheisten; daneben stand er in Kontakt mit den dort ansässigen → Juden, → Christen u.a. Monotheisten. Die Hauptthemen seiner ersten Predigttätigkeit sind aus dem → Koran bekannt und betreffen v.a. das → Jüngste Gericht und das Bekenntnis zu einem strikten Monotheismus. In Mekka stieß M. damit auf Ablehnung und Widerstand, nur wenige Vertraute, darunter → ʿAlî, glaubten an seine Berufung. Einige seiner Anhänger flohen ins christl. Äthiopien, doch die feindselige Haltung der Quraish nahm zu. M. warb deshalb in benachbarten Städten für seine Botschaft, zunächst ohne Erfolg. Schließlich aber gelang eine Einigung mit den Bewohnern Medinas, die ihm Gefolgschaft schworen und ihn und seine Anhänger in ihrer Stadt aufnehmen wollten. So kam es im Jahr 622 zur Hijra, der Übersiedlung nach

→ Medina; M.s mekkan. Periode war beendet. Das folgende Jahrzehnt bis zu seinem Tod im Jahr 632, die sog. medinens. Periode, verbrachte M. in Medina. Dort hatte sich eine völlig neue Situation ergeben: M. war nicht mehr ein angefeindeter, wehrloser Prophet, sondern der geachtete Anführer eines Gemeinwesens (→ Umma), dessen Ordnung bald durch einen Vertrag geregelt wurde. Diese umma bestand aus den Einwohnern Medinas (den „Helfern", arab. anṣâr) und den mekkan. „Emigranten" (arab. muhâjirûn), anfangs auch aus den Juden. In Medina wurden die ersten → Moscheen des Islams errichtet, die Gebetsrichtung (→ Qibla) und weitere islam. Pflichten (→ Almosen, → Fasten) wurden festgelegt Der Konflikt mit dem → Judentum verschärfte sich; aus einer theolog. Auseinandersetzung entwickelte sich ein kriegerischer Konflikt, nachdem die Juden (tatsächlich oder vermeintlich) mit den polytheist. Mekkanern paktiert hatten, um gemeinsam gegen M. vorzugehen. Nacheinander belagerten und überwältigten die Muslime schließlich die drei jüd. Stämme Medinas. Zwei von ihnen wurden vertrieben, die Männer des dritten getötet, ihre Frauen und Kinder in die Sklaverei verkauft. Diese Episode wird von Nichtmuslimen oft als schwarzer Fleck in der Geschichte des frühen Islams gesehen; für manche islam. Ideologen, speziell im Rahmen des Palästinakonflikts, ist sie ein willkommenes Exempel. Doch nicht nur die Juden, auch die Mekkaner ließen sich auf die militär. Auseinandersetzung mit der Gemeinde M.s ein. Eine Schlacht (bei Badr, 624) endete siegreich, eine andere (bei Uḥud, 625) ging verloren; ohne Erfolg blieb die Belagerung Medinas im sog. „Grabenkrieg" (627). Danach waren die Kriegsparteien erschöpft, doch die islam. Gemeinde hatte in diesen Auseinandersetzungen eher an Stärke gewonnen, die Mekkaner hingegen wurden zunehmend uneins. Im Jahr 628 unternahm M. einen ebenso gewagten wie überraschenden Schritt: Er pilgerte zur → Kaaba nach Mekka. Zwar scheiterte diese Wallfahrt noch am Widerstand der Mekkaner, aber bei dem Ort al-Ḥudaibiya wurde eine Waffenruhe und die Wallfahrt des Propheten für das kommende Jahr vereinbart. M.s Position war gefestigt; er überfiel eine Reihe jüd. Ansiedlungen im Umland Medinas, und die vereinbarte Pilgerfahrt fand 629 statt. Ein Jahr später war der Widerstand der Mekkaner soweit erloschen, daß sie M. die fast kampflose Einnahme Mekkas ermöglichten. Der Prophet ließ die Kaaba von allen polytheist. Symbolen reinigen und richtete sie als Zentrum der → Pilgerfahrt ein. Daneben war er bestrebt, den Islam unter den Stämmen Arabiens zu verbreiten, v.a. durch Gesandtschaften; gelegentliche Raubzüge führten die Muslime nun bis zum Pers. Golf und an die Grenzen Syriens. Im Jahr 632 unternahm der Prophet seine letzte Pilgerfahrt, die sog. „Abschiedswallfahrt"; sie sollte zum wichtigsten Vorbild für den Ritus der Pilgerfahrt werden. Im selben Jahr starb M. in Medina. Sein Tod wird in den Quellen ausführlich geschildert, und sein Grab in der Prophetenmoschee von Medina ist seit jeher ein bedeutender Wallfahrtsort, der von den Muslimen in der Regel im Anschluß an die Pilgerfahrt nach Mekka besucht wird. – Die bisherige Darstellung fußt auf den arab. Quellen, der islam. Überlieferung (→ Ḥadîth) und der Prophetenbiographie (arab. sîra). Diese sind von der westlichen Orientalistik eingehend untersucht worden, bisher mit einem ernüchternden Ergebnis: So ist es zwar möglich, die Geschichtlichkeit der Überlieferung in vielen Punkten anzuzweifeln, aber eine alternative Rekonstruktion der Prophetenbiographie scheint unmöglich. – Dank der Überlieferung über M., die ihn gemäß dem islam. Verständnis als Mensch mit allen Stärken, aber auch Schwächen zeichnet, sind wir über alle großen und kleinen Details seines Aussehens, seiner Persönlichkeit und seines Lebens informiert; wir kennen die Namen seiner Reittiere, die Form seiner Sandalen, seine Lieblingsspeise und die Art, wie er weinte und lachte. Seine Handlungen und Aussprüche (→ Sunna) sind vieltausendfach überliefert und bilden die Grundlage des islam. → Rechts. Für den Einzelnen ist er das „gute Vorbild" der Lebensführung, die islam. Gemeinde gewinnt durch seine Person ihre Identität. Mit M.s Wirken vollendet sich die islam. → Heilsgeschichte. Obwohl er „nur" Mensch war, beglaubigte Gott sein Prophetentum mit zahlreichen → Wundern, als deren größtes der → Koran gilt, neben der (zeitweiligen) Spaltung des Mondes in zwei Hälften und der → Himmelsreise M.s. Am Tag des → Jüngsten Gerichts wird M. für die Gläubigen Fürbitte leisten, bevor er als erstes Geschöpf das Paradies betritt; diese Fürbitte ist eines der Hauptanliegen der Prophetenlobdichtung, die seit vielen Jahrhunderten blüht und als die charakterist. Form islam. religiöser Dichtung gelten kann. – Das M.-Bild in Europa war lange Zeit geprägt von roher Polemik: „Mahound" als Lügenprophet, Anti-

Christ, Götzenanbeter, Verrückter oder Epileptiker. In der Aufklärung wurden positive Seiten seiner Gestalt als Provokation der Kirche entdeckt, im Romantizismus und dem damit zusammenhängenden Geniekult betonte man die Kraft von M.s prophet. Sendung. Seit dem 19. Jh. wurde sein Wirken von westlichen Islamforschern verschieden interpretiert: als gesellschaftlicher Reformversuch, als genuin religiöse Verkündigung, als Ausdruck der arab. Volkswerdung. Heutige islam. Darstellungen übernehmen, je nach Ausrichtung, die westlichen Interpretationen oder lehnen sie, im Namen eines „unverfälschten Islam", explizit ab. *Schö*

Lit.: Andrae, T.: Mohammed. Sein Leben und sein Glaube, 1932 (mehrfach nachgedruckt). – Bobzin, H.: Muḥammad, 2000. – Buhl, F.: Das Leben Muhammeds, [3]1961. – Cook, M.: Muhammad, 1983. – Miehl, M.: Muhammad, 2000. – Paret, R.: Mohammed und der Koran, [5]1980. – Schimmel, A.: And Muhammad is His Messenger. The Veneration of the Prophet in Islamic Piety, 1985. – Schoeler, G.: Charakter und Authentie der muslimischen Überlieferung über das Leben Muhammeds, 1996. – Schöller, M.: Exeget. Denken und Prophetenbiographie, 1998.

Muhammad Ali (Cassius M. Clay, geb. 1942), Boxschwergewichtsweltmeister. Bereits in früher Jugend begann Clay mit dem Boxen und gewann 1960 die Goldmedaille im Halbschwergewicht bei den Olymp. Spielen in Rom. Im Verlauf seiner Profikarriere gelang es ihm als einzigem Boxer, dreimal den Titel des Schwergewichtsweltmeisters zu erkämpfen. Ali unterschied sich nicht nur in seinem ungewöhnlichen Boxstil von vielen seiner Kollegen, sondern auch durch sein selbstbewußtes Auftreten und seine kontroversen polit. Statements, so daß er zu einer Symbolfigur der schwarzen Protestbewegung in den 1960er und 1970er Jahren avancierte. Seine enge Freundschaft zu → Malcolm X führte unmittelbar nach dem Titelkampf gegen Sonny Liston (1964) zur Bekanntgabe seiner Konversion zum Islam und seiner Mitgliedschaft in der → Nation of Islam, deren Oberhaupt ihm auch seinen muslim. Namen M. A. verlieh – ein Schritt, der die von Weißen dominierte Sportwelt zutiefst irritierte. 1967 verweigerte M. A. unter Hinweis auf seine Religion den Wehrdienst in Vietnam, worauf ihm für drei Jahre die Boxlizenz und damit der Titel entzogen wurde. In den 1970er Jahren kehrte M. A. in den Ring zurück, seine sportliche Karriere, die er 1981 aufgrund einer Parkinsonerkrankung beendete, fand ihren Höhepunkt in den drei

Kämpfen gegen Joe Frazier und dem Titelkampf gegen George Foreman in Kinshasa (1974). *Ep*

Lit.: Reemtsma, J.P.: Mehr als ein Champion, 1997. – Remnick, D.: King of the World, 1998.

Mullah (pers. mollâ), islam. → Gelehrter, Lehrer, Prediger und Geistlicher niederen Ranges oder Theologiestudent. *Pi-Ha*

Lit.: → Gelehrte

Musik. Der aus dem Griechischen stammende arab. Begriff mûsîqâ bezeichnete bis zu Anfang des 20. Jh. vornehmlich die spekulative Musiktheorie. Für die Musikpraxis verwendete man arab. Begriffe wie z.B. ghinâ' („Gesang"), samâ' („Hören") oder ṭarab („durch M. hervorgerufener Zustand der Verzückung"). Das vorderoriental. Tonsystem kennt im Gegensatz zum temperierten europäischen System neben Ganz- und Halbtonschritten auch Intervalle, die kleiner als ein Halbton sind und mit ihm zusammen die für diese M. typischen Dreivierteltonschritte ergeben. Die tonräumliche Organisation wird durch maqâmât (sg. maqâm) geregelt; maqâmât bezeichnen die oriental. Modi, die sich hinsichtlich ihrer Tonstruktur und dem ihnen zugeschriebenen emotionalen Gehalt voneinander unterscheiden. Ein maqâm ist durch die Kombination von verschieden großen Sekundschritten und durch die unterschiedliche Rolle, die Töne innerhalb der musikal. Ausgestaltung einnehmen, gekennzeichnet. Analog zur griechischen Affektenlehre sollen maqâmât verschiedene Gefühlszustände hervorrufen. Heute sind etwa dreißig maqâmât in Gebrauch, weitaus mehr sind theoret. bekannt. Jedes Musikstück steht in einem bestimmten Grundmaqâm, doch können innerhalb des Stücks beliebig viele Modulationen auftreten. Ein guter Musiker vermag durch geschickte Melodieführung und hohe Improvisationskunst, die Spannungsverhältnisse zwischen Tönen zutage treten zu lassen und seine Zuhörer zu emotionalen Reaktionen zu bewegen. Dies kann durch ein Soloinstrument – v.a. Laute, Flöte, Geige, Zither – oder vokal geschehen und wird metrisch frei ausgeführt. In vielen musikal. Genres heute wird maqâm oft nur als Vorrat an Gebrauchstönen begriffen und unter Einfluß europäischer Musiktheorie als Skala von sieben Tönen in jeweils unterschiedlichen

Intervallen dargestellt. Die zeitliche Organisation der M. geschieht durch rhythm. Pattern, die aus einer wiederkehrenden Abfolge von betonten und unbetonten Schlägen sowie Pausen bestehen. – Der Islam bedient sich musikal. Klangs zur Überhöhung religiöser Texte, doch wird in der Begriffsbildung streng unterschieden zwischen M. im weltlichen und religiösen Kontext. Letztere wird nicht als M. bezeichnet, obwohl strukturell kaum Unterschiede bestehen. Koranrezitation, Gebetsruf und rezitativ vorgetragene Gebete folgen den Regeln der maqâm-Darstellung. Der maqâm ist dabei frei wählbar, die Rezitationen werden metrisch frei und ohne begleitende Instrumente vorgetragen. Zur M. im religiösen Kontext zählen weiterhin Genres innerhalb religiöser Riten und Lieder mit religiösem Inhalt. Die ästhet. und normativen Kriterien der Koranrezitation haben auch den weltlichen Gesang geprägt. Die Diskussion um die Zulässigkeit von M. setzt beim bloßen Hören von M. (arab. samâʿ) an. An der sog. samâʿ-Polemik beteiligten sich nicht nur Rechtsgelehrte und Theologen, sondern auch Literaten, Mystiker und selbsternannte Hüter von Ordnung und Moral. Die Positionen reichen von absoluter Verwerfung von M. bis zu ihrer Inkorporation in religiöse Praktiken bei den Mystikern. Beim → Dhikr spielen Text, M. und Bewegung (→ Tanz) eine Rolle. Vokal- und Instrumentalstücke entsprechen dabei weitgehend den musikal. Erscheinungsformen der praktizierten Kunstmusik des jeweiligen Landes. Der Einsatz von Musikinstrumenten hängt vom Orden und dem Ort der Zeremonie ab. Im einfachsten Fall werden nur Rahmentrommeln benutzt, einige Orden verwenden Längsflöte und Pauken, dazu können zusätzlich Kniegeige, Laute, Beckenpaare, heute auch Akkordeon oder Klavier kommen, wie in einigen Exilgemeinden in den Vereinigten Staaten. – Der maqâm als zentrales Element der Kunstmusik ist vom arab. Raum über Zentralasien bis Westchina zu finden. Dabei bezeichnet maqâm bzw. seine sprachlichen Varianten sowohl modales Ordnungsprinzip als auch eine zyklische Aufführungsform verschiedener instrumentaler und vokaler Genres. Die traditionelle Kunstmusik ist modal ausgerichtet und damit primär melod. Sie wird heterophon begleitet, d.h. die Instrumente umspielen die melod. Linie, verzieren sie und wiederholen einzelne Phrasen, so daß nicht nur eine Mehrstimmigkeit, sondern auch ein filigranes Gewebe um einzelne Töne und melod. Linien herum entsteht. Typisch für die Melodieführung sind kleine Tonschritte auf engem Raum und wenig Sprünge. Die Volksmusik der verschiedenen Regionen ist weitaus heterogener. Weit verbreitet ist der Epengesang, oft ausgeführt von einem sog. Dichtermusiker, welcher für die poet. wie musikal. Gestaltung zuständig ist und sich selbst auf einem Saiteninstrument begleitet. – Bis auf einzelne Ausnahmen hat keine der oriental. Musikkulturen vor dem 19. Jh. eine Notation besessen. Nur die komplexe Theorie wurde schriftlich niedergelegt, die M. selbst sowie das Regelwerk ihrer Ausführung dagegen wurden mündlich tradiert. Europäische Einflüsse, nach denen die Anerkennung einer musikal. Tradition im wesentlichen in ihrer unveränderbaren schriftlichen Niederlegung bestand, waren die hauptsächliche Motivation für die Entwicklung von Notationssystemen. Daneben spielte die Angst vor Verlusten durch soziale Veränderungen eine Rolle. Seit Ende des 19. Jh. haben viele Musikkulturen eine nach ihren jeweiligen Bedürfnissen leicht modifizierte europäische Notenschrift übernommen. In fast allen Staaten existiert heute formaler Musikunterricht an Schulen und Konservatorien, wo neben der eigenen M. auch europäische M. gelehrt wird. – Kulturelle Kontakte, die Einführung von Massenmedien und Veränderungen im sozialen Leben haben einen Wandel im ästhet. Empfinden sowie der sozialen Funktionen von M. bewirkt. Sie führten gleichzeitig zur Herausbildung neuer Stile und Genres, sowohl in der sog. klassischen wie auch in der populären M., die nebeneinander genutzt werden. Mit der Welle der sog. „Weltmusik" sind regionale Stile wie → Rai internationalisiert worden oder Fusionen mit anderen Richtungen wie → Jazz eingegangen. Auch in der Bundesrepublik → Deutschland sind viele der beschriebenen Musikformen vertreten, von der M. innerhalb religiöser Praktiken über traditionelle Formen bis zur Popmusik. Ausgeprägt transkulturell sind die Musikstile einiger Jugendkulturen ausgerichtet (Techno, Hip-Hop), wo durch die Technik des Sampling verschiedene musikal. Versatzstücke neu zusammengesetzt werden. Besonders Hip-Hop, in den USA unter den sozial marginalisierten Schichten als musikal. Ausdruckskraft derer entstanden, die von den geltenden Werten eines Systems abweichen oder zur Seite gedrängt werden, wurde in Deutschland seit den 1980er Jahren für Angehörige der sog. dritten Generation von Einwanderern zum Mittel, ihre Identität zu formen und zu begreifen. Die Texte handeln von Rassismus und Gewalt, teilweise auch im Kampf gegen einen Staat, der ihnen Rechte vorenthält, aber auch von individuellen Themen. Gerappt wird auf deutsch, englisch und türkisch, wie von der türk. Vorzeige-Rapperin Aziza A. und Gruppen, bei denen viele Namen auf ein zunehmendes Selbstbewußtsein dieser Generation deuten, wie „Islamic Force" aus Berlin, die Pioniere des „Oriental Hip-Hop", „Kanaks with Brain", „Sons of Gastarbeita" u.a. Analoge Tendenzen sind auch in anderen Staaten, v.a. England und Frankreich, zu beobachten.

Wei

Lit.: During, J. u.a.: The Art of Persian Music, 1991. – Touma, H.H.: Die Musik der Araber, 1989.

Muslim. Der Begriff bedeutet im Arabischen „einer, der sich unterwirft"; gemeint ist die Unterwerfung unter → Gott. Die gelegentlich gebrauchte Bezeichnung „Mohammedaner" lehnen M. im allgemeinen ab, da nach ihrem Glauben der Prophet → Muḥammad zwar Verehrung verdient, aber nicht den hohen Stellenwert einnimmt wie → Jesus im Christentum. Als grundlegende Bedingung für jeden M. sehen muslim. → Gelehrte den Glauben an Allâh, seinen Propheten Muḥammad und daran, daß der → Koran als Gottes Wort unbedingte Gültigkeit hat. Darüber hinausgehende Bedingungen waren schon in der islam. Frühzeit umstritten und bilden zentrale Fragen der → Theologie. Debattiert wird auch immer wieder die Lebenspraxis von M. Wenn theoret. das ganze Leben nach der → Scharia ausgerichtet werden soll, so halten sich viele M. nicht immer daran. Viele Fundamentalisten werfen diesen M. → Apostasie vor, die meisten Gelehrten und Intellektuellen aber sehen in minderschweren Verstößen gegen die Scharia lediglich eine Sünde.

El

Lit.: Spuler-Stegemann, U.: Muslime in Deutschland. Nebeneinander oder Miteinander, 1998.

Muslimbruderschaft (arab. Jamʿîyat al-ikhwân al-muslimîn), 1928 von Ḥasan al-Bannâ (1906–1949) in Ägypten gegründete und bis heute aktive Organisation. Zu Beginn war die M. eine religiöse und philanthrop. Gesellschaft, die im Umfeld säkularist. Tendenzen und hegemonialer Ansprüche der Briten islam. Moralvorstellungen verbreiten und wohltätige Aktionen unterstützen wollte. Bereits in den 1930er Jahren wurden die Aktivitäten der Gruppe jedoch zunehmend gesellschaftspolit. In dieser Zeit begann Ḥasan al-Bannâ, der lange Zeit als Lehrer arbeitete und als Redner eine charismat., massenwirksame Ausstrahlung besaß, einen allumfassenden und revolutionären Islam zu predigen und seinen Zuhörern die Zukunftsvision eines wahren Islam. Staates näherzubringen. Dazu sei allerdings – so al-Bannâ – erst einmal eine moral. Reform notwendig. Bis 1938 nahmen die Muslimbrüder die Form einer polit. Gruppierung mit streng hierarch. Strukturen an. Es gelang ihnen, einen Staat im Staate aufzubauen, indem sie ihre eigenen Firmen gründeten, Fabriken, Schulen und Krankenhäuser unterhielten und innerhalb der Armee und den Gewerkschaften Posten und Ämter besetzten. Ende der 1950er Jahre schätzte man die Mitgliederzahl der Muslimbrüder auf etwa 500000. In dieser Zeit nahmen die Spannungen zwischen den Anhängern der M. und der Regierung ständig zu. Schließlich kam es zur Eskalation: Erst wurde 1948 der Premierminister Maḥmûd Fahmî an-Nuqrâshî ermordet, dann fiel Ḥasan al-Bannâ selbst einem Anschlag zum Opfer. Zum neuen Führer wurde Ḥasan al-Huḍaibî (bis 1972) ernannt. Auch die Machtübernahme durch die „Freien Offiziere" im Juli 1952 führte nicht zur Entschärfung der Lage. Obgleich früher gute Kontakte bestanden, kam es – auch aufgrund ideolog. Differenzen – Mitte der 1950er Jahre zu gewalttätigen Auseinandersetzungen. Das Verbot der M. und die sich daran anschließenden zahlreichen Verhaftungen führten in der Folgezeit zu einer theoret. Richtungsänderung der Bewegung durch Sayyid → Quṭb: Auch muslim. Gesellschaften könnten sich im Zustand der (vorislam.) „Unwissenheit und Ignoranz" (jâhilîya) befinden und dürften daher von aufrichtigen Muslimen (unter Umständen auch auf gewaltsame Weise) gestürzt werden. Folgen müsse dann die Errichtung einer islam. Gesellschaftsordnung, deren oberster Souverän nur Gott allein sein könnte. Verhängnisvoll für die M. war es, daß in den 1970er und 1980er Jahren eine Reihe von militanten Gruppierungen ihre Aktionen unter Bezugnahme auf die Schriften Sayyid Quṭbs legitimieren wollten. Dies führte dazu, daß die ägypt. Regierung seit Mitte der 1980er Jahre keinen Unterschied mehr zwischen den gemäßigten reformist. Muslimbrüdern und den gewalttätigen Gruppen macht. Diese polit. Linie verfolgt sie ungeachtet der Tatsache, daß sich ʿUmar at-Tilimsânî, der Nachfolger Ḥasan al-Huḍaibîs (bis 1986; dann bis 1996 Muḥammad Ḥâmid Abû Naṣr), gegen einen Einsatz von Waffen ausgesprochen hatte und die Muslimbrüder mehrmals bei Wahlen als polit. Partei antreten wollten. Somit stehen die letzten Jahre (Berichtsstand: 2000) im Zeichen eines überaus harten Vorgehens der Behörden und Ordnungsmächte gegen die seit Anfang 1996 von Muṣṭafâ Mashhûr geführte Organisation. (→ Reformislam, → Fundamentalismus, → Revolution, → Jamaat) *Co*

Lit.: Mitchell, R.P.: The Society of the Muslim Brothers, 1969. – Ayubi, N.: Political Islam. Religion and Politics in the Arab World, 1991. – Carré, O./ Michaud, G.: Les frères musulmans, 1928–1982, 1983.

Mystik (auch Ṣûfismus, arab. taṣawwuf). Verschiedene Ziele der islam. M. werden von ihren Vertretern, den Ṣûfîs, beschrieben: U.a. das Entwerden des Ich, die Versenkung in Gott und den Propheten, die Verinnerlichung der → Scharia, die Erlangung gnostischen Wissens. Mystische → Philosophie – als ihr wichtigster Vertreter gilt Ibn ʿArabî (gest. 1240) – beschäftigt sich mit Fragen der Metaphysik und der Anthropologie und schafft so die theoret. Grundlagen für die ṣûfische Ethik und Praxis. Manche Ṣûfîs lehnen die Befolgung äußerer Gebote der Scharia ab. Andere sehen diese als erste und unverzichtbare Stufe auf dem ṣûfischen Weg an und formulieren auf der Grundlage des islam. Rechts auch die Normen für das Verhalten des Mystikers. Der Weg wird oft metaphor. als Reise beschrieben: Am Beginn bereut der Adept seine Sünden, dann bemüht er sich, immer höhere Stufen hin zum Ziel der Entwerdung zu beschreiten. Dabei helfen ihm verschiedene Praktiken: die zeitweilige Absonderung, intensives → Fasten, nächtliches Wachen, → Dhikr u.a. Die meisten Ṣûfîs betonen, daß jeder Adept einen Meister (→ Scheich) braucht, der ihn auf dem Weg leitet. In der islam. Frühzeit gab es lose Meister-Schüler-Verhältnisse, aus denen später → Bruderschaften wurden. Durch die gesamte islam. Geschichte zieht sich die Kritik an unorthodoxen Theorien und Praktiken innerhalb des Ṣûfismus, die von → Gelehrten, aber auch von Ṣûfîs selber geäußert wird. Dennoch bildet die M. seit der Frühzeit einen zentralen Teil der islam. Kultur und ist sowohl in Unterschichten als auch bei Herrschenden und Gelehrten verbreitet. Im 19. Jh. wurde der Ṣûfismus von vielen Vertretern des → Reformislam pauschal als „Aberglaube“

oder unrechtmäßige Neuerung (arab. bidʿa) abgelehnt. Jedoch werden bis heute ṣûfische Lehren und Praktiken von zahlreichen Muslimen geschätzt. Viele Konvertiten, auch in → Deutschland, finden den Weg zum Islam über die Verbindung zu einer ṣûfischen Bruderschaft.

El

Lit.: Frembgen, J. W.: Reise zu Gott. Sufis und Derwische im Islam, 2000. – Schimmel, A.: Mystische Dimensionen des Islam. Die Geschichte des Sufismus, 1985. – Dies.: Sufismus, 2000.

N

Nadschaf, Stadt im Irak, ca. 150 km südlich von Bagdad, 75 km von Kerbela und 10 km von Kufa entfernt, ca. 190 000 Einwohner (1992). In N. befindet sich angeblich das Grab von → Muḥammads Vetter und Schwiegersohn → ʿAlî ibn Abî Ṭâlib, dem ersten Imâm der → Schiiten, der 661 vor der Moschee von Kufa ermordet wurde. Über der Grabstätte wurde im 10. Jh. ein Mausoleum errichtet, im 13. Jh. kamen ein Derwischkloster und Pilgerherbergen hinzu. Durch seine zentrale Funktion als Stätte schiit. Gelehrsamkeit hat N. unzählige Geistliche und Theologiestudenten an seine Religionsschulen und Moscheen gezogen. Im Norden und Osten der Stadt befindet sich das „Tal des Friedens", eine riesige Begräbnisstätte für gläubige Schiiten, die in ʿAlîs Nähe bestattet sein wollen. Bereits in osman. Zeit ein Hort antistaatlicher Aktivitäten, wurde N. während der Mandatszeit zu einem Zentrum anti-britischer Opposition. Ayatollah → Khomeinis Aufenthalt in N. 1965–1978 belebte die Rolle des Ortes als Zentrum klerikaler iran.-schiit. Opposition außerhalb der staatlichen Kontrolle Irans neu. *Pi-Ha*

Lit.: Honigmann, E.: Art. „al-Na<u>dj</u>af", in: The Encyclopaedia of Islam. New Edition, Bd. 7, 1993, 859–861.

Nächstenliebe. Im Islam fehlt ein genaues Äquivalent zum christl. Konzept, doch finden sich zahlreiche Entsprechungen der verschiedenen Aspekte dieses biblischen Begriffs in mehreren anderen ethischen Konzepten wie etwa dem → Almosen, der → Brüderlichkeit, den frommen → Stiftungen, dem Grüßen des Nachbarn am Ende des → Gebets, sowie v. a. auch in ṣûfischen Auffassungen vom „Nächsten" (→ Mystik), aber auch in den meisten seit Anfang des 20. Jh. mit Bezug auf globale Humanitätsnormen entworfenen Ethiken wie etwa der der → Muslimbruderschaft oder denjenigen ökumen. orientierter Denker, besonders in der außerislam. Diaspora. *Gu*

Naqshbandîya, eine mystische → Bruderschaft, entstanden im 14. Jh. in Zentralasien und in den folgenden Jahrhunderten weit verbreitet. Sie spielte eine wichtige Rolle in islam. Reformbestrebungen im 17. und 18. Jh. und gehört bis heute zu den bedeutendsten mystischen Gemeinschaften im Islam. Die Gründungsfigur, Bahâ' ad-Dîn Naqshband (1318–1389) aus Buchara, steht in einer Reihe berühmter zentralasiat. „Meister" (pers. khwâjagân), die bis ins 12. Jh. zurückreicht und aus der auch andere mystische Gemeinschaften hervorgingen. Der „Weg der Meister" (pers. ṭarîqa-yi khwâjagân), der tadschik. wie turkmen. Muslime anzog, bildete ein wichtiges Element sozialer Integration im zentralasiat. Islam, besonders unter der Herrschaft Tîmûrs und seiner Nachkommen (ca. 1370–1507) in Samarkand, Buchara und Herat. In diese Zeit fällt auch der Aufstieg der Nachfolger Naqshbands, deren Gemeinschaft, die N., in den folgenden Jahrhunderten die übrigen Gruppen teils verdrängte, teils in sich aufnahm. – Die mystische Praxis der N. beruht auf der engen emotionalen Bindung (arab. râbiṭa) des Schülers an den Meister, dessen Bild sich in der Meditation dem eigenen Herzen einprägen soll. Zwischen beiden wird auch in der Abwesenheit eine starke innere Beziehung gepflegt. Der Meister vertritt den Propheten und soll durch ihn die Präsenz Gottes immer tiefer im Herzen des Schülers verankern. Im Mittelpunkt der Lebensführung stehen elf Grundprinzipien, von denen acht bereits auf den „Weg der Meister" zurückgehen. Es wird ein lautloser → Dhikr praktiziert, der mit der bewußten Kontrolle von Atem und Gedanken sowie mit der regelmäßigen Rechenschaft über die eigenen Taten verbunden ist. Die Konzentration auf das Gottesgedenken soll auch das Alltagsleben durchdringen und schließlich zur „Einsamkeit in der Menge" und zur inneren „Reise in der Heimat" führen. Das innere Leben ist dabei von einer minutiösen Ausrichtung an den Normen der → Scharia begleitet. Die N. zeigte sich mit ihrer Tendenz zur religiösen Durchdringung des Alltags und zur kontrollierten Lebensführung als weltzugewandte Gemeinschaft, die in vielen Gebieten großen polit., wirtschaftlichen und kulturellen Einfluß gewann. Zu ihren berühmtesten Vertretern zählten Khwâja 'Ubaid Allâh Aḥrâr (gest. 1490), der mit seiner zahlreichen Anhängerschaft und seinen ausgedehnten und wohlorganisierten religiösen Stiftungen zu den mächtigsten Männern im tîmûrid. Zentralasien gehörte, sowie

ʿAbd ar-Raḥmân Jâmî (gest. 1492), der bedeutendste pers. Dichter seiner Zeit. Auf dem indischen Subkontinent konnte sich die N. unter der Herrschaft der tîmûrid. Moguln ebenfalls großen Einfluß verschaffen. Hier begründete Aḥmad Sirhindî (gest. 1624) eine eigene Gemeinschaft, die ihn als islam. „Erneuerer" (arab. mujaddid) des zweiten islam. Jahrtausends ansah und die schließlich auch in den Heiligen Stätten und im Osman. Reich viele Anhänger fand. Seit dem 18. Jh. hat diese Mujaddidîya die übrigen Zweige der N. weitgehend überlagert. Ihre Anhänger waren maßgeblich an den ersten Bemühungen zur Reform des Osman. Reiches im frühen 19. Jh. beteiligt. – Die heutigen Affiliationen der N. im Nahen Osten gehören weitgehend zur Khâlidîya. Diese geht auf Maulânâ Khâlid al-Baghdâdî (gest. 1827) zurück, einen Scheich der Mujaddidîya kurdischer Herkunft, der sich schließlich in Damaskus niederließ. Seine Schüler und Nachfolger machten sie zur populärsten Bruderschaft in Anatolien, Kurdistan und schließlich auch im Kaukasus (Daghestan, Tschetschenien), wo die Imâme der jihâd-Bewegung im Kampf gegen das Zarenreich (1830–59) eng mit der Khâlidîya verbunden waren. – Die N. spielt bis heute eine bedeutende Rolle im religiösen Leben im Nahen Osten, insbesondere in der Türkei, wo sie trotz des offiziellen Verbotes der Bruderschaften auch öffentlich mit einigen erneuerten Zentren und Bewegungen präsent ist und wo prominente Politiker wie Turgut Özal und Necmettin Erbakan enge Beziehungen zu dem Naqshbandî-Scheich Mehmet Zahid Kotku (gest. 1980) unterhielten. Auch die Bildungsbewegungen der → Nurcu Cemaatı und der Süleymanci haben ihre Wurzel in der N. In Syrien steht der Großmufti des Landes, Aḥmad Kaftaru (geb. 1912), an der Spitze eines eigenen Zweiges dieser Bruderschaft, mit einem großen internationalen Bildungszentrum in Damaskus. In Deutschland wie in den USA sind besonders die Anhänger des zypriot. Scheichs Muhammad Nazim al-Haqqani (geb. 1922) aktiv. Er verfügt über einen größeren Zirkel deutscher Konvertiten zum Islam, die einen eigenen Verlag unterhalten und seine Schriften in deutscher Übersetzung herausbrachten. In den USA ist er mit einer eigenen Stiftung, der „Haqqani Foundation", vertreten, die verschiedene Niederlassungen, einen Verlag und ein eigenes Studienzentrum in Michigan unterhält. – In Usbekistan hat das histor. Erbe der N. nach dem Ende der Sowjetunion eine bedeutende Aufwertung erfahren. Ihre Ethik wird von offizieller Seite als zentrales Element der nationalen Kultur und als einheim. Gegengewicht zu internationalen islamist. Strömungen herausgestellt und propagiert. Das Grab von Bahâ' ad-Dîn Naqshband bei Buchara ist zum Nationaldenkmal geworden; zugleich dient es mittlerweile als internationales Pilgerzentrum für Naqshbandîs aus aller Welt. *Reich*

Lit.: Böttcher, A.: Syrische Religionspolitik unter Asad, 1998. – Meier, F.: Zwei Abhandlungen über die Naqsbandiyya, Bd. 1: Die Herzensbindung an den Meister, Bd. 2: Kraftakt und Faustrecht des Heiligen, 1994. – Özdalga, E. (Hg.): Naqshbandis in Western and Central Asia. Change and Continuity, 1999. - Paul, J.: Die politische und soziale Bedeutung der Naqsbandiyya in Mittelasien im 15. Jahrhundert, 1991.

Nasrin, Taslima (geb. 1962), Schriftstellerin. N. wurde in Bangladesh als Kolumnistin bekannt, die sich für Frauenrechte einsetzte. Sie wandte sich 1988 als überzeugte Atheistin gegen die Erhebung des Islams zur Staatsreligion von Bangladesh. 1992 bekam sie den indischen Literaturpreis. Als im gleichen Jahr in → Indien die Babri-Moschee von fanat. Hindus zerstört wurde, kam es in Bangladesh zu massiven Ausschreitungen gegen die hinduist. Minderheit. N. wandte sich mit ihrem Roman „Lajjâ" (bengal. „Schande" oder „Scham") gegen diese Gewalt. Darin schildert sie das Schicksal einer Hindufamilie, deren Tochter in den Krawallen getötet und deren Vater zum Krüppel geschlagen wird. Das Buch wurde 1993 vom Staat verboten, und Fundamentalisten erklärten N. in einer → Fatwâ für vogelfrei. Sie mußte Bangladesh verlassen und lebt seitdem in Schweden. *Po*

Lit.: Nasrin, T.: Scham (Lajja), Hamburg 1995.

Nation of Islam, auch Black Muslims genannt. Der Prozeß der Industrialisierung und Urbanisierung führte zu Beginn des 20. Jh. zu einer Binnenmigration schwarzer Landarbeiter aus dem Süden der USA in die industriellen Zentren des Nordens (Chicago, Detroit, New York). Kulturelle Entwurzelung, soziale Deklassierung, Konkurrenz zu den europäischen Emigranten und virulenter Rassismus der weißen Bevölkerung förderten die Herausbildung einer eigenen schwarzen Identität, die sich zunächst durch die gemeinsame Erfahrung der Sklaverei und die gemeinsame afrikan. Herkunft konstituierte. Anfang des 20. Jh. formten sich erste islam. Organisationen unter der schwarzen Bevölkerung, wobei „Islam“ zunächst als eine Chiffre für kulturelle Abgrenzung zur christl. weißen Bevölkerung stand. Ihren Ursprung hatte die Bewegung der Black Muslims im Ghetto von Detroit, wo seit 1930 der selbsternannte Minister (Prediger) Wallace Fard unter der schwarzen Bevölkerung missionar. wirkte. Fards Lehre bestand aus dem Verbot bestimmter Nahrungsmittel, v.a. sah er es als seine Aufgabe, den Schwarzen ihre vermeintlich authent. islam. Identität wiederzugeben. Allerdings beschränkte sich der islam. Charakter seiner Lehre auf bestimmte Termini und enthielt keineswegs konkrete Inhalte. Fard verschwand unter ungeklärten Umständen 1932, worauf sein engster Vertrauter, Elijah Muhammad, die Führung der Bewegung übernahm. Unter ihm erfolgte die Systematisierung der Lehre, die er in dem Pamphlet *Message to the Blackman in America* zusammenfaßte. So konstruierte er eine bizarre Kosmogonie und Mythologie, die zwar islam. Elemente und Begriffe enthält, in wesentlichen Teilen jedoch auf ein biblisches Repertoire zurückgreift, das unter den chiliast.-apokalypt. baptist. Sekten im Süden weit verbreitet war. Die N.I. vertrat zunächst einen konsequenten Separatismus von der weißen Bevölkerung und verwarf den Mythos des American Way of Life. Bis zum Ende der 1950er Jahre war die Organisation ein von der Öffentlichkeit weitgehend unbeachtetes Phänomen. Dies änderte sich schlagartig, als → Malcolm X zu einem der engsten Vertrauten Elijah Muhammads aufstieg und als charismat. Prediger der Organisation eine kontroverse, aber wirkungsvolle Stimme gab. Zwischen 1959 und 1963 avancierte die N.I. zu einem aggressiven Gegenpol zur universalist. ausgerichteten schwarzen Bürgerrechtsbewegung unter Martin Luther King, die eine gleichberechtigte Integration der Schwarzen in die amerikan. Gesellschaft forderte. Elijah Muhammad und v.a. Malcolm X denunzierten die Bürgerrechtsbewegung als Vertreter der bereits assimilierten schwarzen Mittelschicht und forderten einen strikten, rassist. begründeten Separatismus. Ihre Mitglieder rekrutierten sich v.a. aus sozial schwachen Schichten in den großen Industriestädten, besonders erfolgreich war auch die Missionierung von Strafgefangenen. 1963 überwarf sich Malcolm X mit seinem Mentor Elijah

Muhammad, was zu seinem Ausschluß aus der N.I. führte. Nach seiner Ermordung (1965) durch Mitglieder der N.I. verebbte das öffentliche Interesse an der Organisation. Nach dem Tod Elijah Muhammads (1975) kam es unter seinem Sohn Wallace Fard Jr. zu einem grundlegenden Kurswandel und einer Annäherung an den sunnit. Islam konservativer Prägung. So wurden Gottesdienste in Arabisch gehalten, der islam. Mondkalender verwendet und die Bewegung in „Islam. Mission in Amerika" umbenannt. Zudem wurden die paramilitär. Gruppen abgeschafft und der bis dato als göttlich verehrte Fard zu einem Vertreter der islam. → Mystik uminterpretiert. Im Februar 1981 kam es unter einem ehemaligen Vertrauten Elijah Muhammads, Louis Farrakhan, zur Wiedererstehung der N.I. Die sozialen Rahmenbedingungen der frühen 1980er Jahre ermöglichten, daß die Organisation v.a. unter den „gangs" in Los Angeles und New York zahlreiche Mitglieder rekrutieren konnte. Neben dem bereits unter Elijah Muhammad vorhandenen Separatismus kam unter Farrakhan ein zunehmender Antisemitismus hinzu, der Ende der 1980er Jahre zu kontroversen Diskussionen in der amerikan. Öffentlichkeit führte. In den 1990er Jahren verfolgte Farrakhan einen moderateren Kurs. Die N.I. hat heute nach divergierenden Schätzungen 2–3 Mio. Anhänger und Sympathisanten. Viele Rap-Musiker, etwa Public Enemy (Professor Grip, Chuck D.), Ice-T, Ice Cube oder Sister Souljah, stehen Farrakhan und seiner Organisation nahe. *Ep*

Lit.: Lincoln, C.: The Black Muslims in America, 1994.

Nationalismus, Ideologie, welche eine durch gemeinsame Sprache, Herkunft und Siedlungsgebiet definierte Nation als höchste Form der Gemeinschaft ansieht und die eigene Nation über alle anderen stellt. In der islam. Welt kamen nationalist. Ideen Ende des 19. Jh. im Rahmen des → Modernismus auf. Sie bildeten eine Grundlage der neuen → Staaten, welche aus den zerfallenden europäischen Kolonialreichen bzw. dem Osman. Reich im → Balkan und später dem → Maschrek hervorgingen. Daneben wurden auch überstaatliche N. wie der Panturkismus und der → Panarabismus entwickelt. Eine jüngere Welle von N. löste die Unabhängigkeit zahlreicher ehemaliger Sowjetrepubliken in → Zentralasien aus. Der N. widerspricht in gewisser Weise der islam. Idee einer

→ Umma, welche alle Muslime umschließt (→ Panislamismus). Andererseits ist er für in der islam. Welt lebende Nichtmuslime attraktiv; arab. Christen z. B. forderten auf der Basis einer gemeinsamen arab. Nationalität und Sprache eine den Muslimen gleiche Stellung ein. Der islam. → Fundamentalismus entwickelte verschiedentlich eine Mehrphasenstrategie, in deren Rahmen zunächst innerhalb eines Nationalstaates eine islam. Ordnung etabliert werden soll, später erst in einer zu schaffenden umma. Bedeutende Vertreter des N. sind Jamâl ʿAbd an-Nâṣir (Nasser, 1918–1970) in → Ägypten sowie die Baʿth-Partei (arab. „Erwekkung") in → Syrien und dem → Irak für die arab. Länder, die → Jungtürken und → Atatürk für die → Türkei. *El*

Lit.: Schulze, R.: Geschichte der islamischen Welt im 20. Jahrhundert, 1994.

Naturwissenschaften. Griechisch-hellenist. und indisches naturwissenschaftliches Wissen wurde in der islam. Kultur hoch geschätzt und durch Übersetzungen zahlreicher Werke (Galens Medizin, Aristoteles' Zoologie) in das Arabische angeeignet. Eine wichtige Rolle spielte dabei die Förderung durch verschiedene Herrscher; herausragend etwa war die Einrichtung des bait al-ḥikma (arab. „Haus der Weisheit") unter dem ʿAbbâsiden-Kalifen al-Ma'mûn in Bagdad (830). Es bestand aus einer öffentlichen Bibliothek, einem berühmten Übersetzerbüro, einer Akademie und einem Observatorium. Eigenständige Forschungen betrieben Wissenschaftler des islam. Kulturkreises, sowohl Muslime als auch Juden und Christen, unter anderen in den Bereichen Medizin, Alchimie, Astronomie und Astrologie, Mathematik, Zahlenlehre, Geometrie, Geographie, Physik und Optik. Dabei koexistierten und konkurrierten magische Welterklärungsmodelle (→ Weltbild), Prinzipien der Kausalität (→ Philosophie) und experimentelle N. Viele der originalen arab. naturwissenschaftlichen Werke wurden ebenso wie die ins Arabische übertragenen antiken Texte von Europäern in das Lateinische übersetzt, wobei besonders die Übersetzerschule von Toledo in → Spanien während des 12. Jh. große Bedeutung erlangte. Arab. N. besaß eine hohe Autorität im mittelalterlichen und frühneuzeitlichen Europa. Einer der herausragenden Naturwissenschaftler im islam. Raum war Jâbir ibn Ḥayyân (721–815), der als der Begründer arab. Alchimie und

Chemie gilt. In Bagdad wirkte der Mathematiker und Astronom al-Khwârizmî (780–850), dessen *Kitâb al-jabr wa-l-muqâbala* („Das Buch über Integration und Gleichungen") über die Grundelemente der Mathematik die Algebra begründete. Auf sein nur in der latein. Übersetzung erhaltenes Buch *Algoritmi de numero Indorum* („al-Khwârizmî über die indische Kunst des Rechnens") geht der Begriff „Algorithmus" zurück. Daneben verfaßte er astronom. Tabellen, die auf indischen, teils auch griechischen Vorbildern beruhen. Meist waren Naturwissenschaftler Universalgelehrte wie al-Bîrûnî (973–1048), der sich u.a. mit Astronomie, Mathematik, Kalenderberechnung, Physik, Medizin, Geschichte und Volkskunde beschäftigte. Er diskutierte zustimmend die Theorie, daß die Erde sich um ihre Achse dreht und berechnete mit bemerkenswerter Exaktheit Breiten- und Längengrade. Der Astronom al-Battânî (vor 858–929, latein. Albategni oder Albatenius) beschäftigte sich intensiv mit den Bahnen von Mond und Sonne und war in der Lage, die Existenz von ringförmigen Sonnenfinsternissen zu beweisen. Ibn al-Haitham (965–1040, latein. Alhazen) gilt als einer der herausragenden Physiker und Optiker. Er entdeckte die Gesetze der Lichtbrechung und untersuchte die Spektralfarben des Lichts, entwickelte physikal. Theorien zu Schatten, dem Regenbogen, erklärte das Phänomen der camera obscura und den Vorgang des Sehens, wobei er wie Epikur davon ausging, daß Lichtstrahlen von dem Objekt in das Auge gelangen und so wahrgenommen werden können. Seine Vorgehensweise bei der Forschung zeigt, daß er von einer systemat. Beziehung zwischen Beobachtung, Hypothese und Verifizierung ausging. Umstritten ist in der Forschung, warum die Entwicklung der N. in der islam. Welt nach dem 14. Jh. weitgehend zum Stillstand kam. Im 19. Jh. forderten islam. Reformer wie Jamâl ad-Dîn al-→ Afghânî und Muḥammad → ʿAbduh die Übernahme westlicher Methoden und Institutionen naturwissenschaftlicher Forschung. Naturwissenschaftliche Fakultäten sind heute an allen Universitäten der islam. Welt selbstverständlich. Internationale Organisationen wie die → Organisation der Islam. Konferenz gründeten und unterhalten Institutionen zur Förderung der Natur- und Humanwissenschaften wie die Islamic Academy of Sciences (IAS, gegründet 1986) mit Hauptsitz in Jordanien. Daß Forschung dort weniger spektakulär ist, liegt an mangelnden finanziellen Ressourcen und der Abwanderung begabter Forscher in den Westen. Seit den 1970er Jahren gibt es Versuche, islam. Glaubensansichten mit westlicher N. in Einklang zu bringen. Der Neologismus „Islam. Wissenschaft“ steht für die These, daß diese Wissenschaft eine umfassendere metaphys. Qualität besäße, anders als die auf das Materielle reduzierte „westliche Wissenschaft“. Wahre Islam. Wissenschaft könne allein aus dem „ersten Intellekt“ stammen. Dieser Ansatz konnte sich in den N. nicht durchsetzen, besitzt aber in den Humanwissenschaften als islam. Anthropologie einige Attraktivität. Ein anderer Weg zur Harmonisierung von Glaube und N. ist die wissenschaftliche → Koranexegese (arab. tafsîr ʿilmî), mit der bewiesen werden soll, daß im Offenbarungstext der Muslime wesentliche Entdeckungen der modernen Wissenschaft vorhergesagt sind. *Sz*

Lit.: Huff, T. E.: The Rise of Early Modern Science. Islam, China and the West, 1993. – Nasr, S. H.: Science and Civilization in Islam, 1968.

Neujahrsfest → Newroz

Newroz (pers. naurûz), das iran. Neujahrsfest, das den Beginn des Frühlings am 21. 3. markiert. Auch in der Islam. Republik Iran wird dieses traditionelle Fest von der Bevölkerung gefeiert. In der Türkei – und hin und wieder in Deutschland – sind die kurdischen Newrozfeiern Manifestationen einer eigenständigen kurdischen Kultur und werden nicht selten zu polit. Demonstrationen. *Pi-Ha*

Nigeria, westafrikan. Land, 923 768 qkm, 117,9 Mio. Einwohner, davon ca. 45% Muslime; die Hauptstadt ist Abuja. Die Muslime N., die im Norden des Landes im 19. Jh. weitgehend polit. geeint waren, wurden in der Kolonialzeit Teil eines Herrschaftssystems, in welchem sie zwar noch über regionale Autonomie verfügten, aber nicht mehr eine dominierende polit. Rolle spielten. Seit der Unabhängigkeit bemühten sich insbesondere die Politiker des Nordens darum, die regionale Vormachtstellung des Nordens in ganz N. durchzusetzen, was jedoch zu einem massiven nationalen Konflikt führte (Biafra-Krieg 1966–1969). Dieser Konflikt konnte nach 1969 weder durch die zahlreichen Militärregierungen noch in den kurzen Phasen ziviler Herrschaft überwunden werden. Vielmehr verschärften sich seit den 1970er Jahren die innernigerian. Auseinandersetzungen noch: Zum einen begann die von Abubakar Gumi geführte islam. Reformbewegung der Jamâ'at Izâlat al-Bid'a wa-Iqâmat as-Sunna (arab. „Organisation zur Reinigung von unislam. Neuerungen und zur Errichtung der Sunna"; Hausa 'Yan Izâla, „Söhne der Reinigung") einen erbitterten Kampf gegen die Ṣûfî-→ Bruderschaften. Zum anderen konnten sich auch christl. Missionsbewegungen in Nordnigeria etablieren. Das Vordringen christl. Missionsorganisationen in den „muslim." Norden des Landes und der drohende Machtverlust der Muslime im Gesamtstaat bildete den Hintergrund gewalttätiger Auseinandersetzungen in Nordnigeria in den 1980er und 1990er Jahren. Die anhaltenden Streitigkeiten zwischen den beiden großen Ṣûfî-Bruderschaften der Qâdirîya und der Tijânîya einerseits und der islam. Reformbewegung der 'Yan Izâla andererseits verhinderten eine dauerhafte polit. Einigung der Muslime. Der Wahlsieg des aus dem Süden stammenden Ex-Generals Obasanjo im Jahre 1999 und die damit scheinbar verbundene Machtübernahme des „christl." Südens in der Gesamtföderation führte zu erneuten Auseinandersetzungen. *Lo*

Lit.: Loimeier, R.: Islamic Reform and Political Change in Northern Nigeria, 1997.

Noah → Propheten

Nomadismus, spezialisierte und an Umweltbedingungen angepaßte Form von mobiler Weidewirtschaft, wobei Weide- und Siedlungsplätze period. oder saisonal verlegt werden. N. im eigentlichen Sinn beinhaltet somit nicht die bloße Verlegung von Herden unter Beibehaltung eines festen Wohnortes (Almwirtschaft). Nomad. Lebensformen finden sich in Anatolien, auf dem iran. Hochland und in → Zentralasien, weiter bei den → Beduinen und den berber. Tuareg. Die Nomaden im Vorderen Orient halten v.a. Schafe und Ziegen, als Reit- und Nutztiere sind Pferde und Kamele von Bedeutung. Histor. spielte N. v.a. in Kombination mit tribaler Organisation eine Rolle (→ Stamm), wodurch Nomaden immer wieder als wichtige Akteure im Prozeß der Neubildung von Staatswesen auftraten (Araber, Mongolen). Auch der Antagonismus zwischen N. und seßhafter Bevölkerung ist ein wiederkehrendes Merkmal in der Geschichte der Islam. Welt. Im Vorderen Orient ist zu unterscheiden zwischen nomad. Weidewirtschaft in Ebenen (Flächennomadismus zwischen Gegenden mit begrenzten Niederschlägen) und in Bergregionen (Taurus, Zagros), wo Migration zwischen Hoch- und Tiefland stattfindet (Sommer- und Winterweiden). Das Einkommen aus Fleisch, Milchprodukten und Wolle der Nutztiere ergänzen viele Nomaden durch eigenen landwirtschaftlichen Anbau und zunehmend auch durch jahreszeitliche Lohnarbeit. Nomad. Lebensformen gerieten im 20. Jh. unter Druck. N. wurde als Anzeichen von Rückständigkeit angesehen, Weidewirtschaft galt als unrentabel gegenüber intensiver Landwirtschaft, und Nomaden schienen unkontrollierbar und waren von staatlicher Infrastruktur nicht erreichbar. Direkte und indirekte Maßnahmen zur Seßhaftmachung finden sich daher in vielen modernen Staaten des Vorderen Orients. Heute noch existierender N. ist meist in verschiedensten Mischformen mit anderen Lebens- und Wirtschaftsweisen anzutreffen. *Wer*

Lit.: Scholz, F.: Nomadismus. Theorie und Wandel einer sozio-ökologischen Kulturweise, 1995.

Nurcu Cemaatı, religiöse Gemeinschaft in der Türkei. Die N.C. betrachtet den kurdischen Religionsgelehrten Bediüzzaman (türk. „Der Einzigartige des Zeitalters") Said Nursi (1876–1960) als ihren „spiritus rector". In einer Reihe von Schriften, die unter dem Titel *Sendschreiben des Lichts* zusammengefaßt sind, trat er für eine Wiederbelebung des Islams unter gleichzeitiger Nutzung westlicher Wissenschaft und Technologie ein. Für seine Anhänger sind seine Schriften gleichrangig mit dem → Koran. Die bedeutendste Untergruppe der N.C. hat sich um den früheren Prediger Fethullah Gülen (geb. 1938) gebildet, der sich in der Türkei zum „Reformator" des Islams stilisiert hat. Trotz einer offensiven Dialogstrategie auf polit. und gesellschaftlicher Ebene bleiben seine wirklichen Absichten weitgehend unklar. Die Aktivitäten dieser Untergruppe konzentrieren sich v.a. auf zwei Bereiche, auf den

Mediensektor mit der Tageszeitung *Zaman* („Zeit") beziehungsweise dem Fernsehsender *Samanyolu TV* („Milchstraße TV"); zum anderen haben sie im Laufe der letzten Jahre ein dichtes Netzwerk von Schulen und Universitäten in der Türkei sowie in den Turkrepubliken Zentralasiens aufgebaut. Darüber hinaus unterhält Fethullah Gülen Kontakte zu allen polit. Parteien. Im August 2000 wurde gegen Gülen, der sich derzeit in den USA aufhält, beim Staatssicherheitsgericht Ankara wegen des Verdachts „reaktionärer Umtriebe" Anklage erhoben. In → Deutschland ist die N.C. unter dem arabisierten Namen „Jamaʿat un-Nur" bzw. „Islam. Gemeinschaft Jamaʿat un-Nur" tätig. *Ju*

Lit.: Hermann, R.: Fethullah Gülen. Eine muslimische Alternative zur Refah-Partei?, in: Orient 4 (1996), 619–645. – Mardin, Ş.: Religion and Social Change in Modern Turkey. The Case of Bediüzzaman Said Nursi, 1989.

Nuṣairîya → ʿAlawiten

O

Offenbarung (arab. waḥy, „Eingebung“, oder tanzîl, „Herabkunft“). Im Islam gilt der → Koran als die letzte und endgültige O. → Gottes, die → Muḥammad durch die Vermittlung des → Engels Gabriel empfing. Als erste O. werden traditionell die Suren 74 und 96 angesehen; die sog. „Nacht des (göttlichen) Ratschlusses“ (arab. lailat al-qadr, 26./27. → Ramaḍân) erinnert an den Beginn der O. und wird bis heute festlich begangen. *Schö*

Oman, Sultanat im Südosten der → Arab. Halbinsel, 309 500 qkm, 2 256 000 Einwohner. O. rühmt sich, das erste Land zu sein, das sich freiwillig zum Islam bekannte. 751 entstand ein → ibâḍit. Imâmat in Zentraloman (Nizwa), das mit Unterbrechungen bis zum Beginn des 16. Jh. Bestand hatte. In dieser Zeit begann die Herrschaft der Portugiesen, die erst 150 Jahre später von den Yaʿâruba-Imâmen vertrieben wurden. Diese Dynastie wurde von der Dynastie der al-Bû Saʿîd abgelöst, die bis heute herrscht. Der moderne Staat O. entstand mit der Ablösung des Sultans Saʿîd ibn Taimûr durch seinen Sohn Qâbûs im Jahre 1970. Zu diesem Zeitpunkt gab es in O. kaum asphaltierte Straßen und Schulen. O. produziert Öl, jedoch zählt es nach dem Jemen zu den ärmsten Ländern der Arab. Halbinsel. Binnen weniger Jahre entwickelte sich das Land enorm. Die Politik O. ist zwar pro-westlich, Grundlage der Gesetzgebung bildet jedoch das islam. → Recht. Das höchste Organ der Regierung ist der Sultan selbst, und die Mitglieder des Konsultativrats (arab. Majlis ash-Shûrâ) und des Staatsrats (Majlis ad-Dawla) werden von ihm ernannt. Für westliche, v.a. amerikan. Interessen ist O. wichtig, da es den Eingang zum Pers. Golf (die Straße von Hormuz, eine der wichtigsten Handelsstraßen der Welt) kontrolliert und insbesondere nach dem Ende des pro-westlichen Schah-Regimes in Iran für den Westen zum „Wächter“ am Pers. Golf geworden ist. *Ra*

Lit.: Vine, P.: Oman in History, 1995. – Yusuf, M. al-: Oil and the Transformation of Oman: 1970–1995. The Socio-Economic Impact, 1995.

Opfer, rituelle Darbringung (real oder symbol.) wertvoller Güter an eine Gottheit oder Heilige. Das für die islam. Religion bedeutendste O. ist die Schlachtung eines Tieres (in der Regel eines Schafes) am 10. Tag des Monats Dhû l-Ḥijja (→ Kalender, → Pilgerfahrt, → Festtage) als Teil der Pilgerfahrtsriten. Dieses Tieropfer soll die Gläubigen an Abrahams Bereitschaft zur Opferung seines Sohnes und an die Schlachtung eines Hammels an dessen Stelle erinnern. Andere, sehr vielfältige und häufig sehr lokalspezifische Opferarten gehören in den Bereich des → Brauchtums. Dazu zählen z.B. Tieropfer, mit denen für Nachwuchs, insbesondere erstgeborene Söhne, gedankt wird (→ Geburt), und Votivgaben an Heilige als Bitte um oder zum Dank für deren Segen. *Gu*

Lit.: Bonte, P.: Sacrifices in Islam. Espaces et temps d'un rituel, 1999. – Combs-Schilling, M. E.: Sacred Performance. Islam, Sexuality, and Sacrifice, 1989.

Opferfest → Opfer, → Abraham

Organisation der Islamischen Konferenz (arab. Munaẓẓamat al-mu'tamar al-islâmî, OIC), ein polit.-kultureller Zusammenschluß von derzeit 56 muslim. Staaten und drei Staaten mit Beobachterstatus. Nach dem Junikrieg 1967 und der israel. Besetzung der West Bank und Jerusalems mit den wichtigen islam. heiligen Stätten rief Saudi-Arabien zu einer Konferenz auf, die 1969 in Rabat, Marokko, stattfand und wo die OIC ins Leben gerufen wurde. Neben den polit. Zielen, die heiligen Stätten zu schützen, bemüht sie sich aktiv, soziale und kulturelle Werte des Islams zu bewahren und die Solidarität und Zusammenarbeit zwischen islam. Ländern zu fördern. Der vorläufige Hauptsitz der OIC ist in Dschidda, als endgültiger Sitz ist das von israel. Besatzung befreite Jerusalem vorgesehen. Das höchste Gremium ist ein Gipfeltreffen der Staatsoberhäupter, das letzte fand vom 9.–11.12. 1997 in Teheran statt. Das jährliche Treffen der Außenminister der Mitgliedsstaaten ermöglicht es, gemeinsame Positionen zu polit., wirtschaftlichen und sonstigen Fragen zu finden. In den Deklarationen des Gipfels und der Außenministertreffen werden regelmäßig die Okkupation Palästinas und Jerusalems verurteilt, wie auch z.B. das Vorgehen der Serben in Bosnien und im

Kosovo. Hier beteiligten sich Mitgliedsstaaten der OIC an den internationalen Schutztruppen. Gegenwärtiger Generalsekretär (seit 1997) ist Azeddin Laraki ('Izz ad-Dîn al-'Irâqî). Wichtig sind zahlreiche Tochterorganisationen der OIC, im kulturellen Bereich die Islam. Organisation für Erziehung, Kultur und Wissenschaft (Islamic Educational, Scientific and Cultural Organization, ISESCO), deren Aufgabe es ist, die islam. Lehre in den Curricula des Bildungswesens muslim. Staaten zu verankern und islam. Kultur vor der kulturellen Invasion aus dem Westen zu schützen. Ökonom. von Bedeutung ist die Islam. Entwicklungsbank (Islamic Development Bank). Polit. Arbeit leistet das al-Quds Komitee unter der Leitung des marokkan. Monarchen, das die Lage der heiligen Stätten beobachten und die Aktivitäten zur Befreiung von Jerusalem koordinieren soll. Saudi-Arabien versucht, mittels der OIC seinen Einfluß auf die islam. Staaten zu verstärken, ärmere Länder sehen in ihr eine Möglichkeit, Hilfe zu erhalten. In vielen Bereichen der Entwicklungshilfe arbeitet die OIC mit den Vereinten Nationen zusammen. Auch wenn panislam. Ideen bei der Gründung eine Rolle gespielt haben mögen, strebt die OIC nicht die Errichtung einer islam. Weltgemeinschaft (→ Umma) an. *Sz*

Lit.: Ahsan, A. al-: OIC. The Organization of the Islamic Conference, 1988.

Orientalistik. Die Beschäftigung mit dem Islam setzte in Europa schon kurz nach seiner Entstehung ein. Die erste latein. Koranübersetzung stammt allerdings erst aus dem 12. Jh. In dieser Zeit fand auch eine breite Rezeption der von den Muslimen weiterentwickelten antiken Kulturtradition (→ Philosophie, → Naturwissenschaften) statt. Wurden Muslime wegen ihres dem europäischen überlegenen Kulturstandards geschätzt, so war das Verhältnis zu ihnen doch von religiöser Feindschaft geprägt, welche eine unvoreingenommene Beschäftigung mit dem Islam weitgehend ausschloß. Eine wissenschaftliche, von der Theologie emanzipierte Islamforschung entstand erst im 18. Jh., als auch das Bild des „Orients" viele positive Züge trug. Basis der Forschung wurde seit dem 19. Jh. eine große Welle von Editionen und teilweise Übersetzungen von Texten aus der islam. Welt (→ Rückert). Unter den histor.-kritisch arbeitenden Interpreten dieses Materials sowie der häufig nach Europa importierten Handschriften ragen Ignaz

Goldziher (1850–1921), Theodor Nöldeke (1836–1930) und Silvestre de Sacy (1758–1838) hervor, deren Werke teilweise bis heute gültig sind. Katalysator der Islamforschung wurde der → Kolonialismus, da den europäischen Mächten an einer Kenntnis der von ihnen unterworfenen Gesellschaften lag. England und Frankreich, aber auch die Niederlande (C. Snouck Hurgronje, 1857–1936) und Deutschland (C.H. Becker, 1876–1933) förderten in diesem Rahmen eine Forschung, die nicht allein nach Textkenntnis strebte, sondern auch ethnolog. ausgerichtet war. In der akadem. Islamforschung überwog jedoch das philolog. Interesse, wobei dem Schrifttum bis etwa zum 13. Jh., welches als Ausdruck der „klassischen" Periode galt, besondere Aufmerksamkeit zuteil wurde, während man die spätere Zeit als Verfallsepoche betrachtete. Große Umwälzungen fanden seit den 1970er Jahren statt. Zum einen wurde das Interesse an gegenwärtigen islam. Gesellschaften und an sozialwissenschaftlichen Fragestellungen im allgemeinen stärker. Zum anderen geriet das Selbstverständnis der Forscher ins Wanken. Der palästinens.-amerikan. Literaturwissenschaftler Edward Said veröffentlichte im Jahre 1978 ein Buch, in dem er bedeutenden Islamforschern „Orientalismus" vorwarf. Sie hätten ein Bild eines wesensmäßig klar bestimmten „Orients" konstruiert, welches sie als „Wissenschaft" verkauften, das aber v.a. der Festigung europäischer Macht über diese Region diente. Mehr als die von islam. fundamentalist. Kreisen geäußerte Kritik an den Orientalisten (arab. al-mustashriqûn), die angeblich durch ihre histor.-kritische Hinterfragung des Korans u.a. grundlegender islam. Texte den Islam zerstören wollen, löste in der westlichen Orientalistik Saids Vorwurf merkliche Irritation aus. War man vielleicht bei bester Absicht doch in einem alten, vom Kolonialismus zementierten „Diskurs" gefangen? Fragestellungen interkultureller Hermeneutik rückten nunmehr verstärkt in das Blickfeld. Derzeit ist die Islamforschung zu einem großen Teil gegenwartsbezogen ausgerichtet. Quantitativ liegt der Schwerpunkt in den USA, aber auch in Deutschland steigt die Zahl der Wissenschaftler. Neben die 1845 gegründete „Deutsche Morgenländ. Gesellschaft" (DMG) ist mit der „Deutschen Arbeitsgemeinschaft Vorderer Orient" (DAVO) im Jahre 1993 eine Vereinigung getreten, deren Mitglieder sich vor allem Fragen der aktuellen Politik, Wirtschaft und Gesellschaft widmen. Der von ihnen bearbeitete geograph. Raum beschränkt sich weitgehend auf die islam. Welt, während die DMG auch Japanologen und Sinologen einbezieht und damit in gewisser Hinsicht den Orientbegriff des 19. Jh. fortführt. Allerdings ist allseits die Problematik der Bezeichnung des Faches bekannt. Statt „Orientalistik" wird im gegenwärtigen akadem. System in Deutschland oft „Islamwissenschaft" eingesetzt bzw. dem angelsächs. Vorbild folgend eine regionalbezogene Bezeichnung (z.B. „Westasiat. Geschichte") verwendet. Mehr noch als die Kollegen in den USA u.a. Ländern Europas stehen deutsche Orientalisten, wie auf dem 28. Deutschen Orientalistentag 2001 in Bamberg noch einmal geäußert wurde, dem Problem gegenüber, daß sie in der breiten Öffentlichkeit zu wenig wahrgenommen werden. Rufe nach dem Verlassen des „Elfenbeinturms" und vor allem mehr gesellschaftlicher „Relevanz" der Forschung werden lauter, wobei man andererseits aber auch betont, daß die Erforschung außereuropäischer Kulturen bewahrt und vor polit. Sparanstrengungen geschützt werden muß, auch wenn sie nicht unmittelbar wirtschaftlich nutzbar ist. Gewichtige Forschungslücken bestehen etwa in der arab. Kultur- und Literaturgeschichte der Zeit zwischen dem 14. und 18. Jh. Einerseits gilt es, die große Zahl an bisher unerforschten Handschriften zu sichten und zu edieren, andererseits das „orientalist." Paradigma – im Sinne Saids – zu überwinden, wonach eine Kultur nach ihrer Blütezeit 500 Jahre lang stagnierte, bis sie dann erst im 19. Jh. maßgeblich auf europäischen Einfluß hin „wiedererweckt" wurde. *El*

Lit.: Rudolph, E.: Bestandsaufnahme. Kultur – und Sozialwissenschaftliche Forschung über die muslimische Welt in der Bundesrepublik Deutschland, 1999. – Schulze, R.: Orientalistik und Orientalismus, in: Ende, W./Steinbach, U.: Der Islam in der Gegenwart, [4]1996, 707–717.

Ornamentik gehört zu den Kennzeichen der islam. Kunst, weshalb in Europa der Begriff der „Arabeske" aufkam. Das Ornament kann in rhythm. Abfolge eine Fläche in jedwedem Material vollkommen überziehen. Ebenso sind die Muster allseitig verwendbar, es gibt keine materialspezifischen Ornamente. Zweifelsohne ist die hohe Kultur des Ornaments auf das → Bilderverbot zurückzuführen. Die künstler. Phantasie konzentrierte sich auf dieses Ausdrucksmittel und schuf damit eine Formensprache, die dem muslim. Betrachter verständlich war und ihn ästhet. befriedigte. Zwei Grundtypen des Ornaments sind zu unterscheiden: das vegetabile und das geometr. Beide Typen können miteinander verflochten und durch Schrift bereichert werden. Die → arab. Schrift kann auch unabhängig zu einem Ornament gestaltet werden (→ Kalligraphie). Neu in der islam. Kunst ist – im Gegensatz zur antiken Kunst – die Strukturierung des vegetabilen Ornaments durch geometr. Raster im quadrat. oder hexagonalen System, das sich damit endlos vervielfältigen läßt, und die Geometrisierung der vegetabilen Form selbst. Neu ist auch die Entwicklung eines mathemat. hochkomplizierten Systems für die Schaffung des geometr. Ornaments, das die Kenntnis der von der Antike ererbten mathemat. Konstruktionen weit übertrifft. Bereits im 10.–11. Jh. lassen sich Ornamente beobachten, die die seit der Antike bekannten Möglichkeiten übertrafen. Als einer der Höhepunkte läßt sich der sog. „Kassettenstil" ansehen, der sich formal als ein Sternengeflecht über einem hexagonalen Grundsystem darbietet. Dieses Ornament beherrscht die islam. Kunst von der Koranillumination bis zur Architektur im 11.–16. Jh. Als eine in der islam. Kunst einmalige Schöpfung ist die Erfindung der Muqarnasformen anzusehen. Hier wird ein geometr. Grundmuster mit Hilfe von plastischen geometr. Elementen in die Dreidimensionalität überführt, wie z. B. das sphärische Dreieck. Damit ergibt sich die Möglichkeit, Gewölbe zu schaffen, deren Grundstruktur ein geometr. Muster darstellt, oder Übergänge zu bilden. Muqarnasgewölbe beherrschten die islam. Architektur vom 11.–17. Jh. in den Kernländern des Islams (z. B. auch in der Alhambra, Granada/Spanien, 13.–15. Jh.). Musterbücher verbreiteten Ornamentmotive und waren den Künstlern allgemein zugänglich. In bestimmten Zeiten, etwa der Epoche der Tîmûriden (→ Dynastien) im 15. Jh., wurden die Ornamente in einer Hofwerkstatt erfunden und verbreitet. Die Bedeutung eines Ornaments erschließt sich heute nicht ohne weiteres. Das traditionelle Lebensbaummotiv z. B. in den Miḥrâbnischen gehört zu den leichter verständlich0en Ornamenten. *Fi*

Lit.: Aga Khan Programme for Architecture, 1988. – Baer, E.: Islamic Ornament, 1998. – Golombek, L.: The Function of Decoration in Islamic Architecture. Theories and Principles of Design in the Architecture of Islamic Societies, 1987. – Grabar, O.: The Mediation of Ornament, 1992. – Kühnel, E.: Die Arabeske, 1949. – El-Said, I./Parman, A.: Geometric Concepts in Islamic Art, 1976.

Osmanisches Reich → Dynastien

Osmanische Sprache → Türk. Sprachen, → Türk. Literatur

Ost-Turkestan → Xinjiang

P

Pakistan, Staat im Norden des Indischen Subkontinents, etwa 800 000 qkm, 128 Mio. Einwohner (1997), die Hauptstadt ist Islamabad. Die Amtssprache Urdu wird nur von gut 7% der Bevölkerung als Muttersprache gesprochen. Verbreiteter sind das Panjabi (50,6%), Sindhi (21,6%) und Paschtu (15%). Die Region des heutigen Staates P. – die bevölkerungsreichsten Provinzen sind Panjab und Sindh – wurde seit dem 8. Jh. islamisiert und gehörte in der Geschichte zu mehreren islam. Reichen (Ghaznawiden 10.–11. Jh., Mogulreich 16.–18. Jh.). Von der Britisch-Ostindischen Kompanie im Verlaufe der zweiten Hälfte des 18. Jh. kolonisiert, kam die Region wie der gesamte Indische Subkontinent 1858 offiziell unter britische Herrschaft. In dem Jahr der Unabhängigkeit des vormaligen Britisch-Indien, 1947, fand die Aufspaltung in die Staaten → Indien und P. statt, ein Erfolg der Indischen Muslim-Liga unter Führung von ʿAlî Jinnah, die schon zu Beginn der 1940er Jahre die Schaffung eines rein islam. Staates gefordert hatte und sich dabei teilweise auf Ideen Muḥammad → Iqbals bezog. Millionen von Nichtmuslimen verließen daraufhin die Region, während andererseits zahlreiche indische Muslime nach P. übersiedelten. Gegenwärtig stellen die Muslime fast 100% der Bevölkerung. Einer Mehrheit von Sunniten (90%) stehen verschiedene schiit. Richtungen gegenüber, darunter der Nizârî-Zweig der Ismâʿîliten, Anhänger der → Agha Khâne. Die vom Staat P. wie auch den meisten anderen Muslimen nicht anerkannte Gruppe der → Aḥmadîya besitzt im Land etwa 2 Mio. Mitglieder. Der Staat P. bestand zunächst aus zwei geograph. getrennten Landesteilen, Ost-P. in Bengalen und West-P. Ost-P. trennte sich 1971 nach heftigen Auseinandersetzungen ab und wurde zu → Bangladesh, während aus West-P. das heutige P. hervorging. Die Ausformung eines islam. Staates wurde nach der Staatsgründung stetig vorangetrieben, u.a. durch die Beteiligung al-→ Maudûdîs. In der Verfassung von 1956 wurde P. zur Islam. Republik erklärt, was die Verfassung von 1973 bestätigte. Versuche einer Islamisierung des Rechtswesens führten 1999 dazu, daß die → Scharia-Justiz in Teilen des Landes eingeführt wurde. Islam. Bildung wird stark gefördert, aber noch beträgt die Analphabetenrate etwa 60%. P. versucht, seine Stellung in Südasien durch Entwicklung von Atomwaffen zu stärken, obwohl es großen ökonom. Problemen gegenübersteht, die 1999 an den Rand eines Staatsbankrotts führten. Ein im Weltmaßstab relativ großes Bevölkerungswachstum und verbreitete Korruption in den herrschenden Schichten tragen zur Instabilität bei. Größtes außenpolit. Problem ist der Konflikt mit Indien. Bereits 1949 war es im Streit um die Grenzregion → Kaschmir zum ersten indisch-pakistan. Krieg gekommen. 1999 brachen neue blutige Konflikte in Kaschmir aus. *El*

Lit.: Schimmel, A.: Berge, Wüsten, Heiligtümer. Meine Reisen in Pakistan und Indien, 1995. – Talbot, J.: Pakistan. A Modern History, 1998.

Palästina (arab. Filasṭîn), Bezeichnung für das Land westlich des Jordan bis zum Mittelmeer, im Südwesten begrenzt durch Gaza und im Norden durch den Golan. Mit Ausnahme der Zeit der Kreuzzüge (1095–1291) wurde P. seit 634 bis ins 20. Jh. hinein von verschiedenen islam. Herrschern regiert. Seit dem ausgehenden 19. Jh. war die Region Einwanderungsziel der zionist. Bewegung, die unter dem Eindruck der massiven Verfolgung der Juden in Osteuropa hier die Errichtung einer „nationalen Heimstatt" anstrebte. Nach dem Ersten Weltkrieg wurde P. britischem Mandat zugeteilt. Mit der Ausrufung des Staates → Israel 1948 und dem sich anschließenden Krieg fiel jedoch der größte Teil des histor. Gebietes P. unter die Kontrolle Israels, während Jordanien den kleineren Teil annektierte und Ägypten sich die Kontrolle über den Gazastreifen sicherte. Etwa 80% der arab. Bewohner P. flohen im Verlaufe des Kriegsgeschehens aus ihrer Heimat bzw. wurden von den israel. Kampfeinheiten vertrieben und suchten Zuflucht in den angrenzenden arab. Nachbarländern. Noch heute leben Hunderttausende palästinens. Flüchtlinge in Lagern. Die Friedensverhandlungen zwischen Israel und der → PLO seit Beginn der 1990er Jahre haben die Hoffnung auf eine friedliche Lösung des Konflikts wachsen lassen. *Di*

Lit.: Baumgarten, H.: Palästina. Befreiung in den Staat. Die palästinensische Nationalbewegung seit 1948, 1991. – Herz, D.: Palästina, 2001. – Mejcher, H./ Schölch, A.: Die Palästina-Frage 1917–1948, 1981. – Owen, R.: Studies in the Economic and Social History of Palestine in the Nineteenth and Twentieth Centuries, 1982.

Panarabismus, eine arab.-nationalist. Ideologie, die als einigendes Identitätsmerkmal eines anzustrebenden gemeinsamen arab. Nationalstaates die arab. Sprache zugrundelegt. Damit konkurriert der theoretisch überkonfessionelle P. mit panislam. Ideen. Die Revolte von → Scharif Ḥusain gegen das Osman. Reich (1917) und die Einrichtung eines arab. Königtums im Hedschas, → Arab. Halbinsel, (1917–1924) gelten als erste Ergebnisse dieser ideolog. Strömung. Der bedeutendste Vordenker des P. war Sâṭiʿ al-Ḥuṣrî (1880–1961). Zunächst Anhänger der Bewegung der → Jungtürken, entwickelte er ab 1919 den arab. Nationalismus, wobei er sich auch auf Nationalisten der Deutschen Romantik bezog. 1945 wurde die → Arab. Liga gegründet, die panarab. Ziele verfolgte. Unter Jamâl ʿAbd an-Nâṣir (Nasser) erhielt der arab. Nationalismus in → Ägypten den Rang einer Staatsideologie, während die wesentlich von Michel Aflaq (1910–1989) entwickelte Idee der arab. Wiedergeburt, die Baʿth-Ideologie, in → Syrien und → Irak zur Staatsdoktrin wurde. Nasser propagierte einen vereinigten arab. Staat als einen „Dritten Weg" zwischen den damaligen beiden Supermächten USA und UdSSR. Die kurzfristige Vereinigung von Syrien und Ägypten 1958–1961 scheiterte wie auch Verhandlungen über eine Vereinigung mit dem Irak. Durch die finanzielle Abhängigkeit vieler arab. Staaten vom Ölreichtum Saudi-Arabiens, welches die populären islam. Ideologien unterstützt, verliert die panarab. Idee zunehmend an Bedeutung. Lediglich → Libyen vertritt sie bis heute. *Sz*

Lit.: Khalidi, R. u. a.: The Origins of Arab Nationalism, 1991.

Panislamismus. Gemeinschaft und Solidarität der Muslime wurden in der islam. Welt schon seit jeher beschworen. Der P. ist demgegenüber eine Ideologie, die als Antwort auf das europäische Vordringen im Nahen Osten und auf dem Indischen Subkontinent seit ca. 1870 insbesondere in Kreisen osman. Intellektueller entstand und einen ihrer Hauptvertreter in Jamâl ad-Dîn al-→ Afghânî hatte. Unter Abdülhamid II. (reg. 1876–1909) wurde P. zur osman. Staatsdoktrin, mit welcher der osman. Sultan, der sich auch als Kalif und damit als spirituelles und weltliches Oberhaupt aller Muslime verstand, nationalist. Tendenzen entgegenwirken wollte. Im Ersten Weltkrieg bemühten die Osmanen panislam. Propaganda vergeblich zur Unterstützung der Achsenmächte. Nach 1918 ging die Bedeutung der panislam. Ideen zurück, auch bedingt durch die Abschaffung des → Kalifats (1924) als einigendes Symbol durch die Türk. Republik. Es kam zwar noch zu verschiedenen Konferenzen über die Perspektiven des P., 1924 in Mekka, 1926 in Kairo und Mekka, 1931 in Jerusalem und 1935 in Genf, jedoch war er gegenüber nationalist. u.a. Ideologien in der Zwischenkriegszeit benachteiligt. Der P. gewann nach dem Zweiten Weltkrieg erneut an Attraktivität, und v.a. Saudi-Arabien nutzte ihn, um dem säkularen → Panarabismus, besonders in Form des Nasserismus, entgegenzuwirken. Zu diesem Zweck wurde 1962 die → Liga der islam. Welt als Dachorganisation für islam. Nichtregierungsorganisationen gegründet. Auch die → Organisation der Islam. Konferenz (gegründet 1969) hat zum Ziel, die Solidarität der islam. Staaten und die Verbreitung der panislam. Idee zu fördern. *Sz*

Lit.: Landau, J.: Panislam, 1990.

Paradies → Hölle und Paradies

Pasderan (pers. pasdârân, „militär. Nachhut“), Bezeichnung der iran. Revolutionswächter. *Pi-Ha*

Passionsspiel → ‘Âshûrâ’

Persien → Iran

Persische Literatur. Die frühesten Belege einer (neu-)pers., d.h. mit arab. Lettern geschriebenen Literatur (→ Pers. Sprache) sind Gedichte aus der Mitte des 9. Jh. Mit der Wende vom 10. zum 11. Jh. setzte in den nordöstlichen Provinzen Khorasan und Transoxanien eine umfangreiche literar. Produktion in pers. Sprache ein. Um 1000 bearbeitete Firdausî die Geschichte Irans von mythischen Anfängen bis zur Islamisierung in dem heute als „Nationalepos“ bezeichneten *Shâhnâme* (50–60000 Verse). Das frühe pers. Prosaschrifttum besteht v.a. aus historiograph. und sog. Fürstenspiegelliteratur. Die gereimten Gattungen waren jedoch bis ins 20. Jh. hinein dominant. Ihre poetolog. Regeln wurden aus dem

Arabischen adaptiert, und es entwickelte sich ein für die pers. Dichtung spezifisches bildersprachliches System. Die bekanntesten Vertreter klassischer pers. Dichtung sind neben Firdausî (gest. 1021) ʿUmar Khayyâm (gest. 1138), Niẓâmî (gest. 1209), Saʿdî (gest. 1292), → Ḥâfiẓ (gest. 1389/90), ʿAṭṭâr (gest. ca. 1220) und Jalâl ad-Dîn Rûmî (gest. 1273). Auch außerhalb Irans (Osman. Reich, Zentralasien, Indien) bedienten sich berühmte Dichter der pers. Sprache, z.B. Amîr Khusrau Dihlavî (gest. 1325) und Bêdil (gest. 1720). Mit dem 19. Jh. vollzog sich eine Einengung des geograph. Wirkungsraumes pers. Dichtung auf die nationalstaatlichen Grenzen. Die auffallendsten Entwicklungen im 20. Jh. sind eine verstärkte Hinwendung zur Prosa und in der Poesie ein freierer Umgang mit den prosod. Regeln. Bis heute wird nach den traditionellen Mustern gedichtet, daneben setzten Dichter aber auch andere Maßstäbe und fanden zu einer neuen Bildersprache und Thematik (Nîmâ Yûshîj, Forûgh Farrokhzâd). Die moderne pers. Prosaliteratur entwickelte sich vor dem Hintergrund traditioneller Erzählungen vom Typ → *Tausendundeine Nacht*, des im 19. Jh. florierenden Memoirenschrifttums (Reiseberichte, Autobiographien) und Übersetzungen aus westlichen Sprachen (v.a. Französ. und Russisch). Als erste Sammlung moderner Kurzgeschichten gilt der Band *Yekî bûd yekî nabûd* („Es war einmal", 1921) von Muḥammad ʿAlî Jamâlzâde (1892–1997). Die erfolgreichste Prosaform war bis in die 1970er Jahre die Kurzgeschichte, und die bekannten Autoren der Pahlavizeit (1925–1979) haben sich mit dieser Gattung einen Namen gemacht. Sâdegh Hedâyat (1903–1951) wurde durch die surreale Novelle *Bûf-e kûr* („Die blinde Eule", 1936) bekannt. Viele Autoren nahmen in ihren Werken kritisch zu den aktuellen polit. und sozialen Zuständen in Iran Stellung. Bozorg Alavi (1904–1997) wählte seiner kommunist. Überzeugung wegen 1953 das ostdeutsche Exil. Bis auf kurze Ausnahmephasen beherrschte die staatliche Zensur das literar. Leben. Auch nach der → Islam. Revolution etablierte sich die Zensur wieder mit unverminderter Härte, so daß viele Autoren, die auf eine Liberalisierung der Verhältnisse gehofft hatten, das Land verließen. Einer der aktivsten Schriftsteller und öffentlichen Vertreter der literar. Szene in Iran war Huschang Golschiri (Hûshang Golshîrî, 1937–2000). Er setzte sich vehement und erfolgreich für die Wiederzulassung des Schriftstellerverbandes (1998) ein. Bekannt geworden war er 1969 mit seinem ersten, in stream-of-consciousness-Technik geschriebenen Kurzroman *Shâzde Eḥtejâb* („Prinz Ehtedschab"), dem zahlreiche Kurzgeschichten, Novellen und ein weiterer Roman (*Jinn-nâme*, „Das Buch der Dschinnen", 1999) folgten. In den letzten zwei Jahrzehnten des 20. Jh. sind vermehrt Autorinnen in Erscheinung getreten (z.B. Shahrnush Pârsîpûr, geb. 1945). Außerdem hat der Roman an Boden gewonnen, der sich vielfach an außereuropäischen Strömungen wie dem südamerikan. „magischen Realismus" orientiert. Die dramat. Literatur des 20. Jh. kann kaum auf traditionelle Vorbilder zurückgreifen – man verweist auf das religiöse Passionsspiel taʿziye (→ ʿÂshûrâʾ). In neuester Zeit werden die Drehbücher international bekannter iran. Filme veröffentlicht.

Ha-Hi

Lit.: Behzad, F./Bürgel, J. C./Herrmann, G.: Iran (Moderne Erzähler der Welt), 1978. – Enderlein, V./Sundermann, W.: Schâhnâme. Das persische Königsbuch. Miniaturen und Texte, 1988. – Golschiri, H.: Prinz Ehtedschab, 2001. – Hedayat, S.: Die blinde Eule, 1990. – Morrison, G. u. a.: History of Persian Literature from the Beginning of the Islamic Period to the Present Day, 1981. – Nizami: Chosrou und Schirin, übers. von J. C. Bürgel, 1980. – Rumi: Licht und Reigen, übers. von J. C. Bürgel, 1974. – Yarshater, E.: Persian Literature, 1988.

Persische Sprache. Die p. S. gehört zur Gruppe der Iran. Sprachen, die wiederum einen Teil der indogerman. Sprachen bilden. Weitere lebende iran. Sprachen sind das Paschtu (Afghanistan) und das Ossetische (Kaukasus). Das heute in drei Hauptvarianten (Darî, offizielle Sprache Afghanistans, Tâjîk in Tajikistan (→ Tadschikistan) und Fârsî im Iran) vorkommende Neupersische leitet sich vom Altpersischen (bis 4./3. Jh. v. Chr.) sowie dem darauf aufbauenden mittelpers. Pahlawî (250 v. Chr – 700. n. Chr.), der Hauptsprache des von den Muslimen zerschlagenen Sassanidenreiches, her. Die arab. Eroberung führte zu einer Dominanz der → arab. Sprache, da diese nicht nur Idiom der Herrscher, sondern auch sakrale Sprache war und mit der → arab. Schrift eine von Muslimen ebenfalls als sakral angesehene Form der Fixierung besaß. Die ältere p. S. konnte sich aber behaupten, indem sie sich islamisierte und sich damit zum Neupersischen wandelte. Ein offensichtlicher Aspekt dieser Wandlung war die Übernahme der arab. Schrift, die mit neuen Zeichen versehen wurde, um dem Lautbestand der p. S. Rechnung zu tragen. Zweitens fand die Übernahme vieler religiöser Termini statt, die ihre orthograph.

Gestalt beibehielten. Die Einbindung von Fremdworten ermöglichte die p.S. durch das ihr eigene Phänomen der komplexen Verben. Dabei kann ein Hilfsverb wie kardan („machen“) mit jeglichen Nomina verbunden werden. Waren es zunächst arab. Begriffe, so kam im 13.–16. Jh. auch eine Zahl an mongol. und türk. Begriffen hinzu sowie seit dem 19. Jh. europäische Worte. Allerdings behielt die p.S. einen hohen Grad an Eigenständigkeit. Manche islam. Termini wie „Gebet“ (arab. ṣalât, pers. „namâz“) wurden nicht arabisiert. Des weiteren ist die p.S. durch die von dem semit. Arabisch stark abweichende Grammatik getrennt. Sie ähnelt in dieser Hinsicht eher den roman. oder german. Sprachen. Ein früher neupers. Text ist die Interlinearübersetzung des Korans aus Maschhad (10. Jh.). Später entstanden große Werke der → pers. Literatur, dennoch hat die p.S. das Prestige der arab. Sprache als Träger islam. Kultur nicht erreicht, wurde aber als zweite Sprache anerkannt. Das Neupersische erlangte Modellcharakter für die Islamisierung z.B. des türk. Osmanisch und die Bildung des Urdu (Pakistan), die beide neben dem arab. einen großen pers. Wortschatz aufweisen. Mehr noch als in geschriebener Form war die gesprochene p.S. als lingua franca jahrhundertelang im Osten der islam. Welt verbreitet. Viele Nichtmuttersprachler beherrschten sie, was u.a. durch ihre einfache Morphologie, Nominal- und Verbalflexion erleichtert wurde. Die erheblichen Probleme der Syntax betreffen vor allem die höhere Schriftsprache. Gefördert wurde die p.S. auch dadurch, daß sie zur Hofsprache (Darî, „Höfisch“) bedeutender → Dynastien avancierte. Besonders die persischstämmigen Samaniden (819–1005) verhalfen ihr zu großer Blüte im ostiran. Raum. Die größte Verbreitung erlangte die p.S. dann seit dem 13. Jh. im Mongolenreich. Auf dem → Ind. Subkontinent war sie offizielle Sprache bis 1835, als die Amtssprache Englisch wurde. Im → Kaukasus wurde sie erst durch die Sprache der russischen Eroberer und verschiedene Turksprachen, in → Xinjiang durch das Chinesische verdrängt. *El*

Lit.: Fragner, B.: Die „Persophonie“. Regionalität, Identität und Sprachkontakt in der Geschichte Asiens, 1999.

Personennamen werden bei der → Geburt verliehen und entsprechen in etwa europäischen Vornamen. Aufgrund der zentralen Stellung des Arabischen als Kultsprache sind islam. P. meist arab.

Ursprungs. Bei der → Konversion zum Islam wird ebenfalls ein arab. Name angenommen. Nichtarab. muslim. Völker verwenden oft einheim. und arab. P. nebeneinander. Ein vollständiger arab. Name konnte früher aus fünf Teilen bestehen. In der Neuzeit sind derartig komplizierte Namen aufgegeben worden, und es wird meist nur noch zwischen Familien- und Vornamen unterschieden. Daneben wird der Ehrenname (arab. kunya), eine Zusammensetzung von Abû „Vater von" bzw. Umm „Mutter von" verbunden mit dem Namen des ersten Sohnes, volkstümlich anstelle des Vornamens gebraucht. Als Vornamen sind Namen bedeutender Persönlichkeiten der islam. Geschichte wie → Muḥammad, → ʿAlî, → Ḥusain, → Aischa oder → Fâṭima beliebt. Andere P. sind mit „Allâh" oder anderen Namen Gottes zusammengesetzt, z.B. ʿAbd Allâh „Diener Gottes" oder ʿAbd ar-Raḥmân „Diener des Barmherzigen" (→ Gottesnamen), oder auch mit dîn „Religion" wie Jamâl ad-Dîn „Schönheit der Religion". Manche arab. P. wurden in den entlehnenden Sprachen umgeformt, so wird etwa Muḥammad im Türkischen zu Mehmed. *Sto*

Lit.: Schimmel, A.: Von Ali bis Zahra. Namen und Namengebung in der islamischen Welt, 1989. – Dies.: Herr Demirci heißt einfach „Schmidt". Türkische Namen und ihre Bedeutung, 1992.

Philosophie (arab. falsafa). Die islam. P. versuchte, die koran. Auffassung von Gott und dem Sein mit einer auf die griechische P. zurückgehenden Sichtweise in Einklang zu bringen. Zentrale Fragen sind u.a. der Rang von → Offenbarung und Vernunft bei der Wahrheitsfindung, Erkenntnistheorien, → Ethik und Staatstheorien. Neben der manchmal konfliktreichen Beziehung zur → Theologie war die islam. P. aufgrund der angewandten Methoden eng mit → Medizin und → Naturwissenschaften verbunden. Seit dem 8. Jh. wurden – gefördert durch einige Kalifen, insbesondere al-Ma'mûn (reg. 813–833) – von syrisch sprechenden christl. Gelehrten griechische Philosophen übersetzt. Im Mittelpunkt der Rezeption standen Aristoteles und Platon, für die → Mystik die alexandrin. Neuplatoniker. Frühester islam. Philosoph ist al-Kindî (800 – ca. 870), der im Einklang mit der muslim. Offenbarung die Erschaffung der Welt ex nihilo zu beweisen suchte. Er führt einen aristotel. Gottesbeweis und argumentiert, daß das wahre Eine bewegungslos, zeitlos und nicht prädikabel sei und so die Ursache des Daseins. Ar-Râzî (865–925 oder 932, latein. Rhazes) dagegen geht im Sinne des Atomisten Demokrit und der Epikureer von einer Ewigkeit der Materie aus, welcher der göttliche Schöpfungsakt Ordnung und Form verleiht. Ar-Râzî stellt eine der zentralen Fragen islam. P. und Theologie, nämlich ob die Welt durch einen Zwang in der göttlichen Natur geschaffen wurde, was er verneint. Er entwirft eine philosoph. Ethik, die eine rationale Kontrolle der Leidenschaft fordert. Erlösung ist durch den philosoph. Weg möglich. Auf dieser Annahme beruht seine Ablehnung der Notwendigkeit des Prophetentums. Al-Fârâbî (870–942) entwickelt eine neuplaton. emanative Kosmologie, die von den meisten späteren Philosophen übernommen wird. Das Eine ist der Gott des Aristoteles, Intelligenzen und Sphären sind Emanationen von Gott. Al-Fârâbîs polit. Denken geht von dem Menschen als kleinem Universum aus. Als zoon politikon sollte er in einem von der Vernunft regierten Gemeinwesen leben. Es ist erforderlich, daß als erster Herrscher ein Philosophen-König, der gleichzeitig Prophet ist, regiert. Dieser kann die Symbole der Offenbarung in theoret.-rationaler Form interpretieren. Daher gibt es al-Fârâbîs Ansicht nach keinen Widerspruch zwischen P. und Religion. Die Sprache der Offenbarung sei – im Unterschied zur P. – figurativ, um von der Mehrheit der Menschen verstanden zu werden. Ibn Sînâ (980–1037, latein. Avicenna) vertritt wie al-Fârâbî die aristotel. Theorie von der Ewigkeit der Welt. Auch in seinen Ansichten über das Prophetentum kommt er denen al-Fârâbîs nahe. Da Propheten mit dem Göttlichen in Kontakt stehen, sind sie gleichzeitig Mystiker. Seine Gedanken leben in der von as-Suhrawardî (gest. 1191) begründeten Ishrâqî (Erleuchtungs-) Schule der pers. Philosophen fort. Der bedeutende Gelehrte und Anhänger der ashʿarit. → Theologie al-Ghazzâlî (1058–1111, latein. Algazel) gilt als der einflußreichste Kritiker der islam. Philosophen. Er mißbilligte in seinem *Tahâfut al-falâsifa* (Destructio philosophorum, „Der innere Widerspruch der Philosophen") v.a. die philosoph. Ansichten über die Ewigkeit der Welt, über das Prophetentum und Gott und erklärte deren Vertreter zu Ungläubigen. Al-Ghazzâlîs Kritik bewirkte einerseits eine zunehmende Auseinandersetzung mit P. unter den sunnit. Gelehrten, andererseits brachte sie die philosoph. Debatte voran. Gegen ihn schrieben die spanischen Philosophen Ibn Bâjja (gest. 1138, latein. Avempace), Ibn Ṭufail (1105–

1185, latein. Abubacer) und insbesondere Ibn Rushd (1126–1198, latein. Averroes), der als der wichtigste Aristoteliker unter den islam. Philosophen gilt und dessen Schriften für die europäische Aristotelesrezeption von großer Bedeutung waren. Seine Erwiderung auf al-Ghazzâlîs Kritik, *Tahâfut al-tahâfut* (Destructio destructionis, „Der innere Widerspruch von ‚Der innere Widerspruch der Philosophen'"), verteidigt P. rechtlich und theolog. und untersucht die Natur der Kausalität, womit er sich gegen den ashʿarit. Occasionalismus (→ Schöpfung) wendet. Die Forschung betrachtet das Werk des Averroes als Höhepunkt der islam. P. Im 20. Jh. werden in der arab. Welt zum einen die Synthesen Ibn Rushds für eine islam. P. wiederentdeckt, mit der Rationalität und Offenbarung in Einklang gebracht werden soll. Zum anderen finden, teils in eklekt., teils auch synthet. Weise, positivist., hegelian., marxist. und existentialist. Gedanken Widerhall. V.a. maghrebin. Denker beziehen sich auf postmoderne französ. P. Islamist. Denker sehen in der P. oft ein Werkzeug des Westens zur Zerstörung von Wertesystem und Weltanschauung des Islams. *Sz*

Lit.: Kügelgen, A.v.: Averroes & die arabische Moderne. Ansätze zu einer Neubegründung des Rationalismus im Islam, 1994. – Leaman, O./Nasr, S.H. (Hg.): A History of Islamic Philosophy, 1993.

Pilgerfahrt. Die arab. „ḥajj" genannte P. nach → Mekka im islam. Monat Dhû l-ḥijja („Monat des ḥajj") stellt eine der → Fünf Säulen, d.h. Grundpflichten der Muslime, dar. Einmal in seinem Leben soll jeder Muslim, der dazu körperlich und finanziell in der Lage ist, die P. zu den heiligen Stätten unternehmen. Die Pilger müssen sich vor Beginn der Riten des ḥajj in einen Zustand der rituellen Weihe (arab. iḥrâm) versetzen. Äußerliches Zeichen dafür ist u.a. ihre aus weißen Tüchern bestehende Bekleidung. In Mekka angekommen, verrichten die Pilger die siebenmalige Umschreitung der → Kaaba (arab. ṭawâf), die obligatorisch ist, aber nicht zu den eigentlichen ḥajj-Riten gehört. Unter diesen sind folgende besonders hervorzuheben: Am 8. Dhû l-ḥijja versammeln sich die Pilger in dem Ort Minâ (oder Munâ) östlich von Mekka, wo sie die Nacht verbringen. Am nächsten Tag wandern sie zum Berg ʿArafât in der gleichnamigen Ebene. Dort verweilen sie, hören eine Predigt und beten. Wieder zurück in Minâ dienen Steinwürfe an festgesetzten Stellen der Verwünschung des Teufels. Am 10.

Dhû l-ḥijja findet das Opferfest (→ Opfer) statt. Den Abschluß der obligator. Riten bildet ein weiterer ṭawâf. Von Teilnehmern wird die P. als großes spirituelles Erlebnis beschrieben. Nach der Rückkehr werden die Pilger in ihren Heimatorten besonders geehrt, oft bemalen Nachbarn ihre Häuser mit Bildern der heiligen Stätten oder auch der Flugzeuge, welche die Pilger beförderten. Ein Muslim wird, wenn er die obligator. P. absolviert hat, mit dem Ehrentitel ḥâjj angesprochen; eine Muslimin wird ḥâjja genannt. Die P. nach Mekka außerhalb des Monats Dhû l-hijja (arab. ʿumra) hat nicht den verpflichtenden Charakter des ḥajj, gilt aber als verdienstvoll. *El*

Lit.: Long, D.: The Hajj Today. A Survey of the Contemporary Makkah Pilgrimage, 1979. – Schimmel, A.: Das islamische Jahr. Feste und Zeiten, 2001.

PLO, „Palestine Liberation Organisation". Der 1964 gegründete Dachverband verschiedener palästinens. Gruppen kämpft um die Einrichtung eines Staates → Palästina. Seit 1995 besitzt die PLO unter Führung von Yassir Arafat eine begrenzte Souveränität über den Gaza-Streifen und Teile des Westjordanlandes. (→ Ḥamâs, → Israel) *El*

Lit.: Frisch, H.: Countdown to Statehood: Palestinian State Formation in the West Bank and Gaza, 1998. – Shehada, H.: Die PLO und der Friedensprozeß. Von der Entstehung der PLO bis zu den Autonomie-Abkommen mit Israel, 1996. – Starke, W.: Zur Strategie der PLO 1964–1994. Zwischen bewaffnetem Kampf und Diplomatie, zwischen Gesamtstaat und Teilstaat, 2000.

Predigt (arab. khuṭba), begleitet das gemeinschaftliche Gebet am Freitag sowie Gebete an den beiden kanon. Festtagen. Die P. kann prinzipiell von jedem Muslim gehalten werden, wird aber wenn möglich durch den Vorbeter (→ Imâm) oder einen besonderen Prediger (arab. khaṭîb) auf einer erhöhten Kanzel (→ Minbar) in der → Moschee vorgetragen. Sie enthält neben verschiedenen Gebetsformeln moral. Ermahnungen und Geschichten zur Erbauung. Schon seit frühen Zeiten hat die P. auch eine polit. Funktion. Teil der P. war und ist teilweise bis heute die Nennung des regierenden Herrschers, wodurch dessen Legitimität bestätigt wird. Prediger können sich aber auch kritisch zu Politik und sozialen Umständen äußern. *El*

Lit.: Antoun, R. T.: Muslim Preacher in the Modern World. A Jordanian Case Study in Comparative Perspective, 1989.

Presse. Frühe Formen der period. P. in oriental. Sprachen entstanden zwischen 1828 und 1858 in verschiedenen Städten der islam. Welt (Kairo 1828, Istanbul 1831, Teheran 1837, Beirut 1858) und gingen auf staatliche Initiativen zurück. Eine Vielzahl von privaten Zeitschriften wurde in der zweiten Hälfte des 19. Jh. gegründet. Neben Nachrichten aus dem In- und Ausland enthielten sie Meldungen über technolog. und wirtschaftliche Entwicklungen sowie Leserbriefe mit Anfragen und Diskussionsbeiträgen zu einem breiten Themenspektrum. Heute existieren in allen Ländern mehrere Tageszeitungen und eine große Vielfalt an Zeitschriften, wobei Auflagenhöhe und Verbreitungsgrad regional große Unterschiede aufweisen. Viele Presseorgane sind staatlich, und fast alle kämpfen gegen strenge Zensurbestimmungen an. Schwerpunkt von Tageszeitungen ist die nationale und internationale Politik, dazu kommen Nachrichten aus Kultur, Sport, Wirtschaft sowie lokale Meldungen. Das Spektrum bewegt sich weniger zwischen links und rechts als zwischen regierungsnah und oppositionell. Zeitungen und Zeitschriften sind oft Forum für lebhafte Diskussionen über Politik, Kultur und Gesellschaft. Daher sind es vielfach Journalisten, die immer wieder Angriffsziel von Seiten des Staates oder islamist. Organisationen werden. Nur die wenigsten Zeitungen haben eigene Korrespondenten im Ausland, und so werden fast ausschließlich die Meldungen internationaler Presseagenturen ausgewertet. Einige Periodika unterhalten eine Rubrik, in der Leserinnen und Leser einen muslim. Gelehrten um ein Rechtsgutachten (→ Fatwâ) in persönlichen Angelegenheiten bitten. Die Themen reichen von alltäglichen Problemen über Scheidung, pädagog. Fragen bis zu öffentlichen Rechtsstreitigkeiten. Ein breites Spektrum von Zeitschriften umfaßt die Bereiche Literatur, Kultur, Wissenschaft, Religion und Politik. Darunter befindet sich eine bemerkenswerte Vielfalt an Kolumnen oder eigenen Zeitschriften, die sich mit der sozialen Rolle der Frau auseinandersetzen. Hier schreiben v.a. Frauenrechtlerinnen, die ihre Ansichten polit. oder religiös begründen (→ Feminismus). Einige islamist. Organisationen sowie polit. Gruppierungen unterhalten eigene Presseorgane. Viele der großen Zeitungen und Magazine sind auch in Deutschland erhältlich und werden teilweise in Europa gedruckt. Daneben sind die meisten großen Zeitungen heute auch im → Internet vertreten. *Wei*

Lit.: Ayalon, A.: The Press in the Arab Middle East. A History, 1995. – Herzog, C. u. a. (Hg.): Presse und Öffentlichkeit im Nahen Osten, 1995.

Propheten (arab. al-anbiyâ', sg. an-nabî). Im → Koran finden sich wiederholt Prophetenlisten (Suren 4:163 ff., 6:83 ff.). Neben den bedeutenden P. der → Thora (→ Abraham, → Moses) und → Jesus kennt der Islam drei arab. P.: Hûd, Shu'aib und Ṣâliḥ; Noah gilt als erster Strafprophet (Sure 11:36). Nach islam. Verständnis wurden P. an alle Völker ausgesandt (Suren 13:7, 35:24). Bedeutende jüd. P. wie Amos, Elias, Jeremia, Jesaja und Ezechiel werden im Koran nicht erwähnt. Die arab. und alttestamentlichen P. sowie Jesus besaßen für → Muḥammad eine wichtige Modellfunktion: Sie waren seine Vorgänger, und Muḥammad selbst steht am Ende dieser langen Kette als ihr Beglaubiger, als „Siegel der P." (Sure 33:40). Auch der anfängliche Mißerfolg der Sendung Muḥammads wurde typolog. mit den Schicksalen früherer P. in Beziehung gesetzt (Sure 5:70). Die islam. Tradition enthält reiches Material besonders zu den P. der Thora. Dieses wurde in einer eigenständigen arab. Literaturgattung gesammelt, den „Geschichten von den P." (arab. qiṣaṣ al-anbiyâ'). *Schö*

Lit.: Hagemann, L.: Propheten. Zeugen des Glaubens. Koranische und biblische Deutungen, 1985.

Prostitution. Nach islam. → Recht ist jeder außereheliche Geschlechtsverkehr verboten (ausgenommen ist hiervon im vormodernen Recht das Konkubinat, d. h. die Beziehung eines Eigentümers mit seiner Sklavin) und kann im speziellen Fall der „Unzucht" (arab. zinâ) (→ Strafrecht) sogar mit der Todesstrafe geahndet werden. Da jedoch die → Ehe – im Gegensatz zum Christentum – keine religiöse Verbindung, sondern ein privatrechtlicher Vertrag ist, stellt P. kein primär moral., sondern ein rechtliches Problem dar. Die → Schiiten kennen mit der Zeitehe (arab. mut'a) eine Rechtsform, in der eine Ehe auf eine im voraus begrenzte Zeit (von einer Stunde bis zu 99 Jahren) gegen ein festgesetztes Entgelt für die Frau ohne weitere Verpflichtungen geschlossen wird. Sie berufen sich hierbei auf den Koran (Sure 4:24). Die → Sunniten interpretieren diesen Koranvers anders und lehnen die zeitliche Begrenzung des Hochzeitsvertrags ab. Allerdings sind Abmachungen über die zeitliche Begrenzung der Ehe außerhalb des Hochzeitsvertrags – etwa in Form einer bereits im voraus ausgesprochenen → Scheidung – durchaus rechtens und ermöglichen auch hier die rechtliche Absicherung von „P.". *Mü*

Puppenspiel. Sowohl das Spiel mit Stab- oder Handpuppen als auch Marionetten- und Schattenspiel finden sich in der islam. Welt als Unterhaltungsdarbietung. Besonders Südostasien besitzt eine reiche Tradition an P. Vorgetragen werden Epen, Legenden und Märchen in lokalen Dialekten. Stabpuppen und Marionetten sind etwa 75 cm hoch und aus Holz geschnitzt. Figuren und Rollen sind typisiert, ebenso wie die musikal. Stücke, welche das Spiel begleiten. So gibt es Stücke, die bestimmten Rollen, Bewegungen, Emotionen oder Handlungen zugeordnet sind. Verschiedene Arten von Trommeln und Gongs sind dabei die hauptsächlichen Instrumente, dazu kommen Beckenpaare, Oboe oder ein Streichinstrument. Es wird vermutet, daß das Schattenspiel aus Südostasien seinen Weg in den Nahen Osten gefunden hat. Aus Ägypten sind die Handschriften des Muḥammad ibn Danyâl mit Texten von drei Spielen aus dem 13. Jh. überliefert, was jedoch nicht ausschließt, daß es vorher schon Schattenspiel gegeben hat. Die schriftliche Überlieferung von Texten ist ansonsten selten, und erst wieder in neuerer Zeit werden Texte schriftlich fixiert und archiviert. Die Spiele werden in improvisierter Form, aber um vorgegebene Plots herum aufgeführt. Dabei stehen der Puppenspieler und sein Assistent hinter einer von unten angeleuchteten Leinwand. Daneben befinden sich zwei bis drei Musiker mit Trommeln, Oboe oder Flöte. Die Schattenfiguren – Menschen, Tiere, phantast. Figuren und Kulissen – sind zweidimensional und aus farbigem Leder hergestellt. Die Spielfiguren sind zwischen 20 und 60 cm hoch und werden durch an einem oder mehreren Gelenken befestigte, etwa 50 cm lange Stöcke bewegt. Auch hier gibt es stereotypisierte Figuren und Handlungen. Die bekannteste Figur ist Karagöz (türk.: „Schwarzauge"), Leitfigur des türk. Schattenspiels, welche auch in arab. Spiele Eingang gefunden hat. Zusammen mit seinem Partner Hacivad erlebt er Abenteuer, bei denen er durch seine Schlitzohrigkeit immer als Sieger hervorgeht. Die Stücke sind von Märchen oder dem Alltag inspiriert und verwenden meist den Dialekt, sowohl in Prosa als auch in Versen. Schattenspiel diente als Unterhaltungsform im → Ramaḍân oder bei sozialen Anlässen und wurde in → Kaffeehäusern oder privaten Salons vorgetragen. Heute wird diese Form oft von staatlicher oder privater Seite aus gepflegt und in Theatern oder auf Freiluftbühnen aufgeführt. *Wei*

Lit.: Landau, J.: Studies in the Arab Theatre and Cinema, 1969. – Spitzing, G.: Das indonesische Schattenspiel, 1981.

Q

Qarawîyîn, traditionsreiche Moschee-Universität in → Fes. 859 gegründet, entwickelte sie sich unter den Almorawiden (1073–1147) zu einem Zentrum islam. Gelehrsamkeit mit einer großen Anziehungskraft auf Studenten aus Nordafrika, der Iber. Halbinsel und der Sahara. Der Höhepunkt ihrer wissenschaftlichen Bedeutung war im 14. Jh. Anschließend erstarrte die Lehre in blinder Nachahmung, und staatliche Reformversuche im 18. und 19. Jh. konnten den Niedergang marokkan. Gelehrsamkeit nicht verhindern. Reformen grundlegender Art fanden in den 1930er Jahren statt. Die Lehre der Q. Moschee-Universität wurde reglementiert und neben den traditionell islam. wurden neue Fächer aufgenommen. Die Q. konnte, obwohl seit 1947 eine staatliche Einrichtung, eine gewisse Autonomie bewahren und eine Eingliederung in die neugegründete säkulare Universität Muḥammad V verhindern. Seit 1963 wurden ihre Aufgaben neu definiert. Neben der Ausbildung von Spezialisten für islam. Disziplinen und für die → arab. Sprache soll die wissenschaftliche Forschung u. a. auf dem Gebiet des islam. → Rechts gefördert werden. Die heutige Q.-Universität gliedert sich in die Fakultät für islam. Recht in Fes, die Fakultät für arab. Sprache in Marrakesch, die theolog. Fakultät (arab. uṣûl ad-dîn) in Tetuan sowie eine Reihe weiterer Institute. Trotz problemat. Aussichten auf eine ihrer Ausbildung entsprechenden Beschäftigung haben sich die Studentenzahlen zwischen 1982 und 1987 von etwa 3000 auf mehr als 6500 erhöht. *Ko*

Qatar, Staat auf der → Arab. Halbinsel mit einer Fläche von 11437 qkm und einer Einwohnerzahl von 522000. Besonders die nördlichen Gebiete weisen aufgrund von spärlichen Regenfällen eine karge Vegetation auf; jedoch hat sich im Zuge der Modernisierung durch den Erdölboom in der gesamten Region dank riesiger Meerwasserentsalzungsanlagen das Bild verändert. Teile der Wüste konnten urbar gemacht werden. Die Region stand bis 1916 unter osman. Herrschaft. Seitdem regierte die Herrscherfamilie Âl

Thânî zunächst unter der Schutzmacht der Briten, bis das Land am 1. 9. 1971 seine Unabhängigkeit erlangte. Der heutige Staat gehört dank der Erdölförderung zu den modernsten und reichsten am Golf. Die Hauptstadt Doha hat sich zu einer sauberen und schönen Metropole entwickelt. Das Regierungssystem in Q. ist wie in allen Golfstaaten eine absolute Monarchie. Die Staatsgewalt liegt in den Händen des Emirs, heute Scheich Ḥamad ibn Khalîfa II. Zu den Verwaltungsorganen gehören eine Beratende Versammlung mit 35 ernannten Mitgliedern und ein Konsultativrat für kommunale Angelegenheiten mit 29 gewählten Mitgliedern. Die meisten Minister des Kabinetts werden vom Emir ernannt. Das kleine Land ist ein wichtiger Eckpfeiler in der gesamtarab. Politik. Von hier aus wurden zahlreiche Initiativen zur Lösung innerarab. Konflikte veranlaßt. *Ra*

Lit.: Ritter, W.: Qatar. Ein arabisches Erdölemirat, 1985. – Vine, P.: The Heritage of Qatar, 1992.

Qibla (von arab. qâbala, „Gegenübertreten"), die Richtung gen → Mekka, in der Muslime sich im obligator. → Gebet verbeugen. In → Moscheen ist die Q. durch eine Nische (arab. → Miḥrâb) in der Wand angezeigt. Wenn Muslime außerhalb von Moscheen, etwa auf der Reise beten, sind sie darauf angewiesen, die Richtung zu schätzen, etwa mit Hilfe eines Kompasses. *El*

Qom, Stadt in Nordzentraliran, 147 km südlich von Teheran, 681 300 Einwohner (1991). Bereits im 8. Jh. entwickelte sich Q. zu einem Zentrum der → Schiiten. Im Jahre 816 starb dort die Schwester des achten zwölferschiit. Imâms ʿAlî Riḍâ, Fâṭima. Im 17. Jh. bauten die Ṣafawiden (1502–1722) ein Mausoleum über ihrem Grab, das sich zu einem Wallfahrtsort entwickelte. Mit seiner großen Theologiehochschule ist Q. die „religiöse Hauptstadt" → Irans. Im Laufe des 20. Jh. konnte die Stadt sogar → Nadschaf den Rang als wichtigstes Zentrum schiit. Gelehrsamkeit streitig machen. → Khomeini ließ sich 1922 und erneut nach seiner Rückkehr nach Iran aus dem Exil 1979 dort nieder. Q. ist zudem ein wichtiges industrielles Zentrum des modernen Iran, v. a. für die Erdölindustrie. *Pi-Ha*

Lit.: Drechsler, A.: Die Geschichte der Stadt Qom im Mittelalter, 1999.

Quṭb, Sayyid (1906–1966), Kritiker, Schriftsteller, Dichter, einer der führenden muslim. Intellektuellen, auf dessen Schriften sich nicht nur die gemäßigten, sondern v.a. auch die militanten Gruppen des → Reformislam stützen. Der in Oberägypten geborene Q. absolvierte in Kairo eine Lehrerausbildung, um sich anschließend für vier Jahre (1930–1934) an der westlich orientierten Universität Dâr al-ʿulûm einzuschreiben. Von 1933 bis 1951 verdiente Q. seinen Lebensunterhalt als Angestellter im Erziehungsministerium. In dieser Zeit entstanden auch seine belletrist., poet. und literaturkrit. Werke. 1948 schickte ihn die Behörde in die USA, damit er dort westliche Unterrichtsmethoden kennenlerne. Letztlich bewirkte der dreijährige Aufenthalt in den Vereinigten Staaten einen Umschwung im Denken Q.s. Zwar hatte er auch schon früher mit reformist. Ideen sympathisiert, doch entschloß er sich nun dazu, sich religiös zu engagieren. Um 1951 trat er der → Muslimbruderschaft bei und gab für einige Jahre ihre Zeitschrift *al-Ikhwân al-muslimûn* („Die Muslimbrüder") heraus. Innerhalb kurzer Zeit stieg er zum führenden Ideologen der Gruppierung auf. Nach 1952 verschlechterten sich die Beziehungen zwischen den Muslimbrüdern und den Machthabern angesichts der Meinungsverschiedenheiten bezüglich der Stellung des Islams in Ägypten und der Art der Beziehungen zu Großbritannien. Als Nasser (1918–1970) im Oktober 1954 nur knapp einem Attentat entkam, machte er die Muslimbruderschaft für den Anschlag verantwortlich. Die Organisation wurde verboten, und es kam zu Massenverhaftungen und Repressalien. Auch Q. wurde verhaftet und ins Gefängnis geworfen. Hier radikalisierte sich sein Islamverständnis. Sein 1964 erschienenes Hauptwerk *Maʿâlim fî ṭ-ṭarîq* („Meilensteine") kreist um den Begriff der jâhilîya. Gemeint ist die „vorislam. Zeit der absoluten Unwissenheit und Ignoranz", in der unzivilisierte Tyranneien die Menschen knebelten und knechteten. In der zweiten Hälfte des 20. Jh. befänden sich sowohl die nichtislam. Welt wie auch die meisten muslim. Länder im Zustand der jâhilîya. Die Regierungen dieser unlauteren islam. Gesellschaften gelte es zu stürzen, um eine neue, nunmehr wahrhaft islam. Ordnung zu errichten. Diesen Sturz könne man nur mittels eines → Jihâds (Heiligen Krieges) erreichen. Zwar ist nicht klar, ob Q. hiermit in erster Linie aggressiv-militante Mittel meinte, doch haben ihn eine Reihe militanter Aktivisten in den 1970er Jahren dahingehend interpretiert und ihren gewaltsamen Aktionismus gegen die ägypt. Regierung unter Sâdât (reg. 1970–1981) unter Berufung auf seine Schriften zu legitimieren versucht. Im Mai 1964 wurde Q. freigelassen, aber bereits im August 1965 wieder festgenommen und wenig später zum Tode verurteilt. Am 29. 8. 1966 erfolgte seine Hinrichtung. *Co*

Lit.: Moussalli, A.: Radical Islamic Fundamentalism. The Ideological and Political Discourse of Sayyid Qutb, 1992. – Haddad, Y. Y.: Sayyid Qutb. Ideologue of Islamic Revival, in: Esposito, J. L. (Hg.): Voices of Resurgent Islam, 1983, 67–98.

R

Rai (von arab. ra'î, „Meinung") bezeichnet einen Musikstil, der in Nordafrika beheimatet ist und sich durch seinen charakterist. Rhythmus auszeichnet. Wie der Name andeutet, liegt sein Ursprung in sozialkrit. Liedern, die zu verschiedenen sozialen Anlässen gesungen werden. Träger dieser Musik sind der sogenannte cheikh bzw. die cheikha (→ Scheich), hier eine Bezeichnung für die Kenner und Ausführenden der lokalen Poesie und Musiktradition milḥûn. Anfangs ausschließlich von Flöte und Trommeln sowie einem Ansager (arab. barrâḥ) begleitet, kamen ab den 1920er Jahren Instrumente wie Klavier, Akkordeon, Banjo oder Blechbläser hinzu, vor allem durch Einfluß der städtischen Musikkultur in Oran (Algerien). Obgleich viele Texte sich für die nationale Unabhängigkeit engagierten, wurde R. nach deren Erlangen in Algerien zunächst aus dem offiziellen Musikleben verbannt, weil mit ihm sexuelle Freizügigkeit und Alkohol assoziiert wurden. Oran war Ende der 1970er Jahre wiederum der Geburtsort einer Form des R., die international populär wurde, indem sie eine Synthese mit aktuellen Strömungen der Popmusik einging. Träger dieser Richtung wurden dieses Mal die sogenannten chebab (arab. shabâb „Jugendliche"); cheb bzw. chaba wurde Teil des Namens der Sänger bzw. Sängerinnen. Zunächst lokal als Kassettenkultur im Umlauf, wurde der sogenannte elektron. oder Pop-R. dann von internationalen Plattenfirmen aufgegriffen, und Sänger wie Cheb Khaled oder Cheb Mami eroberten die internationalen Charts. Die Musik wurde durch Synthesizer, E-Bass und elektron. Beats ergänzt und ging eine Verbindung mit Richtungen wie Disco, Funk, Soul oder Reggae ein. Oft enthalten auch diese Stücke traditionelle Elemente wie die metrisch freie Einleitung, vokale Improvisationen und komplizierte rhythmische Pattern. R. wurde wichtiger Bestandteil einer Jugendsubkultur, und das nicht nur in nordafrikan. Städten, sondern zunehmend auch in Frankreich, wo Marseille zu einem zweiten Zentrum des R. geworden ist. Obgleich R. in dieser Form ein überwiegend männlich dominiertes Genre ist, gibt es auch weibliche Sängerinnen wie

Chaba Fadela oder Cheikha Rimitti, die grande dame des traditionellen R., die noch immer ohne elektron. Instrumente und zusammen mit einem barrâḥ auftritt. *Wei*

Lit.: Schade-Poulsen, M.: Men and Popular Music in Algeria. The Social Significance of Raï, 1999. – Langlois, T.: The Local and Global in North African Popular Music, in: Popular Music, 1996.

Ramaḍân, der muslim. Fastenmonat. → Kalender, → Fasten

Recht. Das islam. R. beruht nach muslim. Verständnis auf der von Gott gesetzten Ordnung (→ Scharia). Diese regelt nicht nur das Verhältnis der Menschen untereinander, sondern auch das zu ihrem Schöpfer. Sie umfaßt nicht nur rechtliche, sondern auch moral. Komponenten (→ Moral). Im folgenden ist diese Ordnung als „islam. Normativität" bezeichnet. Die islam. Normativität wurde von → Gelehrten im Verlauf der Geschichte zu einem Rechtssystem, dem sog. „fiqh" ausgestaltet. „Fiqh" bedeutete ursprünglich allgemein „geistige Erkenntnis, Erfassung". Der Begriff wurde schließlich im Sinne von „Erkenntnis der islam. Normativität" nur noch als Bezeichnung für das islam. Juristenrecht verwendet. Vieles von dem, was heute in den Ländern Nordafrikas, des Nahen und Mittleren Ostens sowie Südostasiens als spezifisch „islamisch" gilt, beruht auf dem islam. Juristenrecht. Daher lohnt sich ein kurzer Blick auf seine histor. Entwicklung und heutige Ausprägung. Nach einer heute nicht mehr vollständig rekonstruierbaren Frühphase wurde die Rechtsmaterie in zunächst lokalen Gelehrtenzirkeln gepflegt und weiterentwickelt. Hieraus entstanden seit der zweiten Hälfte des 8. Jh. die teilweise heute noch existierenden → Rechtsschulen. Obwohl sie jeweils unabhängig voneinander argumentieren, erkennen sich die vier sunnit. Rechtsschulen gegenseitig als legitim an. Sie weisen Differenzen im Gebetsritus und in einzelnen Rechtssätzen auf. Trotz dieser Vielfalt überwiegen die grundlegenden Gemeinsamkeiten im islam. R.: Übereinstimmendes Merkmal der sunnit. Rechtsschulen ist der Bezug auf die rechtsphilosoph. Lehre von den Grundlagen der Rechtserkenntnis (arab. uṣûl al-fiqh). Sie beruft sich auf göttliche Offenbarung (→ Koran) und das Vorbild der Lebenspraxis des Propheten Muḥammad (→ Sunna) sowie auf eng begrenzte intellektuelle

Erkenntnismethoden: den Analogieschluß, die Übereinstimmung der Gelehrten in einer Frage sowie teilweise die individuelle geistige Anstrengung (→ Ijtihâd). Die schiit. Gruppen betonen darüber hinaus die Bedeutung der Lehrmeinungen ihrer Führer (→ Imâm). Anders als früher in der Forschung behauptet, war das traditionale islam. R. keineswegs nach seiner grundlegenden Fixierung im 8. und 9. Jh. starr und unflexibel. Vielmehr veränderte es sich langsam aber stetig im Wechselverhältnis mit den sich wandelnden sozialen Gegebenheiten. Weitgehend unabhängig von der Rechtsphilosophie entwickelte sich die Kasuistik, die eine gewisse Flexibilität des R. gewährleistete. Diese ermöglichte – vergleichbar dem kanon. Kirchenrecht in Europa – eine Anpassung einzelner Rechtsvorschriften an die sozialen Erfordernisse ohne Veränderung der als „heilig" angesehenen Fundamente. Deren Verletzung wurde hingegen als „ungesetzliche Neuerung" (arab. bid'a) betrachtet. Die stetige, wenngleich langsame und konservierende Anpassung des islam. Juristenrechts in vielen Rechtsbereichen war Voraussetzung für dessen Funktion als angewandtes R. vormoderner muslim. Gesellschaften. In der gerichtlichen Praxis traten genügend neu zu regelnde Fälle auf, so daß das „sakrale" R. nicht zu einem liturg. Text verkam und die Rechtsordnung muslim. Gesellschaften über Jh. hinweg prägen konnte. Neben dem sakralen R. hat es im Lauf der Geschichte immer auch obrigkeitliche Rechtssatzung gegeben. Diesem staatlichen R. fehlte jedoch die religiöse Legitimation, wodurch ihm immer der Charakter eines Notbehelfs anlastete. Das traditionelle islam. Juristenrecht wurde seit Mitte des 19. Jh. grundlegend verändert. Auslöser hierfür waren neben dem zunehmenden militär. Druck und wachsendem ökonom. Einfluß der europäischen Kolonialmächte auch interne Modernisierungsanstrengungen, etwa des Osman. Reichs. Das osman. Zivilgesetzbuch von 1869, die sog. *Mecelle*, war der erste Versuch eines islam. Staates, das Juristenrecht in Paragraphen zu kodifizieren und als staatliches R. anzuwenden. Hierbei wurden neben Rechtsvorschriften der dominanten ḥanafit. Rechtsschule auch Bestimmungen aus anderen Rechtsschulen verwendet, die den Erfordernissen der Zeit besser entsprachen. Diese als „Auswahl" (arab. takhayyur) und „Vermischung" (arab. talfîq) bezeichneten Formen der Rechtsfindung waren wesentliche Elemente auch späterer rechtlicher Reformbestrebungen. Eine andere

Forderung der Modernisierer bestand darin, die individuelle jurist. Argumentation jenseits der traditionellen Lehre einer Rechtsschule zuzulassen. Die Leistung muslim. Juristen, aus dem klassischen kasuist. Einzelfallrecht einen nach Paragraphen und generalisierenden Prinzipien organisierten Gesetzeskodex zu schaffen, ist nicht hoch genug einzuschätzen. Das vom ägypt. Juristen ʿAbd ar-Razzâq as-Sanhûrî (1895–1971) kodifizierte Zivilgesetzbuch gilt heute mit kleineren Abweichungen in vielen arab. Ländern. Mit der Einführung eines auf islam. Normen beruhenden staatlichen R., welches Gültigkeit für alle Staatsbürger gleichermaßen, einschließlich der Nichtmuslime, beansprucht, wurde eine weitere Änderung vollzogen: Die rechtlichen Bestimmungen zur Religionsausübung konnten nicht Teil dieses R. sein und wurden ausgeklammert. Damit aber ist die im traditionellen Juristenrecht bestehende Einheit von Ritus und Vertragsrecht sowie die Verschränkung von religiös-rechtlichen Bewertungsmaßstäben mit der rein jurist. Gültigkeit von Handlungen aufgekündigt. In den heutigen Rechtsordnungen islam. Länder besitzt der Staat die Kontrolle über die Gesetzgebung sowie über die Ausbildung und Zulassung der Juristen zum Gerichtswesen. Nach einer Phase der radikalen Neuordnung und Übernahme europäischer Rechtsordnungen in den meisten muslim. Ländern seit Mitte des 19. Jh. mehren sich seit den 1970er Jahren diejenigen Stimmen, die eine „Rückkehr" zum reinen islam. R., der Scharia, fordern. Als Hintergrund dieser Forderung sind u.a. die Korrumpierung der Herrschenden sowie die wachsenden sozialen Probleme zu sehen, welche in weiten Bevölkerungskreisen einen westlich orientierten „Fortschritt" diskreditiert haben und die Errichtung einer islam. Ordnung als Lösungsmöglichkeit erscheinen lassen. Angesichts der Vielgestaltigkeit islam. R. bietet diese Forderung allerdings selbst viel Raum für polit. und jurist. Auseinandersetzungen. (→ Kadi, → Fatwâ, → Strafrecht) *Mü*

Lit.: Johansen, B.: Contingency in a Sacred Law. Legal and Ethical Norms in the Muslim fiqh, 1999. – Linant de Bellefonds, G.: Traité du droit musulman comparé, 3 Bde, 1973. – Schacht, J.: An Introduction to Islamic Law, [5]1982.

Rechtsschulen (arab. madhâhib, sg. madhhab), verschiedene Richtungen der Auslegung des islam. → Rechts. Die heute noch existierende Form der überregionalen Rechtsschule entwickelte sich seit der zweiten Hälfte des 8. Jh. aus lokalen Juristenzirkeln.

Die einzelnen R. führen sich auf Gründungsväter zurück, deren Namen sie tragen. Die → Sunniten erkennen vier R. an: die Ḥanafiten (nach Abû Ḥanîfa, gest. 767), die Mâlikiten (nach Mâlik ibn Anas, gest. 795), die Shâfiʿiten (nach ash-Shâfiʿî, gest. 820) und die Ḥanbaliten (nach Aḥmad ibn Ḥanbal, gest. 855). Daneben existieren mehrere schiit. R. In der Vergangenheit waren die R. mit ihrem informellen Lehrer-Schüler-Verhältnis verantwortlich für die Tradierung und Ausgestaltung des islam. Rechts. Jede Rechtsschule folgt einem eigenen Lehrsystem, welches auf in Nuancen unterschiedlichen Grundsätzen der Rechtsauslegung basiert. Diese können aber durchaus zu gravierenden Unterschieden bei einzelnen Rechtsbestimmungen führen, etwa bei der Rechtmäßigkeit von Bedingungen im Hochzeitsvertrag, unter denen eine Frau selbständig ihre → Scheidung einklagen kann. Im → Reformislam wurde seit dem Ende des 19. Jh. die teilweise Überwindung der R. praktiziert, indem man bei der Ausarbeitung des kodifizierten Rechts die Übernahme von Rechtssätzen aus verschiedenen Schulen sowie die individuelle Meinungsbildung (→ Ijtihâd) für legitim erklärte. Obwohl die R. heutzutage ihre überragende Bedeutung als alleinige Träger islam. Rechts verloren haben, bleibt die Zugehörigkeit eines jeden Muslims zu einer Rechtsschule in Fragen der Religionsausübung von großer Bedeutung. Aus histor. Gründen sind die Ḥanafiten v. a. in den Kernländern des ehemaligen Osman. Reichs, der Türkei, Syrien, Irak und Ägypten verbreitet. Die Mâlikiten dominieren in Nordafrika. Shâfiʿiten finden sich v. a. im Jemen, am Horn von Afrika sowie in Südostasien, und die Ḥanbaliten in Saudi-Arabien, den Golfstaaten und teilweise in Syrien und Jordanien. *Mü*

Refah Partisi → Wohlfahrtspartei

Reformislam. Vielen muslim. Intellektuellen machte am Ende des 19. Jh. nicht nur die materielle Überlegenheit des Westens zu schaffen, sondern auch das Minderwertigkeitsgefühl, das sie angesichts der ideolog. Diffamierung der islam. Gesellschaften durch den Westen empfanden. Wie manche andere Europäer auch war der französ. Philosoph Ernest Renan (gest. 1892) der Auffassung, daß die Muslime aufgrund ihrer Religion intellektuell nicht in der Lage seien, Fortschrittsdenken im westlichen Sinne zu entwickeln. Islam und Wissenschaft sowie Islam und Zivilisation seien prinzipiell miteinander unvereinbar. Die „Gründungsväter" des islam. Reformismus, Jamâl ad-Dîn al-→ Afghânî, Muḥammad → ʿAbduh, Rashîd → Riḍâ und ʿAbd ar-Raḥmân al-Kawâkibî (1854–1902), die sich gegen diese Herabwürdigung zur Wehr setzten, gingen von der Grundannahme aus, daß die vermeintliche intellektuelle Rückständigkeit ihre Ursachen in einem verkrusteten, inflexiblen Islamverständnis habe, welches v.a. auf einem blinden Gehorsam (arab. taqlîd) gegenüber den von der islam. Jurisprudenz ausgearbeiteten und mittlerweile überholten Normensystemen beruhe. Sie plädierten daher für eine innere Reform des Islams: Mittels rationaler Überlegung sollte eine freiere, der Zeit angepaßte Auslegung der islam. Grundtexte → Koran und der prophet. Überlieferung im → Ḥadîth (→ Ijtihâd) möglich werden, eine Forderung, die allerdings schon von früheren Reformern erhoben worden war. Die Reformisten suchten die Antworten auf ihre Fragen durch die Neubetrachtung der koran. Aussagen und die gezielte Auswahl und Auslegung der als gültig befundenen Ḥadîthe zu erhalten. Sie wollten so an den wahren Islam der Altvorderen anknüpfen, wobei mit Hilfe der neugewonnenen Prinzipien eine Reformierung innerhalb der Gesellschaft und mit Zustimmung der polit. Herrschaft, ohne also einen revolutionären Umsturz zu propagieren, angestrebt wurde. Da die Reformisten allerdings durch ihre Kritik an der islam. Jurisprudenz die Stellung der islam. → Gelehrten als alleinige Sachwalter der → Scharia radikal untergruben, erfuhren sie von dieser Seite einen erbitterten Widerstand. Bis heute ziehen sich die Fragestellungen, die dem reformist. Bestreben nach einer Neuinterpretation des Islams zugrunde lagen, durch die Debatten innerhalb der polit. Öffentlichkeit in den islam. Ländern: 1) Wie ist es zum Niedergang der islam. Zivilisation gekommen? Daß der Islam als Abschluß der → Offenbarungen die letztgültige Religion ist, stand gänzlich außer Zweifel. Es ging den Reformisten allein darum, die ehemals gegebene, ideale Umsetzung der islam. Ordnungsvorstellungen auf Erden wiederzubeleben. 2) Wie soll man mit der arroganten Überlegenheit des Westens umgehen? Die Reformisten wiesen entschieden die unterschiedlichen Herabsetzungen durch den Westen zurück. Dem Westen komme weder aus ethnischen noch aus intellektuellen Gründen eine Vorrangstellung zu. Der intellektuellen Diffamierung durch den Westen, die Muslime seien aufgrund ihrer Religion geistig nicht imstande, ähnliche Leistungen hervorzubringen, wurde aufs heftigste widersprochen. Im Grunde – so die Reformisten – habe Europa nur wissenschaftliche und gesellschaftliche Ansätze weiterentwickelt, die schon lange vorher von den Muslimen formuliert und ausgearbeitet worden seien. 3) Wie muß man dem europäischen Imperialismus entgegentreten? Durch die Besetzung islam. Länder durch europäische Mächte und die wirtschaftliche Abhängigkeit von diesen schlug die anfängliche Bewunderung des Westens – z. B. durch Muḥammad ʿAlî, Ismâʿîl, Rifâʿa aṭ-→ Ṭahṭâwî oder ʿAlî Mubârak (1824–1893) – bei den Reformisten in eine feindselige Haltung um. Das einzige, was man vom Westen wollte, war der Erwerb von Kenntnissen, die den Zugang zu Mitteln erleichterten, mit denen man sich gegen den europäischen Imperialismus zur Wehr setzen konnte. 4) Wie kann eine islam. Einheit, eine muslim. → Umma wiederhergestellt werden? Es war eines der Hauptziele der Reformisten, dem europäischen Imperialismus eine starke muslim. Einheit entgegenzustellen. So wurde in verschiedenen Ländern das Konzept des → Panislamismus formuliert, mit dem man die Europäer zurückschlagen könne. Gleichzeitig wurde der Gegensatz von Christentum und Islam betont, der es erlaubte, das Konzept des Heiligen Krieges wiederzubeleben. – Die Ansätze und Ideen von al-Afghânî und Muḥammad ʿAbduh waren für viele Intellektuelle der kommenden Generationen anregend und befruchtend. Ein großer Teil hielt an diesen Grundprinzipien fest, ging aber dann daran, sie auf unterschiedliche Weise auszuarbeiten und zu interpretieren. Obgleich heutzutage der Reformismus nicht mehr die inhaltliche Geschlossenheit und unbeirrbare Dynamik der Zwischenkriegszeit hat, sorgt er dennoch ständig für neue Impulse innerhalb der von Muslimen geführten Debatte um die rechte Interpretation der Offenbarung und die daraus abzuleitenden gesellschaftlichen Konsequenzen. (→ Traditionalismus, → Modernismus) *Co*

Lit.: Conermann, S.: Mustafa Mahmud (geb. 1921) und der modifizierte islamische Diskurs im modernen Ägypten, 1996. – Sharabi, H.: Arab Intellectuals and the West. The Formative Years, 1875–1914, 1970. – Steppat, F.: Die politische Rolle des Islam, in: Ders. (Hg.): Vorträge zum XXI. Deutschen Orientalistentag, 1983, 22–36.

Re-Islamisierung. In den 1970er Jahren kehrten in vielen Ländern der islam. Welt → Schleier und eine islam. → Kleidung in das öffentliche Leben zurück. Frömmigkeit wurde immer öfter zur Schau getragen, und die in den Medien geführten Diskussionen über islam. Themen nahmen ebenso zu wie islam. Publikationen aller Art. In → Ägypten – aber auch anderswo – erfreuten sich so unterschiedliche Fernsehprediger wie Muṣṭafâ Maḥmûd (geb. 1921) oder der blinde Scheich ʿAbd al-Ḥamîd Kishk (geb. 1933) großer Beliebtheit. Hervorstechendes Zeichen dieses neuen Lebensgefühls waren aber v.a. die große Zahl islam. Wohlfahrtsorganisationen, nicht-offizieller Moscheen und durch islam. Fonds unterstützter Privatschulen. Wichtig ist ferner der sprunghafte Anstieg von „islam." Kliniken, die normalerweise an Moscheen gekoppelt sind und mittels privatem, meist aus reformist. orientierten Kreisen stammendem Geld arbeiten. Heutzutage zählen sie zu den am häufigsten in Anspruch genommenen sozialen Institutionen reformist. Gruppierungen, da sie die Mängel des staatlichen Gesundheitswesens teilweise ausgleichen (→ Medizin). Das Phänomen der Re-Islamisierung wurde verstärkt durch die weitverbreitete Überzeugung, der Westen und die westlichen Ideologien hätten „versagt". Die einstige militär. Überlegenheit der westlichen Industrieländer war in den Augen vieler Muslime durch die Niederlagen der Franzosen in → Algerien und im Kongo, die erfolglose englisch-französ. Intervention 1956 in Ägypten und die amerikan. Katastrophe in Vietnam in Mißkredit geraten. Der als Sieg gefeierte Ausgang des Oktoberkrieges zwischen Israel und seinen arab. Nachbarn von 1973 und die erfolgreiche Iran. Revolution von 1979 taten ein übriges, um dieses Gefühl noch zu steigern. Die Skepsis gegenüber den Errungenschaften der westlichen Welt nahm weiter zu. Man empfand den fortgesetzten westlichen „Kulturimperialismus" als bedrohlich für die eigene Gesellschaft und begann, als Gegenmodell eine eigene arab.-islam. Identität zu formulieren. „Authentizität" und „Kulturerbe" sind zu den wichtigsten Schlagworten in der innermuslim. Diskussion um eine wiederzuerlangende muslim. Identität geworden. Durch die Ölkrise Mitte der 1970er Jahre schien plötzlich die Dominanz der westlichen Welt auch auf dem wirtschaftlichen Sektor in Frage gestellt zu sein. Hinzu kam, daß im Westen selbst die linearen Wachstumstheorien hinterfragt und angesichts der nicht mehr zu übersehenden katastrophalen ökolog. und sozialen Begleiterscheinungen die ideolog. Grundlagen der westlichen Ökonomie in Frage gestellt wurden. Infolge dieser „neuen Unübersichtlichkeit“ (J. Habermas) im Westen entstand ein ideolog. Vakuum, das für viele Muslime einen geistigen Freiraum schuf, der äußerlich und innerlich mit neuen islam. Konzepten gefüllt werden konnte. *Co*

Lit.: Hunter, S.T. (Hg.) : The Politics of Islamic Revivalism, 1988. – Kepel, G.: Jihad, expansion et déclin de l'islamisme, 2000. – Roy, O.: L'Echec de l'islam politique, 1992.

Revolution (arab. thaura, pers. enqelâb, türk. inkilap). Die Bezeichnung greift im Kontext der islam. Welt sehr weit und schließt auch Befreiungs- und Unabhängigkeitsbewegungen ein. In diesem Sinne werden so unterschiedliche Ereignisse wie die → Mahdî-Bewegung im Sudan des 19. Jh., die 'Urâbî-Revolte in Ägypten, der Sieg der → Jungtürken (1908), die Unabhängigkeitsbewegungen in Ägypten (1919), Irak (1920) und Syrien (1925–27), der Befreiungskrieg in Algerien (ab 1954) oder die Protestbewegungen in Palästina als R. verstanden. Im engeren Sinne sind R. erfolgreiche, schnelle, oft mit Gewalt einhergehende und tiefgreifende Umwälzungen im gesellschaftlichen und polit. System eines Landes. Sie sind von Staatsstreichen, Revolten und Aufständen zu unterscheiden, die entweder frühzeitig scheitern oder nur oberflächliche Veränderungen mit sich bringen. Paradebeispiele für R. liefert Iran mit der Verfassungsrevolution von 1905–1911 und der „Islam. R.“ von 1979. Schwieriger sind histor. Zäsuren einzuordnen, die zwar nicht alle obigen Merkmale erfüllen, aber dennoch im histor. Gedächtnis als R. wahrgenommen werden und zur Identitätsstiftung beitragen, wie der Staatsstreich Nassers in Ägypten von 1952. In vielen islam. Ländern wird der Begriff „R.“ inflationär gebraucht und ist oft integraler Bestandteil der Propaganda eines Regimes, ob es sich um die „Weiße R.“ Mohammad Reza Shâhs in Iran der 1970er Jahre oder den „Revolutionsführer“ → Gaddafi in Libyen handelt. Kommunist. R. waren 1944 in Albanien und 1969 im Südjemen erfolgreich. Die Iran. R. von 1979 gilt bisweilen als Idealtypus einer islam. R., wobei häufig übersehen wird, daß die ursprüngliche Basis der R. wesentlich breiter war und ihr Erfolg auf der Einbindung säkularer, liberaler und linker Kräfte beruhte. Bedenklich ist auch der Versuch, die Entwicklungen in Afghanistan seit 1978 als „islam." R. einzuordnen. *Wer*

Lit.: Gerber, H.: Islam, Guerilla War, and Revolution, 1988. – Munson, H.: Islam and Revolution in the Middle East, 1988.

Riḍâ, Rashîd (1865–1935), einer der einflußreichsten arab. Vertreter des → Reformislams. Das Licht der Welt erblickte R. in einem Dorf bei Tripoli/Libanon. Zuerst besuchte er eine örtliche Koranschule, kam dann jedoch auf die von dem reformist. orientierten Scheich Ḥusain al-Jisr (1845–1909) im Jahre 1879 gegründete Madrasa Waṭanîya (→ Medrese). Al-Jisr glaubte, daß sich die muslim. Gemeinde in erster Linie durch eine Synthese von religiöser Erziehung und westlichen Wissenschaften reformieren, weiterentwickeln und von den verderblichen ṣûfischen Praktiken befreien könne. Mit diesen Vorstellungen stellte al-Jisr sich in eine Reihe mit Muḥammad → ʿAbduh und Jamâl ad-Dîn al-→ Afghânî. Auf R. übte auch die von diesen beiden 1884 publizierte Zeitschrift *al-ʿUrwa al-wuthqâ* („Das stärkste Band") einen großen Einfluß aus. Als er 1897 nach Ägypten kam, wurde er innerhalb kurzer Zeit zu Muḥammad ʿAbduhs Vertrauten und Schüler. Bereits ein Jahr später begann er mit der Herausgabe eines eigenen Magazines, das er *al-Manâr* („Der Leuchtturm") nannte. Diese Zeitschrift sollte zum maßgeblichen Organ reformist. Gedankengutes in der arab. Welt werden. 1911 rief R. eine eigene Schule ins Leben, doch mußte der Unterricht nach Ausbruch des Ersten Weltkrieges eingestellt werden. Von der Jungtürk. Bewegung im Osman. Reich enttäuscht, verfocht er zunehmend panislam. Ideen (→ Panislamismus). Als Vorsitzender einer geheimen Gesellschaft verfügte er über gute Kontakte zu vielen polit. Führern im Nahen Osten. Auch begrüßte er die wahhâbit.-saudische Machtübernahme in Arabien und die Vertreibung der Hâshimiten aus der Region in den Jahren 1924–1926 (→ Saudi-Arabien). Im Gegensatz zu seiner früheren Einschätzung hielt R. nun die → Wahhâbiten für die wahren – wenn auch oftmals zu rigoros vorgehenden – Verfechter eines reinen Islams. Ihm schwebte neben der Einheit aller Muslime eine organ. Verbindung von Moderne und muslim. Gesellschaftsentwürfen vor, wobei die Basis der inneren Reform zur Überwindung der, wie er meinte, unerträglichen Stagnation die unbedingte Berufung auf → Koran,

→ Sunna und den Konsens der muslim. → Gelehrten sein müsse. Der Niedergang der muslim. Welt hänge mit dem Verfall des Gelehrtentums und der Tyrannei der Herrscher zusammen. Insgesamt gesehen sind R. und *al-Manâr* wichtige Katalysatoren reformist. Gedankengutes in der islam. Welt gewesen. *Co*

Lit.: Enayat, H.: Modern Islamic Political Thought, 1982. – Hourani, A.: Arabic Thought in the Liberal Age, 1798–1939, 1970. – Kerr, M.H.: Islamic Reform. The Political and Legal Theories of Muhammad ʿAbduh and Rashid Rida, 1966.

Rosenkranz, eine Schnur mit aufgereihten Perlen, an denen sich die Zahl zu sprechender Gebete kontrollieren läßt, vermutlich indischen Ursprungs. Der islam. R. besteht aus 99, seltener 33 oder 1000 Zählperlen. U.a. aus Türkis, Korallen, Bernstein, heute auch Plastik gefertigt, dient er außerhalb der Pflichtgebete (→ Gebet) zum Lobpreis Gottes. Beim Abzählen der Perlen werden je einmal die Formeln „Preis sei Gott!", „Lob sei Gott!", „Gott ist groß!" oder die 99 schönsten Namen Gottes (→ Gottesnamen) rezitiert. In → Dhikr-Übungen der Ṣûfîs, als → Amulett, Opfergabe oder zum → Wahrsagen wird der R. aufgrund der ihm innewohnenden Segenskraft gerne gebraucht. Männer tragen ihn häufig als Schmuck. *Bo*

Lit.: Venzlaff, H.: Der islamische Rosenkranz, 1985.

Roter Halbmond (arab. al-Hilâl al-Aḥmar, türk. Kızılay), das islam. Pendant zum 1863 durch die Genfer Konvention gegründeten Roten Kreuz. Das Osman. Reich, seit 1864 Mitunterzeichner der Genfer Konvention, schuf im Jahre 1868 die erste nationale Organisation des R.H. 1929 wurde dem R.H. der gleiche Status wie dem Roten Kreuz im Sinne der Genfer Konvention zuerkannt. Weitere Organisationen des R.H. wurden 1912 in Ägypten und 1947 in Pakistan gegründet. Gegenwärtig gibt es 28 nationale Organisationen. Sie arbeiten entsprechend den humanitären Prinzipien der 25. Hauptversammlung von 1986 in der „Internationalen Rotkreuz- und Rothalbmondbewegung" (Mouvement International de la Croix-Rouge et du Croissant-Rouge) und sind Teil dieses weltumspannenden humanitären Netzwerkes. (→ Halbmond) *Sz*

Lit.: Haug, H.: Menschlichkeit für Alle. Die Weltbewegung des Roten Kreuzes und des Roten Halbmonds, Wien 1993.

Rückert, Friedrich (1788–1866), Dichter und Orientalist, Studium der Rechtswissenschaft, klassischen Philologie und Philosophie. Die Begegnung mit dem Wiener Orientalisten Joseph von Hammer-Purgstall 1818 brachte ihn zum Studium oriental. Sprachen. 1826 wurde er als Professor für oriental. Sprachen nach Erlangen, 1840 nach Berlin berufen. R. wurde durch zahlreiche Übersetzungen und Nachdichtungen aus dem Arabischen, u.a. des → Koran, und aus indischen Sprachen, v.a. aber aus dem Persischen bekannt. In seinen poet. Übertragungen versuchte er, Metrum und Reimschema des Originals zu wahren. *Ha-Hi*

Lit.: Fischer, W. (Hg.): Friedrich Rückert im Spiegel seiner Zeitgenossen und der Nachwelt, 1988. – Schimmel, A.: Friedrich Rückert, 1987.

Rushdie, Salman (geb. 1947), britisch-indischer Schriftsteller, Autor von Romanen und Kurzgeschichten. In *Midnight's Children* (1981) und *Shame* (1983) setzt R. sich in satir. Allegorien mit der Geschichte Indiens und Pakistans seit der Unabhängigkeit auseinander. Einige Aspekte in *The Satanic Verses* (1988), einer tragikom. Immigrantensaga, führten zu einer → Fatwâ des iran. Revolutionsführers → Khomeini, in der R. der → Blasphemie und Verunglimpfung des Propheten Muḥammad für schuldig befunden wurde (14. 2. 1989). Der Roman wurde in mehreren islam. Ländern verboten. Wegen der Gefahr eines Mordanschlags durch muslim. Fanatiker lebte R. noch im Jahre 2000 in wechselnden Verstecken.

Ha-Hi

Lit.: Brennan, T.: Salman Rushdie and the Third World. Myths of the Nation, 1991. – Harrison, J.: Salman Rushdie, 1992. – Priskil, P.: Salman Rushdie. Portrait eines Dichters, ²1989.

Rußland. In der Russischen Föderation stellen Muslime die zweitgrößte Religionsgruppe nach den russisch-orthodoxen Christen. Zahlenangaben schwanken zwischen 8,5 und 21 Mio., aber verläßliche Daten fehlen, da zum einen Religionszugehörigkeit nicht offiziell erfaßt wird, zum anderen eine klare Trennung zwischen islam. religiösen Bekenntnis und ethnischer „muslim." Identität oft nicht erfolgt. Wie in anderen Staaten der ehemaligen Sowjetunion zeichnet sich allerdings auch in R. eine klare Wiederbelebung und Neuformierung islam. Gemeinden und Institutionen ab. Die meisten Muslime R. leben in den autonomen Republiken des nördlichen → Kaukasus, aber auch in Zentralrußland (mit Moskau), in den Republiken Tatarstan und Baschkortostan im Wolga-Uralgebiet und in Sibirien sind sie stark vertreten. Nach langer Unterdrückung religiöser Aktivitäten in der Sowjetunion werden seit 1990 verstärkt neue Moscheen und Lehranstalten gebaut. Die institutionelle Gliederung der islam. Gemeinden wurde mit Zentren in Moskau und Ufa ebenfalls neu organisiert, wobei die Kaukasusregionen eine Sonderstellung einnehmen. Schon seit 1552 Ivan IV. die Tatarenkhânate von Kazan und Astrachan eroberte, waren muslim. Regionen ein fester Bestandteil R. Durch diese frühe Zugehörigkeit kamen die tatar. Muslime am intensivsten mit russischer und westlicher Kultur in Berührung und entwickelten im 19. Jh. eine islam. Reformbewegung. In den Wolgabezirken von Kazan, Astrachan und Orenburg blühten islam. Buchwesen und nationale Literaturen. Im Gegensatz dazu wurden die muslim. Regionen des Nordkaukasus erst im 18. und 19. Jh. gegen harten Widerstand von R. erobert. Im Kaukasus ist neben islam. Traditionalismus auch eine Vielzahl lokaler islam. Kulturen beheimatet, in denen Ṣûfî-→ Bruderschaften eine wichtige Rolle spielen. Insbesondere in Daghestan findet sich auch eine gelehrte Tradition mit breiter Kenntnis des Arabischen auf der Basis systemat. handschriftlicher Überlieferung. Im Gegensatz zur Mehrheit der ex-sowjet. Muslime, die der ḥanafit. → Rechtsschule angehören, sind die Muslime Daghestans Shâfiʿiten. Die Muslime R. bilden keine geschlossene Einheit und verfolgen auch unterschiedliche Interessen, die oft stärker ethnisch als religiös bestimmt sind. Ebenso ist die offizielle Politik R. gegenüber dem Islam nach innen und außen nicht widerspruchsfrei. Offene Polemik gegen islam. Terroristen im Kaukasus und die Furcht vor dem Import von islam. → Fundamentalismus aus den angrenzenden Ländern Mittel- und Zentralasiens stehen neben einer offeneren Religionspolitik, die Konfessionsfreiheit weitgehend garantiert. *Wer*

Lit.: Brower, D./Lazzerini, E. (Hg.): Russia's Orient. Imperial Borderlands and Peoples, 1700–1917, 1997. – Buharaev, R.: Islam in Russia, 1997. – Halbach, U.: Der Islam in Rußland, 1996.

S

Saadawi, Nawal al- (as-Saʿdâwî, Nawâl, geb. 1931), ägypt. Psychiaterin und Autorin einer Reihe von Romanen und Sachbüchern zu Sexualität, Macht und Politik. 1972 löste ihr erstes Sachbuch über Frauen und Sexualität (dt. *Tschador. Frauen im Islam*), in dem sie ihre eigene → Klitorisamputation beschrieb, den ersten Skandal ihrer publizist. Laufbahn aus. Sie mußte von ihrem Posten als Direktorin des ägypt. Gesundheitswesens zurücktreten. Unter Sâdât kam sie 1981 kurzzeitig ins Gefängnis. Die streitbare Rednerin und Publizistin ist in der arab. und westlichen Welt ebenso bekannt wie umstritten. *Bo*

Lit.: Malti-Douglas, F.: Men, Women, and God(s). Nawal El Saadawi and Arab Feminist Poetics, 1995. – Saadawi, N.: Der Sturz des Imam, 1991. – Dies.: Tschador. Frauen im Islam, 1991. – The Nawal El Saadawi Reader, 1997.

Säkularisierung, als „Trennung von Staat und Religion" eine der Grundforderungen muslim. Modernisten, welche damit allerdings meist weder zur Aufgabe religiöser Gefühle und Grundüberzeugungen im öffentlichen Leben aufrufen wollen noch eine Änderung des Personenstandsrechtes anstreben, sondern auf die Errichtung westlich-demokrat. Herrschaftsstrukturen und die Aneignung europäisch-technischen Wissens abzielen. (al-→ ʿAẓm, → Modernismus) *Co*

Salafîya. Der arab. Begriff bezeichnet eine u.a. von Muḥammad →ʿAbduh und Rashîd →Riḍâ vertretene Richtung des →Reformislams, welche die ersten Muslime (as-salaf aṣ-ṣâliḥ, „die frommen Altvorderen") zum Modell für eine neue muslim. Gemeinschaft erklärt. Damit ist nicht gemeint, daß das Leben der islam. Urgemeinschaft wiederhergestellt werden soll, vielmehr sei an den „Geist" dieser Muslime anzuknüpfen, um eine der Gegenwart angemessene Ordnung zu errichten. Die S. wurde zur Inspiration zahlreicher Reformisten und Fundamentalisten in der islam. Welt. *El*

Lit.: Weismann, J.: Taste of Modernity. Sufism, Salafiyya, and Arabism in Late Ottoman Damascus, 2001.

Satan (arab. shaiṭân). Als Gattungsbegriff bezeichnet S. eine Art von Genius des altarab. Pandämoniums, in der determinierten Form ist S. synonym zu Iblîs (vielleicht von griechisch diabolos) der Eigenname für den Teufel als Individuum. Ob Satan ein → Engel oder ein Dämon war, ist umstritten, für beides lassen sich im Koran Argumente finden. Iblîs erscheint dort in zwei Episoden, die Parallelen zu apokryphen christl. Überlieferungen aufweisen. Nachdem Gott → Âdam aus Lehm erschaffen hat, befiehlt er den Engeln, sich vor ihm niederzuwerfen. Alle gehorchen, bis auf Iblîs, der als Grund für seine Weigerung anführt, er sei Âdam überlegen, da er im Gegensatz zu diesem aus Feuer erschaffen sei (Suren 38:69–77, 15:26–34). Daher gelten Hoffart und Ungehorsam gegen Gott als Iblîs' wesentliche Züge. Andererseits hat die islam. → Mystik diese Weigerung als strikte Befolgung eines anderen Verbotes aufgefaßt, nämlich neben Gott andere Wesen zu verehren. Die Bestrafung S. wird bis zum → Jüngsten Gericht aufgeschoben. Bis dahin kann er den Menschen verführen (Suren 38:79–85, 15:36–43, 17:61 ff.). Iblîs verleitet daraufhin Âdam und Eva dazu, gegen Gottes Gebot vom Baum der Unsterblichkeit im Garten Eden zu essen (Suren 2:35–39, 20:116–123). Daher gilt er als der Versucher der Menschen und wird als solcher arab. als shaiṭân bezeichnet. Von seinen Anschlägen auf die Menschen wie auch auf die Propheten (im Fall der → Satan. Verse) sind zahlreiche Legenden überliefert. Er wird oft mit der Triebseele des Menschen (arab. nafs) gleichgesetzt. Die symbol. Steinigung S. ist eines der Rituale der → Pilgerfahrt. *Ha*

Lit.: Awn, P.J.: Satan's Tragedy and Redemption. Iblis in Sufi Psychology, 1983. – Beck, E.: Iblis und Mensch, Satan und Adam, in: Le Muséon 89 (1976), 195–244. – Schimmel, A.: Mystische Dimensionen des Islams, ^{3}1995.

Satanische Verse. In der → Koranexegese wird angenommen, daß dem Propheten → Muḥammad nach den Versen 19 und 20 in Sure 53, in denen die drei altarab. Gottheiten al-Lât, al-ʿUzzâ und Manât erwähnt sind, von → Satan die folgenden zwei Verse eingeflüstert wurden: „Diese sind die erhabenen, deren Fürbitte erhofft wird." Erhielt der einzige Gott Allâh damit andere Götter beigesellt (arab. shirk), so stellte eine göttliche Offenbarung diesen Irrtum richtig; durch die Verse 21–27 in Sure 53, in denen die beiden s. V. abrogiert werden. Sie fanden keinen Eingang in den Koran. Die Episode der s. V. in der Prophetenbiographie, deren Historizität umstritten ist, inspirierte Salman → Rushdies gleichnamigen Roman. *El*

Saudi-Arabien. Mit etwas über 2,2 Mio. qkm nimmt S.-A. ca. drei Viertel der Fläche der → Arab. Halbinsel ein. Allerdings ist ein Großteil des saudischen Staatsgebietes unbewohnbare Wüste. Die Bevölkerung wird heute auf etwas über 20 Mio. Einwohner geschätzt. S.-A. gliedert sich geograph. in fünf Großräume: den Hedschas im Westen, das ʿAsîr-Gebirge (Süden), Nedschd (die Zentralprovinz), das Ḥasâ'-Gebirge (Osten) sowie die Großwüsten Ar-Rubʿ al-Khâlî (das leere Viertel) und Nefud. Die moderne Geschichte des Landes beginnt mit dem Jahr 1932, als sich ʿAbd al-ʿAzîz Âl Saʿûd in Mekka zum Herrscher des Hidschas proklamierte und sein Herrschaftsgebiet als „Königreich S.-A." bezeichnete. In der Folge besetzen die wichtigsten Posten des Landes Angehörige der Familie Âl Saʿûd. Es gibt keine polit. Parteien, lediglich einen Nationalen Konsultativrat (Majlis ash-Shûrâ), der vom König ernannt wird. S.-A. ist der größte Ölproduzent der Welt. Deswegen gehört das Land zur Interessensphäre westlicher Staaten. Die Existenz von amerikan. Truppen am Golf und die Freundschaft des Landes mit den USA dienen in den Augen vieler Araber ausschließlich amerikan. Interessen am arab. Öl. Die religiöse Bedeutung S.-A. für die Muslime in der ganzen Welt beruht v. a. auf den heiligen Stätten in → Mekka und → Medina, als deren Hüter sich der König versteht. Die Monarchie tritt als Vorkämpfer des → Wahhâbismus auf, einer Form des islam. Reformismus, der sich gegen bestimmte Aspekte islam. Glaubenspraxis wandte, insbesondere gegen Heiligenverehrung und den Kult der Grabdenkmäler. Das islam. → Recht wird als Rechtsgrundlage angesehen. *Ra*

Lit.: Arkoun, M.: Pilgerfahrt nach Mekka, 1978. – Faroqhi, S.: Herrscher über Mekka. Die Geschichte der Pilgerfahrt nach Mekka, 2000. – Koszinowski, T. (Hg.): Saudi-Arabien. Ölmacht und Entwicklungsland. Beiträge zur Geschichte, Politik, Wirtschaft und Gesellschaft, 1983. – Vasil'ev, A. M.: The History of Saudi Arabia, 2000. – Watt, W. M.: Muhammad at Medina, 1977.

Sayyid (arab. „Herr"), wird als → Personenname und Bezeichnung für eine Kategorie von Prophetennachkommen, → Scharifen, benutzt. *El*

Schah (shâh), pers. Herrschertitel und Teil von → Personennamen im iran. Sprachraum. *El*

Scharia (arab. sharîʿa). Der Begriff wird im heutigen Sprachgebrauch für „islam. → Recht" verwendet, bedeutet im engeren Sinne jedoch die von Gott gesetzte Ordnung im Sinne einer islam. Normativität. Der Ruf nach Einführung der S. ist gegenwärtig in vielen muslim. Staaten zu einem polit. Kampfbegriff geworden. Vordergründiger Ausdruck einer islam. Rechtsordnung ist die Anwendung der koran. → Körperstrafen, was jedoch nur einen kleinen Teil des islam. Rechtssystems umfaßt. In mehreren Staaten wird die S. heutzutage in der Verfassung ausdrücklich als Quelle der Rechtsschöpfung anerkannt (etwa in Ägypten, Bahrain, Jemen, Kuwait, Libanon, Sudan, Syrien und in den Vereinigten Arab. Emiraten). Einen Schritt weiter gehen Saudi-Arabien, Oman, Pakistan und neuerdings Afghanistan, in denen die S., von Ausnahmen in einzelnen Rechtsbereichen abgesehen, mit der Rechtsordnung gleichgesetzt wird. *Mü*

Scharif (arab. sharîf, „edel, erhaben"), wird allgemein für Personen von besonderem Status in der islam. Gesellschaft verwendet, im besonderen für die Sippe und Nachkommen des Propheten → Muḥammad. Im engeren Sinne bezeichnet man damit nur die Nachkommen → ʿAlî ibn Abî Ṭâlibs, namentlich die durch Ḥasan ibn ʿAlî, während die anderen „Sayyid" betitelt wurden, das gleichwohl ebenfalls unspezifisch ähnlich wie S. gebraucht wird. Scharifen haben Anspruch auf bestimmte soziale Privilegien; sie sind durch einen grünen Turban kenntlich. Über den Anspruch auf den Titel wacht ein Beamter (arab. naqîb al-ashrâf). Die Erblichkeit des Titels in der weiblichen Linie ist umstritten, galt aber z.B. bei den Osmanen. (Zu Scharifen als Herrscher → Marokko, → Jordanien) *Ha*

Lit.: Van Arendonk, C. (W.A. Graham): Art. „Sharîf", in: The Encyclopaedia of Islam, Bd. 9, 1997, 329 ff.

Schattenspiel → Puppenspiel

Scheich (arab. shaikh, „ehrwürdiger Mann"). Der Begriff wird in verschiedenen Bedeutungen gebraucht, als allgemeine Bezeichnung für einen alten Mann, im engeren Sinne für Führer eines Stammes oder einer ṣûfischen → Bruderschaft. Die Direktoren der → Azhar u.a. islam. Universitäten tragen den Titel eines S. *El*

Scheidung. Das islam. → Recht kennt verschiedene Formen der S. Die bekannteste ist die einseitige Verstoßung (arab. ṭalâq) der Ehefrau durch den Ehemann. Wird die entsprechende Formel „ich verstoße dich" ein oder zweimal ausgesprochen, kann die Verstoßung vom Ehemann unter bestimmten Bedingungen zurückgenommen werden, eine dreimalige Wiederholung ist jedoch endgültig und verbietet die unmittelbare Wiederverheiratung des Paares. Um Mißbrauch einzudämmen, ist es üblich, daß der Ehemann bei der Eheschließung nur einen Teil des Brautpreises auszahlt: Nach der Verstoßung ist unverzüglich der ausstehende Betrag fällig. Das Recht der Verstoßung hat die Ehefrau nicht. Sie kann sich von ihrem Mann in gegenseitigem Einvernehmen trennen (arab. khul'), wobei beide Ehepartner auf gegenseitige Ansprüche verzichten, speziell die Frau auf den ausstehenden Teil ihres Brautpreises. Darüber hinaus kann die Ehefrau die richterliche Trennung (arab. tafrîq) beantragen, wenn der Ehemann seine materiellen Pflichten ihr gegenüber nicht erfüllt oder unfruchtbar ist. Nach der S. unterliegt die Frau einer zumeist dreimonatigen Wartezeit, in der sie nicht heiraten darf, wohl aber von ihrem Mann Unterhalt empfängt. Auch heute noch orientiert sich das Scheidungsrecht in vielen islam. Ländern an diesen Regelungen. Eine Ausnahme hiervon ist → Tunesien. (→ Ehe) *Mü*

Schicksal (arab. qadar, türk. kismet, „das Zugeteilte") ist dem islam. Verständnis nach nie blindes Fatum, sondern immer das dem Menschen von → Gott zugeteilte Los. Die mit dem Glauben an die Allmacht Gottes einhergehende Überzeugung von der Vorherbestimmtheit allen Geschehens durch den Willen Gottes bot und bietet zwar vielfach Raum für fatalist.-passives Verharren im scheinbar Unabänderlichen, doch ist ein solches Verhalten keinesfalls wesenhaft islam. Schon die → Theologie des 8. und 9. Jh. stellte neben die göttliche Prädestination die Verantwortlichkeit des Menschen für seine Handlungen. Der Theologe al-Ashʿarî (gest. 935/36) vereinte beides durch den Gedanken der „Aneignung" (arab. kasb): Gott erschafft nicht nur sämtliche Handlungen im voraus, sondern legt im Menschen auch die Möglichkeit an, denselben zuzustimmen oder sie abzulehnen; so eignet sich der Mensch seine Handlungen selbst an, tut dabei aber niemals etwas, was nicht auch schon gottgewollt wäre. Modernere Theologien wie etwa der → Reformislam eines Muḥammad → ʿAbduh halten die Handlungsfreiheit und Verantwortlichkeit des Menschen für selbstverständlich, weil von sich aus evident, und kritisieren ein fatalist. Hinnehmen von Unrecht und Mißständen. *Gu*

Lit.: Gardet, L.: Art. „Allâh", „ʿIlm al-kalâm", „al-Ḳaḍâ' wa'l-ḳadar", in: The Encyclopaedia of Islam, Bd. 1, 1986, 406–417; Bd. 3, 1986, 1141–1150; Bd. 4, 1990, 365–367. – Schoen, U.: Determination und Freiheit im arabischen Denken heute, 1976.

Schiiten (auch Schia, von arab. shîʿat ʿAlî, „die Partei ʿAlîs"). Die S. stellen mit einer Gesamtzahl von etwa 110 Mio. Menschen 10–15% der Muslime. Die größte schiit. Fraktion ist die Zwölferschia mit Zentren im Südirak, Iran und auf dem indischen Subkontinent sowie mit bedeutenden Minderheitsgruppen in Afghanistan, Libanon, Zentralasien, der Türkei und den arab. Golfstaaten. Von den in Deutschland lebenden ca. 2,8 Mio. Muslimen (1997) sind etwa 120000–125000 schiit. Bekenntnisses. Nach dem Tod des Propheten → Muḥammad zerstritten sich die Gläubigen in der Frage seiner Nachfolge als Leiter der Gemeinde. Während die Mehrheit der Muslime, die → Sunniten, die vier sog. „rechtgeleiteten Kalifen" anerkennt, halten die S. einzig den vierten von ihnen, den Vetter und Schwiegersohn des Propheten → ʿAlî ibn Abî Ṭâlib, für seinen rechtmäßigen Nachfolger. Sie berufen sich dabei auf zwei Aussprüche Muḥammads, die sie in diesem Sinne interpretieren. Grundlegend für die Zwölferschia ist die Imâmatslehre, welche eine Kette von zwölf Imâmen annimmt, angefangen mit ʿAlî als erstem und seinen Söhnen Ḥasan und → Ḥusain als zweitem und drittem Imâm. Das Imâmat wird an die direkten männlichen Nachkommen der Prophetenfamilie (Muḥammad, → Fâṭima und ʿAlî) weitergegeben, denen – bis auf ʿAlî – das Recht auf weltliche Macht vorenthalten worden sei. Die Imâme gelten den S. als sündenlos und unfehlbar. Nach schiit. Lehre ist der Zwölfte Imâm nicht gestorben, sondern lebt in der Verborgenheit fort und wird eines Tages als Messias, „der Rechtgeleitete“ (Mahdî), erscheinen, um die Herrschaft der Tyrannen zu beenden und Gerechtigkeit walten zu lassen. Schiit. Auffassung zufolge starben die übrigen elf Imâme als Märtyrer, doch ist es v. a. das Martyrium des dritten Imâms Ḥusain, dessen bis in die Gegenwart von S. in Trauerfeiern während des Monats Muḥarram gedacht wird (→ ʿÂshûrâʾ). Im Gegensatz zu den Sunniten glauben die S., daß der → Koran erschaffen sei. Die schiit. Rechtsprechung beruht auf dem Koran, der Überlieferung vom Tun und Lassen des Propheten und der Imâme sowie dem Konsens der Gelehrten und deren eigenständiger Rechtsfindung aufgrund rationaler Erwägungen. Bedingt durch ihre ablehnende Haltung gegenüber den zumeist sunnit. Herrschern entwickelten schiit. Rechtsgelehrte verschiedene Formen des Umgangs mit den Herrschenden. Traditionell waren sie auf polit. Abstinenz bedacht, auch wenn es immer wieder zu polit. Kooperation und zur Übernahme von Ämtern kam. Hierbei war S. in hohen Positionen die Tatsache von Nutzen, daß es ihnen erlaubt, ja sogar geboten war, das eigene Bekenntnis in einer diesem feindlich gesonnenen Umwelt oder zum Schutz der zwölferschiit. Gemeinde zu verbergen (arab., pers. taqîya). Polit. Aktivismus, um die weltliche Herrschaft mit der Scharia in Übereinstimmung zu bringen, der bis zum Sturz einer Regierung führen konnte, zeigte sich im 20. Jh. in der Iran. Revolution. Gegen Ende des 18. Jh. begann sich unter den zwölferschiit. Rechtsgelehrten eine Schule durchzusetzen (arab. uṣûlîya), die die Gläubigen in zwei Kategorien einteilte, nämlich die → Gelehrten mit der Erlaubnis zu lehren (arab. mujtahid) und die theolog. nicht ausgebildete Mehrheit der Gläubigen (arab. muqallid). Da die Rechtsgelehrten den zwölften Imâm während seiner Verborgenheit verträten, müsse sich jeder Schiit der Lehre eines lebenden Gelehrten anschließen, denn nur diese seien befähigt, den Koran und die anderen Rechtsquellen des Islams zu interpretieren. Durch die Übereinstimmung der Gläubigen wird ein (oder mehrere) oberster Rechtsgelehrter, eine sog. „Instanz der Nachahmung“ (arab. marjaʿ at-taqlîd), bestimmt. Diese Gelehrten gelten jedoch keinesfalls als unfehlbar, ihre Entscheidungen sind vorläufig und können im Prinzip durch die Rechtsfindung eines anderen mujtahid aufgehoben werden. *Pi-Ha*

Lit.: Ende, W.: Der schiitische Islam, in: Ende, W./Steinbach, U. (Hg.): Der Islam in der Gegenwart, [4]1996, 70–89. – Halm, H.: Der schiitische Islam. Von der Religion zur Revolution, 1994. – Ders.: Die Schia, 1988.

Schleier (arab. ḥijâb). Der S. wird traditionell von Frauen und Mädchen nach der Geschlechtsreife außerhalb des Hauses und in Anwesenheit von fremden Männern getragen. Der Koran enthält keine Hinweise auf ein Verschleierungsgebot, doch sollen die Frauen ihre Reize nicht offen zur Schau stellen (Sure 24:31) und sich in ihren Überwurf hüllen (Sure 33:59), damit sie nicht belästigt werden. Die Verschleierung wurde vermutlich seit dem 9. Jh. allgemein üblich und erreichte ihren Höhepunkt im 16. Jh. Diese Entwicklung war mit einem zunehmenden Ausschluß der Frauen aus der Öffentlichkeit verbunden. Der S. als Ausdruck religiöser Überzeugung ist v.a. ein städtisches Kleidungsstück. Drei Haupttypen von S. können unterschieden werden: Gesichtsschleier (gesamtes Gesicht, untere Gesichtshälfte oder Gesichtsmaske), Kopfschleier (Kopftuch) und Körperschleier („Tschador"). Infolge der Veränderung der Kleidungssitten werden seit dem 19. Jh. kontroverse Debatten um den S. geführt. Vertreter des → Reformislams und Frauenrechtlerinnen (→ Feminismus) wenden sich unter Verweis auf das Fehlen entsprechender Vorschriften im Koran gegen die Verschleierung, in der sie ein Symbol der Rückständigkeit und der Unterdrückung der Frau sehen. Die Befürworter des S. verstehen ihn als Ausdruck von Bescheidenheit und Anstand, Schutz der persönlichen Würde sowie als Merkmal kultureller Eigenständigkeit. Zudem kann er auch, jenseits aller Debatten, als modisches Accessoire getragen werden. In Deutschland und Frankreich hat die Frage des Rechts auf Verschleierung von muslim. Schülerinnen und Lehrerinnen in jüngster Zeit zu Auseinandersetzungen geführt. *Sto*

Lit.: El-Guindi, F.: Veil. Modesty, Privacy and Resistance, 1999. – Göle, N.: Republik und Schleier. Die muslimische Frau in der Moderne, 1995. – Klein-Hesseling, R./Nökel, S./Werner, K.: Der neue Islam der Frauen. Weibliche Lebenspraxis in der globalisierten Moderne. Fallstudien aus Afrika, Asien und Europa, 1999. – Knieps, C.: Geschichte der Verschleierung der Frau im Islam, 1993.

Schöpfung. Der Koran ruft den → Menschen in zahllosen Versen auf, in der sichtbaren Welt das Wirken eines einzigen Schöpfers zu erkennen (Suren 7:185, 27:59–64, 30:17–30 u. a.), zumal sie ein planvolles Werk Gottes im Dienste des Menschen ist (Suren 16:1–23, 55, → Weltbild). Die Anspielungen im Koran – ein Schöpfungsbericht fehlt – reflektieren die Auseinandersetzung mit der biblischen Schöpfungsgeschichte. Danach hat Gott Himmel und Erde in sechs Tagen geschaffen (Suren 41:9–12, 57:4, 11:7). Die → Theologie unterscheidet zwischen der anfänglichen S. (aus dem Nichts, ex nihilo, arab. ibdâʿ) und den weiteren Schöpfungsakten (wie des Menschen aus dem Lehm, arab. khalq). Ausgehend von der Allmacht Gottes lehrten Theologen, daß er die Welt in jedem Moment neuerschaffe. Diese – auch als Occasionalismus bezeichnete – Diskontinuität löst jede Kausalität auf und erklärt somit, daß Gott das Böse erschaffen konnte, ohne selbst böse zu sein (→ Satan). Philosophen und Mystiker entwickelten unterschiedliche Systeme, die die S. als Emanationen aus einem anfänglichen Prinzip erklären. Demzufolge spiegelt alles in der Welt Gott in seiner Weise wider. Die Tatsache der S. begründet, daß die Welt auch ein Ende hat. *Ha*

Lit.: Chittick, W.: The Self-Disclosure of God. Principles of Ibn al-ʿArabî's Cosmology, 1998. – Arnaldez, R.: Art. „Khalk", in: The Encyclopaedia of Islam, Bd. 4, 1978, 980 ff. – Gardet, L.: Art. „Ibdâʿ", in: The Encyclopaedia of Islam, Bd. 3, 1979, 663 ff.

Schrift → Arab. Schrift

Schriftbesitzer (arab. ahl al-kitâb, „Leute des Buches"), koran. Bezeichnung für → Juden und → Christen als Angehörige von monotheist. Religionen mit Offenbarungsschriften (Thora, Evangelium, → Bibel); später wurden dazu bisweilen auch Zoroastrier (Parsen) und Sabier/Sabäer gezählt. Die Annahme der Gleichursprünglichkeit der Heiligen Schriften schuf den S. – innerhalb der islam. Gemeinwesen meist Minderheiten – eine rechtliche und soziale Sonderstellung: Während gänzlich Ungläubige bzw. die, „die Gott etwas beigesellen" (arab. mushrikûn), bekämpft werden sollten (→ Jihâd), wurden die S. bei Entrichtung einer bestimmten → Steuer als sog. dhimmîs („Schutzbefohlene" der islam. Gemeinschaft) geduldet (→ Toleranz, → Ausländer), durften ihre Religion behalten und ausüben sowie Eigentum haben. In den modernen, seit dem 19. Jh. weitgehend säkular organisierten Staaten der islam. Welt spielt der S.-Status meist nur noch dort eine Rolle, wo Scharia-rechtliche Bestimmungen nicht von säkularem Recht abgelöst wurden, insbesondere im Personenstandsrecht (→ Ehe). In anderen Bereichen trat an die Stelle der Religionszugehörigkeit die Loyalität gegenüber dem Nationalstaat, aus tolerierten S. wurden gleichberechtigte Staatsbürger. In Staaten mit betont islam. Ausrichtung (Iran, Saudi-Arabien u. a.) ist die S.-Idee wieder bzw. noch immer für die jurist. Behandlung von Juden und Christen relevant. *Gu*

Lit.: Ye'or, B.: The Dhimmi. Jews and Christians under Islam, 1985.

Schweinefleisch. Muslimen ist es nach islam. → Recht strikt verboten, S. zu verzehren. Dieses Verbot gründet sich auf mehrere Suren des Korans (2:173, 5:3, 16:15). Der unbewußte Genuß wird seitens Gottes mit Nachsicht behandelt. *Mü*

Senegal, westafrikan. Staat (196722 qkm, 8,8 Mio. Einwohner, davon ca. 94% Muslime, Hauptstadt ist Dakar). S. bietet ein klassisches Beispiel für die Entwicklung des Islams im → Afrika südlich der Sahara. Trotz einer alten Tradition islam. Gelehrsamkeit insbesondere im Norden des Landes erfolgte die Konversion des größten Teils der Bevölkerung zum Islam erst im 19. Jh. Wie kaum ein anderes Land des subsahar. Afrika wurde S. im 20. Jh. von der Existenz zweier Ṣûfî-→ Bruderschaften, der Tijânîya und der Murîdîya, geprägt, die auch die polit. Strukturen des Landes maßgeblich beeinflußt haben. Den islam. Reformbewegungen, in den 1950er Jahren al-Ittiḥâd ath-Thaqâfî al-Islâmî („Islam. Kultur-Vereinigung") unter der Führung von Cheikh Touré, in den 1980er und 1990er Jahren die Jamʿîyat ʿIbâd ar-Raḥmân („Die Gemeinschaft der Diener des Barmherzigen") und die Ḥarakat al-Falâḥ („Die Bewegung der Errettung"), ist es nicht gelungen, diese Vorherrschaft der Ṣûfî-Bruderschaften und ihrer Führer, der sog. → Marabouts, zu brechen. Allerdings haben die muslim. Reformer zur Entwicklung eines modernen islam. Schulsystems beigetragen. *Lo*

Lit.: Coulon, C.: Le marabout et le prince, 1981.

Sexualität gilt in ihrer religiös legitimierten Form innerhalb der Ehe im islam. Kulturkreis als Recht des Menschen und Geschenk Gottes, dessen Wonnen eine Vorstellung vom Paradies geben. Die umfangreiche klassisch-arab. Erotologie (u.a. Ibn Ḥazm, 994–1063) preist die Jugend und bietet Rezepte gegen das Nachlassen der Manneskraft im Alter. Zeitweilige Enthaltsamkeit wird während des → Fastens, der Menstruation und der → Pilgerfahrt geübt, zölibatärem Leben erteilte der Prophet → Muḥammad aber eine deutliche Absage. Gleichgeschlechtliche S. gilt als Verstoß gegen die göttliche → Schöpfung, die Mann und Frau als sich ergänzendes Paar geschaffen hat. Weibliche S. wird als potentiell zerstörer. verstanden; damit sie nicht, unbefriedigt und unkontrolliert, die göttlichen Regeln menschlichen Miteinanders verletzt, hat die Ehefrau ihrem Mann gegenüber Anspruch auf sexuelle Befriedigung. Dem erot. fordernden Blick fremder Männer wird durch den → Schleier Einhalt geboten. – Dieser idealtyp. Ordnung stehen vielfältige Realitäten gegenüber. Männliche und weibliche Homosexualität und → Prostitution finden sich trotz gesellschaftlicher Ächtung auch in islam. geprägten Ländern. Jugendliche haben durch die Trennung der Geschlechter, soziale Kontrolle und die große Bedeutung der Jungfräulichkeit kaum Gelegenheiten, Erfahrungen mit dem anderen Geschlecht zu sammeln und sind, wenn sie aus finanziellen Gründen nicht heiraten können, oft zum Zwangszölibat verdammt. Die schiit. Praxis der mutʿa, einer zeitlich begrenzten „Genuß"ehe, ist in Iran nach der Revolution wieder populär geworden, wird aber von sunnit. Muslimen meist vehement abgelehnt. *Bo*

Lit.: Bouhdiba, A.: Sexuality in Islam, 1985. – Chebel, M.: Encyclopédie de l'amour en Islam, 1995. – Ibn Hazm al-Andalusi: Von der Liebe und den Liebenden, 1995. – INAMO (Informationsprojekt Naher und Mittlerer Osten) 19: Sexualität und Gesellschaft, 1999.

Sharîʿatî, ʿAlî (1933–1977), Ideologe der islam. Bewegung in → Iran. Studium der Religionsgeschichte und Soziologie in Paris (1960–1965). Unter dem Einfluß des militanten alger. Unabhängigkeitskampfes entwickelte S. seine Ideen von einem dynam., polit. und revolutionären Islam, der den Anforderungen der modernen Welt gewachsen ist und insbesondere die Antwort auf die Hegemonie der westlichen Welt über die Länder der Dritten Welt nicht schuldig bleibt. Damit verbunden war seine Kritik an einer in polit. Hinsicht quietist. Interpretation der Religion und am klerikalen Establishment. Er bezog sich in seinen Vorlesungen und Essays v. a. auf die kämpfer. Protagonisten der frühen → Schiiten. Er gilt, gerade für junge Intellektuelle, neben → Khomeini als einer der wichtigsten Stichwortgeber der Islam. Revolution in Iran (1979). *Ha-Hi*

Lit.: Rahnema, A.: An Islamic Utopian, 2000. – Richard, Y.: Der verborgene Imam. Die Geschichte der Schia in Iran, 1989.

Shûrâ, koran. Begriff mit der Bedeutung „Ratsversammlung". In der Gegenwart sehen viele muslim. Denker darin einen Vorläufer der Institution des Parlaments. *El*

Sinkiang → Xinjiang

Sorush, Abdolkarim (Surûsh, ʿAbd al-Karîm, geb. 1945), iran. Philosoph. S. studierte 1973–1979 in England Pharmazie und Philosophie. In den ersten Jahren der Islam. Republik Iran unterstützte S. die revolutionäre Staatsideologie und war Leiter des „Rates der Kulturrevolution" (bis 1984), wurde aber dann mit seiner Theorie der „Wandelbarkeit der religiösen Erkenntnis" und dem Ruf nach „Entideologisierung" der Religion zum Kritiker der staatstragenden klerikalen Doktrin. Seine philosoph. Konzepte entwickelte er unter dem Einfluß moderner westlicher Sozialphilosophen. S. gilt als führende Figur der Dissidentenbewegung in Iran in den 1990er Jahren. *Ha-Hi*

Lit.: Amirpur, K.: Ein iranischer Luther? ʿAbdolkarîm Sorûshs Kritik an der schiitischen Geistlichkeit, in: Orient 37 (1996), 465–481. – Sorush, A.: Reason, Freedom and Democracy in Islam, hrsg. und übers. von A. Sadri/M. Sadri, 2000.

Sozialismus, islamischer (arab. al-ishtirâkîya al-islâmîya). Die Idee wurde bereits im 19. Jh. unter muslim. Intellektuellen diskutiert. Jamâl ad-Dîn al-→ Afghânî erkannte originär sozialist. Gesellschaftsformen in der vorislam. Beduinengesellschaft, die im ersten islam. Gemeinwesen aufgenommen wurden. In Ägypten wurde der von englischen Formen des Sozialismus begeisterte Salâma Mûsâ (1886–1958) zum herausragenden Propagandisten eines säkularen arab. Sozialismus. In den frühen 1920er Jahren entstanden dort erste sozialist. und kommunist. Parteien. Muṣṭafâ as-Sibâʿî (1915–1964), der Führer der syrischen Muslimbruderschaft, unternahm einen Versuch der Synthese von Islam und Sozialismus. Mittels des Sozialismus könne die Armut verringert werden, da der Islam Besitz zwar nicht verbiete, wohl aber die Ausbeutung der Menschen durch das Kapital. Sein Prinzip sei „gesellschaftliche Solidarität". In Ägypten versuchte 1962 Jamâl ʿAbd an-Nâṣir (Nasser), in der Nationalcharta Sozialismus, → Nationalismus und Islam zu vereinigen. Auch durch die Baʿth-Ideologie (arab. „Erweckung"; → Panarabismus) wurde diese Verbindung von Islam und Sozialismus vertreten (→ Irak, → Syrien). Sz

Lit.: Binder, L.: Islamic Liberalism, 1988. – Esposito, J.L.: Islam and Politics, 1984.

Spanien. Das von den Muslimen besetzte S. wurde arab. als „al-Andalus" bezeichnet. Seine Grenzen veränderten sich mit dem Vordringen und Zurückweichen der Muslime. In der Zeit größter Ausdehnung (711–1031) verlief die Grenze im Norden etwa in der Höhe von Barcelona und Zamora. Im Jahre 711 betraten die Muslime zum ersten Mal spanischen Boden und mußten ihn im Jahr 1492 nach der Eroberung durch die „kathol. Könige" Ferdinand II. von Aragonien und Isabel von Kastilien wieder verlassen. Im Laufe der Jh. entwickelte sich eine eigenständige islam. Kultur, die das Land bis heute prägt. Nachdem die eroberten Gebiete unter den Umayyaden geeint waren, zerfiel al-Andalus im 11. Jh. in Kleinkönigtümer, z.T. Stadtstaaten, die erst unter dem Druck der christl. Reconquista („Wiedereroberung") und den zu Hilfe gerufenen Dynastien aus Nordafrika, den Almorawiden und Almohaden, wieder aufgelöst wurden. Al-Andalus war in der Zeit der almorawid. und almohad. Herrschaft (1070–1143, 1163–1212) mit Nordafrika polit. geeint. Als Vasallenstaat der christl. Könige blieb zuletzt nur noch das Königreich Granada mit seiner beschränkten Gebietshoheit in Andalusien übrig, bis es der spanischen Krone 1492 anheim fiel. – Andalusien spielte in der Vermittlung der antiken Wissenschaften und → Philosophie nach Europa mit der Übersetzerschule von Toledo eine bedeutende Rolle. Die andalus. Kunst erlebte von der Zeit der Umayyâden im

10. Jh. bis zum 15. Jh. eine Blütezeit. In der → Architektur entwickelte sich ein eigener Stil. Die spanischen Umayyaden gaben mit ihren Bauaufträgen in Cordoba und der nahe gelegenen Medînat az-Zahrâ den Auftakt zu einer neuen Schule, wobei sie sich der Formen ihrer syrischen Heimat erinnerten. Zu den wichtigsten erhaltenen Monumenten gehört die Moschee von Cordoba, die heutige Kathedrale, und 16 km östlich von Cordoba die Palaststadt Medînat az-Zahrâ, von der bisher nur ein Teil des Palastes ausgegraben wurde. Abgesehen von Ähnlichkeiten mit der syrischen Architektur läßt sich beobachten, daß die frühe Palastarchitektur Grundrisse aufweist, die auch in der islam.-nordafrikan. Palastarchitektur zu finden sind. Beispiele für die Kunst der Kleinkönigtümer sind das Kastell von Zaragossa (zweite Hälfte des 11. Jh.) sowie die Alhambra in Granada. Darüber hinaus sind im ganzen Land viele Monumente, Kastelle, Brücken und Paläste erhalten. Die sog. Giralda, der heutige Glockenturm der Kathedrale von Sevilla (1198 fertiggestellt), bezeugt den Glanz der Hauptstadt des almohad. Andalusien. Die islam. Kunst Andalusiens beeinflußte nicht nur die Kunst Nordafrikas und Nordspaniens, sondern auch die Europas. *Fi*

Lit.: Barrucand, M.: Maurische Architektur in Andalusien, 1991. – Ewert, C./Gladiss, A. v./Golzio, K.-H./Wisshak, J.-P.: Hispania Antiqua. Denkmäler des Islam, 1997. – Singer, H.: Der Maghreb und die Pyrenäenhalbinsel bis zum Ausgang des Mittelalters, in: Haarmann, U. (Hg.): Geschichte der arabischen Welt, 1991.

Speisegesetze, Teilbereich des islam. → Rechts. Im Koran wird der Genuß von Schweinefleisch, von Blut und daher auch von Fleisch nicht geschächteter Tiere verboten (Suren 2:173, 5:3, 6:145 und 16:115). Das Fleisch ist zum Verzehr erlaubt (arab. ḥalâl, türk. helal), wenn dem lebenden Tier die Kehle aufgeschnitten wurde, damit es vollständig ausbluten konnte. Bei der rituellen Schlachtung wird das Tier mit dem Kopf nach Mekka ausgerichtet und der Name Gottes angerufen. Neben dem generellen Schweinefleischverbot existieren eine Reihe anderer Speiseverbote, die sich von → Rechtsschule zu Rechtsschule unterscheiden. Zumeist verboten sind etwa Fuchs, Schlange, Greifvögel und Tiere, die sich von Aas ernähren. Hierbei konkurriert die enge Auslegung des bereits oben erwähnten Verbots in Sure 6:145 mit der Tendenz zur Ausweitung des Verbots aufgrund der Sure 7:157, wonach „die schlechten Dinge" im Sinne von „unrein" verboten sind. Generell gelten in den schiit. Rechtsschulen mehr Tierarten als unrein als bei den Sunniten, bei denen wiederum die in der → Türkei verbreiteten Ḥanafiten mehr unreine Tierarten kennen als die im → Maghreb vorherrschenden Mâlikiten. Der unwissentliche Verstoß gegen die S. wird nach muslim. Lehre von Gott mit Nachsicht behandelt. Die Zubereitung von Speisen durch Nichtmuslime, insbesondere auch durch Christen und Juden, den → Schriftbesitzern, macht diese nicht von vornherein unrein. Daher können praktizierende Muslime etwa von christl. Gastgebern eingeladen werden und in nichtmuslim. Geschäften einkaufen. *Mü*

Lit.: Cook, M.: Early Islamic Dietary Law, in: Jerusalem Studies in Arabic and Islam 7 (1986), 218–277. – Rodinson, M.: Art. „Ghidhâ'" in: The Encyclopaedia of Islam, Bd. 2, 1965, 1057 ff.

Sprache → Arab. Sprache, → Pers. Sprache, → Türk. Sprachen, und die Länderartikel

Staat (arab. daula, türk. devlet). Der heute in vielen islam. Sprachen geläufige Begriff für S., daula, bezeichnete ursprünglich den Wechsel der Herrscherdynastie und später → Dynastie an sich. Im 19. Jh. nimmt daula allgemein die Bedeutung S. an und bezeichnet eine territorial definierte polit. Organisation, die das Gewaltmonopol innehat. Entgegen den entstehenden muslim. Nationalstaaten versuchen islam. Intellektuelle, die Vorstellung von der → Umma als Gemeinwesen aller Muslime zu denken. Das Schlagwort „Der Islam ist S. und Religion" (al-islâm dîn wa-dunyâ/daula) propagiert die Fiktion einer Übereinstimmung von Glaubensgemeinschaft und S. in territorialer, rechtlicher und kultureller Hinsicht. Diese These wurde z. B. von ʿAlî ʿAbd ar-Râziq (1963) in seinem bekannten Werk „Der Islam und die Grundregeln der Herrschaft" widerlegt. Liberale muslim. Denker erklären, daß der S. eine Angelegenheit der Menschen sei, während Islamisten weiterhin die Übereinstimmung von S. und Religion fordern. *Sz*

Lit.: Ayubi, N.: Political Islam, 1991. – Piscatori, J. P.: Islam in a World of Nation States, 1991.

Stamm, wichtige soziale Einheit in zahlreichen Gesellschaften des Nahen und Mittleren Ostens. Die Einordnung ethnischer Gruppen in Stammesverbände geht häufig mit nomad. oder teilnomad. Lebensformen einher, dennoch ist Nomadismus kein notwendiges Merkmal für tribale (stammesgemäße) Organisationsformen, wie Beispiele seßhafter S. aus dem Jemen und Afghanistan zeigen. Zu den Merkmalen eines S. gehören: Berufung auf einen gemeinsamen Stammvater, eine hierarch. aufsteigende Gliederung in Haushalten, Familien und Clans, Bindung an ein Siedlungsgebiet, gemeinsame kulturelle Traditionen (Bräuche, Dialekte) sowie polit. Einheit nach außen. Einzelne S. bilden häufig größere Konföderationen, die dann auch sprachliche und kulturelle Unterschiede umfassen können. Der vage Begriff „S." sollte nicht pauschal auf größere ethnische Gruppen (→ Kurden, Turkmenen) angewandt werden, die zwar sprachlich und kulturell, aber in der Regel nicht polit. eine Einheit bilden. Das Verhältnis zwischen Stämmen und zentralem Staat ist nicht nur in der Vergangenheit, sondern auch in der Gegenwart vieler moderner Staaten des Vorderen Orients von Spannungen und wechselseitiger Durchdringung geprägt.

Wer

Lit.: Khoury, P./Kostiner, J. (Hg.): Tribes and State Formation in the Middle East, 1990.

Steuern. Die Steuererhebungen der Staaten der islam. Welt haben in der Regel keinen religiösen Hintergrund und unterscheiden sich daher nicht von denen in Nationen anderer Kulturkreise. In der islam. Geschichte hat es aber auch religiös legitimierte S. gegeben. Dazu zählt die Almosenabgabe, die durch die Vorstellungen einer islam. Wirtschaftsordnung eine neue und aktuelle Bedeutung gewonnen hat. Sie wird als wesentliches Instrument zur Beseitigung sozialer Ungerechtigkeiten und damit zur Schaffung einer solidar. Gemeinschaft gesehen, in der die schwachen Mitglieder von den starken unterstützt werden. Nichtmuslim. Angehörige von Schriftreligionen (→ Schriftbesitzer) hatten eine Kopfsteuer (arab. jizya) zu zahlen, für manche von ihnen ein Anreiz zur → Konversion zum Islam. *Di*

Stiftung (arab. waqf, pl. auqâf; im Maghreb ḥubs, pl. aḥbâs). Die islam. frommen S. haben in nahezu jeder vom Islam geprägten

Region jahrhundertelang weitgehend unabhängig von staatlicher Einflußnahme wichtige gesellschaftliche, kulturelle und religiöse Aufgaben im Leben der Muslime wahrgenommen. Das Spektrum reicht vom Bau und Unterhalt der → Moscheen, → Medresen, → Bibliotheken oder anderer öffentlicher Einrichtungen – wie den Unterhalt von Brunnen – über Gehaltszahlungen an → Gelehrte und Kultusangestellte bis zur finanziellen Unterstützung von Studenten. Unter dem Einfluß des → Kolonialismus – teilweise bereits vorher – hat der Staat einen Teil dieser Funktionen an sich gezogen. Nach Herstellung staatlicher Souveränität haben muslim. Machthaber das islam. Stiftungswesen entweder liquidiert oder unter direkte staatliche Kontrolle gestellt. Den islam. Gelehrten wurde dadurch ihre finanzielle Autonomie entzogen, und sie sind in die Abhängigkeit des Staates geraten. Wichtigste rechtliche Kennzeichen sind die Unveräußerlichkeit und der ewige Charakter des waqf. Das islam. Recht unterscheidet zwischen der gemeinnützigen S. (waqf khairî bzw. ʿâmm), der privaten S. (waqf ahlî bzw. khâṣṣ, dhurrî) sowie einer Mischform (waqf mushtarak). Aufgrund seiner Anpassungsfähigkeit an zeitliche und örtliche Umstände gilt das islam. Stiftungswesen als Beispiel für die Flexibilität des islam. → Rechts. Moderne muslim. Intellektuelle erachten die frommen S. als Hinweis auf zivilgesellschaftliche Traditionen im Islam. *Ko*

Lit.: Kogelmann, F.: Islam. fromme Stiftungen und Staat. Der Wandel in den Beziehungen zwischen einer religiösen Institution und dem marokkanischen Staat seit dem 19. Jahrhundert bis 1937, 1999.

Strafrecht. Das heutige S. der meisten muslim. Staaten orientiert sich größtenteils an westlichen Vorbildern, obwohl im Zuge der „Wiederbelebung der Scharia“ in einzelnen Ländern das islam. S. eingeführt wurde (v.a. in Saudi-Arabien, Libyen, Sudan, Pakistan und Afghanistan). Das klassische islam. S. gliedert sich in mehrere unabhängige Bereiche, die sich zwei verschiedenen Kategorien, den „Rechtsansprüchen Gottes“ und den „Rechtsansprüchen der Menschen“, zuordnen lassen. Zu den „Rechtsansprüchen Gottes“ gehört die Bestrafung derjenigen Delikte, für die im Koran und in der Sunna ein genaues Strafmaß festgelegt ist, weil sie die von Gott gesetzte Grenze (arab. ḥadd) überschreiten. Zu diesen sog. ḥadd-Strafen gehört die Steinigung für Unzucht, das Abschneiden der Hand für Diebstahl, die Auspeitschung für das Trinken von Wein und berauschender Getränke sowie die Verleumdung einer Frau wegen Ehebruchs. In manchen Rechtsschulen zählten zu den ḥadd-Straftaten auch der räuber. Überfall und der Abfall vom Islam (→ Apostasie). Diese Tatbestände sind allerdings nach islam. Juristenrecht sehr genau definiert und damit in ihrer Anwendung eingeschränkt. So wurde etwa die Wegnahme einer fremden beweglichen Sache nur dann als „Diebstahl" angesehen und mit dem Abhacken der Hand bestraft, wenn das Diebesgut einen gewissen Mindestwert besaß, nicht frei zugänglich war und die Tat von zwei Zeugen zweifelsfrei bestätigt werden konnte. Die festgesetzte Bestrafung eines ḥadd-Delikts durfte nur bei einer zweifelsfreien Rechts- und Beweislage vollstreckt werden. Ansonsten gehörte die Bestrafung nicht zu den „Rechtsansprüchen Gottes" und der Richter war gehalten, eine Ermessensstrafe (arab. taʿzîr) in geringerer Höhe zu verhängen. Zu der zweiten Gruppe der „Rechtsansprüche der Menschen" gehört das Blutrecht für Tötungen und Verletzungen (→ Blutrache). Im islam. S. werden Ausgleichszahlungen für den erlittenen Schaden bzw. die Bedingungen für die Vergeltungsstrafe festgelegt. Insgesamt beschränken sich die Straftatbestände des islam. Juristenrechts auf wenige Kernbereiche, so daß diese in Vergangenheit und Gegenwart durch obrigkeitliches Recht ergänzt wurden. Ungeachtet dessen sind die Forderungen nach Einführung der koran. → Körperstrafen als Ausdruck eines islam. S. bei muslim. Fundamentalisten sehr verbreitet. *Mü*

Sudan, Republik im Nordosten → Afrikas, 2505813 qkm, 27,7 Mio. Einwohner, davon ca. 75% Muslime; die Hauptstadt ist Khartoum. Die Islamisierung begann in der Region erst im 16. Jh. in Zusammenhang mit der Entwicklung des Sultanates Fung. Im 19. Jh. kam der S. unter ägypt. Herrschaft, die jedoch im Rahmen der Bewegung des → Mahdî Muḥammad Aḥmad (1841–1885) abgeschüttelt wurde. Während der nachfolgenden anglo-ägypt. Kolonialherrschaft (1898–1956) dominierten zwei große Blöcke, die von Nachkommen des Mahdî geführte Gruppe der Mahdîya und die Ṣûfî-→ Bruderschaft der Khatmîya, über die mit ihnen verbundenen Parteien die polit. Entwicklung des Landes. Ihre zentrale Rolle im polit. Prozeß setzte sich in der Zeit der Unabhängigkeit unter wechselnden Militär- und Zivilregierungen fort. Erst nach der Machtübernahme der National Islamic Front, NIF (arab. al-Jabha al-Islâmîya al-Qaumîya), unter der Führung von Ḥasan at-Turâbî (geb. 1930) im Jahre 1989 kam es zu einer grundlegenden Veränderung der Verhältnisse im S. Seither bestimmen eine anhaltende ökonom. Krise, Autonomiebestrebungen im Westen und Süden des Landes, der Kampf um Ressourcen (Erdöl) und die Machtkonflikte zwischen der NIF, der Armee, der Mahdîya und den Anhängern der Khatmîya die Entwicklung des Landes. *Lo*

Lit.: Lavergne, M. (Hg.): Le Soudan contemporain. De l'invasion turco-égyptienne à la rebellion africaine (1821–1989), 1989.

Südafrika, Republik, 1219080 qkm, 40,6 Mio. Einwohner, davon ca. 1,2% Muslime; die Hauptstadt ist Pretoria. Während sich die Entwicklung islam. Gesellschaften im subsahar. Afrika im wesentlichen im Rahmen der Konversion afrikan. Gemeinschaften zum Islam vollzog, entwickelte sich die Gemeinschaft der Muslime in S. aus Einwanderern indones. und indischer Herkunft. Dabei entstand in Kapstadt seit dem späten 17. Jh. die Gemeinschaft der Kapmuslime, die von malayo-indones. Einwanderern geprägt wurde. In der Provinz Natal mit dem Zentrum Durban entwickelten sich in der zweiten Hälfte des 19. Jh. muslim. Gemeinden, die von Zuwanderern aus Indien geprägt waren. Indische Händler und Wanderarbeiter bildeten auch die Basis für die Entwicklung muslim. Diasporagemeinden in anderen Teilen des südlichen Afrika. Im Kontext der Apartheid-Politik S. nahmen die südafrikan. Muslime eine Mittelstellung zwischen der weißen Bevölkerung und der schwarzen Bevölkerungsmehrheit ein. Dabei unterstützten die Muslime den Kampf des African National Congress gegen das Apartheidregime und konnten so einige Konversionserfolge in der schwarzafrikan. Bevölkerung erzielen, die im Islam eine Theologie der Befreiung sah. Die Entwicklung des Islams in S. war bisher von der Zersplitterung der Muslime in zahlreiche lokale Gemeinden und Organisationen gekennzeichnet, von denen nur wenige nationale Bedeutung erlangt haben. Zu diesen überregional aktiven Organisationen zählt das 1957 gegründete Islamic Propagation Centre International mit Sitz in

Durban, das durch die Predigten von Aḥmad Deedat gegen die christl.-fundamentalist. Missionsbemühungen im gesamten subsahar. → Afrika bekannt wurde. *Lo*

Lit.: Tayob, A.: Islam in South Africa. Mosques, Imams and Sermons, 1999.

Südostasien, das Gebiet der heutigen unabhängigen Staaten Birma, → Brunei, → Indonesien, Kambodscha, Laos, → Malaysia, Philippinen, Singapur, Thailand und Vietnam mit einer Bevölkerung von insgesamt 500 Mio. Menschen. Die Kolonialzeit S. begann am Anfang des 16. Jh. mit der Besetzung der malaiischen Halbinsel Malakka durch die Portugiesen. Neben Portugal, Spanien und Großbritannien gewannen v.a. die Niederlande durch die Gründung der Niederländ.-Ostindischen Kompanie im Jahre 1602 auf den Inseln an Macht. Ihre Herrschaft wurde zwischen 1940 und 1945 durch die japanische Besetzung abgelöst. Die Kolonialzeit endete mit der endgültigen Unabhängigkeit Bruneis im Jahre 1984. Obwohl sich im südostasiat. Raum die Größe der Staaten, die Staatsformen, die Religionen und die Sprachen stark voneinander unterscheiden, lassen sich auch Gemeinsamkeiten ablesen. V.a. das der Region eigene Motto „Einheit in der Vielfalt" benennt eines ihrer hervorstechendsten Merkmale. Die südostasiat. Staaten tendieren dazu, die gegensätzlichen Tendenzen der Tradition und Moderne miteinander zu verflechten und dadurch immer neue „Einheiten" zu schaffen. Einerseits hängen die Menschen den „Adat" (Tradition) genannten Religionen des Buddhismus und Hinduismus an. Andererseits stehen sie jedoch auch neuen Einflüssen grundsätzlich offen gegenüber. Die Zahl der Muslime in S. wird gegenwärtig auf 200 Mio. geschätzt. In Indonesien und Malaysia gehört heute die Mehrheit der Bevölkerung dem Islam an, während Muslime auf den Philippinen und in Thailand die Minderheit bilden. Die Vielzahl an Sprachen und Dialekten in S. basiert auf den verschiedenen Ethnien der Region, die sich aus Malaien, Chinesen, Indern, Philippinos und Polynesiern zusammensetzen. Das Malaiische nimmt als alte Handelssprache und Missionierungssprache des Islams eine prominente Position unter den vorherrschenden Sprachen ein. Seit der Kolonialzeit hat sich das Englische teilweise als Verkehrssprache durchgesetzt. Das Bildungswesen orientiert sich stark am amerikan. System. Die Städte der Region sind von Kontrasten geprägt, die auf den extremen Gegensätzen zwischen der kleinen reichen Elite und der übrigen meist armen Bevölkerung beruhen. Zwischen diesen beiden Polen schrumpft die Mittelschicht zusehends aufgrund der Wirtschaftskrise, in der sich die Region seit 1997 befindet. Das Bild der urbanen Zentren ist somit von modernen, luxuriösen Bauten einerseits und Armensiedlungen andererseits gekennzeichnet, die oft direkt nebeneinander existieren. Die Großstädte wachsen stetig an, da sie Menschen aus den ländlichen Gegenden anziehen, deren Arbeit auf den Reisfeldern immer weniger lukrativ ist. Ihre Hoffnungen auf bessere Chancen in der Stadt werden jedoch größtenteils enttäuscht. Die Bauern können häufig nur im informellen Sektor Arbeit finden und müssen sich als Imbißverkäufer oder Rikschafahrer verdingen. Wegen des nach wie vor explosiven Anstiegs der Bevölkerung wandern diejenigen, die über genügend Geld verfügen, nach Amerika oder Europa aus. *Ar*

Lit.: Dahm, B./Ptak, R. (Hg.): Südostasien Handbuch. Geschichte, Gesellschaft, Politik, Wirtschaft, Kultur, 1999 (vgl. darin besonders das Kapitel über den Islam in S.). – Draguhn, W. (Hg.): Der Einfluß des Islam auf Politik, Wirtschaft und Gesellschaft in Südostasien, 1983.

Ṣûfî, islam. Mystiker. Der arab. Begriff ṣûfî wird etymolog. oft von „ṣûf" (arab., „Wolle") abgeleitet. Daraus sollen die Gewänder der frühen islam. Mystiker bestanden haben. (→ Mystik) *El*

Ṣûfismus → Mystik

Sultan (arab. sulṭân, „Macht", „Machthaber"). Muslim. polit. Theoretiker bestimmten das Amt des S. in Abgrenzung zum → Kalifat nicht als das eines Nachfolgers des Propheten → Muḥammad und damit als Führers der muslim. Gemeinschaft in religiöser und polit. Hinsicht, sondern beschränkten es auf die polit. Führung. Zur Legitimation des Sultanats entwickelten Gelehrte den Gedanken der Delegation bestimmter Aufgaben durch einen Kalifen an den S. De facto waren und sind S. meist absolute Herrscher (z.B. in → Brunei), die sich auch die Aufsicht über religiöse Angelegenheiten vorbehalten. Der Begriff S. wird auch als Titel für Offiziere und Gouverneure oder als Ehrenname für Ṣûfîs gebraucht. *El*

Sunna (arab. „gewohnte Handlung, eingeführter Brauch") bezeichnet im Islam die prophet. Tradition, die in der islam. Glaubens- und Pflichtenlehre die zweite Quelle religiöser Normen nach dem Koran darstellt. Neben überlieferten Worten und Handlungen des Propheten standen dafür in der Frühzeit das Vorbild und die Äußerungen seiner prominenten Gefährten zur Verfügung, die als Vertreter und Garanten seiner Tradition anerkannt waren. Hiermit verbunden blieb die Anerkennung der Rechtmäßigkeit der ersten vier „Rechtgeleiteten Kalifen" gegenüber den Ansprüchen der → Schiiten, die allein → ʿAlî als legitimen Nachfolger des Propheten ansahen. Die S. des Propheten und die Anerkennung der „Rechtgeleiteten Kalifen" wurde zum weithin anerkannten Maßstab für die polit., rechtliche und religiöse Praxis und bereits recht früh zum Gegenstand von Lehre und Bildung. Neben dem Kalifat als zentraler polit. und religiöser Institution entstanden in verschiedenen regionalen Zentren des islam. Reiches wie Mekka, Medina, Damaskus, Basra und Kufa eigene Lehrtraditionen, die sich auf verschiedene Prophetengefährten beriefen und aus denen die späteren → Rechtsschulen hervorgingen. Den Gegnern des Kalifates, insbesondere den Schiiten, die den Nachkommen des Propheten weiterhin die höchste polit. und religiöse Autorität zusprachen, stellten sich die entstehenden sunnit. Rechtsschulen mit dem Anspruch entgegen, die authent. Tradition des Propheten und den Konsens der Gemeinschaft der Muslime zu vertreten. Dieser Anspruch wurde schließlich auch von den ʿabbâsid. Kalifen anerkannt. In der Auseinandersetzung mit der Schia und ihrer Kritik an den Prophetengefährten, aber auch im Disput um die Lehrmeinungen der verschiedenen Rechtsschulen, verlagerte sich die inhaltliche Begründung der S. immer mehr auf die Überlieferung vom Propheten selbst. Der prophet. → Ḥadîth, der seit dem ausgehenden 9. Jh. in großen, weithin anerkannten Sammlungen vorlag, wurde innerhalb des islam. Rechts so stark aufgewertet, daß die Begriffe „S." und „Ḥadîth" im Verständnis der sunnit. Muslime im Laufe der Zeit weitgehend zur Deckung kamen. – Über lange Zeit hinweg blieben die vier Rechtsschulen der Ḥanafiten, Mâlikiten, Shâfiʿiten und Ḥanbaliten die anerkannten Institutionen für die Lehre und Interpretation der prophet. Tradition im sunnit. Islam. Neben den Inhalten des Glaubens und der Definition der religiösen Pflichten gegenüber Gott und den Menschen nimmt diese Tradition in vielen islam. Gesellschaften Stellung zu einer Fülle von Einstellungen und Anschauungen unterschiedlicher Herkunft, die unter Berufung auf die S. teils gestützt, teils als „Neuerungen" (arab. bid'a) kritisiert oder bekämpft werden. Bei der Interaktion von Muslimen unterschiedlicher Herkunft stand daher immer auch die jeweilige Deutung der S. auf dem Prüfstand. Die Pilgerfahrt und die Heiligen Stätten boten ein institutionelles Forum für die Verhandlung und ggf. Angleichung der verschiedenen Anschauungen. Durch die unterschiedlichen Rechtsschulen war dabei der Rahmen für eine gewisse Vielfalt innerhalb der prophet. Tradition bereits vorgegeben und anerkannt. – Die Anerkennung der vier Rechtsschulen als Garanten der prophet. Tradition ist heutzutage im sunnit. Islam nicht mehr unumstritten. Seit dem 17. Jh. mehrte sich die Kritik der autoritären Bindung an den Lehrkonsens der einzelnen Schulen, die mit der Forderung nach Rückkehr zum authent. Prophetenwort verbunden war. Diese Kritik kam häufig von religiösen Gelehrten und Lehrern außerhalb der etablierten religiösen Hierarchien im Bildungs- und Rechtswesen. Nicht selten waren diese Gelehrten ländlicher oder provinzieller Herkunft oder kamen aus Randregionen der etablierten islam. Staatenwelt. Kritik an den Rechtsschulen kam aber auch von Herrschern und Bürokraten innerhalb der islam. Staaten selbst, die sich z.B. in Marokko seit dem 18. Jh. um eine verstärkte staatliche Kontrolle der rechtlichen und bildungsmäßigen Institutionen bemühten. Dies richtete sich häufig gegen die städtischen Gelehrten der Rechtsschulen, die mit ihrem Einfluß auf Bildungswesen, Gerichte und religiöse → Stiftungen gegenüber Hof und Herrscher über eine kaum kontrollierbare Quelle religiös-polit. Autorität verfügten. Diese Tendenzen verstärkten sich im 20. Jh. in den älteren wie den neuen Nationalstaaten der islam. Welt, in denen der Staat nicht nur Bildung und Rechtswesen, sondern auch die religiösen Institutionen und die Stiftungen weitgehend unter Kontrolle nahm. Obwohl die Lehrmeinungen der Rechtsschulen vielfach Eingang in die nationale Gesetzgebung gefunden haben, sind sie doch der Autorität der Rechtsschulen selbst weitgehend entzogen. Die Entwicklung des nationalen Rechtssystems ist ebenso wie die Rechtsprechung selbst weitgehend in die Hände akadem. gebildeter Juristen übergegangen. Elite- wie Massenbildung lokkern in den zeitgenöss. Staaten der islam. Welt die Bindung an die Autorität der Rechtsschulen, und zwar an ihre etablierten Lehrmeinungen ebenso wie an ihre Methodik der Interpretation. An ihre Stelle tritt mehr und mehr die Autorität staatlicher oder internationaler islam. Gremien sowie die eigene Meinungsbildung, für die persönliche Beziehung zur prophet. Tradition immer mehr an Bedeutung gewinnt. Die Frage nach Einheit und Vielfalt innerhalb dieser Tradition tritt dabei zurück gegenüber der Spannung zwischen staatlicher Autorität und individueller religiöser Verantwortung. *Reich*

Lit.: Juynboll, G.H.A/Brown, D.W.: Art. „Sunna", in: Encyclopaedia of Islam, Bd. 9, 1997, 878–881. – Nagel, T.: Staat und Glaubensgemeinschaft im Islam. Geschichte der politischen Ordnungsvorstellungen der Muslime, Bd. 1: Von den Anfängen bis ins 13. Jahrhundert, 1981. – Watt, M.W./Marmura, M.: Der Islam, Bd. 1: Politische Entwicklungen und theologische Konzepte, 1985.

Sunniten, im Gegensatz zu den → Schiiten Anhänger der vier islam. Rechtsschulen, die sich seit dem 9. Jahrhundert als Repräsentanten der prophet. → Sunna und der Gemeinschaft der Muslime (arab. ahl as-sunna wa-l-jamâʿa) formierten. Zum sunnit. Islam gehören heute über 85% der Muslime in der Welt. *Reich*

Sûq → Basar

Sure (arab. sûra, pl. suwar), ein Kapitel des → Korans. Jede der 114 S. kann als in sich abgeschlossen verstanden werden, obwohl ein Thema oft in mehreren S. erscheint. Eine S. ist in Verse (arab. âya, „Wunderzeichen") unterteilt. Die Länge der einzelnen S. ist unterschiedlich: die längste weist 286 Verse auf, die kürzeste nur drei. Als Surennamen dienen Schlüsselwörter, die dem Text einer S. entnommen sind; zum Teil sind verschiedene Surennamen in Gebrauch. Mit Ausnahme von Sure 9 beginnen die S. mit der → Basmala; manchmal folgen auf die Basmala drei oder mehr arab. Buchstaben (z. B. „ʾ-l-m", alif lâm mîm), deren Bedeutung ungeklärt ist. Die S. werden, je nach Zeitpunkt ihrer → Offenbarung, in mekkan. und medinens. S. unterschieden; die westliche Orientalistik ordnet die mekkan. S., aufgrund von Stil und Inhalt, drei getrennten Perioden zu; eine exakte Chronologie aber ist unmöglich. *Schö*

Lit.: → Koran

Syrien, einer der Staaten des → Maschrek, 185 000 qkm, ca. 15 Mio. Einwohner; die Hauptstadt ist Damaskus. Die Bevölkerung teilt sich in → Sunniten (70%), → ʿAlawiten (15%), → Drusen (3%), Christen (10%) u.a. Minderheiten. Nach dem Ersten Weltkrieg kam S. unter französ. Mandatsherrschaft. Die teilweise blutige Unterdrückung von Unabhängigkeitsbestrebungen sowie die Festlegung der heutigen Landesgrenzen ohne syrische Mitwirkung belasten das Verhältnis zum Westen bis heute. Nach der Unabhängigkeit 1946 bestimmten viele Militärputsche das polit. Geschehen. In den 1960er Jahren wurde ein Flügel der nationalist. Baʿth-Partei dominant (→ Nationalismus, → Panarabismus, islam. → Sozialismus). Von 1970 bis 2000 regierte der Parteiführer, der ʿalawit. Luftwaffengeneral Ḥâfiẓ al-Asad, das Land als Präsident. In den späten 1970er und frühen 1980er Jahren kam es zu Ansätzen eines oppositionellen islam. → Fundamentalismus, die aber teils blutig unterdrückt wurden. 1990/91 nahm S. am zweiten Golfkrieg auf Seiten der von den USA geführten anti-irak. Allianz Teil, was v.a. aus ideolog. Konkurrenz zu dem in Bagdad herrschenden Flügel der Baʿth-Partei zu erklären ist. Im Nahostkonflikt strebte S. seit der Wahl der Regierung Barak in Israel im Jahre 1999 verstärkt eine Verhandlungslösung an. Dabei ging es hauptsächlich um die Rückgabe der von Israel 1967 besetzten Golanhöhen an S. sowie das Engagement beider Staaten im Libanon. Im Juni 2000 verstarb Ḥâfiẓ al-Asad, und sein Sohn Bashshâr trat seine Nachfolge an. Seit den 1970er Jahren wurden in S. große infrastrukturelle Projekte durchgeführt, wobei Stromversorgung, Bewässerung und Bekämpfung des Analphabetismus im Vordergrund standen. Den zum Teil aus hohen Militärausgaben resultierenden wirtschaftlichen Problemen des Landes versucht man in letzter Zeit durch zunehmende Privatisierung und Öffnung der Wirtschaft nach außen zu begegnen. *Ei*

Lit.: Seale, P.: Asad of Syria. The Struggle for the Middle East, 1990.

T

Tadschikistan. Die Republik T. in → Zentralasien erklärte sich am 9. 9. 1991 für unabhängig. Auf einer Fläche von 143 100 qkm leben etwa 6,1 Mio. Menschen (1998), 33% von ihnen in Städten. Hauptstadt ist das 1924 gegründete Duschanbe (früher: Stalinabad) mit knapp 550 000 Einwohnern. Weitere wichtige Städte sind Chodschand (früher: Leninabad), Kulyab und Kurghan-Tube. Etwa 63% der Bevölkerung T. sind Tadschiken, 24% Usbeken. Der Anteil der Russen an der Gesamtbevölkerung ging im Gefolge des Bürgerkriegs drastisch zurück: Machten sie 1990 noch gut 10% aus, so waren es 1997 nur noch etwa 1,7%. Weitere Nationalitäten sind Kirgisen, Tataren und Deutsche. Amtssprache ist Tadschik., Russisch dient als Verkehrssprache. T. ist in zwei Regionen und eine Autonome Region, Berg-Badachschan (früher: Gorno-Badaxshan), die zwar fast die Hälfte der gesamten Fläche T. einnimmt, in der aber nur etwa 170 000 Menschen leben, gegliedert. 85% der Tadschiken sind → Sunniten, die ganz überwiegend der ḥanafit. → Rechtsschule angehören. Die in Berg-Badachschan lebenden Sprecher ost-iran. Sprachen sind → Ismâʿîliten. Der Islam ist im gesellschaftlichen Leben T. fest verankert. Polit. Interpretationen des Islams und verschiedene sich auf den Islam berufende polit. Organisationen und Interessengruppen mit jeweils unterschiedlichen lokalen Machtbasen innerhalb T. und teilweise auch im benachbarten → Afghanistan waren an der Entstehung des blutigen Bürgerkriegs von Juni 1992 bis Januar 1993, der im September 1992 zum Sturz des damaligen Präsidenten Rachman Nabiyev führte, maßgeblich beteiligt und sind für die bis in die Gegenwart anhaltenden Unruhen und bewaffneten Auseinandersetzungen verantwortlich. Am 27. 6. 1997 wurde von dem seit dem Sturz Nabiyevs amtierenden Präsidenten Tadschikstans, Imomali Rachmanov, und dem Führer der muslim. Gruppierungen der sog. „Vereinigten Tadschik. Opposition“, Said Abdulla Nuri, ein Friedensabkommen unterzeichnet, das den nach wie vor schwelenden Bürgerkrieg beenden sollte, dessen Umsetzung aber nur schleppend vorankommt. *Fr*

Lit.: Eisener, R.: Auf den Spuren des tadschikischen Nationalismus. Aus Texten und Dokumenten zur Tadschikischen SSR, 1991. – Reissner, J.: Bürgerkrieg in Tadschikistan. Akteure, Verlauf und Friedenschancen, 1997.

Ṭâhâ, Maḥmûd Muḥammad (1909–1985), Mystiker und Reformer, geb. in Omdurman, → Sudan. Nach seiner Ausbildung und Tätigkeit als Wasserbauingenieur wandte er sich der Propagierung eines stark mystisch und liberal geprägten Islams zu. Seine Lehren, die er in seinem Hauptwerk *Die zweite Botschaft des Islam* niederlegte, fanden bei vielen Muslimen im Sudan und darüber hinaus großen Anklang. Es bildeten sich Gruppen von Anhängern, die unter dem Namen „Republikan. Brüder" bekannt wurden. Sie verstehen sich nicht als ṣûfische → Bruderschaft, üben aber ṣûfische Praktiken aus. Ṭ. kam mehrfach in Konflikt mit dem fundamentalist. orientierten sudanes. Regime unter Numeiri. Er protestierte z. B. gegen die im September 1983 erlassenen Strafgesetze, die nach Auffassung der Regierung der → Scharia entsprachen. Er erklärte, daß in Zeiten von Hunger das Handabschlagen wegen Diebstahls ungerecht sei. Das sudanes. Regime warf ihm → Apostasie vor. Nach langer Haft wurde Ṭ. am 18. 1. 1985 in der sudanes. Hauptstadt Khartoum trotz weltweiter Proteste erhängt. *El*

Lit.: Taha, M. M.: The Second Message of Islam, 1987.

Ṭahṭâwî, Rifâʿa aṭ- (1801–1873), ägypt. Autor, der zur Symbolfigur der arab. „Erneuerung" (nahḍa) im 19. Jh. wurde. Der in Oberägypten geborene Ṭ. begab sich 1817 zum Studium an die Universität al-→ Azhar nach Kairo, wo ihn sein dortiger Lehrer Ḥasan al-ʿAṭṭâr (1766–1834) mit der europäischen Kultur bekanntmachte. 1824 erhielt Ṭ. in der ägypt. Armee den Posten eines → Imâms, und als Muḥammad ʿAlî (reg. 1805–1848) im Jahre 1826 44 Studenten zu Ausbildungszwecken nach Frankreich schickte, begleitete Ṭ. als einer von vier Imâmen die Gruppe. In Paris lernte er Französ. und beschäftigte sich ausgiebig mit europäischer Geschichte, Geographie, Philosophie, Literatur und den westlichen Lebensverhältnissen. Nach seiner Rückkehr verfaßte Ṭ. auf Bitten Muḥammad ʿAlîs, zu dessen Ansprechpartner unter den Gelehrten er geworden war, einen Bericht über seine Mission. Dieses Reisetagebuch fand rasche Verbreitung und blieb bis in die 1850er Jahre hinein das einzige neuere arabischsprachige Werk, das über ein europäisches Land informierte. In der Folgezeit arbeitete Ṭ. als Übersetzer an einigen der von Muḥammad ʿAlî ins Leben gerufenen Reformschulen. Ab 1837 versuchte er als Direktor des neugegründeten ägypt. Sprachenzentrums, europäische Unterrichtsmethoden mit traditionellen Formen der Erziehung zu vereinen. Diese Institution wurde jedoch nach dem Tode Muḥammad ʿAlîs geschlossen. Ṭ. verbrachte daraufhin die Jahre von 1850 bis 1854 in Khartoum. Erst unter Ismâʿîl (reg. 1863–1879) wurde die Schule wiedereröffnet (1863). Man bestimmte Ṭ. zu ihrem Direktor und vertraute ihm darüber hinaus die Herausgabe der offiziellen Zeitung des Erziehungsministeriums an. Beide Funktionen hatte er bis zu seinem Lebensende inne. Rezeptionsgeschichtlich fällt die Fokussierung auf Ṭ.s Werk über die ägypt. Studienmission nach Paris auf. Die Bedeutung dieses Buches für die Entstehung des → Modernismus in der islam. Welt ist sicherlich überschätzt worden, zumal Ṭ. keinen radikalen Bruch mit den bestehenden Traditionen herbeizuführen gedachte, sondern lediglich eine Antwort auf die Frage finden wollte, wie es möglich sein könnte, an den modernen Errungenschaften des Westens zu partizipieren und gleichzeitig Muslim zu bleiben. *Co*

Lit.: Hourani, A.: Arabic Thought in the Liberal Age, 1983. – Delanoue, G.: Moralistes et politiques musulmans dans l'Égypte du XIXe siècle (1798–1882), 2 Bde., 1982. – Tahtawi: Ein Muslim entdeckt Europa, übers. von K. Stowasser, 1988.

Ṭâlibân (arab., pers. „Suchende" bzw. „Studenten der islam. Wissenschaften"), Bezeichnung der in → Afghanistan herrschenden fundamentalist. Gruppe. *El*

Talisman → Amulett

Tansania, Republik in Ostafrika, 945 087 qkm, 31,3 Mio. Einwohner, davon ca. 35% Muslime; die Hauptstadt ist Dar es-Salam. In der zunächst deutschen, später britischen Kolonialzeit wurde die an der Swahiliküste konzentrierte muslim. Bevölkerung Tanganyikas Teil eines Staates, in welchem die Muslime nicht mehr eine eindeutige Bevölkerungsmehrheit stellten, obwohl sie in der Vergangenheit die polit. und ökonom. Geschicke des Landes geprägt hatten. Religiöse Gelehrte, die mit Ṣûfî-→ Bruderschaften und zwar insbesondere mit der Qâdirîya verbunden waren, hatten zudem im 19. Jh. großen gesellschaftlichen Einfluß errungen und maßgeblich dazu beigetragen, den Islam im ostafrikan. Hinterland zu etablieren. Im Kampf für die Unabhängigkeit des Landes spielten die Muslime Tanganyikas eine wichtige Rolle. Mit der Vereinigung von Tanganyika und Sansibar im Jahre 1964 erlangten sie zusätzliches Gewicht im Gesamtstaat T. Erst in den 1980er Jahren begannen sich islam. Oppositionsbewegungen wie die BALUKTA (Council for the Promotion of the Coran in Tanzania) zu entwickeln, die sich gegen die Vereinnahmung des Islams durch die Einheitspartei Chama Cha Mapinduzi (CCM) und den mit ihr verbundenen Dachverband der Muslime T., BAKWATA (Supreme Council for Tanzanian Muslims), wandten. Die neueren islam. Gruppierungen hatten aber eher den Charakter polit. Oppositionsgruppierungen und konnten sich bisher nicht gegen den nationalen Dachverband BAKWATA durchsetzen. Die Autonomiebestrebungen in Sansibar hatten weniger religiöse als polit. Hintergründe. *Lo*

Lit.: Chande, A. N.: Islam, Ulamaa and Community Development in Tanzania. A Case Study of Religious Currents in East Africa, 1998.

Tanz. In der islam. Welt existieren sehr unterschiedliche Formen von strukturierten Bewegungsabläufen zu → Musik, welche von den Ausführenden selbst nicht immer als „T." bezeichnet werden. Im religiösen Ritus ist T. nur in der → Mystik vertreten, wo er bei einigen → Bruderschaften ein konstituierendes Element des → Dhikr darstellt. Im einfachsten Fall handelt es sich dabei um ein rhythm. Beugen des Oberkörpers. Der sog. „T. der → Derwische" im Mawlawîya-Orden besteht aus einem Drehen des Körpers um die eigene Achse, wobei der linke Fuß fest mit dem Boden verbunden bleibt und der rechte Fuß übertritt. Dabei ist die rechte Hand nach oben gerichtet, während die linke zur Erde zeigt, um Empfang bzw. Weitergabe zu symbolisieren; der Kopf ist leicht nach links zur Seite geneigt. Begleitende Instrumente sind Rahmentrommeln oder paarweise Kesseltrommeln und Becken, seltener Flöte oder andere Melodieinstrumente. Heute kann man diese

Tänze, wie auch verschiedene Volkstänze, losgelöst aus ihrem funktionalen Rahmen auch als reine Vorführungen in Konzerthallen oder Touristenshows betrachten. Die Erscheinungsformen des T. in der Volksmusik sind sehr heterogen, doch finden sich in fast allen Regionen stilisierte Schwert- oder Kampftänze, welche zumeist von Männern ausgeführt werden. Gruppentänze treten nahezu überall in Form von Kreis- oder Reihentänzen auf, getanzt von Männern wie auch von Frauen und oft durch Singen, Klatschen und Stampfen begleitet. In vielen Regionen vom Balkan bzw. Nordafrika bis nach Pakistan ist die charakterist. Zusammensetzung von Trommel und Oboe bei der Tanzbegleitung zu finden. T. spielt darüber hinaus eine wichtige Rolle bei Exorzismus- und Heilungsritualen. Besonders in Südostasien bildet er ein wichtiges Element im Theater, typisch sind hier Tanzdramen und Maskentänze. T. als künstler. Darbietung in der Unterhaltungskultur betrifft v.a. den Einzeltanz von Frauen. Hier sind zwei große Stilregionen voneinander zu unterscheiden. Tanzvorführungen in Südostasien werden mit stark stilisierten und verhaltenen Bewegungen ausgeführt. Durch eine dichte Symbolik in der Choreographie werden narrative Zusammenhänge tänzer. dargestellt. Charakterist. für den Nahen Osten ist der sog. Bauchtanz, der allerdings diesen Namen nur im Westen trägt und in seinen Herkunftsländern heute als „oriental. T." bezeichnet wird. Die heute bekannten Darbietungsformen entwickelten sich aus dem Repertoire der Tänzerinnen des frühen 20. Jh., nicht unbeeinflußt von europäischem und nordamerikan. Geschmack, wo der oriental. T. als Opposition zu bürgerlichen Moralvorstellungen großen Anklang fand und in Opern und Hollywoodfilmen verarbeitet wurde. Beim Tanzen werden fast alle Körperteile bewegt, charakterist. jedoch ist eine unabhängige Bewegung der oberen und unteren Körperhälfte, so daß der Bewegungsschwerpunkt jeweils nur auf einem Teil des Körpers liegt. Das wichtigste Begleitinstrument ist die Trommel. Tänzerinnen beherrschen ein je nach Aufführungsort und -gelegenheit ausgerichtetes vielfältiges Repertoire. In Kairo gibt es inzwischen eine erste Gewerkschaft für professionelle Tänzerinnen. Heute ist oriental. T. als Bestandteil von privaten Feiern, Showeinlage in Restaurants sowie als Bühnen-Performance zu sehen. *Wei*

Lit.: Henni-Chebra, D./Poché, C. (Hg.): Les danses dans le monde arabe ou l'héritage des almées, 1996.

Taschkent, Hauptstadt von → Usbekistan, etwa 2 Mio. Einwohner. Der Name T. tauchte im 11. Jh. erstmals auf. Im 18. Jh. war die Stadt unter einer einheim. Dynastie unabhängig geworden und wurde 1809 von ʿAlim Khân dem Khânat Kokand als „Kronprinzenapanage" angegliedert. 1865 wurde die Stadt durch General Tschernaev für Rußland erobert und 1867 zur Hauptstadt des Generalgouvernements Turkestan. 1917 riefen mittelasiat. Intellektuelle in Taschkent die Republik Turkestan aus, wurden aber von der Roten Armee nach Kokand verjagt und dort im Januar 1918 militär. geschlagen. 1930 wurde T. zur Hauptstadt der Usbek. Sozialist. Sowjetrepublik innerhalb der UdSSR. Seit der Unabhängigkeit 1991 ist T. Hauptstadt der Republik Usbekistan. Während des Zweiten Weltkrieges wurden verschiedene Industrien (Maschinenbau, Flugzeugbau, Film) nach T. verlagert, die aber 1966 ein Erdbeben weitgehend zerstörte. Im Gefolge der Wiederaufbaumaßnahmen wurden weite Teile der Altstadt für eine Stadterweiterung planiert. Viele der v.a. aus dem europäischen Teil der UdSSR hinzugekommenen „Aufbauhelfer" ließen sich in T. nieder. Seit der Unabhängigkeit verließen zahlreiche russische oder andere „europäische" Einwohner die Stadt, und usbek. Landbevölkerung zog nach. T. ist Sitz der „Aufsicht über die Muslime Zentralasiens und Kasachstans". *Schi*

Tausendundeine Nacht, heute Titel einer Sammlung verschiedenartiger Erzählungen (Liebes- und Abenteuererzählungen, Zaubermärchen, Fabeln, Anekdoten) v.a. arab. und indisch-pers. Herkunft, zusammengefaßt durch die Rahmengeschichte mit der Erzählerin Scheherezade. Obwohl der Titel „T.N." schon im 10. Jh. für eine Erzählsammlung belegt ist, sind die früheren Textkorpora dieses Namens höchst unterschiedlich zusammengesetzt. Die früheste arab. fragmentar. Handschrift stammt aus dem 15. Jh. In Europa wurde die Sammlung berühmt durch die Kompilation und Übertragung von Antoine Galland (1704). Das heutige, unter diesem Titel bekannte Textkorpus ist eine Zusammenstellung aus dem 19. Jh. („ägypt. Rezension"), auf der auch die ersten arab. Drucke (Bulak 1835, Calcutta 1839–1942) beruhen. Die Sammlung beeinflußte europäische Kunstschaffende aller Sparten, die Motive daraus in ihr Werk aufnahmen. Die erste deutsche Übersetzung stammt von A. Zinserling (1823/24), weitere von

M. Habicht (1825) und G. Weil (1866/67) folgten. Die erste vollständige, auf arab. Originaltexten beruhende deutsche Übersetzung wurde von E. Littmann (1921–1928) unternommen. *Ha-Hi*

Lit.: Grotzfeld, H./Grotzfeld, S.: Die Erzählungen aus „Tausendundeiner Nacht", 1984. – Littmann, E.: Die Erzählungen aus den Tausendundein Nächten, 1981. – Tausendundeine Nacht, Neufassung auf der Grundlage der Übersetzung von G. Weil, 1986. – Walther, W.: Tausendundeine Nacht. Eine Einführung, 1987.

Teheran, Hauptstadt der Islam. Republik → Iran, 6758000 Einwohner (1996), im Großraum bis zu 10 Mio. T. liegt an den südlichen Ausläufern des Elburs-Gebirges im Norden der iran. Hochebene auf einer Höhe von 1160 m. Zum Großraum von T. zählen auch die eigenständigen Städte Karaj, Varamin und Eslamshahr, der direkte Einflußbereich der Metropole reicht darüber hinaus durch Autobahnanbindungen im Westen bis Qazvin und im Süden bis nach Qom. 14% der iran. Gesamtbevölkerung leben im Großraum T., die Stadt umfaßt allerdings die Hälfte aller Studenten und Ärzte und drei Viertel der industriellen Produktion des Landes. T., zuvor eine eher unbedeutende Kleinstadt, wurde erst mit dem Machtantritt der Dynastie der Qâajâren zu Beginn des 19. Jh. zur Hauptstadt Irans. Histor. bedeutsamer war das mittelalterliche Rey (Rhages), jetzt ein südlicher Vorort, mit dem auch heute noch florierenden schiit. Schrein von Shâh ʿAbd al-ʿAẓîm. T. wuchs sehr schnell und war seit der Mitte des 19. Jh. die größte Stadt Irans mit ungefähr 100000 Einwohnern innerhalb ihrer Mauern, wobei die herrscherliche Zitadelle des Arg und der → Basar mit der neuen Masjed-e Shâh das Zentrum der Stadt bildeten. Die weitere Ausdehnung der Stadt ging einher mit notwendigen Modernisierungen, wie der Einführung einer städtischen Polizei (1879) und Straßenbeleuchtung (1880, 1908 elektrifiziert). Unter der neuen Dynastie der Pahlavi setzte seit den 1930er Jahren eine radikale Umformung der Stadt mit dem Bau neuer repräsentativer öffentlicher Gebäude (Ministerien, Museen) und der Anlage gerader Boulevards und freier Plätze ein. Begrenzt im Süden durch den neuerbauten Bahnhof und im Norden durch den Campus der Universität T., war die Stadt nun in zwei Teile gespalten mit dem traditionellen Zentrum um den Basar und einem weiter nördlich gelegenen neuen Geschäfts- und Verwaltungszentrum, wo sich Banken und Botschaften ansiedelten. Das Bevölkerungswachstum und die starke Migration seit den 1950er Jahren machte T. bald zu einer Millionenstadt, die in ihrer Zusammensetzung auch die ethnische Vielfalt Irans widerspiegelt, z.B. mit der größten Ansammlung türk. (Azeri) Muttersprachler in Iran. Die Ausdehnung der Stadt führte in den 1970er Jahren zu einer Verschärfung des sozialen Gefälles innerhalb T., wobei südlich des Basars Slum-ähnliche Siedlungen neue Zuwanderer aus dem ländlichen Raum aufnahmen und neue Geschäfts- und Wohngegenden der aufsteigenden Mittelschicht sich immer weiter nach Norden verlagerten. Erste Versuche einer systemat. Stadtplanung Anfang der 1970er Jahre hatten zum Ziel, das unkontrollierte Wuchern der Stadt zu begrenzen und durch massive Wohnungsbauprojekte (pers. shahrak) neue Siedlungen im Westen Richtung Karaj (Ekbatan) und Osten (Tehran Pars) zu erschließen. Die Islam. Revolution von 1979 führte zu einer teilweisen Durchbrechung der sozialen Nord-Süd Teilung, zur Zerstörung der Slums im Süden und dem Ende prestigereicher Urbanisierungsprojekte. Die augenscheinlichste Folge der Revolution war die konsequente Umbenennung zentraler Straßen und Plätze in T. In den 1990er Jahren wurden mit dem Ausbau innerstädt. Autobahnen und der gezielten Revitalisierung der südlichen Stadtviertel durch neue Kultur- und Sportzentren Entwicklungskonzepte für T. neu formuliert. Das Entstehen großer Bürotürme im Norden revolutioniert das Stadtbild, während der weitere Ausbau der U-Bahn neue Akzente für den innerstädt. Verkehr setzen wird.

Wer

Lit.: Adle, C./Hourcade, B. (Hg.): Téhéran, capitale bicentenaire, 1992.

Teufel → Satan

Theologie, die wissenschaftlich-systemat. Durchdringung der Lehre von → Gott, d.h. im Islam konkret die umfassende Ausdeutung der Inhalte des → Glaubensbekenntnisses. Histor. trat die islam. T. als Disziplin in Form des kalâm (arab. „Rede, Logos") auf den Plan, d.h. jener apologet. Dogmatik, die sich seit dem 8. Jh. die antike Kunst des dialekt. Disputs aneignete, um damit bestimmte Glaubens- (und mit diesen verschränkte polit.) Positionen zu untermauern bzw. zu diskreditieren. Dabei ging es v.a.

um die „Einsheit“ (T. Nagel) Gottes. Dazu gehörte die Frage nach dem Verhältnis von Gottes Wesen zu seinen Attributen sowie nach deren ontolog. Status ebenso wie das Problem der Interpretation von Koranversen, in denen es scheint, als müßten Gott menschliche Züge zugeschrieben werden. Weitere theolog. Probleme waren die Vereinbarkeit von allumfassender göttlicher Vorherbestimmung und menschlicher Handlungsfreiheit (→ Schicksal) sowie die Vereinbarkeit von universaler Güte Gottes (→ Gnade) und seinem Zulassen sündigen Handelns (und dessen Bestrafung am Jüngsten Tag). Gegenüber der zwischen dem 8. und 9. Jh. blühenden T. der Muʿtazila, die die Erkenntnisfähigkeit und Spekulationskraft der menschlichen Ratio betonte, setzte sich in der Folgezeit eine sich wieder stärker an die Offenbarung und den → Ḥadîth haltende Richtung durch (→ Sunna), insbesondere seit al-Ashʿarî (gest. 935/36) diese „Orthodoxie“ mit dem Panzer des kalâm bewehrt hatte. Gelang ihm damit die Verbindung zwischen rationaler Argumentation und Autoritätsgläubigkeit, so glückte ein knappes Jh. später al-Ghazzâlî (1058–1111) die Synthese wischen intuitiver, lebendiger Gotteserfahrung nach Art der → Mystik und orthodoxer, wissenschaftlich-„trockener“ Gotteserkenntnis nach Art der Scholastiker in der Ashʿarî-Nachfolge. Im 13. und 14. Jh. fand – nach zuvor erfolgtem Austausch mit der islam. → Philosophie – die von dem Mystiker Ibn al-ʿArabî (1165–1240) ausformulierte theosoph. Lehre von der „Einsheit des Seins“ (arab. waḥdat al-wujûd) weite Verbreitung; sie versteht Welt und Mensch neuplaton.-monist. als Erscheinungen der Eigenschaften Gottes. Besonders auch wegen der damit einhergehenden Heiligenverehrung wurden diese Ideen heftig kritisiert von Ibn Taimîya (gest. 1328), an dessen „fundamentalist.“ Konzept einer Rückkehr zum (idealisierten) Islam der Frühzeit viele neuere T. (zumindest verbal) anknüpfen. – Der deutsche Sprachgebrauch versteht unter T. heute gerne in einem weiteren Sinne auch die Lehre von einer den religiösen Grundsätzen gemäßen Lebensführung und Welteinrichtung und dehnt den Begriff beim Reden über den islam. Raum dabei oft auch auf das islam. → Recht aus: Wer von „islam. Theologen“ spricht, meint häufig eigentlich Rechtsgelehrte (→ Gelehrte). Die islam. Terminologie trennt jedoch deutlich zwischen T. und Jurisprudenz; für das Recht spielt die T. allenfalls dort eine Rolle, wo es um dessen philosoph.-ethische Fundierung geht. – Zu modernen T. im weiteren Sinne (d.h. religiös begründeten Entwürfen einer Neuordnung von Politik und Gesellschaft) → ʿAbduh, Muḥammad, → Reformislam, → Schiiten. Zu anderen nichtsunnit. T. → Yeziden, → Aleviten, → Ahl–i Ḥaqq, → Bahâ'î. *Gu*

Lit.: Nagel, T.: Geschichte der islam. Theologie. Von Mohammed bis zur Gegenwart, 1994.

Thora (arab. taurâh), die im → Koran gebrauchte Bezeichnung für die heilige Schrift des Judentums, die sich tatsächlich aus drei Teilen zusammensetzt: T., „Propheten" (Nebiim) und „Schriften" (Ketubim). Neben anderen Teilen der → Bibel nennt der Koran die T. mehrmals (ausführlich in Sure 5:44–46). Der islam. Vorwurf der „Schriftverfälschung" (arab. taḥrîf) soll dabei besagen, daß die von den Juden überlieferte T. nicht mehr der ursprünglichen → Offenbarung entspricht, sondern im Lauf der Geschichte verfälscht wurde. Nicht wenige muslim. → Gelehrte der Vormoderne kannten den Originaltext der T. Daneben waren es übergetretene Juden, die sie (zum Zweck der Polemik) ins Arabische übertrugen. *Schö*

Todesstrafe ist nach islam. → Strafrecht für einige bereits im Koran erwähnte Delikte vorgesehen: Steinigung für eheliche Unzucht, Hinrichtung für bewaffneten Straßenraub mit Todesfolge und die Kreuzigung beim Abfall vom Islam. Diese speziellen Strafen für den Verstoß gegen die als „Rechte Gottes" geltenden Delikte erfolgten allerdings nur unter sehr strengen Anforderungen an die Beweisführung: Als bewiesen gilt eine Tat nach dieser Rechtsauffassung nur, wenn sie von mindestens zwei (im Falle der ehelichen Unzucht sogar von vier) untadeligen Zeugen bestätigt werden kann. Andernfalls muß sie vom Richter geringfügiger bestraft werden. Die Tötung eines Menschen gehört demnach nicht in jedem Fall zu den von Amts wegen mit der T. zu ahndenden Delikten. (→ Blutrache, → Körperstrafen) *Mü*

Toleranz. Inwieweit Andersdenkende und -gläubige, Menschen anderer Hautfarbe oder mit von der Norm des Urteilenden abweichenden Bräuchen u.a. geduldet werden (formale T.) oder das Differente gar als gleichwertig anerkannt wird (inhaltliche T.), ist stets abhängig von den histor. Rahmenbedingungen, der Liberalität oder Repressivität der jeweiligen Herrscher und der Aufgeschlossenheit der Gesellschaften. So gab es in der Vergangenheit auch in der islam. Welt Zeiten und Orte nicht nur weitestreichender Duldung, sondern sogar befruchtender Akzeptanz und Achtung (etwa der → Juden und → Christen im muslim. Andalusien des Mittelalters, → Schriftbesitzer), aber auch der Inquisition ähnliche Institutionen (z. B. die Verfolgung der Muʿtazila, Anhänger einer rationalist. Glaubenslehre im Bagdad der ersten Hälfte des 9. Jh.). Militant-islamist. Gruppierungen der Gegenwart erweisen sich als ebenso intolerant wie europäische Neonazis oder Gruppen christl. Fundamentalisten in den USA, ebenso intolerant zumeist aber auch wie die von ihnen bekämpften, häufig totalitären Regime. Umgekehrt gibt es heute auch in der islam. Welt einen breiten Konsens darüber, daß T. in einer heutigen Gesellschaft unabdingbar ist. – Zu den Grenzen der T.: → Blasphemie, → Freiheit, → Menschenrechte *Gu*

Lit.: Noth, A.: Möglichkeiten und Grenzen islamischer Toleranz, in: Saeculum 29 (1978), 190–204. – Schulze, R.: Toleranzkonzepte in islamischer Tradition, in: Wierlacher, A. (Hg.): Kulturthema Toleranz. Zur Grundlegung einer interdisziplinären und interkulturellen Toleranzforschung, 1996, 495–514.

Tourismus. Neben dem T. aus dem westlichen Ausland spielt für viele Staaten der islam. Welt auch der Binnentourismus und der innerregionale T. eine wachsende Rolle. Dazu trägt nicht zuletzt ein verändertes und an westlichen Lebensformen orientiertes Freizeitverhalten der oberen und mittleren Schichten bei. Westliche Touristen, die wichtige Devisenbringer für den Staat sind, reagieren sehr sensibel auf die polit. Situation in der Region und bleiben als Folge von gewalttätigen Auseinandersetzungen fern, so z. B. zeitweise in Ägypten. Besondere Bedeutung hat auch der Pilgertourismus, allen voran die alljährliche → Pilgerfahrt nach → Mekka, die allein mehr als 2 Mio. Menschen anzieht. Heilige Stätten im Irak (→ Kerbela) und in Iran sowie in Syrien das vom Iran erbaute Grabmal der Sayyida Zainab, Tochter → ʿAlîs, ziehen darüber hinaus schiit. Pilger an. *Di*

Lit.: Ritter, K./Mielitz, G.: Fremdenverkehr in islamischen Ländern. Berichte und Materialien, Teil I, 1988. – Vorlaufer, K.: Tourismus in Entwicklungsländern. Möglichkeiten und Grenzen einer nachhaltigen Entwicklung durch Fremdenverkehr, 1996.

Traditionalismus, intellektuelle Richtung in muslim. Ländern, die „das Ergebnis der histor. Entwicklung des islam. Mittelalters so weit wie möglich zu bewahren" sucht und damit „der unreflektierten Islam-Verbundenheit der breiten Volksschichten sehr nahe" steht (F. Steppat). Diese Position wird in erster Linie von den muslim. → Gelehrten vertreten, die – ähnlich den Anhängern des → Reformislams – das von den Modernisten (→ Modernismus) gutgeheißene Konzept der europäischen Aufklärung mit „Säkularismus", „Materialismus" und „Individualismus" assoziieren und als Teil des → Kolonialismus ablehnen. Die Traditionalisten, deren geistiges Zentrum die → Azhar in Kairo darstellt, stützen ihre Weltanschauung auf die über Jh. tradierten Normen und Vorschriften. Sie stehen jeder Veränderung dieses althergebrachten Seinsverständnisses, sei es durch reformist. oder modernist. Ansätze, ablehnend gegenüber. Der Herausforderung durch Europa kann ihrer Meinung nach nur durch die konsequente Fortführung der alten Ordnung begegnet werden. Die konservativen muslim. Gelehrten halten sich für die einzig berechtigte Instanz, über die durch die neuen Lebensverhältnisse hervorgerufenen Fragen Entscheidungen zu fällen. In der Regelung dieser Fragen wollen sie den traditionellen Überlieferungen das entscheidende Wort zukommen lassen. Nur den Gelehrten stehe die Verwaltung des überlieferten Wissens sowie die Auslegung der normativen Texte Koran und → Ḥadîth zu. Generell fordern die Traditionalisten die Orientierung aller gesellschaftlichen Beziehungen – einschließlich der Herrschaftsausübung – an der → Scharia. In vielen islam. Ländern haben sich die Gelehrten im Laufe der Zeit mit der Staatsmacht arrangiert. Ihr vornehmlicher Wirkungsbereich bleibt oftmals auf das Personenstandsrecht beschränkt, doch spielen sie als Repräsentanten des offiziellen Islams im öffentlichen Bewußtsein eine sehr große Rolle. Gerade die einfachen Gläubigen akzeptieren die Traditionalisten als Wächter der Moral, zumal sich diese in ihren Stellungnahmen auch immer wieder gegen die Anhänger der radikalen, aber auch der moderaten Reformisten wenden. *Co*

Lit.: Ahmad, A.: Die Auseinandersetzung zwischen al-Azhar und der modernistischen Reformbewegung in Ägypten von Muhammad Abduh bis heute, 1963. – Eccel, A.C.: Egypt, Islam, and Social Change. Al-Azhar in Conflict and Accomodation, 1984. – Steppat, F.: Die politische Rolle des Islam, in: Ders. (Hg.): Vorträge zum XXI. Deutschen Orientalistentag, 1983, 22–36.

Tschetschenien → Kaukasus

Tuareg (von arab. ṭawâriq), v.a. im südlichen Sahararaum lebende meist nomad. Untergruppierung der → Berber. *El*

Türkei, Republik, 779452 qkm, ca. 63000000 Einwohner, wurde 1923 auf den Trümmern des untergegangenen Osman. Reiches gegründet. Die Trennung von polit. Herrschaft und religiöser Führung wurde im Jahr 1922 durch die Abschaffung des Sultanats, das über 600 Jahre in Händen der osman. Dynastie gelegen hatte, eingeleitet und durch die im März 1924 erfolgte Beseitigung des → Kalifats vollendet. Das Reformprogramm → Atatürks, das auf eine radikale wirtschaftliche und soziokulturelle Modernisierung abzielte, wurde im Rahmen eines autoritären polit. Systems durchgeführt; polit. Willensbildung konnte sich nur über die herrschende Republikan. Volkspartei vollziehen. Erziehungs- und Gerichtswesen wurden säkularisiert, europäische Vorbilder im Rechtswesen übernommen, die Mehrehe abgeschafft, westliche → Kleidung propagiert. 1928 wurde der Verfassungspassus, gemäß dem der Islam Staatsreligion war, gestrichen. Diese u.a. Reformen bilden das Kernstück des Kemalismus (nach Mustafa Kemal Atatürk), die Trennung von Staat und Religion. Dem Versuch, den Einfluß der Religion zu beschneiden, war indes nur teilweise Erfolg beschieden. Für breite Bevölkerungsschichten, insbesondere auf dem Lande, blieb der Islam weiterhin ein prägender Faktor des sozialen Lebens und Bestandteil der traditionellen Erziehung. Weitere Eckpfeiler der kemalist. Ideologie waren u.a. Nationalismus, Populismus und Etatismus, d.h. die Lenkung der Wirtschaft durch den Staat, von der aber seit den 1950er Jahren zunehmend Abstand genommen wurde. Seit Ende der 1940er Jahre, parallel zur Etablierung des Mehrparteiensystems, erlangte der Islam wieder mehr Gewicht in Politik und Gesellschaft (Wiedereinführung des zwischenzeitlich abgeschafften Religionsunterrichts, Eröffnung einer Fakultät für Theologie, Bau von Moscheen); 1976 trat die T. der „Organisation der Konferenz islam. Staaten" bei. Das Vordringen islam. Parteien und Gruppierungen, darunter auch solche fundamentalist. Zuschnitts, ist ein Phänomen der letzten drei Jahrzehnte. Es ist eng verbunden mit der Landflucht, die Hunderttausende von Bauern in die Großstädte führte. Durch diesen Zuzug traditional und religiös eingestellter Menschen veränderten sich

Parteien und Gesellschaft. Durch polit. Polarisierung ausgelösten Unruhen, aber auch dem wachsenden Einfluß religiöser Kräfte setzte der Militärputsch im September 1980 ein vorläufiges Ende. Die 1980er Jahre waren gekennzeichnet durch wirtschaftliche Liberalisierung und eine Neugestaltung der Parteienlandschaft, in der häufig wechselnde, labile Koalitionen die Regierung bildeten. In den 1990er Jahren errang die religiöse → Wohlfahrtspartei (türk. Refah Partisi) auf kommunaler und nationaler Ebene bestimmenden Einfluß, der in der Führung einer Koalitionsregierung gipfelte, bis das Militär diese Regierung im Februar 1997 zum Rücktritt zwang, die Partei schließen ließ und führende Mitglieder, u.a. den Vorsitzenden Necmettin Erbakan, mit einem Politikverbot belegte. Gleichwohl konnte Ende 1998 mit der Tugend-Partei (türk. Fazilet Partisi) erneut eine religiös ausgerichtete Partei gegründet werden. Die große Mehrheit der Einwohner der T. sind Türken, die sich zum sunnit. Islam (→ Sunna) bekennen; das gilt auch für die → Kurden, die nicht als ethnische Minderheit definiert werden. Eine religiöse Minderheit sind die → Aleviten, die gut ein Fünftel der Bevölkerung ausmachen und sowohl unter Türken als auch Kurden zu finden sind. Christen verschiedener Denominationen sind außerordentlich gering an Zahl; zu ihnen gehören einige zehntausend Griechen und Armenier; daneben gibt es eine sehr kleine Gruppe von Juden. *Str*

Lit.: Adanir, F.: Geschichte der Republik Türkei, 1995. – Kreiser, K.: Kleines Türkei-Lexikon, 1992. – Seufert, G.: Café Istanbul. Alltag, Religion und Politik in der modernen Türkei, ²1999. – Steinbach, U.: Geschichte der Türkei, 2000.

Türkische Literatur. Mit t. L. sind im folgenden die literar. Werke des Osman. Reiches und der Republik Türkei gemeint. Die Entwicklung der → türk. Sprache ist wichtig für das Verständnis der t. L. Im Osman. Reich war Osmanisch die Sprache der literar. Eliten und hatte aufgrund seiner zahlreichen lexikal. und grammatikal. Entlehnungen aus dem Arabischen und Persischen wenig mit dem gesprochenen Türkisch gemein. Ende des 19. Jh. nahm das Bedürfnis zu, das Osmanische für die Bevölkerung verständlicher zu machen. Dies entwickelte sich in der Türkei mit der Umstellung vom arab. auf das latein. Alphabet (1928) zu einer Sprachreform, durch die man das Türkische von sämtlichen arab., pers. wie auch europäischen Einflüssen zu befreien suchte. Der

Übergang von der osman. zur modernen t.L. geschah fließend. In der ersteren nahm die Poesie eine überragende Stellung ein. Die Dîwân-Dichtung war die Lyrikform des Osman. Reiches. Im 19. Jh. begann man, sie wegen ihrer Erstarrung in Form, Thema und Sprache zu kritisieren, und strebte – beeinflußt von der französ. Literatur – nach neuen Wegen. Nach 1923 waren nur noch sehr wenige Dichter wie Yahya Kemal Beyatlı (1884–1958) der Dîwân-Tradition verbunden. Nazim Hikmet (1902–1963) war der erste Lyriker, der die Poesie gänzlich von jeglichen Zwängen in Reim und Metrik befreite. Heute ist die türk. Lyrik sehr vielschichtig. Zu ihren bedeutendsten Autoren zählen Fazıl Hüsnu Dağlarca (geb. 1914), Cahit Külebi (1917–1997), und Can Yücel (1926–1999). Die türk. Prosa begann sich erst im 19. Jh. – stark geprägt von französ. Vorbildern – als Erzählliteratur zu entwikkeln. Mit dem erstarkenden türk. Nationalismus um die Jahrhundertwende prägte seit 1908 (Beginn der Ära der → Jungtürken) die Strömung der „Nationalen Literatur" (türk. milli edebiyat) das literar. Geschehen. Gemäß der Devise „hin zum Volk" (türk. halka doğru) ließ man sich von der in der klassischen osman. Literatur vernachlässigten volkstümlichen Lyrik und Prosa inspirieren und orientierte sich im Gegensatz zur höfischen osman. Literatur am einfachen anatol. Bauern. Die Vertreter der „Nationalen Literatur" wie Mehmed Emin Yurdakul (1869–1944) sahen die Literatur als ein Mittel zur nationalen Erziehung der Massen an. Mit der Niederlage des Osman. Reiches im Ersten Weltkrieg und dem darauffolgenden nationalen Befreiungskampf erhielt die „Nationale Literatur" einen enormen Aufschwung. Nach 1923 entwikkelte sich die bereits 1890 mit dem Roman *Karabibik* von Nabizade Nazım (1862–1893) ins Leben gerufene „Dorfliteratur" zur türk. Nationalliteratur. Während die Autoren in der osman. Zeit den Hof und das Stadtleben der Oberschicht thematisierten, begannen sie nun, auf humoreske und impressionist. Weise das Leben der kleinen Leute in der Stadt sowie auf dem Dorf zu beschreiben. Hier ist besonders Sait Faik Abasıyanık (1906–1954) zu nennen, der v.a. das Leben der Fischer am Rande Istanbuls darstellte und bis heute als der bedeutendste türk. Kurzgeschichtenautor gilt. Spätestens seit der Veröffentlichung des Romans „Der Fremde" (türk.: *Yaban*, 1932) von Yakup Kadri Karaosmanoğlu (1889–1974) werden das Dorfleben und die Kluft zwischen Stadt und Land realist. dargestellt. Die 1940er und 1950er Jahre waren von einem engagierten Realismus geprägt, der von Sabahattin ʿAlî (1907–1948) eingeleitet wurde. In den 1960er Jahren tauchten erstmals nicht aus den Metropolen, sondern aus Anatolien stammende Autoren wie Fakir Baykurt (geb. 1929) oder Yaşar Kemal (geb. 1922) auf und verbanden ethnograph. mit sozialkrit. Themen. Trotz der jahrzehntelangen Dominanz der Dorfliteratur wurde mit Beginn der Landflucht und der Industrialisierung in den 1950er Jahren auch der dadurch hervorgerufene soziokulturelle Wandel in der Literatur behandelt, so daß sich die türk. Literaten allmählich wieder mehr der Stadt zuwandten. Die 1960er und 1970er Jahre waren aufgrund der Polarisierung des polit. Lebens literar. wenig ergiebig und brachten vornehmlich eine Flut von Gesinnungsprosa hervor. Seit den 1970er Jahren ist ein Wiederaufleben osman. und islam. Themen in der t. L. festzustellen. Autoren wie Orhan Pamuk (geb. 1952) und Selim İleri (geb. 1949) begannen, sich mit der osman. Vergangenheit auseinanderzusetzen. Seit Ende der 1960er Jahre ist aufgrund der Arbeitsmigration nach → Europa und besonders nach → Deutschland die „Literatur der Fremde" (türk. gurbet edebiyatı) entstanden. Nachdem sie sich themat. zunächst auf das Verlassen der Heimat und die Spannungen zwischen Türken und Deutschen beschränkte, ist sie heute zu einem Forum einer bi- bzw. multikulturellen Synthese geworden. Sie erscheint sowohl auf Deutsch als auch auf Türkisch. Ein wichtiger Vertreter ist der in der Türkei nicht allzu bekannte Aras Ören (geb. 1939). *Ba*

Lit.: Bombaci, A.: Histoire de la littérature turque, übers. aus dem Italienischen v. I. Melikoff, 1968. – Demir, T.: Türkische Literatur in deutscher Sprache. Eine Bibliographie mit Erläuterungen, 1995. – Siedel, E.: Die moderne türkische Literatur, in: Kindlers Neues Literaturlexikon, Bd. 20, 1992, 634–639.

Türkische Sprachen werden von etwa 130 Mio. Menschen in einem Gebiet gesprochen, das vom Balkan im Westen bis in die chin. Provinz Qinghai (sprich: „tschinghai") im Osten und von Sibirien im Norden bis in die iran. Provinz Fars im Süden reicht. Zu den grundlegenden, wenn auch in der Gegenwart teilweise nicht mehr immer deutlich erkennbaren Gemeinsamkeiten aller t.S. zählen Vokal- und Konsonantenharmonie, Agglutination, strikte Unterscheidung zwischen Nomen und Verb sowie das Fehlen von Präpositionen. Die Gesamtheit der heute gesprochenen t.S. kann auf Grund sprachwissenschaftlicher Kriterien in verschiedene Gruppen unterteilt werden. Eine gängige Einteilung, die sich weitgehend an die geograph. Verbreitung der einzelnen Sprachen anlehnt, konstituiert folgende Gruppen: Südwest- oder oghus. Gruppe (in Klammern jeweils das Verbreitungsgebiet und die Zahl der Sprecher) mit den Hauptsprachen (Türkei-)Türkisch (Türkei, mehr als 50 Mio., Westeuropa, knapp 3 Mio.), Aserbaidschanisch (Aserbaidschan und Nordwestiran, etwa 20 Mio.) und Türkmen. (Türkmenistan, Nordostiran und Nordwestafghanistan, etwa 4 Mio.); Nordwest- oder kiptschak. Gruppe mit den Hauptsprachen Tatar. (Tatarstan, Baschkirien oder Baschkortostan und Rußland, knapp 4 Mio.), Kasachisch (Kasachstan, Usbekistan, Xinjiang und Mongolei, etwa 10 Mio.) und Kirgisisch (Kirgisistan und Xinjiang, knapp 3 Mio.); Südost- oder uyghur. Gruppe mit den Hauptsprachen Usbek. (Usbekistan, Nordafghanistan, Tadschikistan, Kasachstan, Kirgisistan und Türkmenistan, mehr als 20 Mio.) und Uyghur. (Xinjiang und Kasachstan, mehr als 8 Mio.); Nordost- oder sibir. Gruppe mit den Hauptsprachen Yakutisch (Sacha) (Yakutien, etwa 450000) und Tuvinisch (Tuva, etwa 200000). Das an der mittleren Wolga gesprochene Tschuwaschisch (etwa 1,3 Mio. Sprecher) bildet eine von den anderen vier Gruppen deutlich verschiedene, eigenständige Gruppe. Abgesehen von den jüd. Karaimen in Litauen, Polen und der Ukraine und den russisch-orthodoxen Gagausen in der Ukraine, in Rumänien und Bulgarien sind alle Sprecher der den ersten drei genannten Gruppen angehörenden t.S. Muslime. Die Aserbaidschaner sind → Schiiten, alle anderen muslim. Sprecher t.S. → Sunniten, die ganz überwiegend der ḥanafit. → Rechtsschule angehören. Die Sprecher t.S. in Sibirien sind entweder Buddhisten bzw. Lamaisten, Russisch-Orthodoxe oder Schamanisten. Oft finden sich in der von ihnen praktizierten Religion Elemente aller drei Glaubensvorstellungen. Die Tschuwaschen sind russisch-orthodox. Histor. belegte türk. (Schrift-)Sprachen sind Alt- oder Orkhon-Türkisch (etwa ab dem 8. Jh. in Runenschrift in der heutigen Nordmongolei), Alt-Uyghur. (ab Mitte 9. Jh. in uyghur. Schrift, v.a. im östlichen Teil des heutigen Xinjiang), Karachanidisch (erste islam.-türk. Literatursprache, ab dem 11. Jh. ganz überwiegend in arab. Schrift in Ost-Turkestan, dem heutigen Xinjiang), Khorezmisch (13. und 14. Jh. im westlichen Zentralasien), Tschaghatayisch (ab 15. bis Mitte des 19. Jh. in ganz Zentralasien) und Osman. (ab 13. bis Anfang 20. Jh. im Osman. Reich). *Fr*

Lit.: Bainbridge, M.: The Turkic Peoples of the World, 1993. – Johanson, L./ Csató, E. A. (Hg.): The Turkic Languages, 1998. – Menges, K. H.: The Turkic Languages and Peoples. An Introduction to Turkic Studies, ²1995.

Tunesien, Staat im → Maghreb, 163 610 qkm, ca. 9,7 Mio. Einwohner (1999). Die Hauptstadt Tunis ist Namensgeberin des Landes. Die Bevölkerung ist mehrheitlich arab.-berber. Ursprungs. Neben der offiziellen Landessprache Arabisch hat Französisch als Bildungssprache einen hohen Stellenwert. Die große Mehrheit der Tunesier sind sunnit. Muslime. Abgesehen von den Minderheiten der Ḥanafiten sowie der → ibâḍit. Muslime auf der Insel Djerba gehören die Tunesier mehrheitlich der mâlikit. → Rechtsschule an. Es leben heute noch etwa 20 000 Juden in T. Die Islamisierung der Bevölkerung setzte mit der Eroberung des Landes durch arab. Truppen im 7. Jh. ein. Muslim. Dynastien wie die Aghlabiden (9. Jh.), die Fâṭimiden (10. Jh.) oder die Ḥafsiden (13.–16. Jh.) machten das Gebiet des heutigen T. zum Mittelpunkt ihrer teils weitläufigen Reiche. Aber erst mit der osman. Eroberung (1574) konnte die Region einen Weg zu einer polit. Einheit verfolgen. Hervorgegangen aus den in T. stationierten osman. Truppen, regierten die Ḥusainiden-Herrscher seit dem Beginn des 18. Jh. bis zur Ausrufung der Republik im Jahre 1957 gewissermaßen als eine nationale Dynastie. Wie in anderen Teilen der islam. Welt konnten die im 19. Jh. von der staatlichen Führung initiierten Reformmaßnahmen den zunehmend dominanten Einfluß europäischer Mächte nicht zurückdrängen, und 1881 wurde T. als Protektorat dem französ. Kolonialreich eingegliedert. Unmittelbar nach dem Ersten Weltkrieg entstand eine gegen Frankreich gerichtete nationale Protestbewegung. Sie radikalisierte sich in den 1930er Jahren, und unter der Führung Habib Bourguibas (Ḥabîb Abû Ruqaiba, 1903–2000) konnte T. 1956 die staatliche Unabhängigkeit wiedererlangen. 1957 setzte die verfassunggebende Versammlung den letzten Ḥusainiden-Bey ab und proklamierte die Republik. Unter der Präsidentschaft Bourguibas (1959–1987) fand eine Reihe sozialer und wirtschaftlicher Reformen statt, die u. a.

auf eine Schwächung des religiösen Establishments abzielten. Erachtete die nationalist. Bewegung die islam. Traditionen des Landes noch als Teil der nationalen Identität T. und setzte religiöse Elemente gezielt in ihrem Kampf gegen die französ. Fremdherrschaft ein, betrachtete das betont progressive Regime nach Wiedererlangung staatlicher Unabhängigkeit bestimmte Elemente des Islams als hinderlich für die Entwicklung des Landes. So rief 1960 Bourguiba wenige Wochen vor dem → Ramaḍân die tunes. Arbeiter dazu auf, im Interesse der wirtschaftlichen Entwicklung des Landes der religiösen Pflicht des Fastens nicht nachzukommen. Die frommen → Stiftungen wurden unmittelbar nach Erlangung der Unabhängigkeit entweder in die Staatsdomäne überführt oder aufgelöst. Der Unterhalt muslim. Kultusgebäude und die Besoldung des Personals oblagen nunmehr dem Staat. Die Zaitûna-Moschee-Universität, bedeutendste religiöse Stätte islam. Gelehrsamkeit von T., wurde in die staatliche Universität eingegliedert, und die Koranschulen wurden verstaatlicht. Durch die Abschaffung religiöser Gerichtshöfe schränkte der Staat den Kompetenzbereich der → Gelehrten weiter ein, und seit 1957 gilt für alle tunes. Bürger ein einheitliches Recht. Unter formaler Respektierung der → Scharia reformierte der Gesetzgeber die Personenstandsgesetze. Neben der Zuerkennung des allgemeinen Wahlrechts profitierten die tunes. Frauen v.a. vom neuen Scheidungs- und Erbrecht. Bourguibas erfolglose Wirtschaftspolitik schwankte zwischen sozialist. Experimenten und freier Wirtschaft und führte letztendlich 1983/84 landesweit zu blutigen Unruhen. Bis zu seiner Entmachtung im November 1987 durch Zine al-Abidine Ben Ali (Zain al-ʿÂbidîn ibn ʿAlî) war die fast uneingeschränkte Machtfülle des „Präsidenten auf Lebenszeit“ Bourguiba v.a. durch eine starke islamist. Bewegung in Frage gestellt worden. Prominentester Vertreter des polit. Islams in T. ist der 1987 zu lebenslanger Zwangsarbeit verurteilte Philosophie-Lehrer Rached Ghannouchi (Rashîd al-Ghannûshî). Seit den 1970er Jahren propagierte er mit seinen Gesinnungsgenossen und mit Unterstützung des Regimes eine Rückkehr zu islam. Werten in der tunes. Gesellschaft. Auf die Gründung seiner „Bewegung der islam. Orientierung“ (arab. Ḥarakat al-ittijâh al-islâmî) reagierte der Staat repressiv und förderte letztendlich radikale Tendenzen innerhalb der islamist. Bewegungen T. Nach der Machtübernahme Ben Alis

– Ghannouchi wurde 1988 amnestiert – lavierte das Regime gegenüber islamist. Strömungen zwischen Toleranz und Repression. Letztendlich hatten aber moderate Islamisten keine Möglichkeiten, sich langfristig öffentlich zu artikulieren oder gar Regierungsverantwortung zu übernehmen. Die Entwicklungen in → Algerien während der 1990er Jahre förderten die Entstehung eines allmächtigen, mit strenger Zensur und Polizeigewalt herrschenden Staates. *Ko*

Lit.: Camau, M. (Hg.): Tunisie au présent. Une modernité au-dessus de tout soupçon?, 1987. – Zartman, I. W. (Hg.): Tunisia. The Political Economy of Reform, 1991.

U

Ulema (arab. ʿulamâʾ, sg. ʿâlim), „→ Gelehrte". *El*

Umayyaden → Dynastien

Umm Kulthûm (1904–1975), ägypt. Sängerin. Geboren in einem kleinen Dorf im Nildelta, wo sie bereits in ihrer Kindheit zusammen mit ihrem Vater und Bruder als Sängerin zu Feiern in der näheren Umgebung engagiert wurde, siedelte ihre Familie Anfang der 1920er Jahre nach Kairo über. Dort machte U.K. Karriere, zunächst noch in Männerkleidung auf der Bühne und mit einem in Text und Stil religiös ausgerichteten Repertoire, dann aber setzte sie sich in der damaligen Unterhaltungsbranche durch. Sie nahm Privatstunden in Gesang und klassischer Poesie; ihr Gesangsstil ist von der → Koranrezitation beeinflußt, die Stimmgebung nasal und heiser. Gestützt auf prestigereiche klassische Genres und angesehene Dichter und Musiker, verschloß sie sich nicht modernist. Bewegungen und konnte so neue künstler. und polit. Bewegungen mittragen. Sie nutzte alle zu ihrer Zeit aufkommenden Massenmedien wie Schallplatte, Radio und Film und war die erste Frau, die im Rundfunk den Koran rezitieren durfte. Sprichwörtlich sind ihre wöchentlichen Konzerte, die im Radio übertragen wurden und in vielen arab. Ländern das öffentliche Leben nahezu lahmlegten. *Wei*

Lit.: Danielson, V.: The Voice of Egypt. Umm Kulthûm, Arabic Song, and Egyptian Society in the Twentieth Century, 1997.

Umma (arab. „Gemeinschaft, Volk", pl. umam). Als umma wird die Gemeinschaft aller Muslime bezeichnet. War sie zur Zeit des Propheten → Muḥammad und der ersten Kalifen noch weitgehend einig sowohl im religiösen als auch polit. Sinne, so hat sie sich später in polit. Hinsicht in verschiedene → Staaten, in religiöser Hinsicht in verschiedene Bekenntnisse (→ Schiiten, → Sunniten) aufgespalten. Die Wiederherstellung der umma in ihrer ursprünglichen Form wird gegenwärtig von vielen Muslimen als wichtiges Ziel angesehen. → Fundamentalismus, → Brüderlichkeit, → Völkerrecht, → Mission, → Organisation der Islam. Konferenz *El*

Lit.: Mandaville, P. G.: Transnational Muslim Politics. Reimaging the Umma, 2001.

Umwelt. Die Umweltprobleme der Staaten der islam. Welt sind im wesentlichen von folgenden Faktoren geprägt: von der Wasserknappheit und der großen Trockenheit in den meisten Staaten, von der Bevölkerungszunahme und der damit einhergehenden Landflucht und Verstädterung. Die ständige Wasserknappheit wird durch die wachsende Bevölkerung weiter verschärft. Ohne angemessene Gesundheitsfürsorge und Ausbildungschancen drängen immer mehr Menschen vom Land in die Städte, die diesen Zustrom nur schwer verkraften können. Die explodierenden Großstädte produzieren in den Randbezirken Slum-ähnliche Quartiere, wo es an Arbeits- und Wohnmöglichkeiten mangelt. Der wachsende Autoverkehr und unzureichend ausgestattete Industriebetriebe tragen zur Luftverschmutzung bei. In weiten Teilen der Bevölkerung, aber auch bei den Regierungen ist das Bewußtsein für die Bedeutung des Umweltschutzes bislang nur schwach ausgeprägt. *Di*

Lit.: Jabbra, J. G./Jabbra, N. W.: Challenging Environmental Issues. Middle Eastern Perspective, 1997. – Vogg, C.: Die Grünen in Ägypten. Die erste Umweltpartei der arabischen Welt, 1995.

Unreinheit muß vor der Verrichtung des → Gebets u. a. religiöser Handlungen beseitigt werden, damit diese gültig sind. Unrein wird man durch die Berührung von unreinen Dingen, etwa verbotenen Speisen (→ Speisegesetze), Wein (→ Alkohol), tierischen und menschlichen Exkrementen, aber auch Schweinen und in einigen → Rechtsschulen von Hunden. Nach einer Verunreinigung müssen Körper und Kleidung gründlich gereinigt werden. Daneben gibt es zwei Arten der rituellen U. des Menschen. Die kleine U. (arab. ḥadath) wird hervorgerufen durch Schlaf, Bewußtlosigkeit, die Ausscheidung verschiedener Körperstoffe, aber beim Mann auch durch die Berührung der Haut einer mit ihm nicht nahe verwandten Frau. Diese U. wird durch die kleine Waschung (arab. wuḍû') von Gesicht, Händen und Unterarmen sowie das feuchte Abstreifen von Haaren und Füßen beseitigt. Die große U. (arab. janâba) tritt ein beim Samenerguß des Mannes und der Menstruation der Frau sowie innerhalb von vierzig Tagen nach der Niederkunft. Sie wird durch Waschung des ganzen Körpers (arab. ghusl) beseitigt. Neben diesen erforderlichen Waschungen sind eine Reihe von rituellen Waschungen frommer Brauch, etwa die Ganzkörperwaschung vor dem Freitagsgebet (→ Bad). Diese werden jedoch in weitaus geringerem Maße praktiziert. Abgesehen von kasuist. Spitzfindigkeiten herrscht in Fragen der rituellen Waschungen Einigkeit unter den verschiedenen Rechtsschulen. Praktizierende Muslime kennen die jeweiligen Bestimmungen zumeist sehr genau. *Mü*

Usbekistan. Die Republik U. erklärte sich am 1. 9. 1991 für unabhängig. Sie hat eine Fläche von 447 400 qkm. Ihre Außengrenzen sind ident. mit denen der früheren Sowjetrepublik (→ Zentralasien) gleichen Namens. Von den 23,78 Mio. Einwohnern (1998) leben etwa 42% in Städten. Hauptstadt ist → Taschkent mit etwa 2,2 Mio. Einwohnern (1997), weitere wichtige Städte sind Samarkand, Namangan, Andizhan und Buchara. Knapp 80% der Bevölkerung U. sind Usbeken. Weitere Nationalitäten sind Russen und Tadschiken (je etwa 5%) sowie Kasachen, Krimtataren, Karakalpaken, Koreaner, Kirgisen, Ukrainer, Türkmenen und Juden. Amtssprache ist Usbekisch. U. ist in zwölf Regionen und eine autonome Gebietskörperschaft, das am Ostufer des Aralsees gelegene Karakalpakistan, gegliedert. Seit 1992 ist U. eine Präsidialrepublik. Der Präsident wird für eine fünfjährige Amtsperiode direkt vom Volk gewählt, wobei einmalige Wiederwahl möglich ist. Seit 1990 bekleidet der frühere Erste Vorsitzende der Kommunist. Partei U., Islam Karimov, das Amt des Präsidenten der Republik U. Wirkliche Oppositionsparteien sind nicht zugelassen. Die Staatsführung fördert eine moderate, unpolit. Islamisierung bei gleichzeitiger harter Unterdrückung von polit. Ausdrucksformen eines radikalen oder fundamentalist. Islams, dessen Anhänger in Zentralasien und im → Kaukasus → „Wahhâbiten“ genannt werden. Usbeken sind sunnit. Muslime und gehören der ḥanafit. → Rechtsschule an. *Fr*

Lit.: Allworth, E.: The Modern Uzbeks from the Fourteenth Century to the Present. A Cultural History, 1991. – Akkaya, C. (Hg.): Uzbekistan. Current Political and Economic Developments, 1994. – Baldauf, I.: Some Thoughts on the Making of the Uzbek Nation, in: Cahiers du monde russe et soviétique 32, 1 (1991), 79–96.

Uyghuren. Die U. sind die größte turksprachige „nationale Minderheit“ in der Volksrepublik China (knapp 7,7 Mio. Personen 1994). Sie leben fast ausschließlich in Ost-Turkestan, dem heutigen → Xinjiang, im äußersten Nordwesten → Chinas. Im benachbarten → Kasachstan gibt es etwa eine Viertel Million U. Kleinere uyghur. Gruppierungen leben auch in → Kirgisistan und → Usbekistan sowie in der Türkei. In der am 1. 10. 1955 offiziell gegründeten Autonomen Uyghur. Region Xinjiang stellen die U. mit einem Anteil von etwa 47% (1994) an der Gesamtbevölkerung nach wie vor die größte Bevölkerungsgruppe. Bei der Gründung der Volksrepublik China 1949 hatten die U. noch 76% der Bevölkerung von Xinjiang ausgemacht. Zentren uyghur. Lebens sind die im Südwesten Xinjiangs gelegenen Bezirke Hotan und Kaschgar, in denen die U. 97% bzw. über 90% der Einwohner stellen, sowie die Turfan-Oase im Osten mit etwa 75% uyghur. Bewohnern. Der Islam verbreitete sich ab dem späten 10. Jh. in Ost-Turkestan. Gegen Ende des 15. Jh. waren die Vorfahren der heutigen U. vollständig islamisiert. Die U. sind sunnit. Muslime und gehören der ḥanafit. → Rechtsschule an. Weder in ethnischer noch in sprachlicher Hinsicht gibt es eine direkte Verbindung zwischen den heutigen U. und den sog. „Alt-U.“. Dieses nicht-islam. turksprachige Volk beherrschte von etwa 740 bis 840 zuerst ein Reich, dessen Zentrum in der heutigen Nord-Mongolei lag. Nach dessen Zerschlagung zog ein Teil von ihnen nach Südwesten und begründete im östlichen Teil von Ost-Turkestan, der dann „Uyghurestan“ genannt wurde, ein blühendes Reich, dessen Hauptstadt Qoço in der Turfan-Oase gelegen war und das bis zur Eroberung durch die Mongolen unter Dschingis Khân, Mitte des 13. Jh., Bestand hatte. Soweit sie nicht überhaupt in Vergessenheit geriet, war die Bezeichnung „U.“ bei den islamisierten Vorfahren der heutigen U. bis zum Anfang des 20. Jh. ein Synonym für „Nichtmuslim“ und kam deshalb als Selbstbezeichnung nicht in Betracht. Die Bezeichnung „U.“ für die heute so genannte Nationalität wurde im Kontext der sowjet. Nationalitätenpolitik in West-Turkestan 1921 in Taschkent, der Haupstadt des späteren Usbekistan, „erfunden“. In Xinjiang selbst wurde dieses Ethnonym erst seit den 1930er Jahren verwendet. Bis dahin hatte die dann „U.“ genannte lokale Bevölkerung keine übergeordnete Bezeichnung für sich selbst. Wenn erforderlich, bezeichneten die Menschen sich nach der Oase, aus der sie stammten. Diese „Lokalidentifikation“ ist auch in der Gegenwart noch von Bedeutung.

Fr

Lit.: Gladney, D. C.: Sedenterization, Socioecology and State Definition. The Ethnogenesis of the Uighur, in: Seaman, G./Marks, D. (Hg.): Rulers from the Steppe. State Formation on the Eurasian Periphery, 1991, 308–340. – Rudelson, J.: Oasis Identities. Uyghur Nationalism along China's Silk Road, 1997.

V

Vereinigte Arabische Emirate (VAR), 1971 gegründete föderale Vereinigung der sieben Emirate Abu Dhabi, Dubai, Ash-Shâriqa, Ra's al-Khaima, ʿAjmân, Umm al-Quwain und al-Fujaira auf der in den Arab. Golf hineinragenden Halbinsel Musandam der → Arab. Halbinsel. Die Einwohnerzahl beträgt 2, 58 Mio., Hauptstadt ist Abu Dhabi. Das Land ist geprägt von Wüsten, besitzt aber auch in Teilen reiche Vegetation und Palmenhaine, in denen Landwirtschaft betrieben wird. Die Küstengewässer sind reich an Korallenriffen und verschiedenen Fischarten. Die höchste polit. Instanz im Land ist der aus den Herrschern der sieben Emirate gebildete Hohe Rat. Staatsoberhaupt ist Scheich Zâyid ibn Sulṭân Âl Nahyân, der Emir von Abu Dhabi. Weitere polit. Organe sind das Kabinett, der föderale nationale Rat und die föderale Justiz. Ferner besitzt jedes einzelne Emirat eigene interne Verwaltungsorgane. In den Emiraten leben viele Gastarbeiter aus arab. Ländern, dem Iran, Indien und Pakistan. Als Handelssprachen gelten neben dem Arab. Hindi, Urdu, Persisch und Englisch. Wie überall auf der Arab. Halbinsel hat sich das gesellschaftliche Leben nach der Erdölentdeckung (1958) radikal verändert. Aus den ehemals bettelarmen Dörfern und Siedlungen sind binnen zehn Jahren moderne Metropolen geworden. *Ra*

Lit.: Al-Abed, I.: The United Arab Emirates. A New Perspective, 2001.

Vereinigte Staaten von Amerika (USA). Die Angaben über den muslim. Bevölkerungsanteil in den USA schwanken beträchtlich. Während muslim. Organisationen von ca. 10 Mio. Muslimen ausgehen (ca. 3,75% der Gesamtbevölkerung), geben vorsichtigere Schätzungen eine Zahl von ca. 6 Mio. an. Die größte muslim. Gruppe stellen seit Ende des 19. Jh. die arab. Einwanderer, verschiedene Krisen im 20. Jh. (Libanes. Bürgerkrieg, Islam. Revolution in Iran) führten period. zu Einwanderungsschüben. Die ersten Muslime kamen im 16. Jh. als schwarze Sklaven aus Westafrika nach Nordamerika. Obwohl unter ihnen einige theolog. ausgebildete Persönlichkeiten vertreten waren, die ihren Glauben auch weiterhin praktizierten, existierten bis zu Beginn des 20. Jh. keine organisierten islam. Gruppen. In den 1930er Jahren begründete Wallace Fard die → Nation of Islam, die christl.-chiliast. mit islam. Motiven verbindet und eine eigenständige Ausformung eines „schwarzen Islams" propagiert. Heute existiert ein breites Spektrum islam. Organisationen in den USA. (→ Clay, → Malcolm X) *Ep*

Lit.: Austin, A. D.: African Muslims in Antebellum America, 1997. – Turner, R. B.: Islam in the African-American Experience, 1997.

Verfassung (arab. dustûr). Als islam. Vorbild für moderne V. wird von Muslimen oft der „Vertrag von → Medina" betrachtet, in dem die Grundlagen der Koexistenz zwischen den ersten Muslimen sowie den → Schriftbesitzern geregelt wurden. Eine Art konstitutioneller Theorie des → Kalifats hat später der Gelehrte al-Mawardî in seinem Werk *al-Aḥkâm as-sulṭânîya* („Die Regeln der Herrschaft") entwickelt. Darin wird die Souveränität auf der Basis von Koran und → Sunna Gott zugewiesen, der Kalif durch Investitur (arab. baiʿa) bestätigt. Seine Herrschaft wird mit dem Aphorismus „Das Gute zu gebieten und das Schlechte zu verbieten" zusammengefaßt. Die Aufgabe des Herrschers ist es, ein Leben zu garantieren, daß eine Erlösung möglich macht. Soziale Verfassungsbewegungen in der muslim. Welt sind eine moderne Erscheinung. Bürgerliche Eliten und Landbesitzer im Osman. Reich versprachen sich durch die verfassungsmäßige Garantie von Rechten eine Einschränkung herrscherlicher Willkür. Der *Sened-i ittifak* („Charta über die Allianz") von 1808 wird die Bedeutung einer Magna Charta zugesprochen. Hier wurden erste Rechte des Einzelnen gegenüber dem Sultan kodifiziert. 1876 trat unter Abdülhamid II. (reg. 1876–1909) die erste, jedoch bald ausgesetzte V. im Osman. Reich in Kraft. 1882 erging die erste V. in Ägypten, 1906 in Persien. Die hier meist von einer kleinen Elite beanspruchten Rechte wurden jedoch von Herrschern, religiösen Würdenträgern und Gelehrten kritisiert und eingeschränkt. Die türk. republikan. V. von 1924 sprach als erste der Nation die Souveränität zu. Muslim. Intellektuelle, angefangen mit Jamâl ad-Dîn al-→ Afghânî (1839–1897) und Muḥammad → ʿAbduh (1849–1905), suchten unter Rückgriff auf vermeintlich autochthon islam. Begrifflichkeiten wie Kalifat und shûrâ (arab. „Ratsversammlung") „islam." Staatsformen und V. zu entwickeln. Im Zuge der Entkolonialisierung gaben sich die neu entstehenden Staaten republikan. V. meist nationalist. oder sozialist. Prägung. Demokrat. Beteiligung der Bevölkerung ist jedoch in den meisten präsidialen oder monarch. Systemen stark begrenzt oder ausgeschlossen. *Sz*

Lit.: Piscatori, J. P.: Islam in a World of Nation States, 1985.

Verwestlichung → Modernismus

Völkerrecht. Vorläufer von völkerrechtlichen Regelungen faßt das islam. → Recht unter dem Begriff siyar (arab. „Kriegszeiten"), die erstmals in einem Zaid ibn ʿAlî (gest. 738) zugeschriebenen Werk, dem *Kitâb al-majmûʿ*, zusammengefaßt sind. Dabei werden Formen der Kriegsführung wie auch des Friedens mit Nichtmuslimen geregelt. Man ging von einer dichotom. Aufteilung der Welt in dâr al-islâm (arab. „Bereich des Islams"), d.h. die → Umma, und dâr al-ḥarb (arab. „Bereich des Krieges") aus. Letzterer war noch durch → Jihâd zu eroberndes Gebiet unter nichtmuslim. Herrschaft. Gegen Ende der Ausbreitungsphase zerbrach diese Zweiteilung. Mit Herrschern von Gebieten, die Muslime nicht erobern konnten oder wollten, wurden zunehmend Friedensverträge geschlossen. Diese Länder wurden als dâr al-ʿahd oder dâr al-ṣulḥ (arab. „Bereich des Vertrages oder des Friedens") bezeichnet. Bereits im 14. Jh. kam es zu Abkommen mit den italien. Stadtstaaten. Theoret. erkannten diese Verträge den Vertragspartner nicht als gleichberechtigt an, in der Praxis kann man durchaus von Friedensverträgen und einem beginnenden Völkergewohnheitsrecht sprechen. Durch die zunehmenden Kontakte und die Eingliederung v.a. des Osman. Reiches in das Beziehungsnetz der europäischen Staaten in der Neuzeit mußten auch die normativen Vorschriften aus den siyar revidiert werden; die kolonialist. Expansion führte zu einer Definition von Territorium und Grenzen. Im Zeitalter der Nationalstaaten sind territorial definierte souveräne muslim. Staaten Akteure und als Rechtssubjekte anerkannt. Hier erweist sich, daß islam. Rechtstraditionen in vielen Fällen mit dem auf Gewohnheit basierenden V. in Einklang gebracht werden können. *Sz*

Lit.: Dietrich, R./Pohl, R.: Islam und Friedensvölkerrechtsordnung, 1988. – Piscatori, J.: Islam in a World of Nation States, 1991. – Salem, I. K.: Islam und Völkerrecht. Das Völkerrecht der islamischen Weltanschauung, 1984.

W

Wahhâbiten, Anhänger einer im 18. Jh. entstandenen islam. Bewegung auf der → Arab. Halbinsel, die eine Reinigung der ihrer Ansicht nach verderbten muslim. Praktiken und Glaubensinhalte anstrebten und sich bei ihrem Ansinnen auf die Schriften Muḥammad ibn ʿAbd al-Wahhâbs (1703–1791) stützten. Ein Dorn im Auge war den W. v. a. der weitverbreitete Brauch, bei verstorbenen Heiligen um Fürsprache nachzusuchen. Aus diesem Grunde wandten sie sich vehement gegen den Besuch von Mausoleen und Andachtsstätten und forderten die Einebnung aller muslim. Grabanlagen. Darüber hinaus sollte jeder, der das islam. → Glaubensbekenntnis abgelegt hatte, aber Unglauben – im Sinne der W. – praktizierte, getötet werden. Generell müsse jede Lehrmeinung und jede Handlungsnorm direkt aus dem → Koran und den prophet. Überlieferungen (→ Sunna) entnommen werden (→ Ijtihâd) und nicht aus den Auslegungen der vier → Rechtsschulen. Praktiken, die aus seiner Sicht nicht auf diese Weise begründet werden konnten – etwa das Feiern des Geburtstages → Muḥammads (arab. maulid) –, lehnte ʿAbd al-Wahhâb als ungerechtfertigte Neuerung (bidʿa) ab. Um 1746 wurde die Lehre der W. zur vorherrschenden religiösen Richtung auf der Arab. Halbinsel. Der wichtigste Grund für ihre rasche Ausbreitung war ihre Übernahme durch den in ad-Dirʿîya ansässigen mächtigen Stamm der Banû Saʿûd. Muḥammad ibn Saʿûd begann den Heiligen Krieg (→ Jihâd) gegen die anderen Stämme Arabiens, die er nach wahhâbit. Maßstab zu Ungläubigen erklärte. Bis 1773 gelang es ihm und seinen Gefolgsleuten, alle umliegenden Fürstentümer zu erobern und eine neue – nunmehr wahhâbit. – Ordnung auf der Halbinsel zu etablieren. 1805 und 1806 fielen auch Mekka und Medina in die Hände des Saʿûdîs. Ein herber Rückschlag für die Anhänger der neuen Macht war die Einnahme ad-Dirʿîyas durch ägypt. Truppen im Jahre 1818. Den Grundstein für den endgültigen Siegeszug der W. wie auch der Saʿûdîs auf der Arab. Halbinsel legte letzten Endes ʿAbd al-ʿAzîz ibn Saʿûd mit seiner Eroberung Riyads im Jahre 1902. (→ Saudi-Arabien) *Co*

Lit.: Winder, B.: Saudi Arabia in the Nineteenth Century, 1965. – Peskes, E.: Muhammad b. ʿAbdalwahhab (1703–1792) im Widerstreit. Untersuchungen zur Rekonstruktion der Frühgeschichte der Wahhabiya, 1993.

Wahrsagen (arab. fa'l). Häufig praktiziert werden heute das Lesen des Kaffeesatzes und der Handlinien. Ritualisierte Befragung des → Rosenkranzes oder des Korans, Deutung von Träumen und Vorzeichen werden zur Zukunftsschau herangezogen. Die Astrologie hat wie in Europa ihre Blütezeit ausgefeilter Berechnungen und Deutungen hinter sich, ist aber als Tageshoroskop in Zeitschriften weiterhin populär. *Bo*

Lit.: Fahd, T.: La divination arabe, 1966. – Langner, B.: Untersuchungen zur historischen Volkskunde Ägyptens nach mamlukischen Quellen, 1983.

Wallfahrt → Pilgerfahrt

Waqf (arab. „fromme → Stiftung“)

Waschung (arab. wuḍû'). Bei der rituellen W. als Vorbereitung auf das obligat. → Gebet reicht oft eine Reinigung mit Wasser hinter den Ohren sowie eine Reinigung der Hände, Füße und Haare. Nach größeren Verunreinigungen (z.B. durch Geschlechtsverkehr) ist eine Ganzkörperwaschung erforderlich (→ Bad). In → Moscheen sind eigens Brunnen oder Waschräume installiert. Auf Reisen kann die W. auch durch eine Reinigung mit Sand ersetzt werden. → Unreinheit *El*

Weltbild. Der Kosmos wird im Islam regelmäßig als von Gott sinnvoll und einsehbar geordnet gedacht. Daher tritt neben den geschriebenen → Koran der „kosmische Koran“, d.h. die natürliche Ordnung. Das W. des Korans läßt aber keine eindeutige Kosmologie erkennen. Es ist von sieben Himmeln (Sure 2:29 u.a.) und einmal von sieben Erden (Sure 65:12) die Rede, an anderer Stelle davon, daß der Himmel die Erde überwölbt (Sure 20:53 u.a.). Die Erde ist (wie ein Teppich) ausgebreitet (Sure 13:3) und mit Bergen besetzt (Sure 15:19). Die Erde wird von Sonne und Mond erhellt

(Sure 25:61), während die Sterne dem Menschen nachts als Wegweiser dienen. Himmel und Erde werden von Gottes Thron überspannt (Sure 2:255), der von Engeln gehalten wird (Sure 69:17) oder auf dem Wasser ruht (Sure 11:7). Die Kosmologie ist im Islam von mehreren Ansätzen her entwickelt worden. Stark neuplaton. geprägte gnostische Spekulation hat sich in vielfältigen Formen bemüht, Beziehungen zwischen den Himmelskörpern, Elementen, den drei Naturreichen (unbelebter Materie, Pflanzen, Tieren), den Kategorien der aristotel. Philosophie, Zahlen, Buchstaben u.a. herzustellen. Die sog. islam. Kosmologie hat naturkundliche und astronom. Elemente in Koran und → Ḥadîth gesammelt. Ziel ist dabei nicht die Erkenntnis der Welt, sondern die Erfahrung der Allmacht Gottes durch die Anschauung seiner → Schöpfung. Hier dominiert das Bild von hierarch. angeordneten sieben Himmeln über sieben (kugelförmigen) Erden. Darüber oder darunter befindet sich der kosmische Ozean, über allem Gottes Thron, als Stütze der verschiedenen Elemente erscheinen Engel, ein Stier, ein Fisch, eine Antilope oder anderes. Andererseits hat die bald aufgenommene griechische Philosophie und Naturwissenschaft eine große Menge geograph. und astronom. Werke nach sich gezogen. In der Nachfolge des Ptolemäus stellte man sich eine kugelförmige Erde in der Mitte des Universums vor, von kugelförmigen Sphären in unterschiedlich schneller Umdrehung als Trägern der Himmelskörper konzentr. umgeben. Drei Viertel der Erde bedeckte der Ozean, nur eine Hälfte der Nordhalbkugel sollte festes Land sein. Innerhalb dieses konzeptuellen Rahmens kam die islam. Geographie, Kartographie und Astronomie zu wichtigen Erkenntnissen. 1513 erscheint auf einer türkischen Karte erstmals die Neue Welt, um 1580 entsteht das erste Buch darüber. 1661 wurde das heliozentr. W. des Kopernikus erstmals rezipiert. Es setzte sich jedoch erst im Laufe des 18. Jh. langsam durch. Das wesentlich auf Tradition und Spekulation beruhende islam. W. ist in der Moderne durch die aus Europa übernommene empir. Naturwissenschaft weitgehend verdrängt worden. *Ha*

Lit.: Harley, J. B./Woodward, D. (Hg.): The History of Cartography. Bd. 2,1: Cartography in the Traditional Islamic and South Asian Societies, 1992. – İhsanoğlu, E. (Hg.): Transfer of Modern Science and Technology to the Muslim World. Studies and Sources on the History of Science 5, 1992.

Westsahara, die Region mit einer Fläche von 252120 qkm, 252146 Einwohnern (1994) und der Hauptstadt El Aaiun, südlich von Marokko stand 1884–1976 unter spanischer Herrschaft. Nach der Unabhängigkeit wurde die durch zahlreiche Staaten anerkannte „Demokrat. Arab. Republik Sahara“ von Mauretanien und → Marokko beansprucht. Zog Mauretanien seinen Anspruch 1979 zurück, so besetzte Marokko das phosphatreiche Land. Für die Unabhängigkeit kämpft die FPOLISARIO (Frente Popular para la liberación de Saguia el Hamra y Río de Oro, gegr. 1973). Ein für 1992 geplantes Referendum über die Zukunft der Region kam bisher nicht zustande. *El*

Lit.: Mohsen-Finan, K.: Sahara occidental. Les enjeux d'un conflit régional, 1997.

Wirtschaft. Die Staaten der islam. Welt weisen höchst unterschiedliche Wirtschaftsstrukturen auf. Ihre Ökonomien kranken in der Regel an einer schwach entwickelten Industrialisierung, leiden unter extrem unausgewogenen Handelsbilanzen, einem unzureichenden Ausbildungssystem bei gleichzeitiger Abwanderung qualifizierter Fachkräfte („brain-drain“) und sind infolgedessen chronisch abhängig von westlichem know-how. Die tiefgreifenden Veränderungen, die der europäische → Kolonialismus für die nationalen Ökonomien gebracht hat, gehören mit zu den Ursachen dieser Misere. Die reichen Ölstaaten der → Arab. Halbinsel verfügen zwar über einen auf dem Weltmarkt höchst begehrten Rohstoff, waren aber bislang nicht in der Lage, nationale Ökonomien aufzubauen, die sich nicht in erster Linie auf diese Ressource stützen. Im Gegenteil sind hier Rentierökonomien entstanden, die auf das engste an die Entwicklung des Ölpreises gebunden sind. Seit Mitte des 20. Jh. haben sich Ideen von einer „islam. Wirtschaftsordnung“ herausgebildet, die sich auf die Grundlagen der → Scharia stützen. Ziel ist die Errichtung einer „gerechten Ordnung“, in der das Wohl des Einzelnen in Übereinstimmung mit dem Wohl der islam. Gemeinschaft im Vordergrund steht und extreme soziale Ungleichheiten abgeschafft sein sollen. Privateigentum, auch an Produktionsmitteln, und wirtschaftlicher Wettbewerb sind aber wie im kapitalist. Wirtschaftssystem Bestandteil einer solchen Wirtschaftsordnung. In der Praxis sind solche islam. Wirtschaftsmodelle nicht zuletzt aufgrund der immer weiterreichenden internationalen ökonom. Verflechtungen kaum umsetzbar. *Di*

Lit.: Beblawi, H./Luciani, G.: The Rentier State. Nation, State and Integration in the Arab World, 1987. – Reissner, J.: Die innerislamische Diskussion zur modernen Wirtschafts- und Sozialordnung, in: Ende, W./Steinbach, U.: Der Islam in der Gegenwart, München ^{4}1996. – Richards, A./Waterbury, J.: A Political Economy of the Middle East. State, Class, and Economic Development, ^{2}1996.

Wohlfahrtspartei (türk. Refah Partisi), wichtigste Vertreterin des polit. Islams in der Türkei. Ihre Anfänge reichen bis 1970 zurück, als der Professor für Kraftfahrzeugsmechanik Necmettin Erbakan (geb. 1926) die Partei der Nationalen Ordnung gründete. Nach deren Verbot im Gefolge des Putschs von 1971 gelang ihm 1973 mit der Nachfolgepartei Nationale Heilspartei der Einzug ins Parlament. Zwischen 1974 und 1977 war er als Vizepremier an drei Koalitionsregierungen beteiligt. Im Anschluß an den Militärputsch von 1980 belegten die Machthaber Erbakan – wie viele andere Politiker auch – mit einem Politikverbot, das erst 1987 aufgehoben wurde. Noch im selben Jahr übernahm er den Vorsitz der 1983 gegründeten W., mit der er 1991 ins Parlament einzog. Aus den Wahlen des Jahres 1995 ging sie als die stärkste Partei hervor (21,4%). Nach langen Verhandlungen bildete Erbakan mit der Partei des Rechten Weges 1996 eine Koalitionsregierung. Als Ministerpräsident setzte er v. a. in der Kultur- und Bildungspolitik islam. Akzente, an erster Stelle die aktive Förderung der Schulen für Prediger und Vorbeter. Ansonsten beugte er sich weitgehend dem Diktat der Realpolitik: So gab er den Traum einer islam. Wirtschaftsgemeinschaft zugunsten des EU-Beitritts der Türkei auf. Trotzdem wurde seine Regierung auf Betreiben des Militärs 1997 aufgelöst, er selbst 1998 erneut mit Politikverbot belegt und die Partei durch das Verfassungsgericht verboten. Ihrer Nachfolgerin, der Fazilet Partisi (türk. „Tugendpartei") – unter der Leitung von Recai Kutan seit den Wahlen vom 18. 4. 1999 die größte Oppositionspartei –, droht das gleiche Schicksal. Ihre Auslandsorganisation Milli Görüş (türk. „Nationale Sicht") gilt als der größte türk.-islam. Verband in Europa. In Deutschland unterhält er als „Islam. Gemeinschaft Milli Görüş e. V." (Hauptsitz: Köln) zahlreiche Moscheen und edukativ-karitative Einrichtungen; er wird hier vom Verfassungsschutz beobachtet. *Ju*

Lit.: Hermann, R: Die drei Versionen des politischen Islam in der Türkei, in: Orient 1 (1996), 35–56.

Wunder. Man unterscheidet die Zeichenwunder (arab. âya) Gottes, die Machtwunder (arab. muʿjiza) der → Propheten und die Huldwunder (arab. karâma) der Heiligen (Gottesfreunde) und hervorragender Muslime. Von Menschen gewirkte W. durchbrechen die „gewohnte Ordnung" der Dinge, was den Geschöpfen selbst nicht möglich ist, sondern nur mit Gottes Willen geschehen kann. Machtwunder dienen der Beglaubigung der prophet. Sendung, während Huldwunder ohne den Anspruch auf Prophetentum geschehen. Das einzige Machtwunder → Muḥammads, das der Koran gelten läßt, ist der Korantext selbst, der als unnachahmlich gilt. Die spätere Tradition schreibt Muḥammad dagegen zahlreiche weitere W. zu. In der reichen hagiograph. Literatur finden sich viele Motive aus anderen Religionen. Viele Ṣûfîs haben dagegen die Legitimität des Wunderwirkens bezweifelt und W. als Blendwerk bezeichnet. (→ Mystik) Viele Modernisten lehnen Heiligenwunder ebenso wie Prophetenwunder als volkstümlichen Irrtum ab. (→ Heiliges) *Ha*

Lit.: Gramlich, R.: Die Wunder der Freunde Gottes, 1987. – Schimmel, A.: Die mystischen Dimensionen des Islams, [3]1995.

X

Xinjiang (sprich: „schindschang“, früher: Sinkiang, Ost-Turkestan). Mit einer Fläche von 1,66 Mio. qkm nimmt X. etwa ein Sechstel der Gesamtfläche der Volksrepublik → China ein und ist damit deren größte administrative Einheit. 61% der 16,3 Mio. Einwohner (1994) sind Muslime (→ Uyghuren, → Hui, Kasachen, Kirgisen, Tadschiken, Usbeken, Tataren und Salaren); die verbleibenden 39% sind Han-Chinesen, Mongolen und Schive (chin. Xibo, sprich: „schibo“). Sitz der regionalen Regierung und mit Abstand größte Stadt X. ist Urumqi (sprich: „urumtschi“) mit etwa 1,4 Mio. Einwohnern. Weitere große und wichtige Städte sind Shihezi, Karamay und Ghuldscha (chin. Yining) im Norden X., Korla, Aksu und Kaschgar im Süden, sowie Turfan im Osten. Das von West nach Ost verlaufende Tianshan-Gebirge teilt X. sowohl geograph. als auch kulturell in zwei klar voneinander unterschiedene Teile. Der nördliche Teil (Dsungarei) ist die traditionelle Heimat von Viehwirtschaft betreibenden Kasachen und Mongolen. Den größten Teil des Südens (Tarimbecken, früher: Kaschgarien, Kleine Bucharei) nimmt die Taklamakan-Wüste ein. In den an ihrem Rand gelegenen Oasen lebt die überwiegende Mehrheit (82% 1994) der seit langem seßhaften, Ackerbau betreibenden Uyghuren. Die im Osten gelegenen Oasen von Turfan und Kumul (chin. Hami) konstituieren eine dritte Region innerhalb X. Die Uyghuren stellen mit etwa 7,7 Mio. Personen (1994) zwar nach wie vor die größte Nationalität in X., ihr Anteil an der Gesamtbevölkerung der Region ging jedoch von 76% 1949 auf 47% 1994 zurück. Nach der Gründung der Volksrepublik China, v.a. aber seit der Zeit des sog. „Großen-Sprung-Vorwärts“ Ende der 1950er Jahre und während der Kulturrevolution zwischen 1966 und 1976, nahm die Zahl der Han-Chinesen in X. dramat. zu: Machten sie 1949 lediglich 6,7% (ca. 291000 Personen) der damals etwa 4,3 Mio. zählenden Gesamtbevölkerung aus, stellten sie 1964 bereits 31,9% (2,3 Mio. von insgesamt 7,2 Mio.) und 1982 40,4% (5,3 Mio. von 15,1 Mio.). Der seit den 1990er Jahren zu verzeichnende leichte Rückgang des Anteils (nicht der absoluten Anzahl) der Han-Chinesen an der Gesamtbevölkerung X. ist darauf zurückzuführen, daß die Geburtenrate bei Angehörigen sog. „nationaler Minderheiten“ deutlich höher ist als bei Han-Chinesen. Abgesehen von einer kurzen Phase zwischen 1865 und 1877, als der aus dem Ferghana-Tal in West-Turkestan stammende Yakup Beg den südlichen Teil von Ost-Turkestan beherrschte, ist das Gebiet seit den späten 1750er Jahren, als die Truppen der in China von 1644 bis 1911 herrschenden Qing-Dynastie das damals auf chin. Xiyu (sprich: „schiyü“), „Westliches Gebiet“, genannte Ost-Turkestan eroberten, ein Teil Chinas. 1884 wurde Ost-Turkestan unter der Bezeichnung X. („Neues Grenzgebiet“) als eine reguläre und eigenständige Provinz des chin. Reiches gegründet. Am 1. 10. 1955 wurde der Status einer Provinz in „Autonome Uyghur. Region X.“ geändert. Seit Beginn der 1990er Jahre kam es in X. wiederholt zu terrorist. Anschlägen, für die von staatlicher Seite „muslim. Extremisten“ und „nationalist. Separatisten“, v. a. Uyghuren, verantwortlich gemacht und verurteilt werden. *Fr*

Lit.: Bohnet, A./Giese, E./Zeng Geng: Die autonome Region Xinjiang (VR China). Eine ordnungspolitische und regionalökonomische Studie. Bd. 1, 1998. – Friederich, M.: Ostturkestan? Xinjiang? Uyghurestan?, 1995. – Hoppe, T.: Die ethnischen Gruppen Xinjiangs. Kulturunterschiede und interethnische Beziehungen, 1995. – Wacker, G.: Xinjiang und die VR China. Zentrifugale und zentripedale Tendenzen in Chinas Nordwest-Region, 1995. – Weggel, O.: Xinjiang/Sinkiang. Das zentralasiatische China, eine Landeskunde, [3]1987.

Y

Yeziden (von Ized, „Engelswesen, Gott"), Anhänger einer aus einer muslim. mystischen → Bruderschaft entstandenen synkretist. Religion in kurdischen Siedlungsgebieten mit Elementen alter kurdischer bzw. indo-iran. Religionen. Wegen der Verehrung der Y. für den Pfauenengel, Oberhaupt von sieben heiligen Wesen, denen Gott die Leitung der Welt übertragen habe, werden sie von Christen und Muslimen oft fälschlich als „Teufelsanbeter" bezeichnet. Die Y. selbst betrachten sich als auserwähltes Volk und verneinen die Existenz eines Teufels. Y. glauben an die Seelenwanderung, wobei gute Seelen in menschliche, schlechte in tierische Körper eingehen. Ihr wichtigster Wallfahrtsort ist das Grabmal von Scheich ʿAdî (gest. 1160) im Nordirak. Scheich ʿAdî war selbst ein Muslim, erst unter Scheich Ḥasan (gest. 1254), einem seiner Nachfolger, entfernte sich der Glaube der Y. erheblich vom „offiziellen" Islam. Die religiösen Lehren werden mündlich in Form von Hymnen und Gedichten von geistlichen Sängern weitergegeben. Y. bilden eine exklusive Gemeinschaft mit strenger Geheimhaltung nach außen und einem Kastenwesen im Innern. Alle Y. sind → Kurden, die nur untereinander heiraten. Ihre Zahl wird auf 300 000–750 000 geschätzt, die meisten von ihnen leben im Nordirak, weitere 5000 unter der kurdischen Minderheit in Syrien. Aufgrund von staatlich durchgeführten Zwangsumsiedlungen mußten die irak. Y. ihre früheren Siedlungsgebiete in großer Zahl verlassen. Aus dem Südosten der Türkei, wo es früher große yezid. Gemeinden gab, sind die meisten Y. zwangsweise oder freiwillig emigriert. Als Kurden und als Nichtmuslime bilden sie eine Minderheit in doppelter Hinsicht. In → Deutschland leben derzeit etwa 30 000 Y. v. a. in Nordrhein-Westfalen und Niedersachsen. In Oldenburg haben sie ein Zentrum etabliert, um sich besser organisieren und ihren Glauben intensiver erforschen zu können. *Pi-Ha*

Lit.: Kleinert, C.: Eine Minderheit in der Türkei. Die Yezidi, in: Zeitschrift für Türkeistudien 2 (1993), 223–234. – Schmucker, W.: Sekten und Sondergruppen, in: Ende, W./Steinbach, U.: Der Islam in der Gegenwart, [4]1996, 663–683.

Yusuf Islam → Cat Stevens

Z

Zaiditen (arab. zaidîya), Zweig der → Schiiten. Die Zaidîya führt sich zurück auf den Sohn des vierten schiit. Imâms, Zaid ibn ʿAlî. Während sich Imâmatslehre und Recht wesentlich von denen der Zwölferschia und den Ismâʿîliten unterscheiden, stehen die Z. den → Sunniten relativ nahe. Im Gegensatz zu den beiden erwähnten schiit. Linien gehören die zeitweilige Verborgenheit und zu erwartende Rückkehr eines Imâms als Erlöser und Endzeitherrscher (→ Mahdî) nicht zur Glaubenslehre der Z. Voraussetzungen für das Imâmat sind die Zugehörigkeit zur Prophetenfamilie, wobei die Nachfahren Ḥasans, des zweiten, und seines Bruders → Ḥusain, des dritten Imâms, gleichberechtigt sind. Abgesehen von den erforderlichen geistigen Fähigkeiten, seiner literar. Bildung und seiner theolog. Kenntnisse, muß der Imâm bereit und in der Lage sein, für seine Herrschaft und für den Erhalt seines Amtes zu kämpfen. Wenn auch weder ununterbrochen noch lückenlos, hat sich die Reihe der zaidit. Imâme doch bis in unsere Tage fortgesetzt. Im Norden des → Jemen, wo Ende des 9. Jh. das erste zaidit. Imâmat etabliert wurde, lebt die überwiegende Mehrheit der Z. Bis 1962 existierte dort ein Religionsstaat, geführt von zaidit. Imâmen. In der Arab. Republik Jemen stellen die Z. ca. 50% der Bevölkerung. *Pi-Ha*

Lit.: Ende, W.: Der schiitische Islam, in: Ende, W./Steinbach, U. (Hg.): Der Islam in der Gegenwart, [4]1996, 70–89. – Falaturi, A.: Art. „Zaiditen", in: Kreiser, K./Wielandt, R.: Lexikon der islamischen Welt, 1992, 287–288.

Zâwiya (arab. „Ecke" oder „Zelle"; auch arab. ribâṭ und pers. khânqâh), ein Wohn- und Versammlungsort von Ṣûfîs (→ Mystik). Z. dienen oft nicht allein ṣûfischer Praxis, sondern erfüllen auch die Rolle einer → Medrese, eines Krankenhauses oder einer Unterkunft für Durchreisende. Sie sind wichtige Zentren sozialen Lebens. Z. werden oft als fromme → Stiftungen gegründet und geführt. Erste Beispiele sind für das 12. Jh. nachweisbar. *El*

Zentralasien umfaßt das Gebiet der ehemaligen Sowjetrepubliken und heute unabhängigen Staaten → Usbekistan, → Tadschikistan, → Kirgisistan und Türkmenistan, den südlichen Teil Kasachstans und den nördlichen Teil → Afghanistans sowie die Autonome Uyghur. Region → Xinjiang in der Volksrepublik → China. Bis Anfang des 20. Jh. wurde der später unter russischer bzw. sowjet. Herrschaft stehende Teil Z. auch West-Turkestan, seltener Russisch-Turkestan, genannt, der zu China gehörende Teil Ost-Turkestan oder Chin.-Turkestan. Entsprechend den naturräumlichen Gegebenheiten existieren in diesem Gebiet seit alters nomad. Viehwirtschaft und seßhafter Ackerbau. Während die nomad. Bevölkerung v.a. aus Sprechern → türk. Sprachen bestand, stellten Sprecher iran. Sprachen die Mehrheit der seßhaften und städtischen Bevölkerung. Die Islamisierung Z. begann im 9. Jh. und war gegen Ende des 15. Jh. im wesentlichen abgeschlossen. Bis auf die Sprecher verschiedener ostiran. Sprachen im tadschik. und chin. Pamir, die → Ismâʿîliten sind, sind alle Muslime Z. → Sunniten, die zum Großteil der ḥanafit. → Rechtsschule angehören. Die nicht-islam. Bevölkerung Z. besteht im wesentlichen aus Mongolen, Russen, Juden, Koreanern, Deutschen und Chinesen. Mit dem Islam wurde von den türk. und iran. Völkern Z. auch die (um die pers. Sonderzeichen erweiterte) → arab. Schrift übernommen. Die erste islam.-türk. Literatursprache, das sog. Karachanidische, entstand im 11. Jh. im westlichen Teil des heutigen Xinjiangs. Als Zentrum islam. Gelehrsamkeit in Z. galten die heute in Usbekistan gelegenen Städte Buchara und Samarkand. Daneben gab es verschiedene Wallfahrtsorte von teilweise auch überregionaler Bedeutung. Die in Z. entstandene „schöne Literatur“, ganz überwiegend Poesie, orientierte sich nicht nur inhaltlich und stilist. stark an der als Vorbild betrachteten pers. Literatur. Da zumindest unter der seßhaften Bevölkerung Zwei- oder auch Mehrsprachigkeit nicht die Ausnahme, sondern die Norm gewesen sein dürfte, verfaßten zwischen dem späten 15. und dem frühen 20. Jh. viele der Dichter in Z. Werke sowohl auf Persisch als auch auf Tschagataiisch, der in ganz Z. bis an die Wolga verbreiteten türk. Literatursprache. Seit dem Ende des 19. Jh. wurde das als erstarrt und veraltet angesehene Tschagataiisch immer weiter zurückgedrängt und durch das sog. „Turki“ ersetzt, das sich mehr an den gesprochenen türk. Idiomen Z. orientierte. Mit dieser Vereinfachung der Sprache ging auch eine Abwendung der Dichter und Schriftsteller von der klassischen, Persisch geprägten Dichtung und eine Hinwendung zu Themen der Zeit einher. Literatur sollte nicht mehr nur „schön“ sein, sondern aufklärend, kritisch und gesellschaftsrelevant. Die Vertreter dieser Anschauung, sei es in der Literatur, der Publizistik, dem Bildungswesen oder der Religion, werden als Jadidisten, „Neuerer“, bezeichnet. Die Herausbildung eigenständiger Nationalsprachen (Usbek., Kasachisch u. a.) und damit auch die Entstehung von Nationalliteraturen begann im westlichen Z. in den 1910er Jahren und war in den 1920er Jahren abgeschlossen. Durch die administrative Neuordnung West-Turkestans unter sowjet. Ägide wurden die späteren Unionsrepubliken (SSR) geschaffen: Im Oktober 1924 wurden die usbek. und die türkmen. SSR gegründet; 1929 erhielt Tadschikistan, das bis dahin Teil der usbek. SSR gewesen war, den Status einer eigenen SSR; Kasachstan und Kirgisistan wurden erst 1936 als SSR gegründet (beide waren bis dahin lediglich Autonome SSR). Mit dieser Ein- und Aufteilung, durch die erstmals in der Geschichte Z. feste administrative Grenzen gezogen und eindeutige nationale Zuordnungen vollzogen wurden, wurde die seit Jahrhunderten bestehende kulturelle und sprachliche Entität Z. demontiert und, wie die Gründung von mit den ehemaligen Sowjetrepubliken ident. unabhängigen Nationalstaaten zeigt, nachhaltig zerstört. Die Gründung der Volksrepublik China zog die traditionelle West-Orientierung der muslim. Bevölkerung Xinjiangs zunächst kaum in Mitleidenschaft. Nach dem sino-sowjet. Schisma zu Beginn der 1960er Jahre wurden jedoch alle Verbindungen und jeglicher Austausch zwischen Xinjiang und dem sowjet. Z. unterbunden. Xinjiang wurde damit wirklich und ausschließlich zu einem Teil Chinas. Die Auswirkungen dieser Abkapselung vom benachbarten Westen reichen bis in die Gegenwart: Westliche Einflüsse, seien es wirtschaftliche oder kulturelle, kommen nicht mehr direkt aus dem Westen nach Xinjiang, sondern über den chin. Osten. *Fr*

Lit.: Allworth, E. (Hg.): Central Asia. 130 Years of Russian Dominance. A Historical Overview, [3]1994. – Atabaki, T./O'Kane, J. (Hg.): Post-Soviet Central Asia, 1998. – Capisani, G.: The Handbook of Central Asia. A Comprehensive Survey of the New Republics, 2000. – Polonskaya, L./Malashenko, A.: Islam in Central Asia, 1994. – Ro'i, Y. (Hg.): Muslim Eurasia. Conflicting Legacies, 1995. – Roy, O.: La nouvelle Asie Centrale ou La fabrication des nations, 1997.

Zinsen. Zu den am meisten diskutierten Fragen islam. Gelehrter in bezug auf eine der Scharia gemäße Wirtschaftsordnung zählt das Problem der Erhebung von Z. Dabei geht es um den koran. erwähnten Begriff ribâ (arab. „Z." oder „Wucher"). Im → Koran taucht der Terminus ribâ mehrfach auf (Suren 2:275–280, 3:130, 4:161). Hintergrund des Verbots waren vermutlich die im vorislam. → Mekka üblichen horrenden Zinspraktiken. Die Diskussion modernist. islam. Gelehrter geht davon aus, daß das ribâ-Verbot sich ausdrücklich auf unrechtmäßige und überhöhte Z. bezieht, bei anderen Transaktionen also eine finanzielle Kompensation gestattet sein kann. Die Mehrheitsmeinung lehnt jedoch Z. jeglicher Art strikt ab. Die islam. → Banken der Gegenwart, die sich ausdrücklich auf islam. Grundregeln beziehen, arbeiten offiziell ohne Z. Stattdessen werden den Kunden Gewinn- und Verlustbeteiligungen angeboten. *Di*

Lit.: Saeed, A.: Islamic Banking and Interest: A Study of Prohibition of Riba and its Contemporary Interpretation, Leiden 1996.

Zivilgesellschaft, allgemein ein offenes polit. System, in dem die Menschen an den sie betreffenden Entscheidungen aktiv partizipieren können. Grundlegende Kennzeichen einer Z. sind neben Meinungs- und Redefreiheit marktwirtschaftliche Strukturen, freie und geheime Wahlen sowie das Zusammenspiel von Gewerkschaften, Zünften, Klubs, Parteien und Bürgerbewegungen. All diese – oftmals kritischen – Gruppen bilden eine Art gesellschaftlichen Puffer zwischen dem Staat und der Bevölkerung. Das Vorhandensein einer Z. ist die Voraussetzung für die Bildung demokrat. Verhältnisse und gleichzeitig Gegengewicht zu jeglichen Formen autoritärer Herrschaft. In vielen Ländern der islam. Welt, besonders im Nahen Osten, wird die Schaffung bzw. Stärkung von Z. als polit. Ziel von Intellektuellen diskutiert. Ein Grund dafür war, daß die herrschenden Eliten ganz allgemein unter einem starken Legitimitätsverlust litten, da es ihnen nicht gelungen war, die sozialen und gesellschaftlichen Probleme der Bevölkerung zu lösen. Anfang der 1990er Jahre hat es infolge des Zusammenbruches des Kommunismus und der gleichzeitigen Revolution im Kommunikationswesen einen allgemeinen Paradigmenwechsel gegeben. Im Zuge der „Globalisierung" haben die ungehindert freigesetzten Marktkräfte weltweit zu einer Zurückdrängung staatlicher Einflußmöglichkeiten auf wirtschaftliche Interessen geführt. Trotz der immer noch übermächtigen staatlichen Herrschaft, die dem eher entgegensteht, sind Ansätze zur Z. etwa in Jordanien, Kuwait, dem Jemen (bis 1994), Marokko, Tunesien, Syrien, im Libanon, in Iran und den Golfstaaten zu finden. Von wirklichen Z. kann man im Bereich der islam. Welt jedoch eigentlich nur in Israel und der Türkei sprechen. *Co*

Lit.: Seligman, A.: The Idea of Civil Society, 1992. – Norton, A.R. (Hg.). Civil Society in the Middle East, 2 Bde., 1995/96.

Zuckerfest (türk. şeker bayramı), in der Türkei volkstümlicher Name für das Fest des Fastenbrechens (türk. ramazan bayramı), das am ersten Tag des auf den Fastenmonat Ramaḍân folgenden Monats beginnt. Man nutzt die drei Festtage gerne zu Besuchen in der engen und erweiterten Familie. Der Name stammt von den dabei traditionell an die Kinder verschenkten Süßigkeiten. *Ju*